新编21世纪会计系列教材

会计信息系统原理与应用

基于用友新道U8+V15.0版

第3版

毛华扬 邓茗丹 王婧婧 陈 丰 编著

Principle and Application of Accounting Information System

中国人民大学出版社
·北京·

前言

本书主要讲述会计信息化的一般原理、会计信息系统的建立、日常运营管理和会计软件的应用，以及AI助手在会计工作中的应用。

本书基于Windows 11专业版环境在用友新道U8+V15.0版本上实现业务应用，主要涉及基础设置、总账业务、固定资产业务、薪资业务、采购与应付业务、销售与应收业务、库存与存货核算业务、期末业务与报表编制等。本书可帮助学习者了解我国会计信息化的发展过程，掌握会计信息系统的构成和建立方法，懂得会计信息化的一般原理，熟练掌握新道U8+V15.0的应用方法和AI助手的应用，为实际工作和进一步的学习打下良好基础。

在会计软件应用部分，按照财务和业务一体化的统一案例进行分模块按步骤操作，在关键环节和阶段留有结果以检查对照，帮助学生快速掌握业务处理方法。教师在课堂教学时，可主要对流程、各类业务处理方法、模块之间的联系等进行深度讲解，以提升学生对会计信息系统架构、数据流、处理业务方法的理解。

在正文中，对需要进一步了解的相关知识，采用"AI助手探秘"提供提示词，学生可据此通过AI助手（如豆包、文心一言、通义千问等）进行辅助学习和深度、广度的探索。每章后有"AI助手拓展学习"内容，提供与本章内容相关的AI助手提示词，以启发学生通过提示词去探索感兴趣的内容，训练学生利用AI助手的能力，将来可以将这种能力应用到实际工作中去，提高工作的效率和质量。

本书提供每个阶段的实验账套，如果某些模块不安排实验，则可以直接导入某阶段的账套，然后在该基础上继续处理下一阶段业务。会计软件操作部分还录制有视频讲解，在学习中可参考使用。本书提供丰富的思考题、判断题、单选题、多选题（"即测即评"），供巩固学习之用。针对教师，还提供PPT、教学大纲、教案、实验案例等参考资料。根据需要，我们后续还会进一步提供相关的电子文档资料进行补充。

对于部分不将采购、销售、库存与存货核算列入教学的学校，也可以选择本书。我们将以二维码形式提供“期末业务与报表编制”相关内容，供有需求的学校使用，其业务只包含第3～6章的内容和相应的期末业务与报表编制(含实验参考账套)。

本书主要用作会计、财务管理、审计、大数据会计等专业的会计信息化课程教学和实验用书。

本书由毛华扬、邓茗丹、王婧婧、陈丰编写完成，操作视频讲解部分由邓茗丹录制完成。

本书在编写中还参考了一些文献，在此对文献作者表示谢意。在写作中，特别参考了用友 U8＋的相关技术资料、培训资料、帮助信息，还得到了新道科技股份有限公司的特别支持，在此深表谢意。

本书内容一定还存在不足，欢迎业界同人和读者指正，请将意见和建议反馈至 landmao@126. com，我们将在下一版中改正。

为服务读者，专门建立了 QQ 群（229187202），需要本书实验账套、操作视频、教学 PPT 及教学软件的可在群中提出或发邮件联系，操作视频在视频号“茅草根视界”中发布。对于通用性问题，会在微信公众号“茅草根信息化杂谈”上回答，在该公众号上有本书的相关配套资料（合集资料可在公众号搜索“人大 U8V15_2025版资料合集_会计信息系统原理与应用”）。

目录

第 4 章

总账业务

第 5 章

固定资产业务

第 6 章

薪资业务

第 7 章

采购与应付业务

第 8 章

销售与应收业务

第 9 章

库存与存货核算业务

第1章

会计信息化概论

1.1 会计信息系统基础

1.1.1 会计信息系统

会计信息系统（accounting information system）是企业信息系统中的一个重要子系统，它是以提供会计信息为目的，采用现代信息处理技术，对会计信息进行采集、存储、处理及传送，完成会计反映、控制职能的系统。在整个会计信息系统中，会计信息处于核心地位，从会计信息的收集、处理到会计信息的输出，最终传递给决策者和使用者，都是一个信息流动的过程。而在这个过程中，伴随着对会计活动的管理与控制。

1. 会计信息的收集

会计数据是指在会计工作中，从不同来源和渠道获得的记录在单、证、账、表上的各种原始会计资料。会计数据的来源广泛，既有企业内部生产经营活动产生的，也有企业外部与企业相关的各种经济活动产生的诸多资料。会计数据的数量繁多，不仅指每个会计期间需要处理的数据量大，更重要的是会计数据是一种随着企业生产经营活动的持续而源源不断产生并需要处理的数据。

会计信息是指会计数据经过加工处理后产生的，为会计管理和企业管理所需要的经济信息。它包括反映过去所发生的财务信息，即有关资金的取得、分配与使用的信息，如各种账、资产负债表、利润表等；管理所需要的定向信息，如各种财务分析报表；对未来具有预测作用的决策信息，如年度计划、资金预算、规划等。会计通过信息的提供与使用来反映过去的经济活动，控制目前的经济活动，预测未来的经济活动。

会计信息的收集，实际上是根据会计工作的目的汇集原始会计数据的过程。随着信息技术的发展，现代的会计信息收集已成为管理信息系统的一部分，会计信息收集不再局限于会计核算方面，而更多趋向于会计管理、决策等多个方面。

2. 会计信息的处理

会计信息处理从手工处理发展到利用计算机、网络等信息技术进行处理是一个重大变革。这种变革对会计理论和会计实务提出了一系列新课题，在推动会计自身发展和变革的同时，也促进会计信息化的进一步完善和发展。

现代会计信息处理是指应用信息技术对会计数据进行输入、处理和输出的过程，主要表现为用计算机代替人工记账、算账和报账，以及替代部分在手工环境下由人脑完成的对会计信息的分析、判断。现代会计信息处理不仅引起了会计系统内在的变化，强化了系统的能力，同时也提高了会计工作和会计信息输出的质量。

3. 会计信息的输出

一个完整的会计数据处理系统，不仅需要有灵活、方便、正确的输入方式和功能齐全的数据处理功能，还必须提供一个完善的输出系统。

会计信息系统的主要输出方式包括显示输出、打印输出和数据文件输出。显示输出的特点是：速度快、成本低，但输出的会计数据的应用者局限在会计信息系统内部，不易交流。打印输出的特点是速度慢、成本高，适用于输出必须打印的情况。数据文件输出的特点是：速度快、成本较低，易于转换，但不直观，存储介质易受损坏，安全性较差。

随着声音、图像等多媒体技术的应用，会计数据的表现形式将越来越丰富。同时，随着对会计信息系统数据接口的标准化，数据文件输出将越来越重要。如记账凭证、会计账簿等，可以数据文件的形式存储在存储介质中，需要时调用会计软件的显示输出功能进行查询或打印。

1.1.2 会计信息化概念的演进

1. 会计电算化

“会计电算化”一词是 1981 年中国会计学会在长春市召开的“财务、会计、成本应用电子计算机专题讨论会”上提出来的。它是指将电子计算机技术应用到会计业务处理工作中，用计算机来辅助会计核算和管理，通过会计软件指挥计算机替代手工完成或手工很难完成的会计工作，是电子计算机在会计应用中的代名词。

广义的会计电算化包括与实现会计工作电算化有关的所有工作，如会计软件的开发和应用，会计电算化人才的培训，会计电算化的规划，会计软件的维护，会计电算化的制度建设，会计软件市场的培育与监管等。会计电算化在我国从起步到现在，已经走过 40 余年的历程，通过不断的探索和推动，取得了很大成效和丰硕的成果。1999 年开始逐渐将会计电算化称为会计信息化，从计算机对会计手工工作的模拟提升到全面的信息化，实现会计信息化的企业数量逐步上升，形成了商品化通用会计软件产业，这些都体现了信息化带来的新思想、新方法和新作用，会计工作的作用和地位得到质的提升。

2. 会计信息化

1999 年 4 月在深圳召开的“会计信息化理论专家座谈会”上，根据当时会计电算化的发展状况，会计理论界的专家提出了“从会计电算化到会计信息化”的发展方向，首次明确提出“会计信息化”这一概念。

会计信息化，是指单位利用现代信息技术手段和数字基础设施开展会计核算，以及利用现代信息技术手段和数字基础设施将会计核算与其他经营管理活动有机结合的过程。其通过网络系统，使业务处理高度自动化，信息高度共享，能够主动实时报告会计信息。它不仅仅是信息技术运用于会计上的变革，更代表一种与现代信息技术环境相适应的新兴的会计思想。

3. 会计信息化与会计电算化的主要区别

（1）目标。会计电算化是立足于会计核算业务的计算机处理，会计信息化是为了实现会计业务全面信息化，充分发挥会计在企业管理中的核心作用。

（2）理论基础。会计电算化是以传统会计理论和计算机技术为基础的，而会计信息化的理论基础还包含信息技术、系统论和信息论等现代技术手段和管理思想。

（3）功能范围。会计电算化以实现业务核算为主，会计信息化不仅进行业务核算，还有会计信息管理和决策分析，并能够根据信息管理的原理和信息技术重组会计信息处理的流程，与 ERP、电子商务等构成一个一体化的信息管理系统。

（4）信息输入输出方式。信息输入方面，会计电算化强调由财务部门自己输入，而在会计信息化下，大量的数据可以从企业内外其他系统中直接获取；信息输出方面，会计电算化强调由财务部门自己打印输出后报送其他机构，而在会计信息化下，企业内外的各个机构、部门都可以根据授权直接从系统当中或从互联网上获取财务信息。

在实际的概念应用中，会计信息系统和会计信息化常常是通用的，在特定情况下又有所差别。

4. 会计软件

会计软件，是指单位使用的专门用于会计核算、财务管理的应用软件或者其功能模块。会计软件具有以下基本功能：（1）为会计核算、财务管理直接采集数据；（2）生成会计凭证、账簿、报表等会计资料；（3）对会计资料进行存储、转换、输出、分析、利用。会计信息系统从形态上看是会计软件及其软硬件运行环境。

1.1.3　会计信息系统的基本目标

会计信息系统的目标，就是通过信息化的手段，提高工作效率，提供更加全面、准确的信息，为管理决策服务，从而促进管理水平的提高，最终获取更高的经济效益。其基本目标主要有以下几个方面。

1. 减轻会计人员工作强度，提高工作效率

利用计算机技术，把繁杂的记账、算账、结账工作交给高速的计算机处理，从而减轻会计人员的工作强度。同时会计软件具有很高的精确性和逻辑判断能力，可以避免手工操作产生的误差，通过高速的数据处理达到提高工作效率的目的。

2. 促进会计职能的转变

在手工情况下，会计人员长期处于繁重的手工核算工作中，没有时间和精力来更好地参与管理、决策。在会计信息系统下，会计人员可以从繁重的手工操作中解放出来，有时间和精力，也就有条件参与企业管理与决策，为提高企业现代化管理水平和经济效益服务。

3. 准确、及时地提供会计信息

手工条件下，由于大量会计数据需要进行记录、加工、整理，会计信息的提供速度较慢，也难以全面提供管理所需要的信息，一定程度上影响了经营决策工作。应用会计信息系统后，大量的信息都可以及时记录、汇总、分析，甚至实现实时跨地域传送，向企业管理者、股东等有关方面准确、及时地提供会计信息。

4. 提高人员素质，提升会计管理水平

会计工作的信息化给会计工作增添了新内容，要求会计人员提高自身素质，更新知识结构，提升参与管理的能力。第一，必须掌握会计信息系统的有关知识；第二，为了参与企业管理，要更多地学习经营管理知识；第三，会计信息化后，会计工作由会计软件和会计人员共同完成，强化了会计规范化工作，提升了会计工作的管理水平。

5. 实现企业管理信息化，提高企业经济效益

会计是价值管理的主要手段，应用会计信息系统的根本目的则是通过核算手段和会计管理决策手段的现代化，提高会计数据搜集、整理、传输、反馈的及时性和准确度，提高会计的分析决策能力，更好地满足管理工作的需要。

会计信息系统是企业管理信息化的重要组成部分。企业管理信息化的目标和任务，就是要用现代化的方法去管理企业，以提高经济效益。因而，应用会计信息系统不仅要使会计工作本身现代化，最终目标是要使企业管理信息化，达到提高企业经济效益的目的。

1.1.4 我国会计信息化的发展过程

在历史上，随着生产的发展和生产规模的逐步社会化，会计也不断发展变化。经人们长期实践，会计逐步由简单到复杂，经历了手工操作、机械化和信息化几个阶段，正在向智能化方面演进，逐步形成了一门独立的新兴学科，在会计工作中发挥着重要作用。我国会计信息化的发展主要分为以下几个阶段。

1. 探索发展阶段（1979—1988 年）

1979 年财政部拨款 500 万元，用于长春第一汽车制造厂进行会计电算化试点工作。1981 年 8 月在财政部、第一机械工业部、中国会计学会的支持下，中国人民大学和第一汽车制造厂联合召开了“财务、会计、成本应用电子计算机专题讨论会”。以此为标志，1979 年是中国会计电算化的起点。

在 1979—1988 年期间，会计电算化从无到有，行政部门包括当时的财政部、机械工业部、铁道部、兵器工业部等，纷纷在全国各地做探索性的试点，全国高等院校也加入到研究的行列，这个阶段属于探索阶段。但从整个国家来讲，基本上是各自为政，国家各职能部门都在摸着石头过河，探索能够适应自身需要的解决方案。这个阶段的中国会计电算化，水平不高，功能单一且不通用，还没有形成规模性的商品化会计软件公司与市场。

1988 年，中国会计学会首届会计电算化学术讨论会在吉林召开。在这次会议上，与会专家形成共识：发展通用会计软件和引入市场机制是中国会计电算化发展的出路。同年，财政部在上海召开会议，对制定各省计算机应用规划、实施对会计核算软件的评审工作做了统一部署。

2. 政府推动发展阶段（1989—1998 年）

1989—1998 年期间，会计软件逐步实现了通用化、商品化，各省市涌现出数百家财务软件公司。这个时期的中国会计电算化，发展非常迅速，会计软件依托 DOS 平台，功能上也基本属于核算型。从 1994 年开始，Windows 会计软件才逐步引起重视，但真正普及是在 1998 年后。

在这 10 年中，在财政部及各省财政厅（局）的推动下，商品化会计软件逐步走向成熟，市场竞争机制逐步完善，通过市场竞争机制会计软件生产厂家从几百家逐渐向十余家集中，会计电算化产业也在这个时期形成。

3. 市场化发展阶段（1999 年以来）

1998 年，财政部撤销了全国性的会计电算化管理部门——会计电算化处，这是我国会计电算化发展到第三阶段即市场化阶段开始的标志。当时的大背景是，国家机关进行机构改革，部分转变职能，将属于市场的交给市场，行业性的管理逐步转向行业协会。在财政部强有力的推动与管理下，中国的会计信息化开始不断发展壮大并走向成熟，会计信息化应用已经逐渐普及，行政推广已经没有必要，会计软件评审等工作逐渐失去意义。会计信息化的发展，市场机制的自发调节已经趋于完善，会计信息化管理开始由政府管理转向行业协会自律，通过市场竞争来推动会计信息化向前发展。这个时期的会计软件，逐步转向管理型，大型的财务软件公司开始向 ERP 转型，由此从会计电算化走向会计信息化。

1998年后，行业协会开始逐步发挥作用。在理论研究方面，中国会计学会会计信息化专业委员会成了组织者和实施者。在市场方面，中国软件行业协会财务及企业管理软件分会也在逐步发挥作用。财政部继续发挥着宏观管理会计信息化的作用。在会计核算软件数据接口方面，通过审计署、国家标准化管理委员会的推动，整个管理更加宏观和长远化。

2008年11月，财政部牵头，会同工业和信息化部、人民银行、审计署、国资委、国税总局、银监会、证监会、保监会等共同成立会计信息化委员会，旨在为推进我国会计信息化建设提供组织保障、协调机制和智力支持。

2009年，财政部发布《关于全面推进我国会计信息化工作的指导意见》（财会〔2009〕6号)，对2006—2020年的会计信息化工作进行了规划和部署。

2010年和2011年，GB/T 24589—2010《财经信息技术会计核算软件数据接口》系列国家标准发布，包括“第1部分：企业”、“第2部分：行政事业单位”、“第3部分：总预算会计”和“第4部分：商业银行”，后续相继发布了有关ERP的数据接口标准，并持续不断地演进。

2010年10月，国家标准化管理委员会和财政部在京发布可扩展商业报告语言(XBRL）技术规范系列国家标准和企业会计准则通用分类标准。XBRL有效增强了信息的准确性和及时性，有利于从不同角度和不同层次对信息进行深加工和精细化处理，大幅提高了信息利用的广度、深度和精度，使其不仅能在财会领域应用，更可不断拓展到财政管理、税务管理、金融监管、国有资产管理、企业风险管理与内部控制等众多方面。

2013年，财政部重新修订发布《企业会计信息化工作规范》，规范了信息化环境下的会计工作。

会计信息化建设是一个持续的过程，2015年发布了新版的企业会计准则通用分类标准；2018年财政部发布了《企业会计准则通用分类标准海关专用缴款书扩展分类标准》。

2021年，财政部发布《会计信息化发展规划（2021—2025年）》，确定近几年我国会计信息化工作的总体目标是：服务我国经济社会发展大局和财政管理工作全局，以信息化支撑会计职能拓展为主线，以标准化为基础，以数字化为突破口，引导和规范我国会计信息化数据标准、管理制度、信息系统、人才建设等持续健康发展，积极推动会计数字化转型，构建符合新时代要求的国家会计信息化发展体系。主要包括：会计数据标准体系基本建立；会计信息化制度规范持续完善；会计数字化转型升级加快推进；会计数据价值得到有效发挥；会计监管信息实现互通共享；会计信息化人才队伍不断壮大。

2024年6月《关于修改〈中华人民共和国会计法〉的决定》中，首次将会计信息化写入会计法，在第八条提出“国家加强会计信息化建设，鼓励依法采用现代信息技术开展会计工作，具体办法由国务院财政部门会同有关部门制定”。2024年7月，财政部发布财会〔2024〕11号《会计信息化工作规范》和〔2024〕12号《会计软件基本功能和服务规范》，根据会计信息化的现状和未来发展的需要进行了严格规范。

AI助手探秘[①]

1. 财政部财会〔2024〕11号《会计信息化工作规范》的主要内容。

请提供一份会计信息化工作规范的详细解读文档。

2. 财政部财会〔2024〕12号《会计软件基本功能和服务规范》的主要内容。

请详细解读《会计软件基本功能和服务规范》中对会计软件要求的内容。

3. 2024年6月《关于修改〈中华人民共和国会计法〉的决定》中对会计信息化有哪些要求，请进行解读。

1.2　会计信息化的基本内容

1.2.1　开展会计信息化工作的基本条件

1. 搞好基础工作

搞好基础工作主要指会计工作的规范化、标准化、制度化。对基础工作较差的单位应先进行基础工作的整顿，同时也应认识到会计信息化工作的开展也将促进基础工作的加强。推进会计工作的规范化、标准化、制度化，是一个改进管理的过程。对会计信息化工作来说，良好的基础工作一般表现在以下几个方面。

（1）健全的岗位责任制度和内部稽核制度。

（2）会计人员的业务素质与其工作相适应。

（3）主要原材料、能源消耗和工时耗用有定额，费用开支有标准或预算，并认真执行。

（4）各种原始记录的格式、内容、填制方法、签署、传递、汇集、反馈等，有统一要求和规范，做到真实、完整、正确、清晰、及时。

（5）物资出入库经过计量、检验，手续齐备。

（6）发生的经济业务都取得或填制合法的原始凭证。

（7）记账凭证及其填制符合国家统一的会计制度的内容和要求，并经有关责任人员复核和审核。

（8）会计科目和核算内容符合国家统一的会计制度所规定的内容和要求，并经有关责任人员签章。

（9）固定资产归口分级管理，做到账、卡、物三相符，固定资产及折旧核算正确。

（10）成本、销售、材料、产成品等的核算符合国家有关规定，核算正确。

（11）应制定财产清查制度，并严格执行。

---

① 自行选择豆包、文心一言等AI助手进行提问，并根据需要进一步追问。下同。

此外，在建立会计信息系统时，还应注意以下几点。

（1）对会计科目、往来单位、人员、部门、产成品、材料等应进行编码。编码应齐全、标准、规范，便于计算机处理。在手工核算下，主要是重视名称，而不太重视编码；实行会计信息化后，处理信息、查询信息，主要通过编码进行，所以编码工作非常重要。各种编码将构成一个编码体系，在编码时要统一考虑，才能充分发挥编码的作用。

（2）应按国家统一的会计制度设计单位的会计制度。

（3）各种账簿的设置应规范、易于计算机处理。

（4）原则上每年进行优化调整，提升会计信息化的水平。

2. 人才储备

人才储备主要是指单位有开展会计信息化所需的人才。单位不同，实现会计信息化的方式不同，对人才的需求就不一样。这里仅介绍选用商品化会计软件单位的人才需求。由于商品化会计软件厂家对客户提供的服务较多，目前会计软件已经较为成熟，所以，选用商品化会计软件的单位对人才技术的要求并不高。具备较好的日常维护能力的人才，是应用会计信息系统的重要保障。

3. 资金准备

开展任何一项工作都需要一定的资金，但单位大小不同，实现会计信息化的方式不同，开展信息化业务的规模大小、项目多少不同，对资金的需求也就不同。建立会计信息系统的费用一般包括：硬件费用、软件费用、准备费用、运行维护费用等，具体如表1-1所示。

表1-1 会计信息化费用项目

费用类型	项目	备注
硬件费用	主机	网络服务器等
	终端机	工作站或其他兼容机
	外围设备	打印机、UPS、路由器等
	环境成本	房屋、地毯、空调等
软件费用	软件成本	系统软件、会计软件（购置或二次开发）
准备费用	机房建设、改造	装修、建设等
	安装及调试成本	主机、空调、电源、UPS、软件
	培训费用	使用人员培训、维护人员培训
运行维护费用	维护费用	维护人员的工资、所用工具、材料等
	使用成本	操作人员的工资、消耗材料、网络费用等

1.2.2　开展会计信息化工作的基本内容

建立会计信息系统是一项系统工程，应按系统工程的方法来开展。即按下述步骤进行：可行性研究，规划，编制实施计划，建立会计信息系统，建立信息化后的组织与管理体系。

1. 可行性研究

可行性研究是指开展信息化工作的可能性和经济性，主要包括组织、技术、经济三方面。

可行性分析一般按下述步骤进行：（1）进行初步调查；（2）确定目标和所要解决的问题；（3）确定约束因素，包括经济上、技术上、组织上的制约因素；（4）确定各种可选方案；（5）对各种可选方案进行可行性评价，主要是研究各种方案在经济上、技术上、组织上的可行性；（6）确定方案，明确实施计划。

2. 规划

会计信息系统规划（或升级规划）是对近几年单位会计信息化工作所要达到的目标，以及如何有效地、分步骤实现这个目标而做的规划。它实质上是单位开展会计信息化工作的中长期规划，是对单位开展会计信息化工作所做的一个总体可行性研究。

规划一般按下述步骤进行：（1）研究确定单位的总体目标和会计部门的局部目标；（2）综合考察建立会计信息系统的外部环境制约，包括经济、技术、组织等单位内部制约与上级主管部门、国家的有关政策法令等外部制约；（3）确定会计信息系统的总体目标，明确近几年内建立一个什么样的会计信息系统；（4）分析确定单位的会计信息需求，即确定输入、输出什么信息，对外提供哪些数据接口；（5）确定所要建立系统的总体结构，可用数据流程图、功能图、层次图、数据结构图等工具来表示；（6）确定所要建立系统的资源需求，包括硬件、软件、人力和其他日常支出等；（7）制定会计信息系统总体目标的分步骤实施规划；（8）选择实现的途径；（9）确定实施概要计划。

3. 编制实施计划

编制实施计划是根据目标和规划，确定人力、物力、财力的具体安排和工作时间表。

4. 建立会计信息系统

建立或升级会计信息系统主要是组织人力、财力、物力来实现，这是会计信息化规划与实施计划的具体落实。

5. 建立信息化后的组织与管理体系

会计信息系统的建立仅仅是整个会计信息化工程的第一步，更重要的是如何有效地对会计部门的人、财、物等各要素进行计划、组织、协调和控制，有效地运行会计信息系统，使得信息化后的会计工作水平有根本性的提高。

1.2.3 会计信息系统的基本功能

AI助手探秘

基于 AI 的会计信息系统拓展功能。

1. 会计信息化系统的基本划分

会计信息化的发展初期是按照项目进行定制，然后发展到开发通用会计软件适应更多的单位使用，通用会计软件对普及会计信息化起到了巨大的推动作用。但当会计信息化应用逐渐深入的时候，通用会计软件不能满足一些行业需求的缺陷逐渐显露，因此基于行业的专用会计软件或通用和专用结合的软件又逐渐发展起来，将会计信息化的应用提升到一个新的水平。

会计信息系统中又分为三个层次，即核算型、管理型和决策支持型。

（1）核算型会计信息系统。一般由账务处理、销售及应收、采购及应付、存货核算、工资核算、固定资产核算、报表、信息查询等子系统构成，它注重对经济业务的事后反映。

（2）管理型会计信息系统。在基本会计核算功能的基础上，这种系统主要注重预算管理和制订计划，在执行过程中进行控制、对执行情况进行检查、对数据进行分析等，扩展了会计信息系统的职能，使其从简单的事后核算，转变为事前计划、事中控制、事后核算和分析。

（3）决策支持型会计信息系统。它是在管理型会计信息系统的基础上，进一步为经营决策者提供帮助，以辅助做出科学的决策。

2. 会计软件的构成

会计信息系统的基础部分是会计软件，会计软件是指企业使用的专门用于会计核算、财务管理的计算机软件、软件系统或者其功能模块。会计软件具有以下功能：为会计核算、财务管理直接采集数据；生成会计凭证、账簿、报表等会计资料；对会计数据进行转换、输出、分析、利用。

会计软件的基本结构可以从系统的功能层次结构反映出来。功能结构是指系统按其功能分层分块的结构形式，即模块化的结构。一个系统可以划分为若干个子系统，每个子系统可划分为几个功能模块，每个功能模块再划分为若干个层次，每个层次沿横向分为若干个模块，每个模块都有相对独立的功能。一个子系统对应一个独立完整的管理职能，在系统中有较强的独立性；一个功能模块完成某一管理业务，是组成子系统的基本单位；一个程序模块则实现某一具体的加工处理，是组成功能模块的基本要素。各层之间、每个模块之间也有一定的联系。通过这种联系，将各层、各模块组成一个有机的整体，去实现系统目标。任何层次的模块，其核心都是以数据为中心，按照会计业务的要求实现会计数据输入、处理、输出。

大部分会计软件按会计核算功能划分为若干个相对独立的子系统，系统每一部分的功能简单明了且相对独立，各子系统的会计信息相互传递与交换数据，从而形成完整的会计信息系统软件功能。会计软件中能够相对独立地完成会计数据输入、处理和输出功能的各个部分，称为会计软件的子系统，例如固定资产就是其中一个子系统，单独提及时也称为系统、模块。

一个典型的会计软件主要有账务处理、工资、固定资产、存货处理、成本核算、销售、应收及应付账款、会计报表、财务分析等子系统。根据行业的特点，也可以将一些模块扩展深入或简化合并，形成不同定位差异的会计信息系统。这些模块之间的关系及流程如图 1－1 所示。

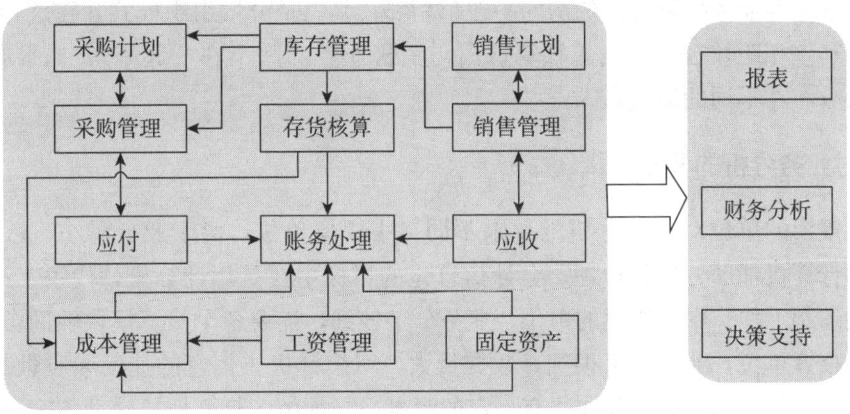

图 1－1　模块关系及流程

1.3　会计信息系统的模式

1.3.1　会计信息系统在组织上的差别

会计的手工业务是一个比较规范的系统，主要表现在有规范的会计准则、会计制度，按业务分为账务与报表、工资、固定资产、往来、采购、成本、销售等组织核算。具体组织业务时，在一些规模较大的单位分为资金、成本、综合、销售、财务等业务分工部门；一些规模较小的单位只成立部分下属部门的财务管理部门；一些小的单位只有一两个会计人员，作为办公部门的一个小组；再小的单位则请兼职会计人员或代理记账公司完成会计核算工作。会计信息系统在组织上的差别体现在以下几个方面。

1. 规模的大小

它主要指人数、固定资产规模、产值产量、销售业务量、管理的组织模式。在不同的规模下，会计的业务量不同，会计的要求也不同。比如在小规模的单位里，主要是手工作坊式的管理，会计业务量不大，只需要完成账务和报表的处理，其他核算非常简单，会计人员也只有几个人，甚至一个人。

2. 会计业务的组织形式

随着规模的扩大，在业务上需要进行分工，规模越大，要求分工越细。分工的形式一般是按业务内容分成不同的业务组织（室、科、处、部），每个业务组织又按业务内容分工，由若干人完成。如果是跨地域的集团企业，还可能成立财务共享服务中心或不同地域的会计组织。

3. 单位内部的组织形式

会计信息系统的物理组织模式，一般分为两种：其一是集中核算组织模式，在这种组织模式下，各业务核算部门的房间一般都相邻；其二是分散组织模式，在这种模式下，某些核算科室相距较远（如销售核算部门与销售业务部门不在一起等），如果有分支机构，就会分布在不同的地域。

4. 对业务分析的要求

不同规模的单位对业务分析的要求不同。小规模单位，由于业务量小，数据不多，并不需要计算机辅助分析和管理，会计信息化的目标主要是用计算机替代手工记账和完成报表的编制工作；中等规模的单位，业务分工较细，需要各个核算模块辅助会计核算；大规模的核算单位，业务分工很细，数据量大，对会计提供信息的速度和质量都有较高要求，各个业务核算部门之间往往有一定的距离，必须由各核算模块辅助整个会计核算，管理和分析性的模块就增多。

1.3.2 会计信息系统的物理组织模式

1. 单机组织模式

单机组织模式是在一台计算机上运行会计信息系统，这种模式的优点是维护简单，投资很少，适用于业务量不大的单位。该模式的缺点比较多，包括：(1) 每次仅能一人上机处理数据；(2) 不能同时处理多项业务，实时性差；(3) 已生成的会计信息仅能在一台计算机上利用，信息的共享性差；(4) 一台计算机能处理的会计业务有限，对业务量大或有许多项会计业务需要开展会计信息化的单位不可行。

2. 网络组织模式

网络组织模式是使用一台高档计算机服务器，另外根据需要连接若干计算机终端。其物理组织的逻辑模式如图 1－2 所示。

这种模式的缺点是投资相对较高，维护难度相对较大。其优点有：(1) 处理的所有数据都存放在服务器内，可以共享；(2) 可多人同时操作，对一项业务或多项业务进行处理，实时性好；(3) 可将会计业务之间的联系体现在一套会计软件系统中，充分体现了会计是一个信息系统的优点；(4) 前端工作的计算机数量可以达到几百甚至上千个，

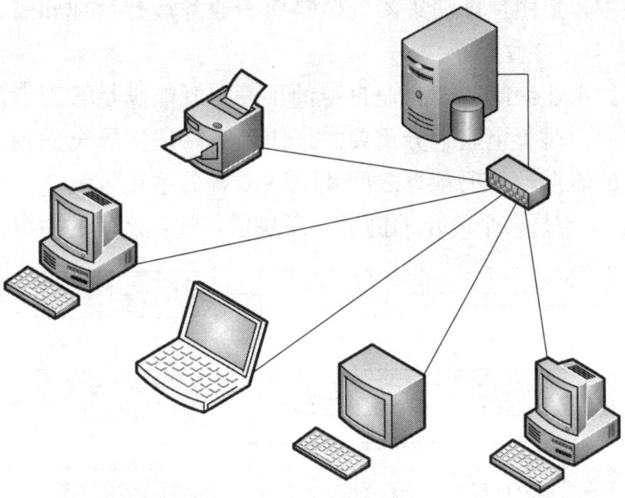

图 1－2　网络组织模式

适应性较强；(5) 可通过互联网或专线实现局域网之间的连接，实现一个较大的网络数据处理体系。对于中、大型单位和跨地区的单位，它都是一种比较好的组织模式。

1.3.3　集团会计信息系统模式

AI 助手探秘

举例说明集团会计信息系统模式。

1. 集团会计信息系统的构成

集团结构的组织是一种垂直模式，由基层单位、中间单位和集团总部构成。

集团会计信息系统的模块构成如图 1－3 所示。

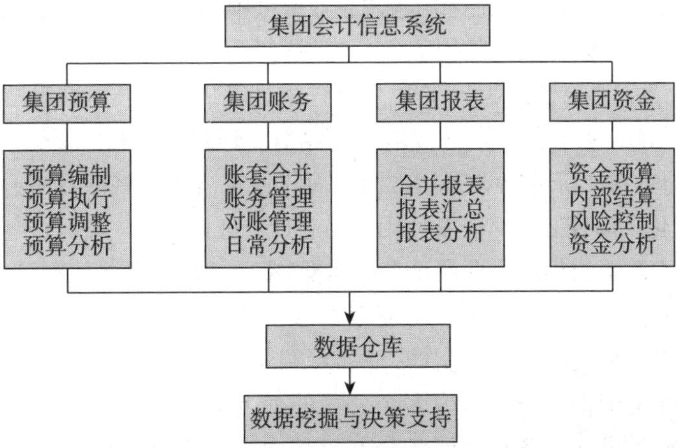

图 1－3　集团会计信息系统的模块构成

集团总部模块中，集团预算和集团资金是属于业务运行管理和监控的系统，其主要管理内容如下：

（1）集团预算。企业编制适合企业自身的预算，既能满足管理者的需求，同时又起到权责利均衡的作用，对于企业十分重要。集团预算一般实施全面预算管理体系，其是由一系列预算构成的体系，各项预算之间相互联系，关系比较复杂，很难用一个简单的办法准确描述，图 1-4 是一个简化的例子，反映了各预算之间的主要关系。

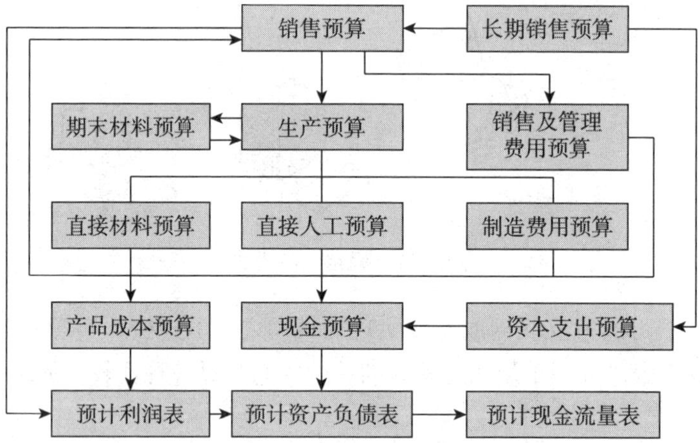

图 1-4 全面预算管理体系

全面预算管理是以企业的经营目标为基础，以长期销售预算为出发点，进而延伸到销售预算、生产、成本、费用和资金收支的各个方面，最后编制预计财务报表的一种整体预算。其特点是以销定产，使预算的每一个部分、每一项指标围绕着企业经营决策所确定的目标利润来制定。具体编制全面预算时，应先编制营业预算和专门决策预算。在营业预算中，又应首先编制基于长期销售预算的销售预算，然后依次编制生产预算、直接材料预算、直接人工预算、制造费用预算、期末材料预算、销售及管理费用预算等，同时编制各项专门决策预算。最后，根据业务预算和专门决策预算再编制财务预算。各项预算相互牵制、互为因果。

（2）集团资金。集团资金一般采用集团企业资金中心的方式管理集团内部的所有资金。集团资金管理的模块主要涵盖以下方面：1）加强资金预算和资金分析。对开户单位资金流动实施事前预算、事中控制及事后分析，依托先进计算机信息技术自动生成资金日报，强化资金分析以辅助领导科学决策。2）优化内部结算。通过有效利用资金沉淀、开展资金运作，发挥集团资金效益，降低财务费用；同时简化业务流程，将结算中心业务前移，提升工作效率。3）优化风险控制。对资金使用情况进行全过程监控，确保资金安全运行。

集团资金除了常用的集团企业资金中心（见图 1-5）还有其他多种管理模式。

（3）集团账务。在一个集团中，可能存在多个子公司或关联公司，它们在财务上相互关联，共同构成整个集团的经济实体，在会计上就需要进行账务合并。

集团账务合并是指将一个集团内多个公司的财务数据进行合并处理，以生成集团级别的财务报告和财务指标。在集团账务合并过程中，需要对各个子公司的财务数据进行调整和合并，比如集团内部的往来账、资产的转移等业务就需要特别处理，以确保财务

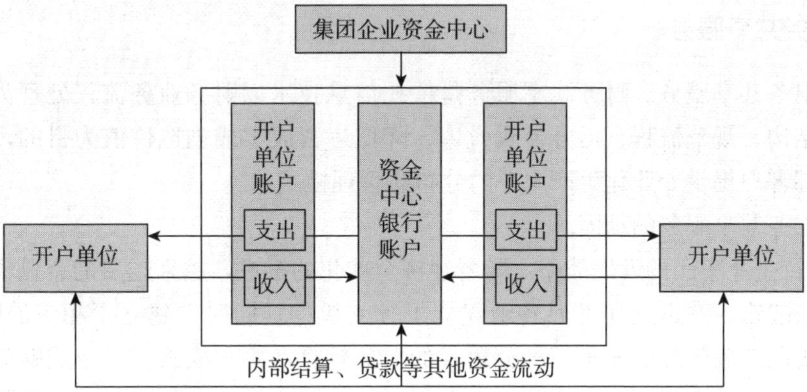

图 1－5　集团企业资金中心

报告能够准确反映整个集团的财务状况和经营业绩。

(4) 集团报表。集团账务合并处理各子公司财务数据后，需生成集团级财务报告。这通常涉及合并资产负债表、合并利润表、合并现金流量表等，用以综合展示整个集团的财务状况、经营成果。

2. 集团企业会计信息系统的部署模式

集团企业会计信息系统的部署模式如图 1－6 所示。这种模式较为复杂，可能会有多种模式共存。

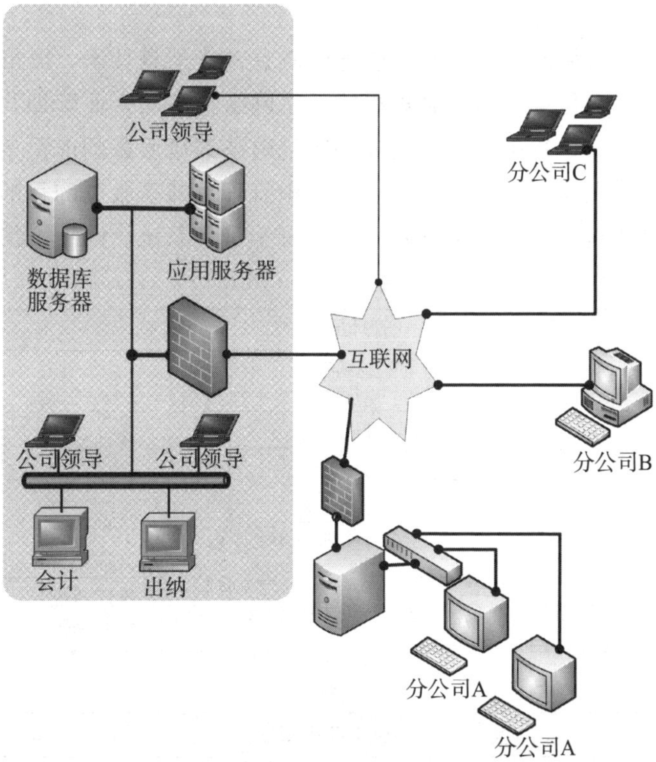

图 1－6　集团企业会计信息系统的部署模式图

3. 财务共享服务

（1）财务共享服务。财务共享服务是依托信息技术以财务业务流程处理为基础，以优化组织结构、规范流程、提升流程效率、降低运营成本或创造价值为目的，以市场视角为内外部客户提供专业化生产服务的分布式管理模式。

（2）财务共享服务的动因。

1）支持企业集团的发展战略。随着经济全球化的推进，越来越多的企业集团实施了全球化扩张战略，并迅速在世界各地建立了分支机构，同时也建立了相应的财务组织，使得企业集团财务管理形成了一种分散式的财务核算及管理模式。分散式财务管理模式不仅使财务管理效率低下，还使其成本大幅增加，制约了企业集团发展战略的实施。而财务共享服务模式将分散在不同分（子）公司的共同业务提取出来，放在财务共享服务中心完成，使得应在不同的分（子）公司完成的工作（登记总账等），只需通过共享服务完成，从而提高了财务核算的效率。

2）强化财务管控。随着企业集团规模的扩大，分散在全球不同国家的分（子）公司的财务组织是相对独立的。由于不同分支机构财务核算和财务处理具有不一致性，各分支机构的财务状况和经营成果须通过报表层层汇总到集团总部，集团管理者很难监控基层业务单位及分支机构的财务状况和经营成果，从而导致整个集团运作效率低下，资源配置协同难度较高。在财务共享服务模式下，服务中心通过制定统一的财务核算标准和核算流程，实时生成各分支机构的财务信息，并通过网络为各分支机构和集团总部的管理者监控提供支持。

（3）财务共享服务中心。财务共享服务中心是基于信息技术，以市场视角为内外客户提供专业化财务信息服务的财务管理模式，是网络经济与企业管理共享思想在财务领域的最新应用。统一的信息系统平台是成功实施财务共享服务的前提条件，通过数据信息在系统平台内实现共享，达到集中核算、集中管理、共享服务的目的。一般来说，财务共享服务中心的系统平台有财务核算系统、资金管理系统、网络报销系统、影像管理系统、电子档案系统等，如图 1－7 所示。

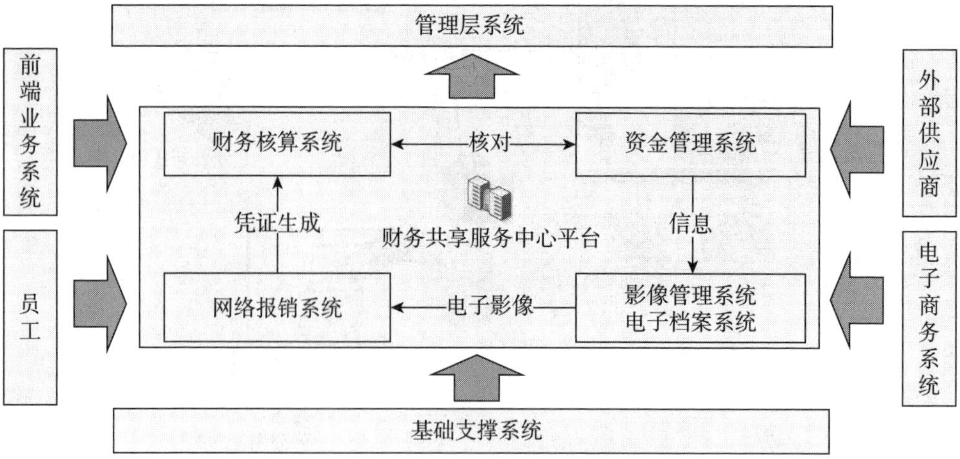

图 1－7　财务共享服务中心平台

1.4 会计信息系统通用化实现

1.4.1 会计业务通用化设计技术

AI 助手探秘

举例说明国内目前会计业务通用化设计技术排名前三的技术。

会计简单地讲就是数据的输入、处理、输出。但要在计算机上实现它，在初期经历了 10 多年的探索，一点一点地进步，才基本实现了通用化设计和实现。随着业务复杂度的提升、管理要求的提高、规模的扩大、技术的进步，一直在不断地迭代和重构，这也推动了会计信息化的不断发展，提高了整体的信息化水平。

1. 会计核算方法是业务实现的基础

会计核算方法是对经济业务进行完整、连续和系统的记录和计算，为经营管理提供必要的信息所应用的方法。会计信息化后，由于计算工具和运行模式的不同，为完成会计核算任务而采用的方法已产生较大的变化。它们之间相互结合应用，形成了新的方法。

我国的会计信息化工作经过 40 余年的发展，在会计信息系统设计方面已经从设计专用系统过渡到通用系统，并能够在一定程度上适应多数专用需求。会计信息系统的通用化，大大降低了成本，实现了产品化开发，加速推动了整个会计信息化的发展。

会计核算工作是在国家统一的会计制度下进行的，在相关的规章中已经对会计科目、凭证、账簿、报表等进行了规范，对固定资产折旧方法、材料成本核算方法、产品成本核算方法等都有具体的规定，这就为会计信息系统的通用打下了最根本的业务基础。按照这些规范设计出的会计信息系统已经具备了一定的通用性。

从计算机进行数据处理的方法来看，业务管理软件都是按照初始化、数据输入、数据编辑、数据加工、数据输出、系统维护等方面进行设计。会计数据的处理过程也是这样，按照原始凭证和记账凭证进行输入，然后进行复核、记账、输出账簿和报表。

如固定资产的折旧，可以将各种计提折旧的方法都设计在软件中，供具体单位选用。在工资管理中，每个单位的计算方法都是不相同的，因此可以采用设置计算公式的方式，由具体的单位根据实际情况进行定义。

因此，会计核算方法的通用性为会计信息系统能够实现通用奠定了基础。

2. 参数法

每个单位使用会计软件，其流程、方法、业务处理方式、结果的表现都不尽相同，因此要实现通用，就要设置一系列的参数。这种参数化方法，是实现软件通用的关键所在。主要有以下几个方面的参数：

（1）系统运行参数。如软件安装的目录、IP地址、数据库连接参数等。会计软件系统要在企业运行，需要技术环境，也与部署方式有关。因此就需要通过一系列的控制数据来确定运行环境。如采用的数据库、主服务器、中间件部署的服务器、网络服务器、在企业的部署方式（如是独立运行，还是总部与分支机构一体化管理，等等）、特殊硬件支持参数。

（2）与单位相关的参数。在会计软件系统中，由一系列的控制数据实现对业务的特殊处理和控制，使业务按照事先定义的控制范围、期间、行业进行具体的处理。例如，"会计期间"实现对会计业务的期间处理和输出报表；"科目级数和位数"实现对所有科目级次和位数的控制；"使用的会计制度"实现对行业的控制及其相关业务的特殊控制；"操作人员权限"实现对会计人员的岗位分工和内部牵制。还有科目、凭证类型、汇率、单位代码、人员代码、部门代码、物料代码、项目代码等，都是根据单位的需要进行设置的共享性数据。

（3）业务控制参数。在会计软件系统中，业务的处理是靠业务规则或业务方法来进行控制的，各企业由于业务差异、管理方法有所不同，就需要按照各企业的要求通过软件的实施来实现，也就是按照实际情况来选择或自行定义业务规则。如成本核算方法、折旧方法、报表取数方法、计提职工有关费用的方法等。

（4）使用习惯参数。这是将单位、个人的使用习惯用一些参数保存下来，以适应单位或者个人的一种参数化方法。如专门设置的凭证格式、账簿格式、报表格式、使用颜色、功能定制等参数。

3. 通用转账法

通用转账是一种快速的凭证制作方法，它是指在计算机中预先一次性定义转账凭证，然后由计算机根据业务数据自动编制凭证，将指定的某一科目余额、发生额全部或者部分转入另一指定科目，或者是其他业务数据转入科目，在转入过程中一般还需要过滤、计算等处理，从而实现凭证数据的自动生成。如汇兑损益、工资分配、固定资产增加、固定资产减少、固定资产折旧、计提职工福利费、期末结转损益等凭证都是通用转账凭证。

通用转账凭证分为两类：一类是根据业务的特点，通过软件设计固化到业务系统中；另一类是用户根据需要，完全自行定义。

4. 报表编制定义法

报表编制通过设计电子表格软件实现编表功能，不仅能编制对外披露的财务会计报告，也能编制对内有助于管理和决策的管理会计报告。

财务报表关系到企业多方面的经济利益，国家统一的会计制度详细规范了它的编制方法。财务报表的特点是，常规的报表格式固定不变，但数据来源有所不同，比如1月的报表就取1月的数据，2月就取2月的数据，但报表的格式是相同的。

通用报表程序设计的思想是：根据报表目录、报表框架结构（格式）数据库、报表数据来源及计算公式数据库中的内容，按照指定期间，由程序自动完成编制并打印输出。

因此报表的通用设计包含报表名称的确定、报表格式（表头和表体）的定义（即不同用户可以根据实际需要自行定义表格的有关结构）、取数和计算公式的定义，勾稽关系公式的定义。

5. 成本核算定义法

一般而言，各企业制造成本核算需经过以下几个共同的步骤：按成本项目归集陆续发生的费用；期末将归集的间接费用在各成本计算对象之间进行分配；按成本计算对象归集成本费用；将各成本计算对象归集的累计成本费用在本期完工产品与期末在产品之间进行分配；最后编制完工产品成本汇总表，据以结转完工产品成本。对此可归纳为归集、分配、再归集、再分配和汇总五个步骤，这是成本核算的共性，反映成本核算数据的通用流程，一般企业要依次经过这五个步骤。

成本核算个性主要表现在两个方面：一是决定成本计算对象，如品种法的成本计算对象是各产品品种，分步法的成本计算对象是各生产步骤的半成品和最终生产步骤的产成品等；二是选择费用分配方法，在前述两个分配环节都有很多费用分配方法可供选用。

在成本费用的归集中，可以通过各个模块向成本核算模块集中。

在分配中，无论选择何种分配方法，其分配过程就是四个因素，即分配对象、分配依据、分配标准和分配归属，它们都集中反映在二维形式的各种分配表中。因此，紧紧抓住成本核算的共性，将费用归集表内容、成本核算计算单、分配方法等标准化，再利用类似报表的方式进行具体的定义，就可实现成本核算的通用化。

6. 账簿通用法

对总账、分类账、日记账等格式和内容，会计软件通过规范与灵活的处理方式实现了通用，并在通用的基础上，实现了日期、格式、条件的灵活设定，提供了动态账簿和组合账簿两种手段，以实现更高层次的通用。

（1）动态账簿。实现会计信息化后，账簿实际上是由计算机生成的，因此要充分利用计算机速度快的优点，广泛地为管理提供信息。动态账簿就是将同一科目下的明细科目进行模糊合并，以满足特殊的账簿要求。其方法是对同一级科目下的各级进行模糊合并，比如在科目中使用“?”可随意归并某一位、某几位、某一级、某几级，随机生成动态账簿，满足管理上的动态信息需要。例如，管理费用的科目设置是一级为管理费用，二级为部门，三级为费用项目。如果需要查询某项目的全部明细，就可以将中间的部门忽略掉。如果需要查询全部门的明细，则可以将最后一级忽略掉。

（2）组合账簿。组合账簿就是根据经济含义将不同的科目进行合并（即跨科目合并），形成新的账簿，满足管理上账簿重组的需要。其科目可以是相同一级科目下的明细科目，也可以是不同的一级科目。实际上，除获得明细账外，同样也可以得到汇总的账簿，方法是一样的。

7. 数据接口的通用法

接口分为两类：一是数据的导入；二是数据的导出。

对会计信息系统而言，数据的导入有三种方法：一是从其他会计软件导入以前的数据，以完成替换软件后数据的继续使用；二是导入自身导出的数据，在系统恢复过程中使用；三是与 ERP 软件接口，相互交换数据。

导出数据主要是为了提供数据输出接口，以利于自身和第三方软件应用。如向 ERP 软件提供数据，为审计软件提供数据。此外，对于使用者的一些不能预见的需求，可以通过导出的数据（如输出与 Excel 兼容的数据），进行进一步的处理，以满足特殊需求。输入、输出的数据，一般采用 txt、Excel、XML 等格式，以便于相关的软件处理。

8. 一套数据、多种目的的应用法

由于国内会计软件受到以前会计软件中编码方法的影响，基本上还是采用固定编码技术，这种编码技术最大的缺陷就是只能满足一个维度的应用，需要其他维度时只能采用另外的编码。在业务处理方面，或许这种缺陷还不是很突出，但在业务分析方面，这种缺陷就充分暴露了。

采用动态编码是新一代编码的必然趋势，这种技术已经趋于成熟，应该在编码中广泛应用。当然，这种编码技术对原来的应用习惯、软件设计都有一定的影响，但其灵活性能够满足以前不能满足的很多需求。

（1）基于基础代码的多维代码动态编码处理技术。会计科目是进行会计核算和提供会计信息的基础，也是对外报告会计信息、对内进行经营管理所必需的。会计科目编码是会计信息系统的核心编码。

在一些会计软件中，会计科目不是等长的，而是按照明细程度把会计科目分成不同的等级。一般一级科目为 4 位，在这个科目下面的子目，又用后续的多位数字区分，可以有二级、三级甚至是四级以上的科目。

例如，库存现金是一级科目，编码为 1001，银行存款也是一级科目，编码为 1002。在库存现金这个一级科目下面，又有次级分类，如人民币和美元分别用 01 和 02 表示。在人民币下，还可以继续划分子目。最后，就形成下面的科目结构：

“1001”库存现金	第一级
“100101”库存现金——人民币	第二级
“10010101”库存现金——人民币——总部机关	第三级
“10010102”库存现金——人民币——一分公司	第三级
“100102”库存现金——美元	第二级
“10010201”库存现金——美元——总部机关	第三级
“10010202”库存现金——美元——一分公司	第三级
“1002”银行存款	第一级
“100201”银行存款——人民币	第二级
“10020101”银行存款——人民币——工行	第三级

具有结构性的会计科目既可以简化汇总统计信息的工作，又可以直接在会计科目上反映出总账和分类账的部分关系。

另一种编码方法是，取消汇总科目级，会计科目直接定义到最明细的等级，所有的

会计科目都是同等级的，会计科目结构也演变成单层结构。同样以上面的10个科目为例，它们在软件中，被定义为下面的5个科目：

"10010101"库存现金——人民币——总部机关

"10010102"库存现金——人民币——一分公司

"10010201"库存现金——美元——总部机关

"10010202"库存现金——美元——一分公司

"10020101"银行存款——人民币——工行

其中的汇总级科目被取消了，只定义最明细级的科目，而且所有科目同在一个级别，会计科目层次结构变成了单层结构。

利用单层会计科目结构来设计数据处理的功能，一般使用"虚拟科目"这一功能来实现数据的分级汇总。"虚拟科目"是会计科目主数据之外的一套结构，由汇总节点和会计科目组成，汇总节点由上到下，层层展开，最底层的汇总节点被分配到对应的会计科目，用于对会计科目数据进行汇总分析。采用这样的设计方法，就可以有多套虚拟科目，也就是说，可以使用不同的分类标准，把会计科目按照不同的报表或者数据要求，以不同的会计科目结构进行汇总。

（2）基于编码组合的动态编码技术。以前的编码大多使用线性编码方式，如科目就是分段逐级编码，只能反映单维度的信息。

动态编码技术是采用组合码的方式，分段编码，编码可以任意组合或者任意抽取，这样就能够使用同样的数据实现各种不同需要的分类归集和分析。

A1	A2	A3	A4	A5	A6	A7

A1至A7表示七组编码，各组的编码位数不等。其中的某些组也可以为空。在应用时，可以从中选择任意组进行编码组合，根据这种组合进行数据处理。

以科目为例说明：A1为总账科目"管理费用"；A2为费用项目，如办公费、出差费、招待费、折旧费等；A3为部门；A4为人员。

当需要按照办公费进行汇总和分析时，则使用"管理费用"＋"办公费"；需要按照部门进行办公费汇总和分析，则使用"部门"＋"办公费"＋"管理费用"；需要按照部门管理费用汇总和分析，则使用"部门"＋"管理费用"；等等。

9. 会计软件技术的通用法

现代的计算机技术，已经可以做到根据用户需要，自己定制界面、工作流、输出格式、计算方法；不仅可以实现通用化，还能够满足用户的特殊定制要求，实现更大范围的通用。从技术的角度讲，比较重要的是人机界面技术和工作流技术。

（1）人机界面技术。计算机按照机器的特性去行为，人按照自己的方式去思维和行为。把人的思维和行为转换成机器可以接受的方式，把机器的行为方式转换成人可以接受的方式，这个转换就是人机界面。使计算机在人机界面上适应人的思维特性和行动特性，这就是以人为本的人机界面设计思想。

目前人机交互在向体感技术、视觉感知技术、声音识别技术等方面发展，越来越符合人们的思维习惯。人工智能技术的突破，将使用更加符合日常的交流习惯来实现人机交互。

(2) 工作流技术。工作流就是一系列相互衔接、自动进行的业务活动或任务。工作流是针对工作中具有固定程序的常规活动提出的一个概念。它通过将工作活动分解成定义好的任务、角色、规则和过程来进行执行和监控，达到流程组织和提升最终工作效率的目的。

通过工作流技术，原来固化设计的流程管理，就可以在使用时设定或者调整，实现流程控制的通用化。

10. 低代码通用技术

在实际工作中，由于企业从事的业务各不相同，都有其特殊性，从而形成了自己的管理特点。作为一个通用型的会计软件，要完全满足每个单位的需求是不可能的，如何在通用与满足用户特殊需求方面找到解决方案，是会计软件行业一直在不断探索的问题。低代码开发平台（low-code development platform，LCDP）就是目前比较好的一个解决路径。

低代码开发平台由于低代码或 0 代码的特征，会大大降低编程语言的学习难度，甚至完全不懂程序语言的业务人员都可以快速进行学习和应用开发。对于大型企业来讲，低代码开发平台还可以降低 IT 团队培训、技术部署的初始成本。

低代码平台分为两类：一类是会计软件公司本身提供的低代码平台，通过它能够快速实现获取本系统的数据，然后进行加工和输出，专业性强，效率高。另一类是一些独立软件开发商提供的低代码平台。AI 在近几年发展很快，可以实现部分自动编程，并且还在不断地进化，这应该是发展的趋势。

1.4.2 会计核算方法

1. 建立账套

在会计信息系统中，应用会计软件开展会计核算工作，先要在系统中建立当前会计主体独立使用的账套。所谓账套，就是会计核算单位用以记录一套账务数据所用的计算机电子文件的集合，它是通过会计软件进行会计核算生成的，并存储在计算机中。建立账套时，一般至少需要以下参数：(1) 账套编号，编号便于计算机进行数据处理，以区别不同的账套；(2) 账套名称，一般为核算单位的名称；(3) 行业和采用的会计制度，通过本项能够确定具体的会计科目体系；(4) 起始会计期间，即在会计信息系统中进行会计核算的开始期间；(5) 会计科目编码结构，可以用来确定科目级数、每级的位数；(6) 编码规则方案，有关部门编码、人员编码、往来单位编码、物料编码等的编码规则，形成本账套的编码方案。在一个会计软件中，通过建立多个账套，就可以为多个会计主体完成会计核算任务。

2. 基础设置

基础设置就是在账套建立的基础上，全面地构建会计的核算体系，主要包括以下两方面。

（1）操作人员设置：将会计人员的职责分工在系统中加以明确，同时使系统具有合法的使用者。

（2）设置编码体系：在系统中建立起用于进行会计核算的会计科目体系、往来单位代码体系、部门代码体系、人员代码体系、物料代码体系等。

会计科目体系在编码体系中是最重要的，通过会计科目，分别对会计对象的不同内容进行反映和监督，是会计核算的主要形式。在大部分会计资料中（如凭证、账簿、报表等），都要以会计科目作为直接对象来加以反映，通过会计科目建立一个完整的核算体系。

往来单位代码等也要按照核算单位的要求，建立相应的编码体系。

3. 业务初始化

业务初始化就是输入初始余额，将存在于手工系统的业务初始数据转入信息化系统中（如果是升级系统，就是从原来系统迁移过来），如科目余额、固定资产余额、应收应付余额、物料余额等，以便进行信息化后的会计核算。

初始设置完成后，需要启用账套。启用账套后即进入日常业务处理阶段，一般不能再修改初始余额和编码规则等参数。

4. 填制凭证与登记账簿

填制凭证和登记账簿这两种传统会计方法目前仍然是会计信息系统业务处理的核心。会计信息系统与手工会计系统形式上的一个差别就是这些会计档案的存在形式不同，这就决定了“填制凭证”与“登记账簿”等方法有着明显的区别。在会计信息系统中，“填制凭证”有两种方式，一种是直接在系统中填制或自动生成凭证，另一种是手工制好凭证后的输入凭证，两种方式都体现为会计软件的一个较为重要的输入功能。

与传统会计方法相比，会计信息系统中的“填制凭证”及“登记账簿”主要有以下几个方面的特点：（1）凭证中各数据项根据类型、范围和勾稽关系进行有效控制。如会计分录中的会计科目必须在设置的会计科目表中已经存在，并且是最底层的明细科目；根据当前科目的属性确定是否具有某些项目，如往来单位、结算单据号码等；借贷方金额必须相等；事先要确定借方或贷方、必有或必无科目、非法对应科目等；编号可以自动连续；日期可以限制顺序等。（2）键盘操作较之手工处理更容易导致错误发生，因而凭证填制在操作功能上分为“填制”“修改”“删除”等步骤，以进行正确性控制。（3）填好的凭证同样需要复核、审核，信息化系统的审核可在程序中再次检验凭证的正确性。（4）登记账簿之前可以汇总，而不是必须汇总；信息化系统可根据需要随时对任意范围的凭证进行汇总；计算机不会因疏漏出现总账与明细账登记结果不一致的情况，当然在记账之前则不必进行“试算平衡”。（5）登记账簿主要是更新相关科目的发生额和余额，真正的账簿一般是在账簿查询时生成。

还有一种特殊的填制凭证的方法是自动转账凭证。自动转账凭证的设置是一次定义、多次反复应用的一劳永逸的初始化工作，凭证模板建立以后，相关参数可不必调整，或只在业务变化以及会计核算方法变更时作少量修改即可。具体是由用户对凭证的全部要素项目进行定义，并保存为转账凭证模板，由系统根据模板自动生成记账凭证。自定义转账凭证中的凭证类型、摘要、会计科目、借贷方向、金额来源公式等都必须由用户自己来定义，其中金额来源公式的设置涉及对各种账簿与凭证的金额关系，以及需要掌握不同会计软件所约定的语法规范。自动转账的意义在于多次重复应用，只有对于不同会计期间须重复多次处理的业务，才能在反复应用中体现出简便、快捷的优势。税金计提、成本结转、损益结转等业务都具有一定的时间性，也有一定的规律性，这类在不同会计期间重复发生又基本稳定的业务，最能体现软件自动处理的优势。

自动转账有两种情形：一种是直接从账务数据中取数生成记账凭证，如结转期间损益；另一种是要通过函数进行较为复杂的运算才能得到凭证上所需的数值，如计算并分配企业应当承担的养老保险、住房公积金等费用。自动转账又分为两个层次：一个层次是在总账系统（或称账务处理系统）中定义并使用的自动转账；另一个层次是在各个子系统中定义和使用自动转账，如工资系统中的工资费用分配、固定资产系统中的折旧费用分配等。自动转账一旦完成定义，即可在不同会计期间重复使用，大大提高了系统的效率。

5. 模块之间数据接口化

获取相关的数据进行核算和分析，是会计核算的必备条件。在会计信息系统中，总账作为核心模块，犹如信息中枢，与工资模块进行数据交换，确保员工薪酬核算数据准确地反映在总账中，为财务成本核算提供依据；与固定资产模块交互，使固定资产的购置、折旧、处置等信息及时更新于总账，便于掌握企业资产状况。在与采购、销售、库存模块的数据往来中，采购模块将采购订单、入库信息传递给总账，为应付账款核算助力，销售模块的销售数据能让总账精准计算收入与应收账款，库存模块则为成本核算提供存货数据基础，且这些模块之间也相互传递数据，形成一个紧密相连的数据链。

会计系统与 ERP 系统的数据交换，将财务数据与企业的资源规划全面整合，实现业务与财务一体化。与数据集成分析系统的数据对接，为深度挖掘数据价值提供了可能，能从海量财务数据中提炼出决策有用的信息。与审计系统的数据交换，则保障了财务数据的合规性与真实性审查。

深入研究分析各方对数据的需求是构建高效数据接口的关键。这需要全面研究不同模块、不同系统在业务流程各个环节的数据诉求，如数据的格式、频率、准确性要求等。进而制定接口标准，规范数据的传输协议、编码规则、安全机制等。通过这样的方式达成模块之间数据共享，无论是同一会计信息系统内的模块间，还是会计系统与其他外部系统间，都能无障碍地传递数据，最终实现数据接口的通用化。

6. 期末结账

期末结账分为月结账和年结账两种。

月结账每月月底都需要进行，结账不仅要结转各账户的本期发生额和期末余额，还要进行一系列处理。如检查会计凭证是否全部审核、记账；科目之间有关数据是否平衡；相关辅助账是否进行了处理；其他业务处理系统是否结账等。与手工结账相比，信息化后结账工作全部是由计算机自动完成，更加规范。

年结账是指系统自动产生下一年度的初始数据（如凭证库数据、科目余额发生额数据等），并结转年度余额，同时自动对“固定资产”等相关数据进行跨年度连续使用的处理。

7. 编制财务报表

在会计软件中，编制财务报表分为两个步骤。第一步是设计阶段，即设计财务报表格式，定义数据来源计算公式；第二步是使用阶段，在具体会计期间，自动生成当期财务报表的结果。设计完成的财务报表可以长期使用，一般在每年会根据新的科目设置、业务变化、报表内容改变做相应的变动。

会计核算方法是对经济业务进行完整、连续和系统的记录和计算，为经营管理提供必要的信息所应用的方法。会计信息化后，由于计算工具和运行模式的不同，为完成会计核算任务而采用的方法已产生较大的变化。它们之间相互结合应用，形成了新的方法。

1.5　会计信息化的新趋势

1.5.1　会计信息化的新技术

技术的进步推动会计信息化的发展，目前有影响力的新技术主要如下：

1. 云计算和大数据技术

云计算和大数据技术的发展使得会计信息化更加灵活和高效。通过云计算，会计数据可以存储在云端，实现跨地域、跨设备的访问和共享。而大数据技术可以对庞大的会计数据进行分析和挖掘，提供更深入的业务洞察和决策支持。

2. 人工智能

AI（artificial intelligence）是人工智能的英文缩写，指的是利用计算机科学和人工智能技术来模拟、扩展和拓展人类智能能力的一种科技。AI 具备自学习、自适应和自我优化的能力，可以从数据中学习和发现模式，提取规律，从而实现自主决策和任务执行。

AIGC（AI generated content）就是由 AI 自动创作生成的内容，比如图片、视频、音乐、文字等。AIGC 是由 AI 打造的，AI 利用它的理解力、想象力和创作力，根据指定的需求和风格，创作出各种内容：文章、短篇小说、报告、音乐、图像、视频、编程等等。AIGC 的出现，打开了一个全新的创作世界，为会计信息化的发展提供了无数种应用的可能性。主要有以下方面：

自动化处理：AIGC技术可以自动处理大量的会计数据，包括数据的收集、整理、分析和报告，大大减少了人工处理的工作量，提高了工作效率。

实时数据分析：AIGC技术可以实时地分析会计数据，使企业能够更快速地了解财务状况，及时做出决策。

风险管理：AIGC技术可以通过大数据分析和预测模型，帮助企业识别潜在的财务风险，并及时采取措施进行风险管理。

个性化服务：AIGC技术可以根据企业的实际情况，提供个性化的会计信息化解决方案，满足企业的特定需求。

AI在编程方面的应用主要包括：（1）代码生成：AI可以通过学习大量的代码样本和规则，生成新的代码片段或函数。（2）代码优化：AI可以分析现有的代码，并提出优化建议，以改进代码的性能、可读性或可维护性。（3）缺陷检测和修复：AI可以通过分析代码和执行路径，自动检测潜在的缺陷或错误，并提供修复建议。（4）自动化测试：AI可以帮助自动生成测试用例或测试代码，以验证程序的正确性和健壮性。

3. 区块链技术

区块链技术的发展为会计信息化带来了更高的安全性和透明度。通过区块链，会计数据可以被分布式地存储和验证，确保数据的不可篡改性和真实性。这对于防止会计舞弊和提高财务报告的可信度具有重要意义。

4. 报告和合规的自动化

会计信息化的趋势之一是实现报告和合规的自动化。通过建立自动化的报告系统和合规检查机制，可以减少人工操作的错误和风险，并提高报告的准确性和及时性。同时，会计软件和系统可以根据不同的法规和准则自动进行调整和适应，确保合规性。

5. 移动化和智能终端

随着移动设备的普及和性能的提升，移动化成为会计信息化的新趋势。会计人员可以通过智能手机和平板电脑等智能终端随时随地访问和处理会计数据，提高工作的灵活性和效率。同时，移动化技术还可以与其他技术结合，如移动支付、扫码识别等，实现更便捷的财务处理和交流。

1.5.2 AI助手在会计日常工作中的应用

AI技术的发展日新月异，逐步深入各行各业及我们的日常生活，成为未来几十年的大趋势。在会计日常工作中可以充分利用AI提高会计工作的效率和质量，特别是在撰写财务报告、日常分析报告、对外报告以及日常工作报告、数据分析等方面。随着AI的发展，行业化、专业化的AI助手会逐步进入实用阶段。基于AI的财务软件，也将会在未来推出。

1. AI 助手

AI 助手作为基于人工智能技术开发的软件工具，具备高度复杂的功能架构。它不仅能够精准地理解自然语言，还能依据用户指令执行多样化的任务，并实现与用户的高效交互。这种交互模式打破了传统软件工具的局限，使得会计人员能够以更加自然、便捷的方式利用 AI 助手完成复杂的会计工作。

目前国内涌现出多个依托 AI 大模型构建的 AI 助手，例如豆包、文心一言、通义千问等。在实际应用场景中，会计人员可根据具体工作需求灵活选择，甚至可以同时使用多个 AI 助手以实现功能互补。随着 AI 技术在行业应用层面的深度拓展，更多专业性更强、与会计行业适配度更高的 AI 助手必将应运而生。此外，AI 助手与日常工作系统的融合趋势也日益凸显，这种一体化的服务模式将进一步优化会计工作流程，提高工作效率。

2. 提示词技术

在使用 AI 助手的过程中，提示词的编写至关重要，它是实现人与 AI 高效沟通的桥梁。编写高质量的提示词需要会计人员不断探索和提炼，因为提示词本质上是一种特殊的交流语言，其逻辑性要求极高。对于具有计算机程序语言学习背景的会计人员而言，这一过程可能相对更为顺畅，例如学习过 Python 的会计人员在编写提示词时可能更具优势，甚至可以通过提示词辅助编写数据分析程序。

撰写提示词的基本技巧如下：

（1）以目标为导向明确核心任务。

1）确定报告类型和目的。首先要清楚自己需要 AI 助手完成的任务是撰写何种类型的报告。例如，是财务分析报告、税务筹划报告，还是成本控制报告等。不同类型的报告目的不同，财务分析报告可能是为了评估企业的财务状况和经营成果，税务筹划报告是为了合理降低税务负担等。

明确报告的受众也很关键。如果是给企业高层管理者的报告，重点可能是战略决策相关的财务信息和建议；如果是给税务机关的报告，就需要严格遵循税务法规，准确呈现税务相关的数据和情况。

2）提炼关键内容要点。对于每种报告类型，梳理出必须包含的核心内容。以财务分析报告为例，关键内容可能包括财务比率分析（如偿债能力比率、盈利能力比率等）、财务趋势分析（如收入和利润的逐年变化趋势）、资产和负债的结构分析等。

考虑报告中是否需要特殊的数据处理或分析方法。比如在成本分析报告中，可能需要按照不同成本性态（固定成本、变动成本）或成本中心（部门、车间等）进行分析，这些要点都要在提示词中明确体现。

（2）构建清晰的逻辑框架。

1）内容顺序安排。按照合理的逻辑顺序组织提示词中的内容要求。一般来说，对于财务报告，先介绍基本数据和背景信息，再进行分析和解读是比较合适的顺序。例如，在撰写年度财务报告提示词时，可以先要求 AI 助手列出公司的主要财务数据（资产、负债、收入、利润等），再分析这些数据与上一年度相比的变化情况及其原因。

对于包含多个部分的复杂报告，如项目可行性研究报告（包括市场分析、财务可行性分析、技术可行性分析等部分），要明确各部分的先后顺序，并在提示词中体现。例如，“请先进行市场分析，包括市场规模、竞争态势等内容，再分析项目的财务可行性，最后进行技术可行性评估”。

2）逻辑关联表达。在提示词中使用适当的连接词和过渡语句，让 AI 助手更好地理解内容之间的逻辑关系。比如，“在分析成本增加的原因之后，请接着提出控制成本的建议”，“在介绍公司的财务状况后，同时鉴于当前的市场环境，分析公司未来的财务风险”。

对于有因果、对比等逻辑关系的内容，要在提示词中清晰地表达。例如，“请对比本公司与同行业其他公司的财务指标，分析我们在盈利能力方面的优势和劣势，并说明原因”。

（3）考虑细节和特殊要求。

1）数据细节要求。明确数据的范围和精度。例如，在要求生成财务数据汇总报告时，要说明是汇总月度数据、季度数据还是年度数据；对于数据的精度，是保留到整数位、小数点后一位还是其他精度要求。例如，“请生成一份季度财务数据汇总报告，所有金额数据保留到小数点后两位”。

告知 AI 助手是否需要对数据进行特殊处理，如数据标准化、数据排序等。例如，“在列出各部门的费用数据时，请按照金额从高到低进行排序”。

2）格式和风格细节。详细说明报告的格式要求。除了前面提到的报告结构，还包括字体、字号、行距、图表格式等细节。例如，“请将生成的报告字体设置为宋体，字号为小四号，行距为 1.5 倍，图表标题字体为黑体，字号为五号”。

对于语言风格，除了指定是正式商务语言、专业学术语言还是通俗易懂的工作语言，还可以进一步要求语言的简洁性、准确性等特点。例如，“报告语言要简洁明了，避免冗长复杂的句子，同时要确保财务术语使用准确”。

如果需要引用外部资料或参考其他文件，要在提示词中说明引用的方式和要求。例如，“在报告中如果引用会计准则或相关法规，请注明具体的法规文号和条款内容”。

3. AI 辅助会计知识的学习

会计领域的法规和准则处于持续变动的动态环境中，及时掌握这些最新信息对于会计人员至关重要。AI 助手凭借其强大的数据获取和处理能力，能够迅速捕捉这些变化，并将其有机融入学习内容之中。这一特性使得会计学习者能够实时了解和掌握最新知识，确保所学内容与实际工作要求紧密契合。此外，AI 助手还能依据会计人员的个性化需求，编制学习计划和内容，有力地促进知识的学习和更新。从更宏观的视角来看，AI 可视为会计行业的知识宝库，其背后蕴含着海量的行业知识，在知识更新速度日益加快的当代社会，会计人员应充分利用这一宝贵资源，提升自身的专业素养。

4. AI 在日常会计工作写作中的主要应用

（1）财务报告。

自动生成报告：AI 助手能够从企业复杂的财务数据库中精准提取数据，并自动生成包括利润表、资产负债表、现金流量表等核心内容的财务报告草稿。这些报告草稿不仅涵盖了基本的财务数据，更通过先进的算法识别出如营业收入增长率、净利润率、资产负债率等关键财务指标，并将其以清晰、准确的文字描述形式融入报告之中，为会计人员提供了内容翔实、具有较高参考价值的报告初稿。

格式规范化：在财务报告的编写流程中，AI助手严格遵循国家会计准则、行业规范以及企业内部的报告标准，确保报告格式的规范性。它能够自动检测并纠正报告中的各类格式错误，包括但不限于字体大小、边距设置、数据对齐等问题，从而保证报告的专业性和规范性，维护财务报告的严肃性。

一致性检查：在编制财务报告过程中，AI助手通过对不同报告中的数据进行交叉验证，保障利润表、资产负债表和现金流量表之间的内在一致性。这种数据验证机制有效避免了因数据不一致而引发的报告错误，从根本上维护了财务报告的准确性和可靠性，为企业财务管理提供坚实的数据支持。

（2）日常分析报告。

数据分析：AI助手运用先进的机器学习算法，对海量财务数据进行快速而精准的分析，能够敏锐地识别出收入波动、成本变化等关键趋势和模式。它不仅能够定期生成财务分析报告，还能根据用户的特定需求提供定制化的数据分析服务，如针对特定产品的盈利能力分析、部门成本效率对比等。这种数据分析能力为会计人员深入洞察企业财务状况提供了有力支持。

可视化呈现：为了帮助会计人员和管理层更直观地理解复杂的财务数据，AI助手具备强大的数据可视化功能，能够将数据以图表、图形、仪表盘等多样化的可视化形式呈现出来。这种直观的数据展示方式极大地提高了信息传递效率，使决策者能够迅速把握企业财务状况，为决策过程提供有力依据。

异常检测：在数据分析过程中，AI助手能够及时发现数据中的异常点，如突增的坏账损失、异常波动的存货水平等，并通过系统提示会计人员关注。这些异常检测功能有助于提前发现潜在的财务风险或管理问题。

（3）工作总结报告。根据会计人员当天完成的工作，AI助手可以生成工作总结报告。它会按照要求列出完成的具体任务、在任务中遇到的问题及解决方法、正在进行项目的进展情况、明天的工作计划和本周剩余时间需要注意的事项等内容，并且，它能使用正式的商务语言，保证报告结构清晰、易于理解。

（4）财务数据汇总报告。依据会计人员提供的当日收入、支出、收款等数据，AI助手可以生成财务数据汇总报告。报告内容包括总收入和总支出、主要收入来源和主要支出项目、当前现金余额、与上周同期的变化情况，还会特别指出异常数据或需要注意的地方，并且确保报告简洁明了、重点突出。

（5）会议纪要报告。根据会计人员参加会议的内容，AI助手可以生成会议纪要。纪要内容包括参会人员名单、主要议题、关键决策点、达成的共识或行动计划和下一步工作安排等内容，并且采用正式的会议纪要格式，确保所有要点准确记录。

5. 常见的提示词举例

在会计日常工作中，撰写各类工作报告是常态化的任务。利用AI技术可以显著简化这一过程，并确保报告具备清晰的结构和详尽的内容。以下是几种常见的提示词示例及其应用场景：

（1）工作总结。

提示词："请依据本人今日已完成的工作内容，生成一份工作报告。报告需涵盖以下要点：明确阐述完成的具体任务；详细描述在任务执行过程中遭遇的问题以及相应的解决方法；清晰呈现当前正在进行的项目进展情况；明确列出明日的工作计划；指出本周剩余时间内需要特别留意的事项。报告语言要求为正式的商务语言，同时确保整体结构清晰、易于理解。"

（2）财务数据汇总。

提示词："依据本人提供的数据（如：今日收入、支出、收款情况等），生成一份今日的财务数据汇总报告。报告内容应包括：明确列出今日的总收入和总支出；详细指出主要收入来源和主要支出项目；准确汇报当前的现金余额；对比分析与上周同期的数据变化情况；针对异常数据或值得关注的要点，予以特别标注。报告需简洁明了，突出重点信息。"

（3）项目进度更新。

提示词："依据本人对项目最新进展的描述，生成一份项目进度更新报告。报告内容应涵盖：项目当前所处的状态；近期完成的主要里程碑；存在的问题或障碍以及相应的克服措施；下一步的详细计划；项目预算的使用情况。报告需运用专业术语，保持客观、准确的风格。"

（4）任务清单。

提示词："依据本人列出的任务清单，生成一份任务完成情况的报告。报告内容应包括：详细列出今日已完成的所有任务；明确指出未完成的任务以及未完成的原因；列出需要添加到待办事项列表中的新任务；明确明日的工作重点。报告逻辑需清晰，便于对任务进度进行有效跟踪。"

（5）会议纪要。

提示词："依据本人参加的会议内容，生成一份会议纪要。纪要应涵盖以下内容：准确列出参会人员名单；详细记录会议讨论的主要议题；明确标注关键决策点；清晰阐述会议中达成的共识或行动计划；详细说明下一步的工作安排。报告需采用正式的会议纪要格式，确保所有要点均准确无误地记录。"

日常工作有很多写作工作，也会遇到很多实际问题，要多用提示词来实现具体任务，并不断总结，逐渐就会摸索出一些规律。

6. 怎样在会计工作中建立、收集与整理提示词

（1）建立提示词的策略。

1）基于工作流程建立。按照会计工作的日常流程，如账务处理、财务报表编制、财务分析、税务申报等环节来建立提示词。以账务处理为例，提示词可以是"请根据原始凭证，生成记账凭证的要点，包括借贷科目、金额及摘要，遵循企业会计准则"。

这种方式的优点是能够紧密贴合实际工作步骤，确保每个环节都能得到 AI 助手的有效辅助，提高工作效率，并且可以随着工作流程的更新或优化，及时调整相应的提示词。

2）基于报告类型建立。根据会计工作中不同的报告需求，如财务报告、审计报告、

预算报告等建立提示词。例如对于审计报告，提示词可以是“请根据审计底稿，生成审计发现问题的报告，包括问题描述、涉及金额、对财务报表的影响程度和整改建议”。

此方法的好处是能够针对特定报告的要求和特点，精准地引导AI助手生成符合要求的内容，有助于提高报告的质量和专业性。

3）基于会计法规和标准建立。会计工作受到众多法规和标准的约束，如会计准则、审计准则、税法等。可以依据这些法规和标准来建立提示词。这样建立的提示词可以确保会计工作的合规性，让AI助手帮助会计人员更好地遵循相关法规和标准，降低合规风险。

（2）收集提示词的途径。

1）内部文档挖掘。深入挖掘企业内部已有的会计工作文档，如工作手册、操作指南、标准报告模板等。这些文档中包含大量关于会计工作要求和规范的内容，可以从中提炼出合适的提示词。例如，从财务分析工作手册中提取出“请按照手册中规定的比率分析法，对公司的偿债能力、盈利能力和营运能力进行分析，并在报告中列出计算过程和分析结论”这样的提示词。

内部审计报告也是很好的来源，其中记录了审计过程中发现的问题和整改要求，这些内容可以转化为提示词，用于提示AI助手在类似工作中进行检查和提醒。

2）同事经验交流。与同事进行沟通交流，特别是那些在会计工作中有丰富经验或者对AI助手应用比较熟练的同事。他们在实际工作中可能已经积累了许多有效的提示词，或者有一些关于如何更好地利用AI进行会计工作的创意。例如，一位同事可能分享了在编制预算报告时，如何通过提示词让AI助手结合市场趋势和企业战略来生成更合理的预算方案，如“请根据市场调研报告中预测的行业增长率，以及公司下一年度的战略重点是市场拓展，生成一份销售预算报告，考虑新增市场的销售潜力和相应的营销成本”。

3）外部培训与研讨会。参加会计领域的外部培训课程和研讨会，这些活动通常会涉及最新的会计技术应用，包括AI在会计中的应用。在培训和研讨过程中，可以收集专家分享的提示词范例或者通用的提示词构建思路。例如，在一个关于AI辅助税务筹划的研讨会上，专家可能会提供“请根据最新的税收优惠政策，结合公司的业务范围和经营模式，生成一份税务筹划建议报告，包括可享受的优惠政策、节税金额估算和潜在风险分析”这样的提示词。

（3）整理提示词的方法。

1）分类整理。按照会计工作的主要领域进行分类，如财务会计、管理会计、税务会计等。在每个领域下，再根据具体的工作任务或报告类型细分。例如，在财务会计领域下，可以分为财务报表编制、账务处理、财务报告分析等类别。对于财务报表编制类别，可以将与资产负债表编制、利润表编制、现金流量表编制相关的提示词分别整理在一起。

这种分类方式可以使提示词条理清晰，方便在需要时快速找到对应的提示词，并且在添加新的提示词时，也能很容易地确定其所属类别。

2）标签标注。为每个提示词添加标签，标签内容可以包括提示词的主要应用场景、涉及的会计科目或业务、关键要求等。例如，对于一个用于生成应收账款账龄分析报告的提示词，可以标注“应收账款、账龄分析、财务分析报告”等标签。

标签标注有助于通过关键词搜索快速定位提示词。当需要完成与应收账款相关的工作或者编写财务分析报告时，通过搜索这些标签就能找到相关的提示词。

3）版本管理。由于会计法规、企业政策和工作要求可能会发生变化，提示词也需要不断更新。建立版本管理机制，记录提示词的更新时间、更新内容和更新原因。

1.5.3 会计信息化的发展趋势

1. 大数据会计

(1）传统会计存在的问题。传统会计主要是基于货币价值角度通过记录、计算来实现对业务管理的过程和结果进行体现，除了货币价值数据外还有如数量等辅助计量，这是因为货币计量有一个优点，可以综合通过货币进行归一化的反映。

随着影响企业的外在因素和内在因素越来越多，基于单一的货币维度来反映经济过程和结果以及对未来进行预测，就越来越受到限制，甚至可能会得出错误的结论。

(2）数据源是大数据会计首先要解决的问题。大数据技术通过对于海量数据的处理，从而得到数据之间存在的潜在关系，进而能够通过已有的数据对于未来数据的发展方向进行预测。利用基于大数据的预测数据，能够对企业的经济发展提供多维度的方向指引，从而对决策产生指导作用。

要从传统会计走向大数据会计，首先要解决的是会计需要采集的数据源和数据的价值模型。

传统会计数据是经过规范化，以记账凭证规定的数据元素进行数据存储，通过日记账、明细账、三栏式总账、多栏式总账等格式存储或展现数据。对业务的处理，还通过数量、规格、单价等进行数据采集，经过一定的计算后通过材料明细账、产成品明细账、销售明细账、固定资产明细账等展现。实际上，传统会计过滤掉了很多与业务有关的原始数据，最后基本就是以货币价值来进行分析和评价。

基本的思路是以原始数据采集为基础，将关联数据统一纳入会计原始数据库，除了传统会计的数据处理模型外，再通过建立相关的模型进行处理得到多维度分析信息供决策使用。

首先是采集与企业相关对象的内部数据。对于会计管理的业务每个对象、事务，除了它本身的数据，还有关联数据，同时还有前端数据。从大数据的角度，能采集到的数据能采则采，有了数据才能挖掘数据中隐含的潜在规律。数据矿藏有了，能否挖掘出其中的价值，那是分析模型和应用驱动的问题。

其次是采集外部行业及公开渠道的数据，通过企业本身的数据与公共数据关联，探索对企业影响的因素和行业的趋势。一个企业置身于市场，与市场的数据息息相关，就像一个印钞厂，它的生产量似乎与货币的磨损、发行量相关，但由于新的电子支付的普及，人们使用的现金量大大减少，从而导致印钞厂的生产量大幅减少，这实际是另外的关联因素影响了货币的使用量。类似的还有如公共汽车售票员、收银员、ATM 机等，都是在电子支付的普及中慢慢地减少，甚至处在消失的过程中。

(3）建立以多维度数据源与价值的评价模型。会计的特点是从价值角度去评价和分析经济活动，在传统会计中是直接的价值数据，对于间接的、相关的非货币价值数据基本是没有纳入计量范围的，但这些因素客观上影响着企业的经济活动。因此在保留传统精确货币价值评估的基础上，引入关联数据元素的相关价值评估、相对价值评估、隐含价值评估，对判断企业经济活动的趋势十分重要。

因此要根据不同的数据类型、不同的数据链建立价值评估模型，还要建立综合价值评估模型。就像天气预报一样，各方面的数据收集丰富，通过各种模型的分析和综合模型的分析后预报的准确性就会大大提高。

会计要在保留货币精确核算的基础上，建立新体系的基于大数据的非精确核算模型，探索建立非货币数据的价值计量方法，使数据成为有价值资产。这样就能将大数据价值化，从而依此进行企业经济活动分析、行业经济趋势分析、社会经济分析，实现非货币数据的价值化应用。

（4）构建大数据会计的新理论新方法。传统会计建立了系统的理论和方法，经历了历史的检验而延续至今。到目前为止，会计信息化实际是基于传统会计的信息化，会计本身并没有因为信息化而进行核心的改变。

基于大数据会计，会计需要建立新的理论和方法才能真正适应大数据会计的发展。主要内容包括：会计数据的定义和范围；非货币数据的价值化理论和方法；主要数据处理模型理论；大数据会计报告内容等。

2. 智能会计

智能会计是指通过应用人工智能技术和大数据分析等技术，实现财务数据自动化处理、数据挖掘和分析、预测分析等智能化功能的会计工作。智能会计通过自动化处理重复性、规律性的财务业务流程，提高会计工作效率和准确性，同时通过数据分析和预测，为企业决策提供更加精准的信息。主要包括以下方面：

自动化数据处理：利用人工智能和大数据分析技术，实现财务数据的自动收集、整理、分类和处理，减少人工干预，提高数据处理的效率和准确性。

实时财务分析：通过大数据分析和云计算技术，实现对财务数据的实时分析，帮助企业及时了解财务状况，做出更准确的决策。

预测性分析：利用大数据和人工智能技术，对财务数据进行预测性分析，帮助企业预测未来的财务趋势和风险，为企业决策提供参考。

数据安全和隐私保护：利用物联网和云计算技术，加强财务数据的安全性和隐私保护，防止数据泄露和损坏。

个性化服务：根据企业的实际需求，提供个性化的智能会计解决方案，满足企业的特定需求。

3. 智慧会计

人工智能的发展，会产生越来越多的新技术（比如基于量子计算技术实现和应用等等），或将通过几十年或者更长的时间，形成会计大脑，这个会计大脑将更多地替代人脑，更加提升会计的工作效率和智能化，逐步进入智慧会计时代。就像现阶段的某些先进的股票投资系统，已经基本实现了快速的分析响应，甚至直接决定投资还是退出。

当然，会计大脑毕竟不是人的大脑，它是受人控制或影响的，只是较多地替代了知识获取、分析和部分决策工作。因为人具有思想，具有无限的创新能力，人也在不断地进化和进步。

1.6 AI 助手拓展学习

在 AI 时代，要想更好地发挥 AI 助手的作用，需要不断地学习编写提示词，在具体的实践中积累经验，以提高学习和工作效率。要养成有问题就找 AI 助手的习惯，充分应用 AI 专家大脑来帮助自己。

可以选择豆包、文心一言、通义千问、智谱清言等智能助手进行提问和追问，根据自己的兴趣和需要来设计提示词，达到学习和探索的目的。以下提供几个基本的提示词供学习参考，可以在此基础上，创建其他提示词深入获取自己需要学习和了解的知识，拓展自己的视野。后面的思考题也可以作为提示词应用。

（1）AI 发展的趋势。

（2）AI 对未来会计工作的影响。

（3）AI 时代怎样学习会计知识。

（4）我想学习 Python 用于会计工作，请给我制订一个学习计划。

（5）怎样写好提示词？请给我一些建议。

即测即评

思考题

1. 会计信息化如何助力企业提升竞争力？请结合实际案例进行分析。

2. 试分析会计信息化对会计教育体系改革的影响及应对策略。

3. 如何确保会计信息化过程中的数据质量？请从数据录入、处理和存储等环节分别阐述。

4. 探讨会计信息化背景下，会计人员如何实现从核算型向管理型转变。

5. 预测会计信息化未来可能面临的伦理挑战及应对措施。

6. 会计信息系统与会计电算化的主要区别是什么？

7. 开展会计信息化工作的基本条件有哪些？

8. 会计信息系统的物理组织模式有哪些？各有什么特点？

9. 会计核算方法在会计信息化下有哪些创新之处？

10. 集团会计信息系统中全面预算管理的重要性及实施步骤是什么？

11. 会计信息系统通用化实现技术中的参数法包括哪些参数类型？其作用分别是什么？

12. AI助手在会计日常工作中的主要应用场景有哪些？

13. 会计信息化发展趋势中的大数据会计与传统会计有何不同？

14. 会计信息化过程中如何进行数据备份与恢复？其重要性体现在哪些方面？

15. 会计信息化对会计人员的职业发展有哪些影响？

第2章

会计信息系统的建立与运行管理

2.1　会计信息化工作的基本要求

2.1.1　规范的会计信息化工作是会计工作的基本保证

会计核算必须执行一系列的规章、制度和方法，这在手工方式下靠会计人员来具体执行，由上级部门、审计部门、税务部门等进行检查。实现会计信息化后，原来进行数据处理的环节由计算机代替，而且由程序自动处理，十分隐蔽。为此，我国经过多年的探索，建立了会计软件的基本评估体系，以确认会计软件是否满足有关要求。会计软件，是指单位使用的专门用于会计核算、财务管理的应用软件或者其功能模块。

会计信息系统是一个数据处理系统，从会计软件的整个运行过程来看，可分为输入、处理和输出三个阶段。在输入阶段，操作人员将经过审核的原始凭证或记账凭证输入电子计算机。在处理阶段，计算机对输入的数据自动进行处理，登记机内账簿，生成相应的报表和资料。最后一个阶段是输出阶段，计算机将会计账簿、报表等会计信息通过打印机、显示器等设备输出。会计软件和相应数据的安全、可靠是软件运行的基本保证，贯穿从输入到输出的全过程。财政部曾在（89）财会字第65号《会计核算软件管理的几项规定（试行）》对上述四个方面提出十条基本要求。1994年6月，财政部又发布《会计电算化管理办法》、《商品化会计软件评审规则》和《会计核算软件基本功能规范》三个文件，进行了严格的规范。2013年，财政部发布《企业会计信息化工作规范》，对会计信息化工作进行系统的规范。2024年7月，财政部发布财会〔2024〕11号《会计信息化工作规范》和〔2024〕12号《会计软件基本功能和服务规范》，根据会计信息化的现状和未来的发展需要进行严格的规范。

2.1.2　会计软件和服务

1. 对会计软件的总体要求

（1）合法性要求。会计软件的设计应当符合我国法律、行政法规和部门规章的有关规定，保证会计数据合法、真实、准确、完整、安全，有利于提高会计工作效率。

会计软件应当保障单位按照国家统一的会计制度开展会计工作，不得有违背国家统一的会计制度的功能设计。

（2）标准化要求。会计软件应当遵循国家统一发布的电子凭证会计数据标准，在电子凭证输入、处理和输出等环节进行适配，满足会计数据标准的要求。

会计软件结构应当具备开放性，遵循国家相关技术标准规范，采用开放式体系架构，提供易于理解的标准数据接口，支持通用的数据传输协议和数据格式，便于实现与其他信息系统集成或数据交换。

会计软件功能应当具备可扩展性，满足当前及可预见时间内的业务需求，方便进行功能和会计数据标准应用的扩展。

（3）适应性要求。会计软件设计应当具备灵活性，支持会计信息化业务模式、工作流程和数据等的灵活定义与部署。

会计软件的界面应当优先使用中文，遵循中文编码国家标准并提供对中文处理的支持，可以同时提供外国或者少数民族文字界面对照和处理支持。

会计软件应当支持以人民币作为记账本位币进行会计核算。以人民币以外币种记账的，应当支持折算为人民币编报财务会计报告。

（4）安全性和稳定性要求。会计软件应当具备安全性，能够及时保存会计数据处理关键业务过程记录，有效防止非授权访问，充分防御恶意攻击，保障会计数据安全。

会计软件性能应当具备稳定性，能够有效防范和消除用户误操作和恶性操作而产生系统错误甚至故障，能够通过自动或手工方式消除运行环境造成的影响，快速恢复正常运行。

（5）持续发展要求。会计软件服务商应当积极探索现代信息技术在会计领域的应用，在会计软件的研究开发中保持技术更新迭代，积极助力会计数字化转型和会计职能作用发挥。

2. 会计数据输入

会计软件应当具备会计数据输入功能，支持网络报文传输、文件导入和手工录入等输入方式。会计软件应具备输入数据校验功能，对于软件中已有的相关数据内容，支持对新输入会计数据与已有相关数据的准确性和一致性进行校验。

会计软件应当支持与业务软件系统的一体化应用，确保会计数据真实、完整、安全地传输，实现电子原始凭证自动生成电子记账凭证。

会计软件应当能够接收电子原始凭证等会计数据，支持通过查验电子签名等方式检查电子原始凭证的合法性、真实性。

会计软件应当准确、完整、有效读取电子会计凭证中的数据，真实、直观、安全呈现电子会计凭证所承载的信息。会计软件应当适配电子凭证会计数据标准，支持按照电子凭证会计数据标准解析符合标准的电子会计凭证。

3. 会计数据处理

会计软件应当安全、可靠地传输、存储、转换、利用会计数据。对内部生成和从外部接收的电子会计凭证，能准确识别和防止信息被篡改，能够如实、直观地向用户呈现凭证的真实性等状态。

会计软件的数据处理功能设置应当符合国家统一的会计制度要求。

(1) 会计软件应当同时提供国家统一的会计制度允许使用的多种会计核算方法，以供用户选择。会计软件对会计核算方法的更改过程，在系统内应当有相应的记录。

(2) 会计软件应当提供符合国家统一的会计制度的会计科目分类和编码功能，支持单位进一步扩展应用。

(3) 会计软件应当提供自定义辅助核算项目功能，支持单位结合实际情况开展多维度会计数据分析。

会计软件应当提供填制和生成记账凭证的功能。

(1) 会计软件应当支持审签程序自动化，能够根据预置的审核规则实现电子会计凭证数据、业务数据和资金支付数据等相关数据的自动关联和相互校验。校验无误的电子原始凭证可自动填制电子记账凭证，并进行会计入账。会计软件的自动审核规则应当可查询、可校验、可追溯。会计软件应当支持用户针对特定审签程序的系统自动化处理进行授权操作。

(2) 会计软件应当按照国家统一的会计制度进行会计核算，具备经办、审核、审批等必要的审签程序并防止电子会计凭证重复入账。

(3) 会计软件应当提供不可逆的记账功能，不得提供对已记账凭证的删除和插入功能，确保对同类已记账凭证的连续编号，不得提供对已记账凭证日期、币种、汇率、金额、科目、操作人等的修改功能。

(4) 会计软件应当具有按照电子凭证会计数据标准要求处理电子会计凭证，并生成入账信息结构化数据文件的功能。

会计软件应当提供根据审核通过的记账凭证生成账簿的功能。

(1) 根据审核通过的记账凭证或者记账凭证汇总表登记总分类账。

(2) 根据审核通过的记账凭证和相应原始凭证登记明细分类账。

会计软件应当提供自动进行银行对账的功能，根据银行存款账面余额、银行存款日记账与输入的银行对账单，借助适当的手工辅助完成银行对账。

会计软件应当提供会计数据按照规定会计期间进行结账的功能。结账前，会计软件应当自动检查本期输入的会计凭证是否全部登记入账，全部登记入账后才能结账。鼓励会计软件提供跨应用、跨系统的智能结账功能，满足单位多应用、多系统的情况下，加强结账任务协同，提升结账效率。

会计软件应当提供符合国家统一的会计制度规定自动编制会计报表的功能。会计软件应当提供会计报表的自定义功能，包括定义会计报表的格式、项目、各项目的数据来源、项目之间的计算逻辑等。

鼓励会计软件服务商在会计软件中集成 XBRL 功能，便于单位生成符合国家统一标准的 XBRL 会计数据文件和财务会计报告。

4. 会计数据输出

会计软件应当提供符合国家统一的会计制度的会计凭证、会计账簿、财务会计报告和其他会计资料的显示、打印、生成版式文件并导出的功能。

会计软件应当具有会计资料归档功能，提供导出电子会计档案的接口，输出归档的电子会计资料应当符合国家有关电子文件归档与电子会计档案管理的要求。

会计软件应当具有符合国家统一标准的数据接口，满足系统功能拓展、与外部系统对接和监督需要，支持相关监管机构的信息披露要求。

鼓励会计软件提供按照标准格式输出各类会计数据的功能，促进会计数据的应用，发挥会计数据的价值。

5. 会计软件安全

会计软件运行、处理应当安全可靠，根据需要采取安全认证、电子签名、数字加密和可信存证等技术手段，防止非授权访问，防范数据库中的会计数据被篡改，保障会计处理过程安全可信，以及会计数据可验证、可溯源。

会计软件应当能够记录用户操作日志，确保日志的安全、完整，提供按操作人员、操作时间和操作内容查询日志的功能，并能以简单易懂的形式输出。

会计软件应当满足数据保密性的要求，支持对重要敏感数据的加密存储和传输。会计软件应支持按照数据使用场景及安全要求，对敏感数据进行脱敏处理。

会计软件应当满足数据完整性的要求，根据需要采取电子签名、可信存证等技术手段，保障会计数据不被篡改。

会计软件应当满足数据可靠存储的要求，能够支持数据容灾和备份功能，避免会计数据因错误操作、系统故障或自然灾害而损毁、丢失。

会计软件应当满足跨境数据境内备份的要求。如存在单位在境外设立分支机构等情形，其数据服务器部署在境外的，会计软件应当能够支持将境外部署的数据服务器中的电子会计资料备份到境内，并能够支持在必要时仅依靠境内备份的电子会计资料独立满足单位开展会计工作以及财会监督需要。

会计软件采用密码技术的，应当遵循国家密码主管部门的有关规定。

6. 会计软件服务

会计软件服务，是指会计软件服务商提供的通用会计软件开发、个性化需求开发、软件系统部署与维护、云服务功能使用订阅、用户使用培训及相关的数据分析等服务。

鼓励会计软件服务商为用户提供符合国家统一的会计制度要求的个性化、自动化、智能化核算处理功能。会计软件服务商为财务会计报告按规定须经注册会计师审计的单位提供会计软件时，鼓励其提供的会计软件适配注册会计师审计数据标准。

会计软件服务商应当保证会计软件服务质量，按照合同约定及时解决用户使用中的故障问题。对于新施行的国家统一的会计制度和会计数据标准，会计软件服务商应当及时审查和评估软件功能，对软件进行必要的维护和升级，并通知用户所升级的版本、补丁和功能。对于会计软件服务提供之前已施行的国家统一的会计制度和会计数据标准，会计软件服务存在影响用户按照国家统一的会计制度进行会计核算的，或存在影响用户按照会计数据标准输入、处理和输出会计数据的，会计软件服务商应当为用户免费提供更正程序以消除上述影响。

会计软件服务商以远程访问、云计算等方式提供的会计软件服务，应当支持用户使用符合本规范要求的会计软件功能。

用户以远程访问、云计算等方式使用会计软件服务生成的电子会计资料及相关数据归用户所有。会计软件服务商应当提供符合国家统一标准的数据接口供用户导出电子会计资料，不得以任何理由拒绝用户导出电子会计资料的请求。

以远程访问、云计算等方式提供服务的会计软件服务商，应当严格遵守国家有关网络安全、数据安全和信息保护等方面的法律法规，落实网络安全等级保护的有关要求，在技术上保证用户会计资料的安全、完整和可用，为用户的会计资料提供必要的数据容灾、应用容灾技术措施，出现系统故障或自然灾害导致数据毁损的，能及时为用户恢复会计资料，保障用户业务能够延续。对于因会计软件服务商原因造成用户会计资料泄露、毁损的，会计软件服务商应当按规定承担恢复、赔偿责任。

以远程访问、云计算等方式提供服务的会计软件服务商，应当做好本服务商不能维持服务的情况下，保障用户电子会计资料安全以及单位会计工作持续进行的预案，并在相关服务合同中与用户就该预案做出约定。

会计软件服务商应当为用户提供必要的会计软件使用操作培训和相关教程资料。会计软件服务商和用户在有关合同中约定了操作培训事宜的，应当从其约定。

会计软件服务商可以采用现场服务、呼叫中心、在线人工客服、智能客服、网络社区服务等多种方式为用户提供实时技术支持。会计软件服务商应当努力提高会计软件相关服务质量，按照合同约定及时解决用户使用中的故障问题，并建立突发问题应急机制。

有关部门依法开展监督检查工作，需要通过会计软件开展检查、调查的，会计软件服务商应当配合并提供相关文档等支持资料。

2.1.3 企业会计信息化工作管理

1. 会计信息化工作的组织和管理

企业应当充分重视会计信息化工作，加强组织领导和人才培养，不断推进会计信息化在本企业的应用。企业开展会计信息化工作，应当根据发展目标和实际需要，合理确定建设内容，避免投资浪费。

企业开展会计信息化工作，应当注重整体规划，统一技术标准、编码规则和系统参数，实现各系统的有机整合，消除信息孤岛。

企业应当指定专门机构或者岗位负责会计信息化工作。未设置会计机构和配备会计人员的企业，由其委托的代理记账机构开展会计信息化工作。

企业开展会计信息化工作，应当注重信息系统与经营环境的契合，通过信息化推动管理模式、组织架构、业务流程的优化与革新，建立健全适应信息化工作环境的制度体系。

2. 开展会计信息化的实现方式

企业配备会计软件，应当根据自身技术力量以及业务需求，考虑软件功能、安全性、稳定性、响应速度、可扩展性等要求，合理选择购买、定制开发、购买与开发相结合等方式。

定制开发包括企业自行开发、委托外部单位开发、企业与外部单位联合开发。企业通过委托外部单位开发、购买等方式配备会计软件，应当在有关合同中约定操作培训、软件升级、故障解决等服务事项，以及软件供应商对企业信息安全的责任。

3. 会计信息系统应用

企业应当促进会计信息系统与业务信息系统的一体化，通过业务的处理直接驱动会计记账，减少人工操作，提高业务数据与会计数据的一致性，实现企业内部信息资源共享。

企业应当根据实际情况，开展本企业信息系统与银行、供应商、客户等外部单位信息系统的互联，实现外部交易信息的集中自动处理。

企业在进行前端系统的建设和改造时，应当安排负责会计信息化工作的专门机构或者岗位参与，充分考虑会计信息系统的数据需求。

企业应当遵循企业内部控制规范体系要求，加强对会计信息系统规划、设计、开发、运行、维护全过程的控制，将控制过程和控制规则融入会计信息系统，实现对违反控制规则情况的自动防范和监控，提高内部控制水平。

对于信息系统自动生成且具有明晰审核规则的会计凭证，可以将审核规则嵌入会计软件，由计算机自动审核。未经自动审核的会计凭证，应当先经人工审核再进行后续处理。

处于会计核算信息化阶段的企业，应当结合自身情况，逐步实现资金管理、资产管理、预算控制、成本管理等财务管理信息化以及逐步实现财务分析、全面预算管理、风险控制、绩效考核等决策支持信息化。

分公司、子公司数量多、分布广的大型企业、企业集团应当探索利用信息技术促进会计工作的集中，逐步建立财务共享服务中心。实行会计工作集中的企业以及企业分支机构，应当为外部会计监督机构及时查询和调阅异地储存的会计资料提供必要条件。

企业会计信息系统数据服务器的部署应当符合国家有关规定。数据服务器部署在境外的，应当在境内保存会计资料备份，备份频率不得低于每月一次。境内备份的会计资料应当能够在境外服务器不能正常工作时，独立满足企业开展会计工作的需要以及外部会计监督的需要。

企业会计资料中对经济业务事项的描述应当使用中文，可以同时使用外国或者少数民族文字对照。

4. 会计信息的使用与管理

（1）企业内部资料。会计软件应当具有会计资料归档功能，提供导出会计档案的接口，在会计档案存储格式、源数据采集、真实性与完整性保障方面，符合国家有关电子文件归档与电子档案管理的要求。

无纸化管理下内部生成会计资料有会计凭证、账簿和辅助性会计资料。这里的会计凭证包括原始凭证和记账凭证，会计账簿包括总账、明细账和日记账，辅助性会计资料则含义宽泛，包括固定资产卡片、项目辅助账、银行存款余额调节表等各种会计资料。

企业应当建立电子会计资料备份管理制度，确保会计资料的安全、完整和会计信息系统的持续、稳定运行。

企业不得在非涉密信息系统中存储、处理和传输涉及国家秘密，关系国家经济信息安全的电子会计资料；未经有关主管部门批准，不得将其携带、寄运或者传输至境外。

企业内部生成的会计凭证、账簿和辅助性会计资料，同时满足下列条件的，可以不输出纸面资料：

1）所记载的事项属于本企业重复发生的日常业务；

2）由企业信息系统自动生成；

3）可及时在企业信息系统中以人类可读形式查询和输出；

4）企业信息系统具有防止相关数据被篡改的有效机制；

5）企业对相关数据建立了电子备份制度，能有效防范自然灾害、意外事故和人为破坏的影响；

6）企业对电子和纸面会计资料建立了完善的索引体系。

（2）外部资料。外部获取会计资料是指所记载内容需要企业外部人员或者机构认可的会计资料。这类资料的范围比较广，主要是原始凭证，如发票、银行回单等。此外，还包括银行对账单、购销合同等其他外部获取资料。需要注意的是，外部获取资料不等于外部制作的资料，一份会计资料由本企业制作，但经过了外部认可，也属于这里所说的外部获取会计资料。企业获得的需要外部单位或者个人证明的原始凭证和其他会计资料，同时满足下列条件的，可以不输出纸面资料：

1）会计资料附有外部单位或者个人的、符合《中华人民共和国电子签名法》的可靠的电子签名；

2）电子签名经符合《中华人民共和国电子签名法》的第三方认证；

3）实施企业会计准则通用分类标准的企业，应当按照有关要求向财政部报送 XBRL 财务报告。

2.1.4 会计信息化工作监督

企业使用会计软件具体由财政部门监督。

财政部采取组织同行评议，向用户企业征求意见等方式对软件供应商提供的会计软件情况进行检查。

软件供应商提供的会计软件不符合要求的，财政部可以约谈该供应商主要负责人，责令限期改正。限期内未改正的，由财政部予以公示，并将有关情况通报相关部门。

2.2　商品化会计软件的选择

2.2.1　实现会计信息系统的途径

会计信息化的实现就是指建立会计信息系统及相应的组织管理体系。由于会计信息系统的建立不仅需要高素质的会计业务人员，还需要高水平的计算机人才，因此，一般以建立起会计信息系统为实现会计信息化的标志。

当前我国实现会计信息化的主要途径有三种。

1. 购买商品化会计软件

购买商品化会计软件建立会计信息系统主要是指购置商品化软件厂家的通用会计软件，经过实施过程，完成会计信息系统的建立。该方式有见效快、费用低、维护有保障、安全可靠性强等优点。

2. 自行开发与购买商品化会计软件相结合

自行开发与购买商品化会计软件相结合建立会计信息系统主要是指，结合商品化会计软件的优势，增加或补充商品化软件满足不了或不太符合本单位的功能，建立更为完善的、有一定针对性的会计信息系统。

3. 自行开发会计软件

自行开发会计软件建立会计信息系统主要是指依靠本单位的力量，或与外单位联合开发本单位使用的会计软件。该方式有适应本单位需求、有利于培养本单位的开发使用人员等优点，也有周期长、对本单位人员技术水平要求高、开发成本高、维护频繁等缺点。一些特殊行业，如部分银行就采用这种方式。

2.2.2　商品化会计软件选择的步骤

商品化会计软件的选择方法本质上与会计软件的开发方法是一致的，因为其要达到的目标相同。一般采用下述步骤。

（1）进行初步的需求分析，确定对软件的功能、安全性、可靠性及其他性能的要求。如账务模块应有建账、科目及编码增删改、记账凭证录入及复核、记账、结账、年终结账、账簿查询、数据备份与恢复、凭证及账簿打印等功能。

（2）对商品化软件供应商进行调查。了解有关商品化软件供应商有哪些定位的会计软件品种和功能模块，以及这些软件对设备和系统环境的要求及使用情况、维护情况。

（3）选择几家商品化软件供应商进行调查。首先通过网站初步了解相关产品的情况。然后通过阅读产品简介、观看产品演示等方式，观察其是否满足本单位的需求，如会计业务岗位的设置、会计科目的编码方案、业务处理模式等。

（4）确定1～3家的产品，最好能到其用户单位参观，详细了解产品的使用情况、对客户的服务情况、本地代理的维护能力等。

（5）了解具体的招标或谈判方式，确定选择的对象。具体确定软件模块、价格，付款方式，试用条件，后续维护，人员培训等问题。

2.2.3 商品化会计软件的评价

虽然商品化会计软件的评价没有固定的指标，是一项比较复杂的工作，但其需要了解的问题、范围及要求是相对固定的，是可以考察的，主要包括以下几方面。

1. 会计软件符合国家有关法规、制度要求的情况

会计工作要遵循国家统一的会计制度和其他财经法规中的有关规定，会计信息系统作为其重要组成部分也不例外。同时，作为一种技术产品，会计软件还应满足国家相关部门对会计软件的管理规定。

2. 适用性

适用性主要是指会计软件适用于本单位会计业务处理的性能。是否适用主要应根据所做的需求分析来确定。一般主要应评价：软件的功能是否满足本单位的要求；软件输出的信息是否满足本单位的要求；软件需输入的信息本单位是否能提供，是否方便；软件提供的接口是否能满足本单位会计信息化工作进一步开展的要求，软件提供的数据接口是否满足会计软件数据接口国家标准的要求，是否满足我国XBRL标准的要求。

3. 通用性

通用性是指会计软件满足不同的企事业单位、不同的会计工作需要及单位会计工作不同时期需要的性能，其包括纵向与横向两方面的通用性。纵向的通用性指会计软件适应单位不同时期会计工作需要的性能；横向的通用性是指会计软件适应不同单位会计工作需要的性能。对通用性主要应考察以下几个方面。

（1）各种自定义功能是否能满足使用单位的要求。对于会计工作中不十分规范、变化较多的处理，通用软件一般都是通过自定义功能来实现通用的。例如，通用报表生成系统中，就应由使用人员定义数据来源、报表项目的算法、打印格式等。

（2）各种编码方案是否有由使用人员自定义的功能，即编码规则定义和增删改等维护功能。例如，会计科目的分级数和每级科目的长度及编号就应由使用人员按有关会计制度的规定自行设置，且对会计科目及其编码应有增删改功能，以保证适应核算内容的

变化。

（3）对一些无法直接实现通用的功能是否设有可选功能，是否满足通用要求。在一些功能无法直接实现通用的情况下，应增加可选功能，由使用单位选择合适的方式来满足使用的具体要求。例如，成本核算就可设置定额核算法、平行结转法、分步法等成本核算的可选方法。

（4）对一些变化较多的算法可由使用人员进行自定义。例如，由使用人员自定义成本核算中的产品费用归集公式。

（5）软件的初始设置及维护功能是否能充分设置本单位所需的各种初始数据。如建账的科目余额，是否能适应单位不同时期的要求进行各种非程序性的维护。

（6）会计软件是否提供了对外符合有关标准的数据接口。如哪些数据提供了数据输出和输入接口，提供了哪些形式的接口等。

4. 安全可靠性

安全性是指会计软件防止会计信息被泄露和破坏的能力。可靠性是指软件防错、查错、纠错的能力。评价会计软件的安全可靠性主要考察以下内容：软件提供的各种可靠性保证措施，是否能有效地防止差错的发生，在错误发生时是否能及时查出并能进行修改；安全性保证措施是否能有效地防止会计信息的泄露和被破坏。主要应从以下几方面进行考察。

（1）是否有数据备份与恢复功能，并能有效地备份与恢复各种历史数据。

（2）是否有权限设置功能，并能最大限度地保证各有关人员只能执行其权限范围内的工作。

（3）软件中是否采用了各种容错技术，保证会计人员操作失误时，及时发现和纠正错误。

（4）软件是否将会计业务存在各种勾稽关系的特点融于软件中，随时检查各种生成数据的正确性。

（5）对各种上机操作是否留有记录，以便随时追踪查询各种失误与安全隐患。

5. 易使用性

易使用性是指会计软件易学、易操作的性能。对它的评价主要从以下几个方面着手：用户操作手册内容是否完整，通俗易懂；联机帮助是否充分；软件操作是否简便易学；软件操作过程中的难点是否有实时的帮助功能；软件提供的界面是否清晰，并符合会计人员的习惯；对操作的关键环节是否具有特别控制，如结账、删除往年数据等。

6. 先进性

先进性是指该软件在同类产品中的先进程度，包括安全性、可靠性、功能的完备性、通用性、运行效率、软件技术平台的先进性和软件设计的优良性等，先进性是单位选择商品化会计软件的因素之一，但对于会计工作，主要应考虑其实用性，即前五个评价标准。

AI助手探秘

选择会计信息系统时需要考虑哪些因素？
什么是 ERP 软件系统？
ERP 软件与会计软件的区别与联系。

2.3 会计信息系统实施

2.3.1 实施方法论

1. 实施方法概论

会计信息系统的实施是非常重要的工作，它关系到系统应用的成败。实施会计信息系统，不但要满足各种各样的企业要求，更要有充分的思想去准备改变企业中原有的一切不合理的因素，包括人们的思维方式和行为方式。特别是在一些大型企业，要使会计信息系统的实施和运行管理获得成功，除了领导重视、具备相应的技术和物质条件，还需要有正确的实施方法。

会计信息系统的实施方法论，实际是以项目管理思想为主导，结合会计信息系统的特点建立起来的一套管理方法。实施工作一般由软件提供商实施方或第三方实施机构和具体应用单位共同来实现。

2. 项目管理方法论

项目管理方法贯穿会计信息系统项目的始终，为整个项目管理提供了一个协同一致的框架，使得软件实施方与企业之间能够按照计划、控制、验收三个工作程序来达成实施目标。因此，项目管理方法也是应用实施管理方法和定制开发管理方法的基础，这一方法又叫金三角项目管理法，如图 2－1 所示。

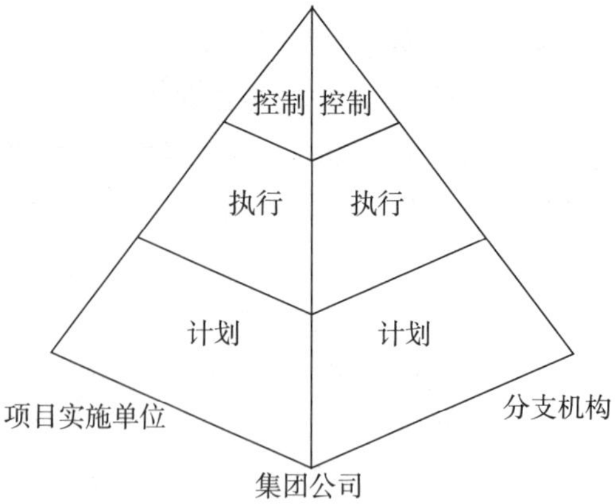

图 2－1 金三角项目管理法

在每一个进程中确保集团公司、分支机构、项目实施单位三方明确各自的职责，彼此协同，共同保障实施进度和实施的质量。这种彼此协同的关系称为“协同三角”。同时，每一个进程都按计划、执行、控制的工作程序来推进项目实施，使得项目进程像一曲优美和谐的三部和声。每一进程的工作程序，称之为“程序三角”。这两个“三角”组成了协同工作程序金三角，共同支撑项目各个进程的有序进行，如图 2-2 所示。

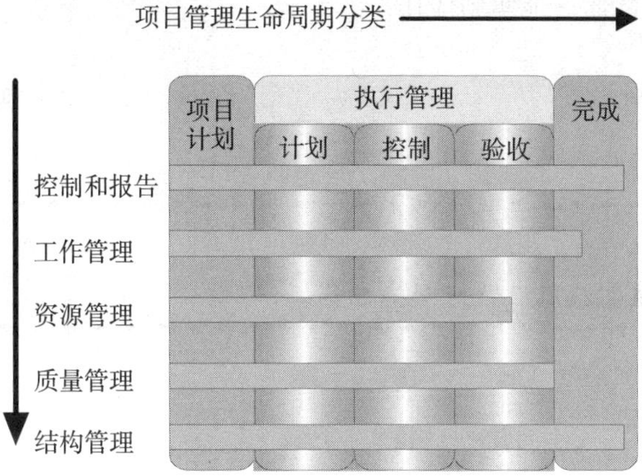

图 2-2 项目管理方法

3. 定制开发方法论

定制开发方法是软件实施方为快速、深度满足客户需求，实现客户价值的产品二次开发管理方法论。这一方法是建立在软件实施方软件平台之上的，已经具备的业务对象及开发工具为敏捷配置和开发应用提供了坚实的基础。定制开发方法可分为需求模型、系统设计和产品化三个阶段，如图 2-3 所示。

图 2-3 定制开发方法

第一阶段：需求模型。需求模型阶段的目标是在最短的时间里为快速构建系统提供足够的信息，决定系统做什么，并与用户达成一致，在需求模型阶段，还要定义培训策略、数据转换、测试、文档和移交等。

第二阶段：系统设计。系统设计的目标是建立一个可使用的应用模型。

第三阶段：产品化。产品化阶段是将新的应用系统与原有系统整合，确保产品风格一致、稳定、符合客户要求。其目标还包括安装新的应用系统，为用户使用和管理新应用系统做准备，然后转向产品。一旦系统开始运行，这一阶段的目标就是监控应用，确保应用系统运行平稳并为将来的产品提升做准备。

4. 应用实施方法论

应用实施方法能满足用户的不同业务需求，快速建立客户的应用。从定义用户的实施方法、策略到新的系统上线运行，应用实施方法包含项目组织、系统调研、项目准备、项目培训、系统试运行、系统切换、运行维护七个阶段。以尽可能地减少用户的实施风险，保证系统快速、高质量地实施应用。

2.3.2 项目实施前

AI助手探秘

会计信息系统实施前应做好哪些准备工作？

1. 明确实施目标

软件实施方项目实施的主要目标是为企业提供先进的管理思想、管理模式和管理手段，以增强企业的核心竞争力，提升企业的市场竞争力，改善企业经营管理绩效。以上的目标是在宏观上要达到的应用效果，但缺乏实用性，在实施过程中应有阶段性的目标，比如，实现企业手工业务处理信息化、某一垂直管理的信息化。

2. 制定实施策略

引进先进的管理理念和技术成熟的会计信息系统，只是第一步，只有通过成功的实施才能充分发挥其功能。基于集团公司项目的背景、目标、实施范围，以及对集团公司管理项目的研究分析，提出了如下切实可行的实施策略。

分阶段实施：先试点，后推广。

分步骤进行：分部门、分阶段，先关键业务部门，后辅助业务部门；建立可重用的系统实施模板；试点阶段重点投入，并积累经验。

2.3.3 项目实施中

根据应用实施方法论，项目实施的过程分为七个步骤，即项目组织、系统定义、项目准备、项目培训、系统试运行、系统切换、项目验收与运行维护，如图 2-4 所示。

1. 项目组织

(1) 项目预备会。项目预备会是项目开始的第一次会议，意义重大，应高度重视，项目预备会应完成如下工作。

1) 软件实施方和集团公司双方见面交流，增进相互了解。介绍项目团队和客户主要成员的姓名、职务、各自的职责和作用。通过初步的交流，可以大致判断客户主要领导

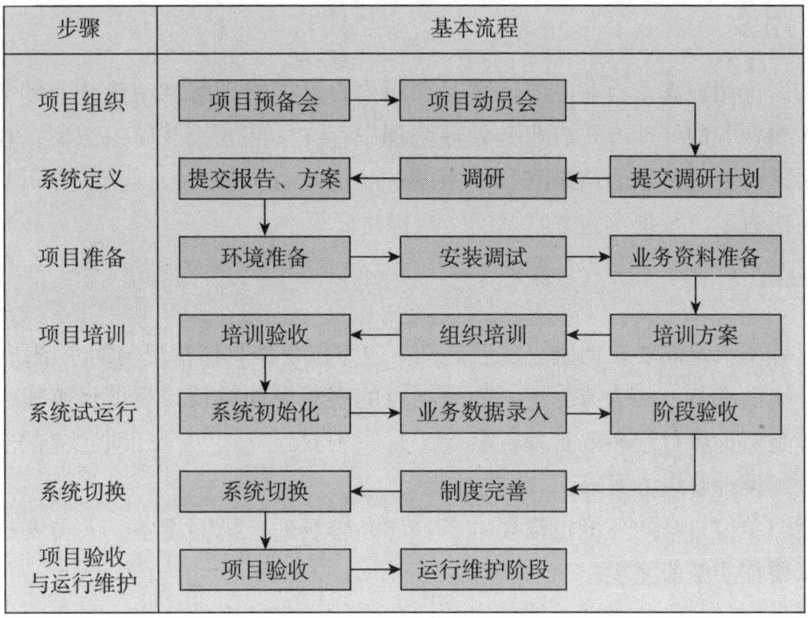

图2－4　项目实施流程

的性格和作风，便于后续实施中把握交谈的尺度。

2）确定项目组成员名单。项目组成员是项目实施成功的组织保障，而项目组成员协同一致、有序作业是项目组织的基本要求。成立项目组，明确人员职责，使各部门相关人员能够在职责的要求下积极地参与项目的实施，是保证项目成功的必要条件。项目组织阶段的重点工作是项目有关各方组成项目小组，并清晰界定各自的工作范围、工作程序及规范。

项目组应该由客户项目小组、软件实施方项目小组双方共同构成。

客户项目小组由项目总监、项目经理和项目组成员构成。

3）确定实施目标。项目预备会的一个重要目标是要进一步明确实施的目标。针对每个项目，客户都会提出各种不同的目标，可能是短期目标，也可能是中长期目标。熟悉这些目标有助于制定出符合客户要求的实施计划书。

4）提交实施建议书。在项目预备会上，软件实施方需要提交项目实施建议书，并对此项目实施建议书加以讲解，让客户明白软件实施方将如何实施，需要哪些步骤，实施工期要多久，客户应该着手准备的设备、场地、财务基础数据以及其他需要的资料等。

（2）项目动员会。

1）项目动员会的目的。向项目组全体成员和主要人员传达项目的使命和目标，确保每一位成员都明确自己的任务和职责；调动他们的积极性，使个人的目标与团队的目标一致。

2）项目动员会的参与人。项目动员会要求软件实施方项目总监、项目经理、项目组全体成员，用户方高层领导及财务部门全体成员、项目经理及用户方项目组成员与会。

3）会议的议程。

4）会议形成的结果。

2. 系统定义

调查和讨论用户需求旨在使咨询顾问和用户自己能够理解和明确企业的全部业务处理流程、主要业务的处理方式、业务处理流程中存在的问题及其解决方案。在对客户进行调研之后，还要对调研的结果和目前系统的状况进行分析。根据调研分析报告，最终出具系统解决方案、系统实施方案及网络架构建议等。

3. 项目准备

这个过程不一定需要在调研完成后启动，也可以根据具体情况与需求调研交替进行。

（1）环境的准备。一般情况下，如果项目的实施周期较长，为项目组建立一个适宜的工作环境是保证项目组高效工作的必要条件。项目组需要一个相对独立的空间，以方便讨论问题，设计解决方案等。

同时用户单位自身的环境也需要准备，如办公场地、机器设备、人员安排等方面的准备工作都要在实施前完成。

（2）软件交付及安装调试。软件安装一般由软件实施方的实施人员负责。安装过程需要完成如下几步：

1）产品交付。

2）安装与调试。

3）安装验收。

（3）用户初始数据的准备。

4. 项目培训

（1）做好培训的意义。项目培训是整个项目实施过程中非常重要的环节，项目培训效果的好坏将直接影响实施工期和实施质量，能够减少后续大量的服务工作。

（2）项目培训方案。项目培训方案是指导实施顾问进行正确培训的方法，它是在进行系统调研过程中，同用户共同确认的培训方案，在实施方案书中应详细加以描述。项目培训方案主要包括以下内容：

1）培训目标。培训目标是使用户了解项目实施过程，理解项目管理的重要性，能够熟练操作软件，能够进行简单的软件维护。

2）培训对象及内容。一是领导层培训。主要讲解企业的财务管理理念及重点、项目管理方法、领导在实施过程中的重要作用及软件基本功能和操作，如软件登录和退出，报表查询和分析等。二是系统管理员培训。主要讲解数据库、中间件、管理软件的安装及简单维护，重点讲解管理软件的系统管理功能及操作，如机构、角色、用户、权限分配、编码分配等。三是一般操作员培训。主要讲解软件应用功能及操作技巧、注意事项。

5. 系统试运行

（1）初始数据录入。

（2）业务数据录入。

（3）报表生成。

（4）试运行。

6. 系统切换

系统切换是指系统在试运行后，方案的可行性得到验证，就可以正式使用了，将用户的业务数据完整地反映在系统中。为了保证切换的成功，项目领导小组要及时地发布指令，逐步进行系统的切换。一般来讲，能有一个新老系统并行的运行期间，风险就更小些。

7. 项目验收与运行维护

系统切换并正常运行后，需要对整个实施工作进行验收和评估，需要双方签字认可整个实施工作，并由实施小组提交书面实施总结。项目的整体验收标志着项目实施的终结。

项目验收后，事实证明系统是安全、可靠、可行的，就可以正式投入运行。系统进入正式运行后，项目组根据系统的情况，完善以前的系统使用说明书和系统维护说明书，并在运行中做好有关的记录和报告，及时发现运行中的问题，以便进行维护和提高。

从实施方的角度，此项目转入日常服务阶段。

2.3.4 项目实施后

项目不是实施完成即万事大吉，软件实施方还要通过如下手段实现从软件实施方的咨询实施到用户的知识转移：

（1）贯穿实施全过程的培训工作。

（2）针对不同角色（从公司领导到操作员）的培训。

（3）多种形式的培训，如课堂培训、实战培训、方法培训等。

（4）软件实施后，软件实施方形成模板，在用户的下属机构或相关机构进行推广。

实施运行后，在第一个会计年度，还会遇到很多业务辅导问题，如季度、年度、下年初等对业务的处理方法。经过一个会计期后，各种业务处理走完一个周期，才会进入一个常规的使用和运行维护阶段。在新的一年，要总结前面的经验，对原来的业务实施方案进行完善和补充，在一个新的水平上进入新的使用提升阶段。

2.3.5 实施控制

AI 助手探秘

会计信息系统运行过程中应如何维护？

1. 实施控制的原则

（1）严格按照实施方案中的实施计划执行。

（2）在实施过程中随时检测和调整项目实施计划。在项目实施过程中有很多突发事件随时影响着项目的变化，实施方案也需要随同这些变化进行相应的调整，才能始终具有指导作用。

（3）在实施过程中，项目双方人员要充分及时地进行信息交流。充分及时的信息交流是项目控制的关键，是调整方案的依据，只有项目双方人员有效的沟通，才能促使项目实施在有序的状态下顺利进行。

（4）随时记录项目进展情况。实施人员要记录项目实施中的每一个变化细节，作为控制和调整方案的依据。

2. 实施控制的内容

（1）目标控制。明确的目标导向是目标控制的关键，如果目标不明确，工作范围将不能确定，这将导致交付物、应用效果、工期和成本的不确定。统一的管理模式和应用架构为程序化的作业提供有效的基础，也为项目实施在资源配置、实施进度安排和成本控制上提供了科学的算法，是目标控制及高效实施的重要保障。

（2）进度控制。进度控制的意义在于严格控制双方在实施过程中耗费的资源和成本。进度控制需要客户做好实施准备，精确计算实施工期，合理配置资源。

（3）质量控制。

1）质量控制步骤。对于质量控制，主要遵循以下步骤：

项目组双方详尽地界定工作范围，提供详细的实施方案。

坚持分阶段（里程碑）提交工作成果和验收的原则。在实施过程中每完成一个阶段的工作都由用户验收认可，方可进行下一个进程。

根据实施情况及时调整并修改实施方案，使之始终能够起到指导作用，同时也为实施质量提供依据。

对实施文档进行完整的管理。在实施过程中，会产生很多文档，如需求建议、解决方案、项目执行情况、最终结论、实施总结等，所有文档都必须标准化，以备查阅及考核。

2）质量审查审查是以计划的内容为基础，以目标和方法为依据，对涉及的各种工作进行描述，同时提交执行文档和软件。所有提交审查的记录将会作为实施的审计线索被保存。

质量审查以测试为主，一般包括模块测试、联合测试、系统测试、集成测试及测试结果确认。

3）文档管理。在项目实施过程中，由于项目实施的复杂性、多方人员参加以及时间跨度长等因素，任何需求、建议、解决方案和结论都必须文档化、标准化，以便查阅和使用。下列项目资料应在实施期间收集：工作过程记录；顾问现场工作日程表和日志；需求改变表和日志；问题与风险报表和日志；周、月、季、年、阶段工作总结报告；会议备忘录和日志；项目资料收集；项目管理文档；模块实施过程中客户提交的各类文档；客户化文档和模块开发文档；客户提交的需求文档；客户需求改变报告和批准书；测试方案和测试结果报告；客户签署的阶段成果确认书；项目总结报告。

AI 助手探秘

ERP 软件中，会计软件部分怎样实施？

2.4　会计信息化组织及岗位

2.4.1　会计信息化工作组织的要求

会计信息化后，会计人员的分工和职能有所变化。正确组织会计信息化工作，对于完成会计任务、发挥会计在管理中的作用，具有重要的意义。会计信息化总的职能未变，由于会计数据处理工作由计算机完成，会计人员的主要工作是收集会计数据，参与经营管理与经营决策。会计信息系统是一个人机系统，从使用角度讲，人要录入数据和进行设备的维护与管理；从软件维护角度讲，需要系统维护方面的人员。因此，根据会计信息化工作的特点，要做好会计工作，必须根据本单位实际情况建立专门的会计信息化机构或有关岗位从事会计信息化工作，使会计信息化工作得以顺利开展，这一点在初期更为重要。

对基层单位来说，除了要按国家对会计工作的统一要求来组织会计工作，还应注意以下要求：

（1）既要考虑会计信息化工作的特点，又要按单位经营管理的特点来组织会计工作。对会计信息化人员、会计业务人员的配备，都必须结合本单位业务的特点和经营规模的大小等情况做合理的安排。同时在使用过程中，要有计划地提升会计人员的计算机水平，成为复合型人才。

（2）对会计机构的设置、会计业务人员和会计信息化人员的配备，应力求精简、合理，节约人力，降低费用。

2.4.2　会计信息化后会计部门的组织形式

会计信息化部门如何组织，应根据各单位的实际情况来设置。大中型企事业单位，一般都有信息中心，因此，在进行会计信息化工作的组织时要统一考虑。组织过程中要注意两个问题：一是怎样处理与信息中心的关系；二是怎样处理会计部门内部的关系。

会计信息化工作的组织对每一个单位来说都有自己的特殊情况，还与会计信息化的发展程度有关。所以，应根据每一个阶段的需要来建立或调整相应的机构，做到既满足会计信息化工作需要，又节省人力、物力。因此，根据实际需要，可以在财务部门设置会计信息化的维护部门或小组、岗位，以确保会计信息化工作的顺利运行。

2.4.3 会计信息化人员管理

AI助手探秘

维护会计信息系统的人员需掌握的知识。

1. 会计信息化人员构成

在应用会计软件中，会计信息化人员由以下几种构成：系统管理人员、系统维护人员、业务操作人员、数据审核人员、档案管理人员、财务分析人员、业务审查人员，这类人员统称为系统应用人员。在整个会计系统的岗位中，不同的人员有不同的分工与职责，在不同的岗位上发挥不同的作用。

对于自行开发会计软件的单位，有系统分析人员、系统设计人员以及系统编程、调试人员、统称为开发人员。

对会计信息化人员管理的基本方法是：按照责权利相结合的基本管理原则，明确系统内各类人员的职责、权限并尽量将之与各类人员的利益挂钩，即建立健全岗位责任制。这样一方面可以加强内部控制，保护资金财产的安全；另一方面可以提高工作效率，充分发挥系统的运行效率。

2. 会计信息化岗位职责

会计信息化后，根据单位规模的大小和实际情况设置具体管理岗位。在会计软件应用中，各岗位的基本职责如下。

（1）系统管理人员。该岗位人员负责协调计算机及会计信息系统的运行工作，要求具备会计和计算机知识，以及相关的会计信息化组织管理的经验。此岗位可由会计主管兼任，采用大中小型计算机和计算机网络会计软件的单位，应该设立此岗位。系统管理人员的权限很大，一般可调用所有的功能，但不能调用系统的源程序及详细的技术资料。系统管理人员不能由软件的开发人员担任。根据实际情况，也可以将部分职能分配给其他的人员负责。

（2）业务操作人员。该岗位操作人员也称软件操作人员，负责输入记账凭证和原始凭证等会计数据，输出记账凭证、会计账簿、报表和进行部分会计数据处理工作，要求具备会计软件操作知识和常用软件的使用能力。一般由基本会计岗位（原手工会计业务岗位）的会计人员兼任软件操作岗位的工作。业务操作人员是系统运行中的关键人员，不能由开发人员担任，不能调用非自己权限内的功能。

（3）数据审核人员。该岗位审核人员也称审核记账人员。负责对输入计算机的会计数据（记账凭证和原始凭证等）进行审核，操作会计软件登记机内账簿，对打印输出的账簿、报表进行确认。此岗位要求具备会计和计算机知识，可由主管会计兼任。

（4）系统维护人员。该岗位人员负责保证计算机硬件、软件的正常运行，管理机内会计数据。此岗位要求具备计算机和会计知识。采用大型、中型、小型计算机和计算机网络会计软件的单位，应设立此岗位，此岗位在大中型企业中应由专职人员担任。系统维护人员了解所用的会计软件和相关软件，所以，其不能从事系统的业务操作工作。

（5）业务审查人员。该岗位人员负责监督计算机及会计软件系统的运行，防止利用计算机进行舞弊，要求具备计算机和会计知识，此岗位可由会计稽核人员或内部审计人员兼任。采用大型、中型、小型计算机和大型会计软件的单位，可设立此岗位。

（6）财务分析人员。该岗位人员负责对计算机内的会计数据进行分析，提交有关分析报告。要求具备计算机和会计知识。采用大型、中型、小型计算机和计算机网络会计软件的单位，可设立此岗位，也可由主管会计兼任。

（7）档案管理人员。该岗位人员负责保管各类数据和会计档案，应具备计算机常识，如 U 盘、固态硬盘、光盘的使用与保护等，一般应由能做好安全保密的人员担任。

2.5　会计信息化后的使用和维护管理

2.5.1　机房管理

设立机房主要有两个目的：一是给计算机设备创造一个良好的运行环境，保护计算机设备，使其稳定地运行；二是防止非法人员进入机房，保护机房内的设备、机内的程序与数据的安全。单位一般是将服务器等重要设备放置在机房，其终端设备放置在办公室里，以便于日常工作。具体管理是通过制定与贯彻执行机房管理制度来实施的。机房管理的主要内容包括：

（1）机房内的环境要求。例如，机房的卫生要求、温度湿度要求、防火要求。

（2）机房内各种设备的管理要求。

（3）机房中禁止的活动或行为。如严禁吸烟、喝水等。

（4）设备和材料进出机房的管理要求。

（5）监控设备及相关数据的管理要求。如果机房只放置服务器等重要设备，则机房一般只能允许系统管理人员和维护人员进入，相应的制度要分开制定。

2.5.2　操作管理

操作管理是指对计算机及系统操作运行的管理工作，主要体现在建立与实施各项操作管理制度上。操作管理的任务是建立会计系统的运行环境，按规定录入数据，执行各子模块的运行操作，输出各类信息，做好系统内有关数据的备份及故障的恢复工作，确保计算机系统的安全、有效、正常运行。操作管理制度主要包括以下内容：

（1）上机运行系统的规定。上机运行系统的规定主要是指明哪些人员能上机运行指定的系统。

（2）操作权限。操作权限是指系统的各种操作人员所能运行的操作权限，主要包括以下内容：

1）业务操作人员应严格按照凭证或单据输入数据，不得擅自修改已复核的凭证数据，如发现差错，应在复核前及时修改或向系统管理员反映。已输入计算机的数据，在登账前发现差错，可由业务操作人员进行改正。如在登账后发现差错，必须另制作凭证，以红字冲销或补充登记，录入计算机。

2）除了软件维护人员之外，其他人员不得直接打开数据库进行操作，不允许随意增删和修改数据、源程序和数据库结构。

3）出纳人员、软件开发人员不允许进行系统性的操作。

4）系统软件、系统开发的文档资料，均由系统管理人员负责并指定专人保管，未经系统管理人员许可，其他人员不得擅自复制、修改和借出。

5）存档的数据如光盘、移动硬盘、纸质账表和凭证及各文档资料等，由档案管理员按规定统一复制、核对、保管。

6）系统维护人员必须按有关的维护规定进行操作。

（3）操作规程。操作规程主要指操作运行系统中应注意的事项和操作流程，它们是保证系统正确、安全运行，防止各种差错的有力措施。

2.5.3 计算机替代手工记账

采用计算机替代手工记账，是指应用会计软件输入会计数据，由计算机对会计数据进行处理，并打印输出会计账簿和报表。计算机替代手工记账是会计信息化的最基本目标之一。

采用计算机替代手工记账的单位，应当具备的基本条件如下：

（1）配有适用的会计软件，并且计算机与手工进行会计核算一般要双轨运行3个月以上，计算机与手工核算的数据相一致，且软件运行安全可靠。

（2）配有专用的或主要用于会计工作的计算机或计算机终端。

（3）配有与会计信息化工作需要相适应的人员，其中上机操作人员已经过相关知识和会计软件操作技能的培训。

（4）已建立健全内部管理制度。包括岗位分工制度、操作管理制度、机房管理制度、会计档案管理制度、会计数据与软件管理制度等。

在实际工作中，当新的一年开始的时候，都会根据实际需要在科目、业务核算方法等方面进行调整，这就需要在调整后使用的一段时间内，要仔细核算业务处理是否正确、完整，防止出现差错。

由于企业发展或其他原因要更换会计软件时，在开始应用的一段时间也要特别注意核查。

2.5.4 维护管理

维护管理工作主要是通过制定维护管理制度和组织实施来实现。维护管理制度的主要内容如下：

（1）系统维护的任务。系统维护的任务主要包括以下几个方面：

1）实施对系统硬件设备的日常检查和维护，以保证系统的正常运行。

2）在系统发生故障时，排除和恢复运行。

3）在系统扩充时负责安装、调试，直至运行正常。

4）在系统环境发生变化时，随时做好适应性维护工作。

（2）系统维护内容和人员。在硬件维护工作中，较大的维护工作一般是由外部技术服务单位进行。使用单位一般只进行一些小的维护工作，通过一些基本命令或各种软件工具即可满足要求，会计部门一般不配备专职的硬件维护员，硬件维护员可由软件维护员担任，即通常所说的系统维护员。对于使用商品化软件的单位，程序维护工作是由软件厂家负责，单位负责操作维护，单位可不配备专职维护员，而由指定的人员兼任。

对于自行开发软件的单位一般应配备专职的系统维护员。系统维护员负责系统的硬件设备和软件的维护工作，及时排除故障，确保系统的正常运行；负责日常的各类代码、常用摘要、数据的改正性维护、适应性维护工作，有时还负责完善性的维护。

2.6　会计信息化档案管理

2.6.1　会计信息化档案管理的任务

1. 监督、保证按要求生成各种档案

按要求生成各种档案是档案管理的基本任务。对于自主开发或增值开发的单位来说，各种开发文档应由开发人员编制，会计部门应监督开发人员提供完整、符合要求的文档；各种会计报表与凭证应按国家的要求打印输出；各种会计数据应定期备份，重要的数据应强制备份；计算机源程序应有多个备份。

2. 保证各种档案的安全与保密

会计信息是加强经济管理、处理各方面经济关系的重要依据，绝不允许随意泄露、毁损和遗失。各种会计信息资料的丢失与毁损自然会影响到会计信息的安全与保密；各种开发文档及程序的丢失与破坏都会危及运行的系统，从而危及系统中会计信息的安全与完整。

3. 保证各种档案得到合理利用

档案中的会计信息资料是了解企业经济情况、进行分析决策的依据；各种开发文档是系统维护的保障；各种会计信息资料及系统程序在系统出现故障时恢复系统，保证系统连续运行。

2.6.2 会计信息化档案管理的方法

1. 会计信息化档案的生成与管理办法

计算机替代手工记账后，会计档案除指手工编制的凭证、账簿和会计报表外，还包括计算机打印输出的会计凭证、会计账簿、会计报表，存有会计信息的存储介质，会计系统开发的全套文档资料。对手工形成的会计凭证、会计账簿和会计报表等会计档案，在此不再论述，具体可参见《会计档案管理办法》。

（1）记账凭证的生成与管理。计算机替代手工记账单位的记账凭证有两种方式。

1）由原始凭证直接录入计算机，由计算机打印输出。在这种情况下记账凭证上应有录入人员的签名或盖章，稽核人员的签名或盖章，会计主管人员的签名或盖章。收付款记账凭证还应有出纳人员的签名或盖章。相关的签名在信息化下可以通过软件自动生成并打印出来。打印生成的记账凭证应视同手工填制的记账凭证，按《会计档案管理办法》的有关规定立卷归档保管。

2）手工事先做好记账凭证，计算机录入记账凭证然后进行处理。在这种情况下，保存手工记账凭证与机制凭证皆可，如保存手工记账凭证，其处理与保管办法可按《会计档案管理办法》的有关规定进行处理与保管；如保存机制记账凭证，其处理与保管办法与由手工生成记账凭证的处理与保管办法相同。需要强调的是，在计算机记账后发现记账凭证录入错误时，保存手工记账凭证的，需同时保存为进行冲账处理而编制的手工记账凭证；保存机制记账凭证的，需同时保存进行冲账处理的机制记账凭证。

（2）会计账簿、报表的生成与管理。已由计算机全部或部分代替手工记账的，其会计账簿、报表以计算机打印的书面形式保存。这主要是考虑到当前磁性或其他介质的可靠性不强和保存条件要求较高等情况而定的。其保存期限按《会计档案管理办法》的规定办理。但财政部的规定同时考虑到计算机打印的特殊情况，在会计资料生成方面进行了一些灵活规定，除要求日记账每天打印外，一般账簿可以根据实际情况和工作需要按月或按季、按年打印；发生业务少的账簿，可满页打印。现金、银行存款日记账可采用计算机打印输出的活页账页装订。

（3）磁性介质及其他介质的管理。存有会计信息的磁性介质及其他介质，在未打印成书面形式输出之前，应妥善保管并留有副本。一般来说，为了便于利用计算机进行查询及在会计系统出现故障时进行恢复，这些介质都应视同相应会计资料或档案进行保存，直至会计信息完全过时为止。

（4）系统开发文档资料的管理。系统开发的全套文档资料视同会计档案保管，保管期截至该系统停止使用或有重大更改之后的5年。

AI助手探秘

《会计档案管理办法》的详细内容。

2. 会计信息化后的档案管理制度

档案管理一般是通过制定与实施档案管理制度来实现的。档案管理制度一般包括以下内容。

（1）存档的手续。主要是指各种审批手续，如打印输出的账表，必须有会计主管、系统管理员的签章才能存档保管。

（2）各种安全保证措施。例如，备份介质、刻录光盘上应贴写标签，存放在安全、洁净、防热、防潮的场所。

（3）档案管理员的职责与权限。

（4）档案的分类管理办法。

（5）档案使用的各种审批手续。例如，调用源程序就应由有关人员审批，并应记录调用人员的姓名、调用内容、归还日期等。

（6）各类文档的保存期限及销毁手续。例如，打印输出账簿就应按《会计档案管理办法》的规定保管期限进行保管。

（7）档案的保密规定。例如，任何伪造、非法涂改变更、故意毁坏数据文件、账册等的行为都将进行相应的处理。

AI助手探秘

会计软件的数据怎样保存？

2.7　AI助手拓展学习

（1）会计软件的开发过程。

（2）会计软件的实施和项目管理。

（3）会计软件的运行维护。

（4）会计信息化后运行和维护管理制度。

（5）会计软件相关的国家标准。

（6）会计软件的选择方法。

即测即评

思考题

1. 会计信息化工作的基本要求有哪些？请详细阐述。

2. 商品化会计软件选择的步骤和评价指标分别是什么？

3. 会计信息系统实施的方法论包含哪些内容？实施过程分为哪几个阶段？

4. 会计信息化组织及岗位设置有哪些要求？会计信息化人员的构成和职责分别是怎样的？

5. 会计信息化后的使用和维护管理包括哪些方面？会计信息化档案管理的任务和方法是什么？

6. 简述会计软件的合法性要求。

7. 会计信息系统实施前应做好哪些准备工作？

8. 会计信息化人员中的系统管理人员的职责和权限有哪些？

9. 计算机替代手工记账的单位应具备哪些基本条件？

10. 简述会计软件的数据处理功能要求。

11. 商品化会计软件选择时如何进行初步需求分析？

12. 会计信息化工作管理中企业应如何促进会计信息系统与业务信息系统一体化？

13. 会计信息化档案管理中磁性介质及其他介质的管理要求是什么？

14. 会计信息系统实施过程中的项目培训包括哪些内容？

15. 会计软件服务的主要内容有哪些？

第3章

系统管理与基础设置

3.1 会计信息系统应用前的准备工作

3.1.1 确定会计核算规则

会计信息系统要求规范会计核算过程、处理流程、方法和有关约定。

1. 确定会计核算的输入数据源及会计档案形式

在会计信息系统中，会计业务流程起始于原始凭证及依此填写的记账凭证。基于输入系统的凭证数据，即可形成各类账、表及其相关会计报告。凭证是会计信息系统根本的数据源，而各类账簿、报表及其相关会计报告为会计信息系统所提供的主要财务结果。

实务工作中，应根据会计信息系统提供的功能和单位实际需要确定会计核算的数据源，最好是以接受电子数据作为即时数据源，同时辅以接受纸介质票据作为验证数据源的方式满足现代财务管理对会计信息系统的要求。

会计信息系统的输出结果形式各异，有凭证、单据、账簿、会计报表等，可查询、汇总、统计、分析输出结果。可打印输出结果作为会计档案；可直接使用电子介质作为电子会计档案；也可部分打印作为会计档案、部分使用手工原始单据作为会计档案。至于如何选择应在会计信息系统使用前事先确定。在本单位会计人员计算机应用能力不高时，可采用较稳妥的方案，如部分系统打印、手工原始单据做补充。在会计信息化应用能力提升后，可采用会计信息系统打印输出结果为会计档案，后续随着会计信息化成熟度的提升，可直接使用电子介质作为会计档案，以此替换纸质会计档案。

2. 确定记账程序

在会计信息系统中，不论业务量多少、金额大小及业务上的各种需求，均可通过系统设置完成。在会计信息系统中，可依据系统的记账凭证直接登记明细账、日记账，总分类账等。

3. 确定科目编码方案

会计信息系统会对会计科目编码作原则性规定，并允许各单位根据自身需求设置。因此软件使用前需确定本单位会计科目体系及其编码。信息化条件下，会计科目设置既要符合会计准则和会计制度规定，又要满足本单位会计核算和管理要求，同时要考虑该会计信息系统对会计科目编码的原则性要求。

我国会计制度对总账科目及其编码，由财政部统一规定。在保证核算指标统一性的前提下，可按规定结合实际需要补充和调整系统自带的总账科目。至于明细科目，有规定按规定，无规定则自行设置。

4. 规范凭证和账簿

会计信息系统中，统一规定记账凭证种类和格式。在使用系统前，需明确数量金额式、三栏式、多栏式的具体应用。为保证手工与信息化的顺利切换，需核对账目，保证账证相符、账账相符、账实相符，还需整理科目期末余额，及时清理往来账、银行账等。

5. 固定资产、材料、工资、成本、销售核算业务的规范化

在会计信息系统中固定资产的折旧方法能实现单台选用不同折旧方法。

会计信息系统中的材料核算，可细化核算从大类到小类至个别的种类和规格。具体应根据本单位材料核算需求，制定合理可行的分类及核算规则。

工资的计算方法由于行业不同，大致分为计时工资、计件工资、效益工资、年终奖和浮动工资等。在会计信息系统中，可充分利用系统提供的工资项目及公式自定义功能，制定能反映单位具体情况的工资核算方法。

成本核算方法需根据企业生产特点及管理要求确定。企业生产特点可分为大量生产、成批生产和单件生产。在会计信息系统中，可满足企业逐步走向市场，企业日益发展的管理需要，既可实现最基本的产品成本核算，还可在产品成本控制、责任成本、目标成本及绩效考核等方面发挥作用，因此，在会计信息系统的成本核算设置中，需充分考虑企业的管理需求。

销售核算业务涉及很多种类型，由于单位规模不同导致业务的细化差异较大，甚至有忽略关键环节的情况出现。因此需要分析销售计划、报价、发货、库存、销售发票等环节，帮助理顺流程。对销售成本的核算方法应具体到物料，根据物料的具体情况采用合适的结算方法。对相关会计凭证的制作，需形成规范要求，避免因人而异，提高数据的准确性。

3.1.2 会计基础数据的准备

会计信息系统启用前，需先准备会计基础数据，例如会计岗位分工、会计科目、期初余额等数据。

1. 确定信息化会计岗位及其岗位的具体操作任务

会计信息系统划分信息化操作岗位，可使用如表 3-1 所示的信息化操作员岗位分配表分配，在实际工作中可根据单位要求细化。

表 3-1 信息化操作员岗位分配表

信息化岗位	操作员	制单	复核	记账	查询	打印	岗位功能	会计科目
报账	李东平	√			√		凭证制作	1001，1002
	王敏		√	√	√	√	凭证复核	1001，1002
资金管理	黄飞华	√			√		凭证制作	2202，1002
	陈新		√	√	√	√	凭证复核	2202，1002
⋮								

2. 规范手工会计科目及科目性质

应用会计信息系统前，需整理出所有的明细会计科目，并按实际需要分级。

由于会计科目具有一定的类别、性质及方向，整理明细会计科目时需清楚辅助性质情况，具体可使用表 3-2 所示的科目调查表整理。

表 3-2 科目调查表

科目编码	科目名称	科目类别	余额方向	科目性质	明细账种类	辅助账种类	备注
1001	库存现金	资产	借	现金	日记账		总账科目
1002	银行存款	资产	借	银行	日记账		总账科目
100201	银行存款——工行	资产	借	银行	日记账		明细科目
100203	银行存款——外币	资产	借	银行	日记账	外币账	明细科目
1601	固定资产	资产	借	普通	三栏账	数量账	总账科目
2202	应付账款	负债	贷	往来	三栏账		总账科目
6602	管理费用	损益	借	普通	多栏账		总账科目
⋮							

3. 整理会计科目的期初余额及累计发生额

对整理出的所有会计科目，收集试运行会计期间的期初余额和累计发生额。可以使用如表 3-3 所示的期初余额表整理。

表3-3 期初余额表

科目编码	科目名称	方向	期初余额	借方累计发生	贷方累计发生	期末余额	备注

如果是当年第一个会计月份，则不需要累计发生额。收集完整的最底层明细科目的余额、发生额，避免遗漏，保证会计基础数据的准确性。

4. 其他辅助会计资料

其他辅助会计资料包括应用单位的全称及简称、使用会计制度的类型、法人及会计主管名称、会计期间范围、各种凭证单据类型、往来单位清单、内部部门清单、内部人员清单、职工工资数据、固定资产卡片、物料名称及相关信息、产品名称及编码、产品定额成本、工时费用定额等辅助资料。

AI助手探秘

在更换会计软件时应该怎样准备或转换数据？

3.1.3 准备软件应用环境

任何一个系统都必须在一定的环境下才能使用，本书基于 Windows 11 专业版应用环境来介绍。在准备软件的环境时，必须与软件供应商联系，明确软件的运行环境，特别关注系统的稳定性，这对于会计信息系统至关重要。主要包括以下方面：

（1）网络服务器及网络操作系统的安装及配置。

（2）服务器端网络数据库系统软件的安装及配置。

（3）应用端数据库软件的安装及配置。

如果使用单用户版本会计信息系统，可以不安装网络服务器部分软件，不同品牌的会计信息系统的支撑环境要求不同，具体应用时应参考其使用说明。

3.1.4 安装的一般方法

1. 准备会计信息系统相关的软件

安装会计信息系统，需准备与之相关的软件，本实验准备：Windows 11 专业版操作系统、网络、SQL Server 2016 SP3 Express 数据库、新道 U8+V15.0 版本会计信息系统安装包。

2. 安装顺序

在安装好的 Windows 11 专业版操作系统基础上，通过网络配置运行 SQL Server

2016 SP3 Express、新道 U8+V15.0 所需的运行环境，安装 SQL Server 2016 SP3 Express 数据库，最后安装新道 U8+V15.0 会计信息系统。

不同品牌的会计信息系统的安装方法上可能有所差异，应参考其使用说明。

AI助手探秘

SQL Server 安装中应该注意哪些问题？

3.1.5 用友新道 U8+介绍

新道 U8+是以用友 U8+为基础，结合最新的企业和个人税收等政策，专门打造的教学版本，在相应模块功能上同用友 U8+基本相同。新道 U8+是面向中型企业的管理软件，可提供财务管理、供应链管理、生产制造管理、客户关系管理、人力资源管理、办公自动化和商业智能等集成化功能，具体可根据实际需要选用。

本实验采用新道 U8+V15.0 版本，主要内容包括基础设置、总账、采购与应付、销售与应收、库存管理、存货核算、固定资产、薪资、网上银行、网上报销等模块的实际应用。

本书重点讲解供应链业务与财务的一体化处理方法，如需学习生产管理等模块，请参考其他资料。

AI助手探秘

用友 U8+V15.0 由哪些模块组成？介绍一下用途和作用。

3.2 安装

3.2.1 安装注意事项

在单机上安装用友新道 U8+V15.0，需要注意以下问题：

(1) 操作系统：Windows 11 专业版。

(2) 数据库：SQL Server 2016 SP3 Express，根据操作系统的版本，选用对应的数据库版本。

(3) 使用管理员权限安装。

(4) 用户权限控制设置为不通知，即对安装控制不做限制。

(5) 将安全管理软件全部暂时退出或关闭，如安全卫士、杀毒软件等。

(6) 关闭防火墙。进入“控制面板”|“系统和安全”|“Windows Defender 防火墙”|“启用或关闭 Windows Defender 防火墙”，在自定义各类网格的设置下均勾选关闭 Win-

dows Defender 防火墙（不推荐）。

（7）其他软件，如 Office、输入方法、浏览器、即时通讯类软件对安装未发现不良影响。注意不能在同一操作系统下安装其他管理软件，如金蝶 K3 等。

AI 助手探秘

Windows 家庭版与专业版的差异。

3.2.2 Windows 11 专业版安装环境

1. 安装 IIS

互联网信息服务（Internet Information Services，IIS）是由微软公司提供的基于运行 Windows 的互联网基本服务。

IIS 默认安装的组件只是其中一部分，需要手动安装。

进入 Windows 的“开始”菜单，在应用菜单中选择“Windows 系统”中的“控制面板”，选择“程序”|“程序和功能”|“启用或关闭 Windows 功能”。

（1）选择并设置 IIS。选择“Internet Information Services”，直至选择标志由“■”变为“☑”，最简单的做法是选取可选的全部项目，如图 3－1 所示。

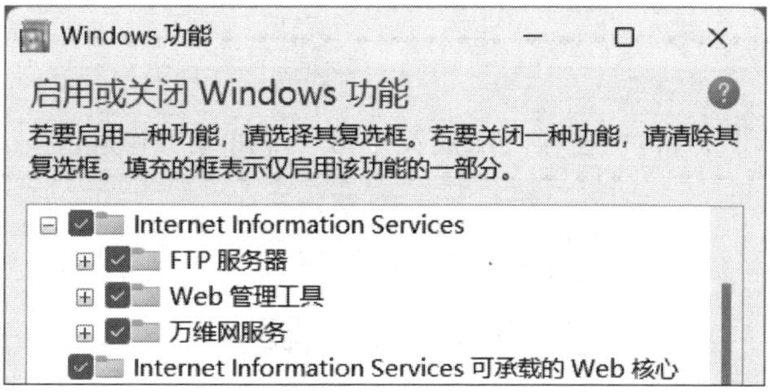

图 3－1　IIS 设置

单击“确定”，在“Windows 功能”窗口，选择“让 Windows 更新为你下载文件”，系统在联网状态下会自动下载有关更新程序，自动完成 IIS 的安装，按系统提示是否重启电脑。

（2）选择 IIS 可承载的 Web 核心，单击“确定”，系统会自动下载并安装有关程序。

2. 安装 .NET Framework 3.5 和 .NET Framework 4.8 Advanced Services

选择“.NET Framework 3.5（包括 .NET2.0 和 3.0）”和“.NET Framework 4.8 Advanced Services”，单击“确定”，系统会自动下载并安装有关程序。

操作提示

在安装IIS可承载的Web核心、.NET Framework 3.5、.NET Framework 4.8 Advanced Services时，可在“启用或关闭Windows功能”窗口勾选上述选项，单击“确定”，系统自动一次性安装更新程序，完成后重启电脑即可。

3.2.3 安装环境的准备

1. 更改用户账户控制设置

Windows 11为安全起见，控制用户权限，以防止非法软件被安装，在安装一些软件时，需设置为最高权限，否则表面看似安装完成，但由于权限不够，修改系统参数不成功，导致安装后无法使用。这种问题一般在程序安装过程中发生，不一定提示，但在出现错误的时候很难寻找原因和解决办法。

选择“控制面板”|“用户账户”|“用户账户”|“更改用户账户控制设置”，设为“从不通知”。

2. 更改计算机名称

选择“控制面板”|“系统和安全”|“系统”，单击“重命名这台电脑”将计算机名称改为“DATAPC”（在新道U8+系统中，计算机名不能使用“-”特殊字符，可自行更换为字母组合，如果不修改，在后续测试连接时数据库名应与计算机名一致），单击“下一页”重启电脑完成。

3. 日期分隔符设置

新道U8+中，要求日期分隔符设置为“-”，设置的方法为：选择“控制面板”|“时钟和区域”|“区域”|“更改日期、时间或数字格式”，设置短日期格式为“yyyy-MM-dd”格式。依次单击“应用”“确定”后完成。

3.2.4 安装数据库

1. 下载SQL Server 2016 SP3 Express

新道U8+使用微软的SQL Server数据库，这里使用SQL Server 2016 SP3 Express版本（微软公司提供的免费版，可供教学使用）。

通过在互联网搜索“SQL Server 2016 SP3 Express”，选择微软官网“Download Microsoft ® SQL Server ® 2016 Service Pack 3 Express”，通过介质下载Express core，下载后文件名称为“SQLEXPR_x64_CHS”。

2. 安装 SQL Server 2016 SP3 Express

在安装之前，需关闭 Windows 安全中心、杀毒软件、360 安全卫士之类的安全管理软件。

安装方法：选择“SQLEXPR_x64_CHS”文件，单击右键选择“以管理员身份运行”，系统自动解压后进入“SQL Server 安装中心”页面。

选择“全新 SQL Server 独立安装或向现有安装添加功能”，自动进入“许可条款”页面，勾选“我接受许可条款”，单击“下一步”进入“Microsoft 更新”页面，勾选“使用 Microsoft Update 检查更新（推荐）（M）”，单击“下一步”安装软件在联网状态下自动更新，进入“安装规则”，继续下一步进入“功能选择”页面，保持默认设置，进入下一步“实例配置”，选择“默认实例”，继续下一步进入“服务器配置”页面，在“SQL Server 数据库引擎”处选择账户名为“NETWORK SERVICE”，具体操作步骤在账户名处点击下拉菜单，依次点击“高级”“立即查找”即可找到“NETWORK SERVICE”，密码全为空，勾选“授予 SQL Server 数据库引擎服务‘执行卷维护任务’特权（G）”，如图 3-2 所示。

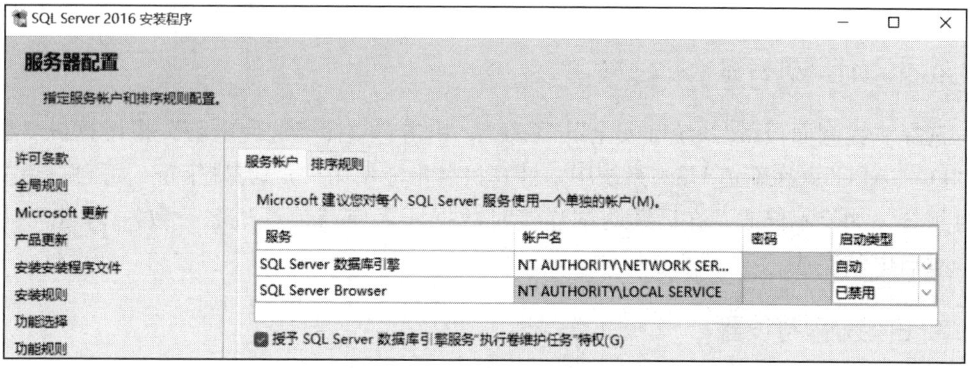

图 3-2　服务器配置

进入下一步“数据库引擎配置”，身份验证模式选择“混合模式”，密码设置为“bigdata”后继续单击“下一步”，直至安装完成后重启电脑。重启后继续选择 Windows 应用中“Microsoft SQL Server 2016”|“SQL Server 2016 配置管理器”，再选择“SQL Server 服务”，可看到该服务正在运行，如图 3-3 所示。

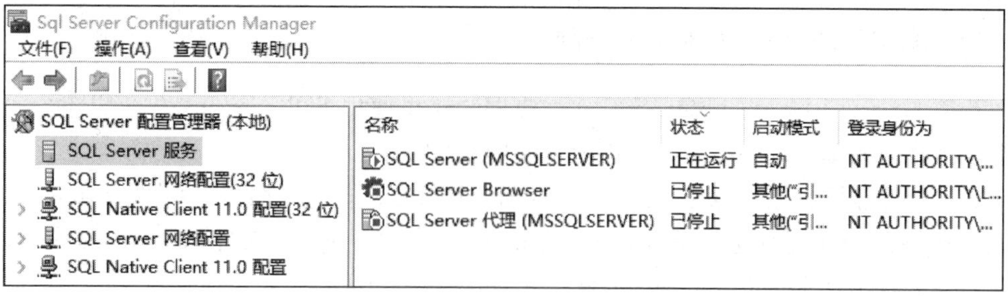

图 3-3　SQL Server 配置管理器

操作提示

如果服务没有启动，可以单击右键，选择“启动”即可。

3.2.5　新道U8+安装

1. 安装环境检测

进入“新道U8+V15.0 SETUP”目录（如果是压缩包，需要先解压），选择Setup.exe安装程序，单击右键选择“以管理员身份运行”，进入“下一步”，在“许可证协议”窗口选择接受协议，继续“下一步”，进入“客户信息”页面，输入公司名称，这里输入的公司名称对后面的实际应用没有影响，可自行输入名称，也可保持默认设置。单击“下一步”后进入“选择目的地位置”，一般按照默认选择，也可以更改，本实验设为C：\ U8SOFT。

单击“下一步”，在“安装类型”页面，选择“经典应用模式”，单击“下一步”，在“安装类型”页面，选择“全产品”（指全部组件在一台机器安装），继续单击“下一步”，在“环境检测”页面，单击“检测”，进入“系统环境检查”页面，如图3-4所示。

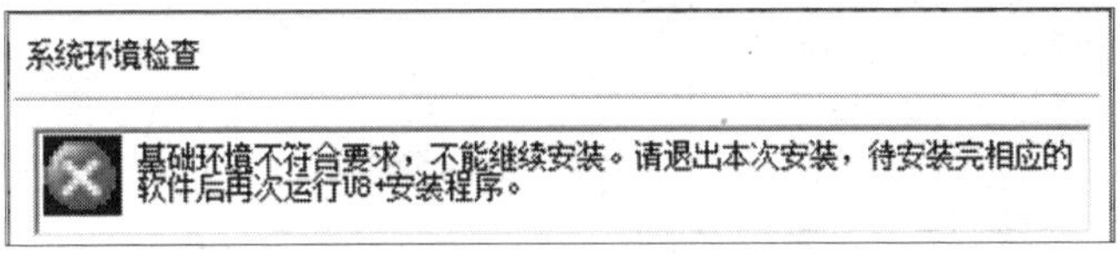

图3-4　系统环境检查

单击“安装缺省组件”，完成相关缺省组件的自动安装。如果Silverlight安装不成功（提示有更新的版本不能安装），则会中断新道U8+的安装。解决方法是先卸载已经安装的Silverlight。卸载成功后再安装Silverlight（注意：安装Silverlight时不要更新）。

根据不同环境，系统还会安装其他相关组件，在安装时选择接受应用许可，系统会自动安装。如果系统提示“安装此软件前，请安装IIS元数据库”，由于此前已经安装，直接关闭即可。安装完成后重新检测的结果如果系统提示“可以直接安装U8”或提示“安装U8+产品可能会产生未知的错误等”，均可进入安装。

操作提示

可选组件作为学习使用时不用安装。

2. 安装

基础环境和缺省组件检测成功后，单击“确定”进入“可以安装该程序了”页面，单击“安装”进入安装状态页面，待安装完成后，重启电脑。

电脑重启后，系统出现“正在完成最后的配置”页面，在“数据库”处输入“DAT-

APC”（与本机的计算机名相同），在“SA 口令”处输入“bigdata”，如图 3-5 所示。

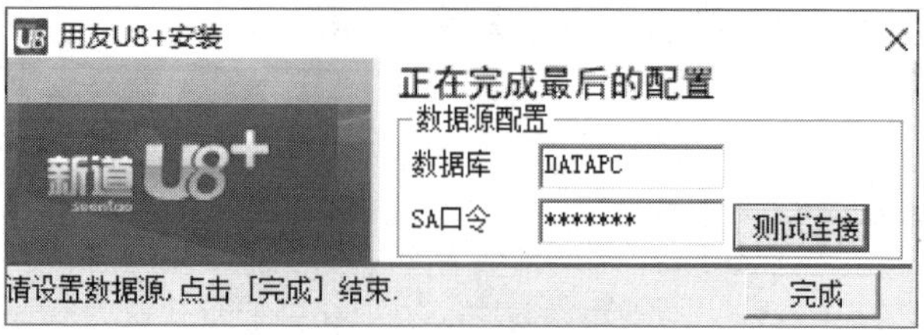

图 3-5　测试连接

单击“测试连接”，系统提示“测试成功”结束安装。否则说明数据库未连接上，可检查数据库名和密码。之后系统提示是否需要初始化数据库，此处不进行初始化，待在系统管理设置中完成。

另一种测试方法：在 Windows 的“开始”菜单中选择“新道 U8+”|“诊断工具”，进入“U8 诊断工具向导”页面，在数据服务器中输入“datapc”（可不区分大小写），在 SA 密码中输入“bigdata”，单击“连接测试”，如图 3-6 所示。

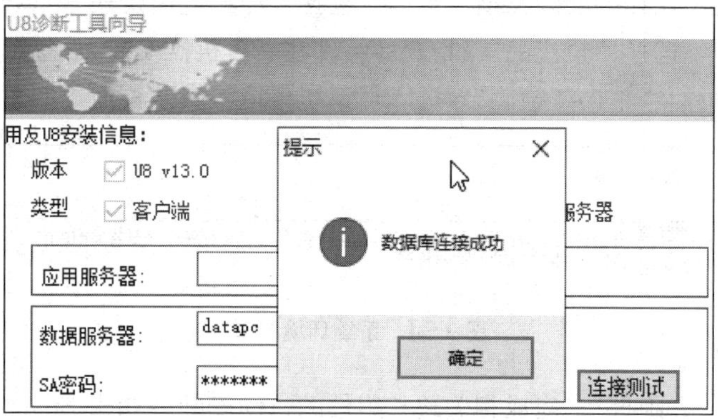

图 3-6　U8 诊断工具向导

系统提示数据库连接成功，单击“确定”完成。

3. 新道 U8+功能调用

安装新道 U8+后，在 Windows“开始”菜单中会增加“新道 U8+”项目，可根据需要选择相关功能应用。

3.2.6　期初及科目补丁安装

本系统的正常运行，需要安装补丁。选中“U8ERP-User-Define4”安装包，单击右键“安装”，选择打开，系统进入“欢迎使用 U8ERP-User-Define4 安装向导”，单击“下一步”，勾选“我接受‘许可协议’中的条款（A）”，继续下一步单击“安装”完成即可。

如遇安装过程中系统提示某文件正在使用，如需停止服务，可根据系统提示，单击

右键“此电脑”，选择“管理”，进入“计算机管理”窗口，选择“服务和应用程序”|“服务”，在服务中找到系统提示被占用的文件，停止服务后重新安装即可。

AI助手探秘

什么是软件补丁？

3.2.7　新道 U8＋、数据库的卸载与重装

在安装过程中，有可能选项选择错误、版本选择错误，出现安装完成后，不能重新连接数据或者测试不成功等问题。我们可以尝试卸载并重装新道 U8＋、数据库。

1. 卸载并重装新道 U8＋

常规的卸载方式，一般选择 Windows 的“控制面板”|“程序”|“卸载程序”功能完成。Windows 自带卸载功能针对一般软件基本都能胜任，但对于大型财务软件来说，一般会存在卸载不干净又不能在原位置安装的问题。

新道 U8＋的卸载是通过重新安装新道 U8＋财务安装包的形式完成。通过软件自动检测并清理历史版本，可以将原有财务软件删除干净并实现重装。具体操作步骤如下：

第一步，卸载。首先选中需要重新安装的财务软件安装包，找到“setup”安装程序，单击右键选择“以管理员身份运行”，系统会自动检测已有版本，进入“欢迎删除程序”窗口，认真阅读系统提示的删除提示，单击“卸载”，进入“安装状态”窗口，系统提示正在删除。系统卸载完成会提示“卸载完成”，根据提示，选择重启计算机。重启后的桌面，原有的新道图标就没有了。

第二步，重新安装。选中需要重新安装的新道 U8＋安装包，找到“setup”安装程序。单击右键选择“以管理员身份运行”，在许可协议页面勾选“我接受许可协议和隐私条款”。继续下一步，系统进入“历史版本检测及清理”，继续下一步，进入“客户信息”窗口，保持默认设置。继续下一步，进入“选择目的地位置”，此时的安装位置可以安装在原软件安装的盘符。继续下一步，选择“安装类型”为“经典应用模式”（如果模式选择错误，会导致安装时提示 Windows 版本问题导致不可继续安装），继续选择“全产品”，随后系统进行环境监测，单击“监测”，当“基础环境检查”为绿色的“√”或黄色的“!”时，单击“确定”，进入安装状态页面，单击“安装”，待安装完毕，重启计算机即完成在原位置卸载并重装新道 U8＋。

2. 卸载并重装数据库

数据库卸载属于偏技术性的问题，有一定的操作难度，读者可以尝试自行卸载并重装数据库。

卸载本书所使用的数据库，需卸载两个关键的应用。选择“开始”|“设置”|“应用”|“安装的应用”，卸载“Browser for SQL server 2016”和“Microsoft SQL server 2016

(64bit）”两个应用（应用的具体名称可能因电脑不同有些许差异)，重启计算机，数据库卸载就成功了。

3. 新道 U8+安装过程中常见问题的解决措施

新道 U8+安装过程中常常会出现“不认识这样的主机”“外部组件发生错误”“数据库连接不成功”等问题，通过尝试卸载并重装新道 U8+、数据库基本可以解决上述的问题，达到正常使用新道 U8+的目的。

另外一些常见的连接不成功的问题，可以尝试通过配置“新道 U8+”|“应用服务器配置”即可解决。如果未修改计算机名称，可以在此处的数据库服务器名称处输入计算机名称，也能匹配成功。

AI助手探秘

用友 U8 软件的试用版一般可以用几个月？

3.3 系统管理

3.3.1 系统管理功能概述

系统管理负责统一管理整个系统的公共任务，包括账套管理、操作员及其权限设置等。

系统管理的基本流程一般以系统管理员注册方式开始，通过建立账套、添加操作员并设置权限、指定账套主管、以账套主管重新注册系统管理功能等操作，完成账套启用。

1. 新建账套

新道 U8+属于通用商品化管理软件，系统中并没有任何与使用单位相关的信息，因此要使用计算机进行会计处理工作，首先必须设置账套文件，以存放企业开展会计工作的信息。账套中存放的内容包括会计科目、记账凭证、账簿、会计报表等。建立账套是在建账向导指引下进行的，主要确定账套号、账套名称、企业所属行业、记账本位币、会计科目体系结构、会计期间的划分和设置账套启用期间等。

2. 年度账管理

在新道 U8+，每个账套都存放企业不同年度的财务数据，称为年度账。在新的会计年度开始时，都应在系统中设置新的年度账套，并将上年度账套的期末余额结转到新年度账套中，开始新业务核算工作。

需要注意的是，只有账套主管才有操作有关年度账的权限。

3. 恢复和备份

备份账套功能可以备份所选账套数据。

恢复账套功能是指将以前备份的账套数据引入本系统中。该功能可恢复企业的备份数据，在实时非运行模式下，集团公司可以将子公司的账套数据定期引入母公司系统中，方便账套数据的分析和合并工作。

年度账的恢复和备份操作方法与一般账套的操作方法相同，不同的是年度账的恢复与备份是针对账套中的某一年度数据，而不是整个账套的数据，年度账的恢复与备份只能由账套主管操作。

4. 系统管理员与账套主管

系统管理只允许系统管理员和账套主管登录。

系统管理员负责整个系统的运行维护工作，包括账套建立、恢复、备份，为账套设置操作员、权限，指定账套主管等。

账套主管负责所指定账套的维护工作，包括对账套参数的修改，年度账的建立、清空、恢复、备份、结转，以及该账套的操作员权限设置。

3.3.2　建立账套

实验资料

重庆两江科技有限公司生产的主产品是创智 X 号收银称重一体机及配合使用的手持扫描器、桌面扫描器，主要应用于各种超市，同时公司代理与创智 X 号相关的配套用品（如服务器、专用数据备份器等）。一车间主要生产创智 X 号产品，二车间主要生产手持扫描器、桌面扫描器。

1. 账套信息

账套号：999（具体实验中用学号后三位代替，后续修改账套信息不可更改）。账套名称：重庆两江科技有限公司（具体实验中可用学生姓名代替，后续修改账套信息可更改）。启用会计期：2024 年 4 月，会计期间：默认，不勾选“是否集团账套”“适用 UU”“启用智能输入”。

2. 单位信息

单位名称：重庆两江科技有限公司。单位简称：两江科技。单位地址：重庆市两江新区新光大道 9999 号。法人代表：孙正。邮政编码：401147。联系电话及传真：02312345678。税号：110119120130999。

企业类型：工业。行业性质：2007 年新会计准则科目。

有外币核算。

3. 分类编码方案

科目编码级次：4222。客户和供应商分类编码级次：2。存货分类编码：122。部门编码级次：12。地区分类编码级次：2。结算方式编码级次：2。收发类别编码级次：12。其余使用默认。

4. 数据精度

该企业对存货数量、单价小数位定为 2，均为默认。

5. 系统启用

总账系统启用时间为 2024-04-01。

实验过程

在建账过程中，务必停止运行安全软件，否则它将拦截建账进程，导致不成功。

1. 登录

选择 Windows 11 应用的“新道 U8+”|“系统管理”，进入“新道 U8［系统管理］”窗口。

选择“系统”|“初始化数据库”，进入“初始化数据库实例”窗口，SA 口令输入：bigdata，单击“确认”，系统提示“确定初始化数据库实例［DATAPC］吗”，选择“是”，稍等片刻，系统出现登录界面。保持系统管理员默认值“admin”，单击密码下方的“账套”，选择“（default）”下拉列表，如图 3-7 所示。

图 3-7 登录

操作提示

在登录过程中，如果账套不显示“（default）”，可以选择“新道 U8+”|“应用服务器配置”，打开“U8 应用服务器配置工具”页面，选择“数据源配置”，可修改数据源。

如果数据库服务器名称是错误的，也可以在这里更改。

服务器是指 C/S 结构下的服务器名，如果新道 U8+在单机上运行，则是指本计算机名。

第一次运行时，admin 登录系统管理的密码为空，为安全考虑，应在第一次运行时单击“修改密码”，设置系统管理员密码。作为学习使用时，可不做调整。

---

2. 建账

单击“登录”即可进入创建账套窗口的建账方式页面，选择“新建空白账套”，单击“下一步”进入账套信息页面，输入账套信息，取消“适用 UU”“启用智能输入”的勾选，如图 3-8 所示。

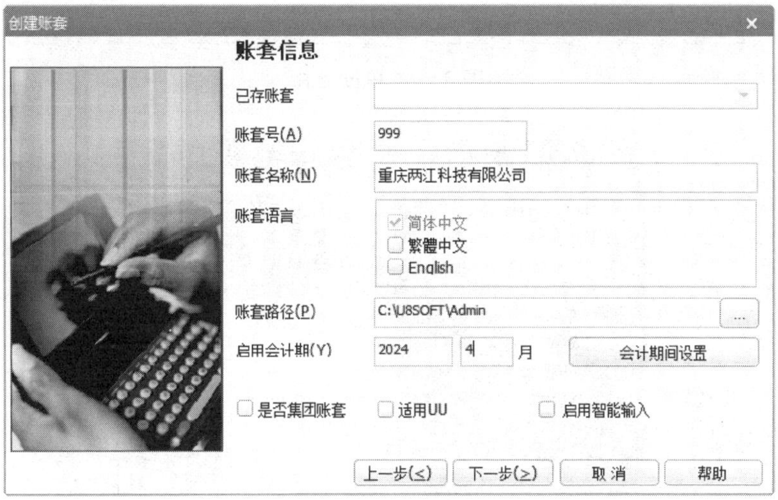

图 3-8　账套信息

操作提示

“已存账套”是系统已经建立并使用的账套，在此不能更改。

“账套号”一般是 000～999 之间的三位数字，账套号唯一，不能重复。

“账套名称”是能够标识该账套的信息，根据企业情况输入。

“账套路径”是存放账套数据的位置，一般用系统默认的路径即可，也可自行确定。

“启用会计期”用以输入新建账套将被启用的时间，具体到“月”，用户可根据实际情况，点击“会计期间设置”设置。

单击“下一步”，输入有关单位信息，如图 3-9 所示。

单击“下一步”进入核算类型设置，确认行业性质为 2007 年新会计准则科目后，进入下一步，全部勾选基础信息的内容，继续进入下一步，设置开始页面，直接单击“完成”，系统提示“可以创建账套了吗”，选择“是”，稍等片刻，进入“编码方案”窗口，按实验资料修改后如图 3-10 所示。

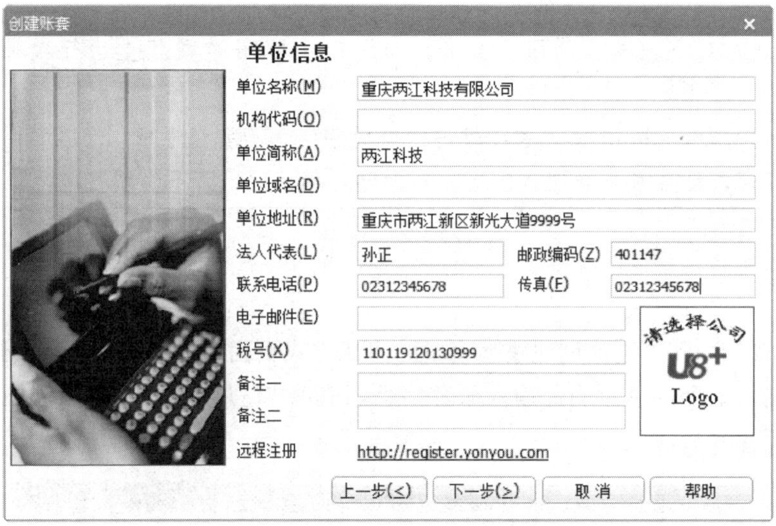

图 3 - 9　单位信息

项目	最大级数	最大长度	单级最大长度	第1级	第2级	第3级	第4级	第5级	第6级	第7级	第8级	第9级
科目编码级次	13	4	9	4	2	2	2					
客户分类编码级次	5	12	9	2								
供应商分类编码级次	5	12	9	2								
存货分类编码级次	8	12	9	1	2	2						
部门编码级次	9	12	9	1	2							
地区分类编码级次	5	12	9	2								
费用项目分类	13	50	9	1	2							
结算方式编码级次	2	3	3	2								
货位编码级次	8	20	9	2	3	4						
收发类别编码级次	3	5	5	1	2							

图 3 - 10　编码方案

先单击“确定”，再关闭窗口（不关闭窗口，会一直停留在此处）。继续设置数据精度，各项目均设置为 2，单击“确定”，等出现如图 3 - 11 的提示，表明建账完成。

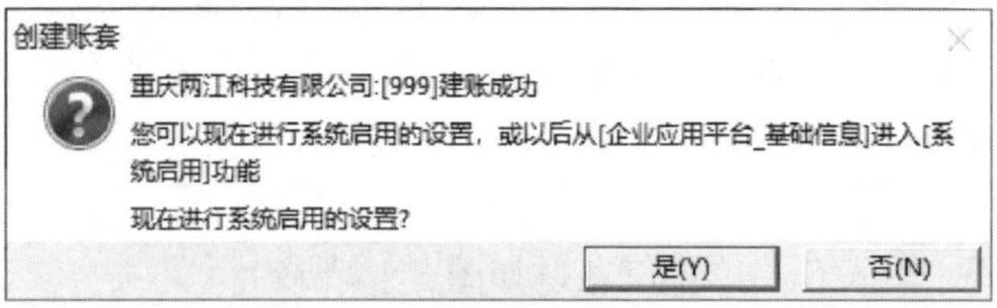

图 3 - 11　创建账套完成

可以选择“是”进入系统启用窗口，本实验单击“否”，系统提示“请进入企业应用平台进行业务操作”，单击“确定”返回开始页面，所有内容均已完成，单击“退出”完成。

3.3.3　账套备份方法

AI助手探秘

做账套备份的时间。

实验资料

备份文件为：UFDATA.BAK 和 UfErpAct.Lst 两个文件，文件的大小为 2.2G 左右。

实验过程

选择“新道 U8+”|“系统管理”，启动新道 U8 系统管理。

(1) 选择“系统”|“注册”，以系统管理员 admin 的身份注册系统管理。

(2) 选择“账套”|“输出”，在出现的“账套输出”窗口中选择需要备份的账套号，单击“选择”后出现“请选择账套备份路径”窗口，这时需要选择具体的目录来保存备份的账套，在 C 盘下新建 TEMP 文件夹作为备份账套的保存目录；如果备份后源账套需要删除，则选中“删除当前输出账套”，备份完成后，系统中将不存在当前账套数据（此功能谨慎使用）。

输出账套的备份位置，可以自由选定。

备份信息如图 3-12 所示。

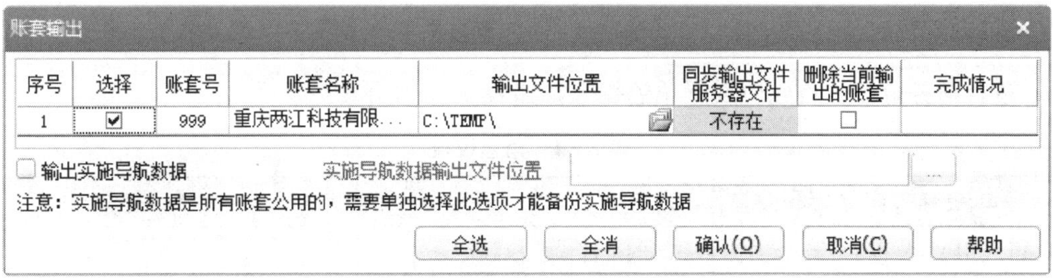

图 3-12　账套输出

单击“确认”，系统会提示输出成功。系统会在选择的目录下建立一个目录，如账套号是 999，则备份账套保存的目录是 ZT999。

3.3.4　恢复实验账套的方法

实验资料

通过引入账套的方式恢复自己的备份账套。

实验过程

在已登录的系统管理窗口，选择“账套”|“引入”，再选择“选择备份文件”，选择要恢复的账套文件 UfErpAct. Lst，具体目录自己选择。单击“确定”后提示选择账套引入的目录，这里选择系统的默认路径，如图 3－13 所示。

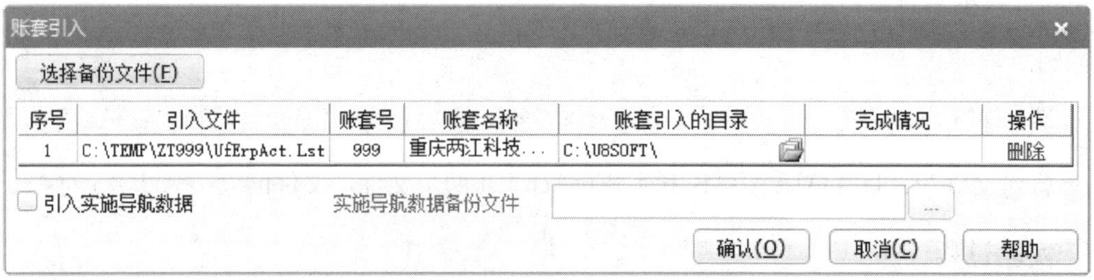

图 3－13　账套引入

单击“确认”后等待一会儿，系统提示引入成功。

3.3.5　财务分工、账套信息修改

AI 助手探秘

账套信息修改的方法。

实验资料

进行财务分工，首先应设置角色权限，如表 3－4 所示。

表 3－4　角色权限

角色编码	角色名称	角色权限
DATA-MANAGER	账套主管	系统的全部模块权限
91	出纳业务	财务会计：总账—出纳；总账—凭证—出纳签字；网上银行；出纳管理；网上报销—单据查询；网上报销—报表查询
92	日常业务	财务会计：总账；发票管理；应收款管理；应付款管理；固定资产；网上银行；UFO 报表；出纳管理；网上报销 供应链：合同管理；销售管理；采购管理；库存管理；存货核算；售后服务 人力资源：薪资管理；计件工资管理
93	采购业务	基本信息：公共单据；公用目录 财务会计：应付款管理；总账—账表—供应商往来辅助账 供应链：合同管理；采购管理；库存管理；存货核算
94	仓库业务	供应链：库存管理

续表

角色编码	角色名称	角色权限
95	销售业务	基本信息：公共单据；公用目录 财务会计：应收款管理；总账—账表—客户往来辅助账 供应链：合同管理；销售管理；库存管理；存货核算；售后服务

角色权限可根据业务变化调整。

选择销售管理权限时，系统会自动勾选生产制造下销售订单转生产权限，默认即可。

设置角色权限后可进行财务分工，如表3-5所示，初始密码均设置为“123”。

表3-5　财务分工

编号	姓名	角色	主要业务权限	所属部门
01	何沙	账套主管	负责财务业务一体化管理和业务处理工作，具有系统所有模块的全部权限	财务部
02	赵小兵	出纳业务	负责现金、银行账管理工作	
03	孙胜业	日常业务	负责日常业务处理工作	
04	李天华	采购业务	负责采购业务处理工作	采购部
05	刘一江	销售业务	负责销售业务处理工作	销售部
06	陈瓜瓜	仓库业务	负责仓库管理工作	仓储部

在实验中，账套主管和日常的各项业务处理，均由01何沙（具体实验中可用学生姓名替代）来完成；出纳员的工作由02赵小兵完成；凭证审核、凭证记账、资金主管的工作由03孙胜业完成。实际工作中则具体按照岗位完成相关业务处理工作。

实验过程

1. 角色设置

角色是指在管理中拥有某一类职能的组织，这个角色组织可以是实际部门，可以是拥有同一类职能的人构成的虚拟组织。

（1）选择“新道U8＋”|“系统管理”，进入新道U8＋系统管理窗口。选择“系统”|“注册”，操作员默认admin，密码为空，登录系统。在系统管理窗口，选择“权限”|“角色”，进入“角色管理”窗口，如图3-14所示。

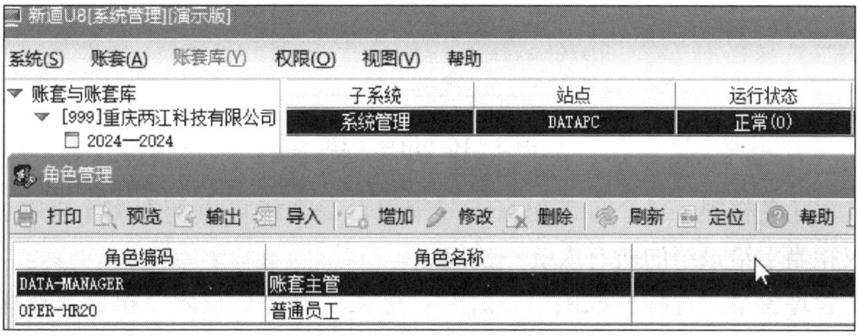

图3-14　角色管理

操作提示

1. 角色和用户

拥有某个身份的一类人员，相当于一个做某类工作的用户组，这就是角色。

用户是指具体的业务操作员。一个用户可以归属于不同的角色，一个角色可以包含多个不同的用户。

已经赋予某角色的权限，归属于该角色的每个用户均享有相同的权限。也可以单独为某个用户增加指定其所属角色未拥有的某些权限。

2. 账套主管

账套主管拥有包括总账在内所有子系统模块的处理权限，还包括修改账套、备份账套、管理年度账、设置操作员等系统管理权限。

单击“增加”，输入角色编码和角色名称后，继续使用同样的方法增加，直至将所有角色添加完成。增加出纳业务后，如图 3－15 所示。

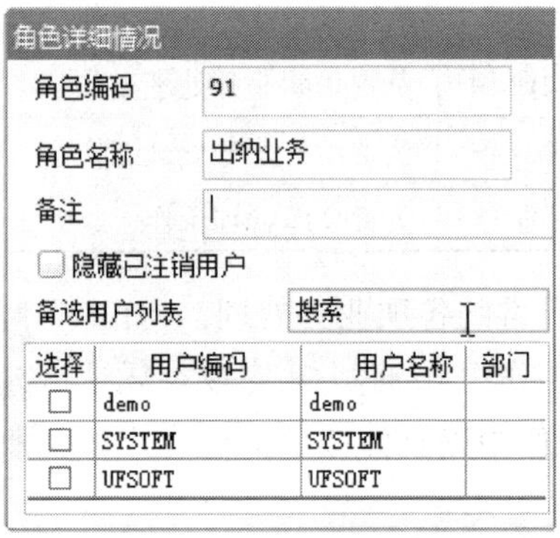

图 3－15　增加角色

角色设置完成后如图 3－16 所示。

图 3－16　角色管理

（2）设置角色权限。一个角色相当于一个组，一个组可以拥有多个业务操作人员，给角色授权相当于给该组的所有人统一授权。

在系统管理窗口，选择“权限”|“权限”，进入“操作员权限”窗口，选择角色，如“出纳业务”，单击“修改”，按照角色的功能设置权限，如图 3－17 所示。

图3-17　出纳角色权限设置

具体方法是逐一选择该角色拥有的功能权限，设置后单击“保存”完成。其他角色按同样的方法设置，在实际的业务操作过程中，可随时调整。

2. 用户设置

在系统管理窗口，选择“权限”|“用户”，单击“增加”，输入操作员的具体信息，口令为123，不勾选“不允许修改登录日期”“UU用户”“呼叫中心坐席”，结果如图3-18所示。

图3-18　操作员详细情况

在设置用户时，可以为用户分配角色，分配后的用户拥有角色的所有权限。继续单击“增加”设置下一位操作员。

操作提示

角色编码和用户编码不能重复。

用户设置完成后如图3-19所示。

图3-19 用户管理

系统管理员与账套主管的区别如表3-6所示。

表3-6 系统管理员与账套主管的区别

系统管理员（admin）	账套主管（DATA-MANAGER）
建立账套	修改本账套信息
删除账套	删除本账套年度账
账套全部的数据备份和恢复	本账套年度账的数据备份和恢复
设置操作员	为本账套操作员赋权
赋权	新建本账套年度账
清除异常任务	结转本账套上年数据
清除所有锁定	清空本账套年度数据

3. 设置操作员权限

在系统管理窗口，选择“权限”|“权限”，进入“操作员权限”窗口，选择具体设置操作权限的人员，如赵小兵，勾选“显示所属角色权限”和“仅显示选中条目”，则会显示该角色已经分配的权限，如图3-20所示。

在实务工作中，通过“修改”完成增删，再单击“保存”完成。

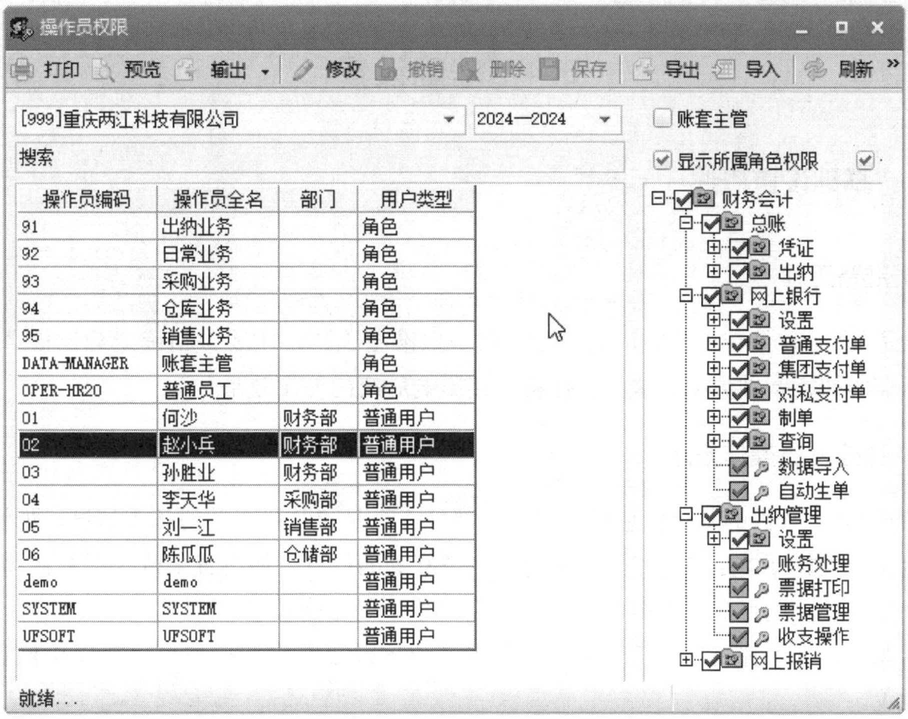

图 3－20　操作员权限

4. 修改账套信息

4 月 1 日，在系统管理下，以何沙身份重新注册系统管理功能，账套选择重庆两江科技有限公司，如图 3－21 所示。

图 3－21　以账套主管登录系统管理

进入后选择“账套”|“修改”，可修改账套参数。进入账套信息修改窗口，与建账时输入信息的方式相同，若有变化，在此完成修改（有些部分已经锁定，不能修改）。

3.4 基础设置

3.4.1 基础设置概述

1. 准备工作

新道 U8＋软件在正式应用前，还须做一些准备工作，主要包括确定会计核算规则、准备所需的初始基础数据，这些工作将直接影响后续的使用效果。

2. 基础设置操作方法

新道 U8＋软件的基础信息设置包括三部分：一是与总账有关的基础信息，如设置会计科目、设置凭证类型等；二是与供应链业务有关的信息，如设置采购类型和销售类型、设置收发类别、设置仓库档案等；三是总账与供应链业务都共同需要的基础信息，如设置部门职员、外币种类、存货分类等。业务系统的部分基础数据也可以在使用该业务系统时设置。

登录新道 U8＋企业应用平台后，选择“基础设置”模块设置相关基础数据。

可集中或分散设置基础信息。集中设置是将基础信息全部设置完成后再使用业务系统。分散设置是先设置部门、人员、客户、供应商等基本信息，其他信息可在使用相关业务模块时设置。

3.4.2 系统启用

AI助手探秘

用友 U8 软件系统启用的注意事项。

实验资料

按照需要使用的业务，启动的模块如表 3－7 所示。

表 3－7 启动模块表

系统编码	系统名称	启用会计期间	启用自然日期
GL	总账	2024-04	2024-04-01
AR	应收款管理	2024-04	2024-04-01
TI	发票管理	2024-04	2024-04-01
AP	应付款管理	2024-04	2024-04-01

续表

系统编码	系统名称	启用会计期间	启用自然日期
FA	固定资产	2024-04	2024-04-01
NE	网上报销	2024-04	2024-04-01
NB	网上银行	2024-04	2024-04-01
SC	出纳管理	2024-04	2024-04-01
CC	系统配置	2024-04	2024-04-01
CM	合同管理	2024-04	2024-04-01
SA	销售管理	2024-04	2024-04-01
PU	采购管理	2024-04	2024-04-01
ST	库存管理	2024-04	2024-04-01
IA	存货核算	2024-04	2024-04-01
SR	售后服务	2024-04	2024-04-01
WA	薪资管理	2024-04	2024-04-01

实验过程

新道 U8+的各子系统，只有启用后才能进行业务处理。系统启用方法主要有两种：(1) 创建账套时启用；(2) 在企业应用平台启用。

4 月 1 日，以何沙身份登录企业应用平台，选择“基础设置”|“基本信息”|“系统启用”，按照实验资料逐一启用，共 16 个子系统，如图 3－22 所示。设置完成后单击“退出”即可。

系统编码	系统名称	启用会计期间	启用自然日期	启用人
GL	总账	2024-04	2024-04-01	何沙
AR	应收款管理	2024-04	2024-04-01	何沙
TI	发票管理	2024-04	2024-04-01	何沙
AP	应付款管理	2024-04	2024-04-01	何沙
FA	固定资产	2024-04	2024-04-01	何沙
NE	网上报销	2024-04	2024-04-01	何沙
NB	网上银行	2024-04	2024-04-01	何沙
SC	出纳管理	2024-04	2024-04-01	何沙
CC	系统配置	2024-04	2024-04-01	何沙
CM	合同管理	2024-04	2024-04-01	何沙
SA	销售管理	2024-04	2024-04-01	何沙
PU	采购管理	2024-04	2024-04-01	何沙
ST	库存管理	2024-04	2024-04-01	何沙
IA	存货核算	2024-04	2024-04-01	何沙
SR	售后服务	2024-04	2024-04-01	何沙
WA	薪资管理	2024-04	2024-04-01	何沙

图 3－22　系统启用

3.4.3 系统出错处理方法

在应用新道 U8＋过程中，有时因为非正常关机或非正常退出等引起系统错误。处理的方法：用 admin 登录系统管理，选择“视图”|“清除异常任务”，再选择“视图”|“清除所有任务”，清除系统错误，如图 3－23 所示。具体可根据出错情况选择。

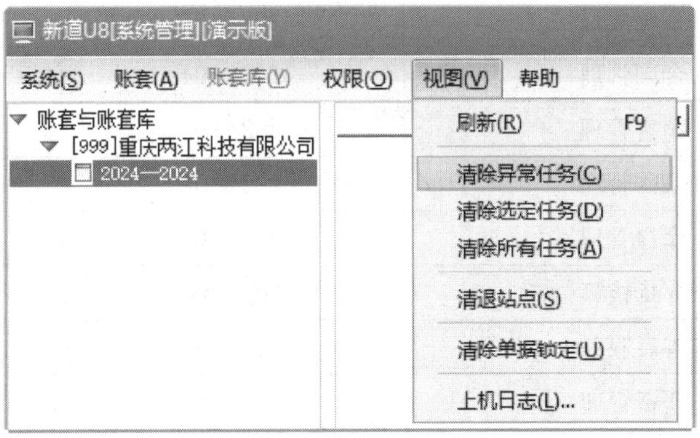

图 3－23 清除任务

对于单据类操作锁定的问题，如提示“科目（100201）正被机器 ** 上的用户 ** 操作锁定，请稍候再试”的信息，可以先登录新道 U8＋企业应用平台，选择“系统服务”|“系统管理”，登录后先选择“视图”|“清除单据锁定”，再选择“清除所有任务”，清除错误。

3.4.4 部门和人员档案设置

AI 助手探秘

用友 U8 软件部门和人员档案设置过程中应注意的问题。

实验资料

重庆两江科技有限公司分类档案资料如下。

1. 部门档案

部门档案如表 3－8 所示。

表 3－8 部门档案

部门编码	部门名称	部门属性	部门编码	部门名称	部门属性
1	管理中心	管理部门	102	财务部	财务管理
101	行政部	综合管理	2	供应中心	供应管理

续表

部门编码	部门名称	部门属性	部门编码	部门名称	部门属性
201	仓储部	库存管理	302	二车间	生产制造
202	采购部	采购管理	4	营销中心	营销管理
3	制造中心	生产管理	401	销售部	销售管理
301	一车间	生产制造	402	服务部	售后服务

2. 人员类别

101：管理。102：经营。103：车间管理。104：车间工人。

3. 人员档案

人员档案如表 3－9 所示。

表 3－9　人员档案

人员编码	姓名	性别	人员类别	部门	业务员	操作员	对应操作员编码	银行账号
101	孙正	男	管理	行政部	是			1111
102	宋嘉	女	管理	行政部	是			1112
201	何沙	男	管理	财务部	是	是	01	1113
202	赵小兵	女	管理	财务部	是	是	02	1114
203	孙胜业	女	管理	财务部	是	是	03	1115
301	李天华	女	管理	采购部	是	是	04	1116
302	杨真	男	管理	采购部	是			1117
401	陈瓜瓜	男	管理	仓储部	是	是	06	1118
501	刘一江	男	经营	销售部	是	是	05	1119
502	朱小明	女	经营	销售部	是			1120
601	罗忠	男	经营	服务部	是			1121
701	向璐宇	男	车间管理	一车间				1180
702	秦地久	女	车间管理	一车间				1181
703	天河飞	男	车间工人	一车间				1190
704	秦半岛	女	车间工人	一车间				1191
801	万思维	男	车间管理	二车间				1182
802	东方魂	男	车间管理	二车间				1183
803	叶海甸	男	车间工人	二车间				1192
804	万银大	女	车间工人	二车间				1193
805	朱海风	男	车间工人	二车间				1194
806	温琼海	女	车间工人	二车间				1195

具体操作时，可将“何沙”修改为操作者名字。上述人员均为在职人员。费用归属根据部门区分会计科目，生效日期从 2024 年 4 月 1 日起计算。

银行账号对应银行是中国工商银行。

实验过程

本小节的系统登录日期为 4 月 1 日。

1. 修改单位信息

选择“基础设置”|“基础档案”|“机构人员”|“机构”|“本单位信息”，可查看、修改、更正和补充本单位信息。

2. 设置部门档案

选择“基础设置”|“基础档案”|“机构人员”|“机构”|“部门档案”，单击“增加”，在窗口右侧录入部门编码、部门名称等信息。录入完一个部门信息后，单击“增加”继续录入，单击“修改”可修改已输入信息，结果如图 3 - 24 所示。

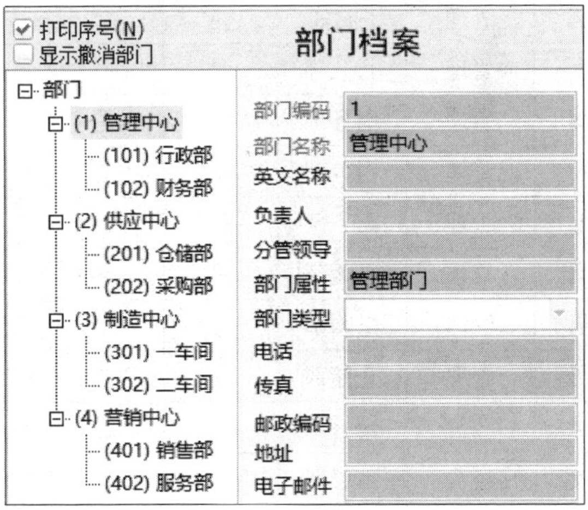

图 3 - 24 部门档案

操作提示

部门档案信息录入错误，应先选中需修改的部门，单击“修改”，在右边栏中修改，保存即可。

部门编码不能修改，只能删除该部门后重新增加。

在部门信息录入栏的下面，若编码原则显示为“* **”，表示部门编码级次为 2 级，其中第一级 1 位，第二级 2 位。其他档案信息的设置窗口也有编码规则提示，且必须先录入上级部门，然后才能录入下一级部门档案。

如果实际编码与系统编码规则不符，可选择“基础设置”|“基本信息”|“编码方案”，重新设置编码规则。

3. 设置人员类别

选择“基础设置”|“基础档案”|“机构人员”|“人员”|“人员类别”，先删除系统预置的人员类别，再单击“增加”录入档案编码、档案名称等信息，完成后如图3－25所示。

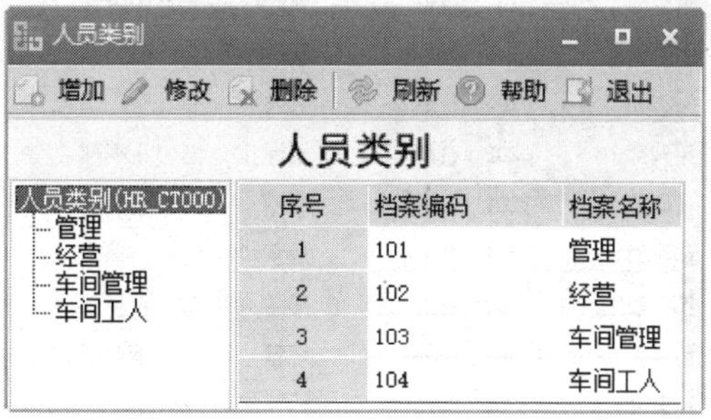

图3－25　人员类别

4. 设置人员档案

选择“基础设置”|“基础档案”|“机构人员”|“人员”|“人员档案”，单击“增加”，录入人员档案信息，如图3－26所示。

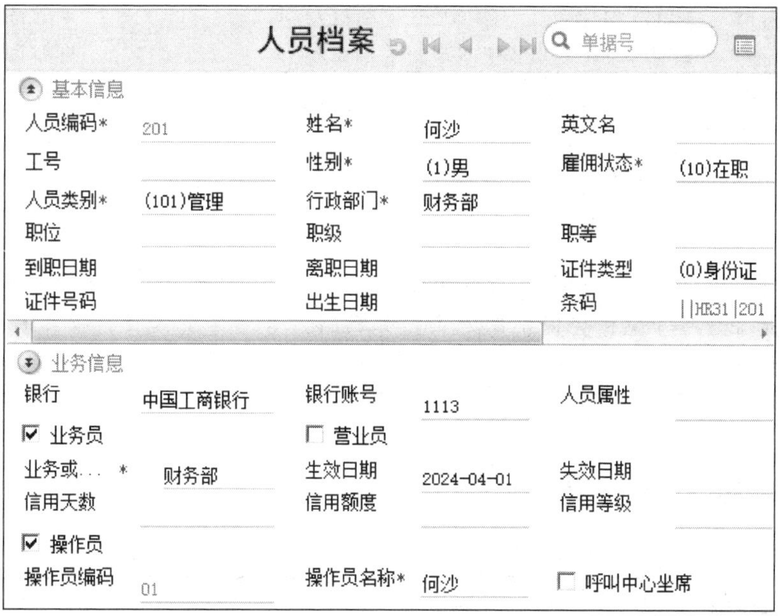

图3－26　人员档案

对于是操作员的，先勾选“操作员”，然后单击对应操作员名称后的“▦”重新选择，这样对应的操作员编码才正确。

一个人的信息输入完毕后，单击“保存”完成。

人员设置完成后如图3－27所示。

序号	☐	人员编码	姓名	行政部门名称	部门	雇佣状态	人员类别	性别	业务或费用部门名称	银行	账号
1	☐	101	孙正	行政部	101	在职	管理	男	行政部	中国工商银行	1111
2	☐	102	宋嘉	行政部	101	在职	管理	女	行政部	中国工商银行	1112
3	☐	201	何沙	财务部	102	在职	管理	男	财务部	中国工商银行	1113
4	☐	202	赵小兵	财务部	102	在职	管理	女	财务部	中国工商银行	1114
5	☐	203	孙胜业	财务部	102	在职	管理	女	财务部	中国工商银行	1115
6	☐	301	李天华	采购部	202	在职	管理	女	采购部	中国工商银行	1116
7	☐	302	杨真	采购部	202	在职	管理	男	采购部	中国工商银行	1117
8	☐	401	陈瓜瓜	仓储部	201	在职	管理	男	仓储部	中国工商银行	1118
9	☐	501	刘一江	销售部	401	在职	经营	男	销售部	中国工商银行	1119
10	☐	502	朱小明	销售部	401	在职	经营	女	销售部	中国工商银行	1120
11	☐	601	罗忠	服务部	402	在职	经营	男	服务部	中国工商银行	1121
12	☐	701	向蹓宇	一车间	301	在职	车间管理	男		中国工商银行	1180
13	☐	702	秦地久	一车间	301	在职	车间管理	女		中国工商银行	1181
14	☐	703	天河飞	一车间	301	在职	车间工人	男		中国工商银行	1190
15	☐	704	秦半岛	一车间	301	在职	车间工人	女		中国工商银行	1191
16	☐	801	万思维	二车间	302	在职	车间管理	男		中国工商银行	1182
17	☐	802	东方魂	二车间	302	在职	车间管理	男		中国工商银行	1183
18	☐	803	叶海甸	二车间	302	在职	车间工人	男		中国工商银行	1192
19	☐	804	万银大	二车间	302	在职	车间工人	女		中国工商银行	1193
20	☐	805	朱海风	二车间	302	在职	车间工人	男		中国工商银行	1194
21	☐	806	温琼海	二车间	302	在职	车间工人	女		中国工商银行	1195

图 3-27　人员档案列表

显示内容可单击栏目调整。

操作提示

业务员在会计科目辅助核算和业务单据中可以选到，而操作员不能被选到。

业务员是在业务单据中会使用的人员，如领料人等签字的人员；操作员一般只是录入、查看数据的人员。

3.4.5　客户和供应商档案设置

AI 助手探秘

客户和供应商档案设置过程中应注意的问题。

实验资料

1. 地区分类

01：东北。02：华北。03：华东。04：华南。05：西北。06：西南。07：华中。

2. 供应商分类

01：原料。02：成品。03：配套。04：代管。05：服务。

3. 客户分类

01：批发。02：零售。03：代销。04：专柜。

4. 供应商档案

供应商档案如表 3－10 所示。

表 3－10　供应商档案

供应商编号	供应商名称及简称	所属分类码	所属地区	税号	开户银行	银行账号	地址	邮编	分管部门	专管业务员
01	重庆大江公司（大江）	原料	西南	98462	中行	3367	重庆市巴南区大江路 1 号	410001	采购部	李天华
02	成都大成公司（大成）	原料	西南	67583	中行	3293	成都市青羊区大成路 1 号	610001	采购部	李天华
03	南京天华公司（天华）	成品	华东	72657	工行	1278	南京市重庆路 22 号	230187	采购部	杨真
04	上海大坤公司（大坤）	成品	华东	31012	工行	5076	上海市浦东新区广州路 6 号	200232	采购部	杨真
05	重庆大方咨询公司（大方）	服务	西南	83411	工行	8217	重庆市两江新区黄山大道 886 号	401100	服务部	罗忠
06	重庆问之电子公司（问之）	代管	西南	51023	建行	7707	重庆市高新区学智路 717 号	401331	采购部	李天华
07	重庆千里广告公司（千里）	服务	西南	51105	农行	7891	重庆市高新区城南路 818 号	401331	服务部	罗忠
08	辽宁飞鸽公司（飞鸽）	服务	东北	03251	中行	0548	沈阳和平区三好路 88 号	110008	销售部	朱小明

备注：所属分类为服务时，基本信息下部需勾选服务。

5. 客户档案

客户档案如表 3－11 所示。

表 3－11　客户档案

客户编号	客户名称及简称	所属分类码	所属地区	税号	开户银行（默认值）	银行账号	地址	邮编	分管部门	专管业务员
001	重庆嘉陵公司（嘉陵）	批发	西南	32788	工行双碑支行	3654	重庆市沙坪坝区双碑路 9 号	400077	销售部	刘一江
002	天津大华公司（大华）	批发	华北	32310	工行东风支行	5581	天津市滨海区东风路 8 号	300010	销售部	刘一江

续表

客户编号	客户名称及简称	所属分类码	所属地区	税号	开户银行（默认值）	银行账号	地址	邮编	分管部门	专管业务员
003	上海长江公司（长江）	专柜	华东	65432	工行海东支行	2234	上海市徐汇区海东路 1 号	200032	销售部	朱小明
004	辽宁飞鸽公司（飞鸽）	代销	东北	03251	中行三好支行	0548	沈阳和平区三好路 88 号	110008	销售部	朱小明
005	湖北朝华公司（朝华）	零售	华中	01121	中行宜昌支行	1717	宜昌市大坝路 77 号	443000	销售部	朱小明
006	重庆大江公司（大江）	批发	西南	98462	中行	3367	重庆市巴南区大江路 1 号	410001	销售部	刘一江
999	零散客户（零散客户）	零售	西南							

6. 交易单位

通过引入供应商和客户信息，建立交易单位信息，额外补充交易单位信息表，如表 3－12 所示。

表 3－12　交易单位信息补充表

交易单位编码	交易单位名称	所属分类	银行账号	账户名称	所属银行	开户行
01	孙正	个人	4567 4567 4567	孙正	中国工商银行	中国工商银行重庆分行两江支行
02	杨真	个人	2345 2345 2345	杨真	中国工商银行	中国工商银行重庆分行两江支行

实验过程

本小节的系统登录日期为 4 月 1 日。

1. 地区分类

选择“基础设置”|“基础档案”|“客商信息”|“地区分类”，单击“增加”录入地区分类的相关信息，如图 3－28 所示。

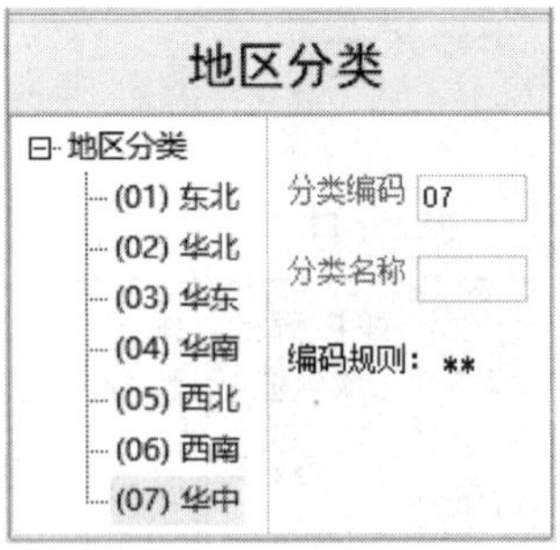

图 3－28　地区分类

2. 供应商分类

选择“基础设置”|“基础档案”|“客商信息”|“供应商分类”，单击“增加”录入供应商分类的相关信息，如图 3－29 所示。

3. 客户分类

选择“基础设置”|“基础档案”|“客商信息”|“客户分类”，单击“增加”录入客户分类的相关信息，如图 3－30 所示。

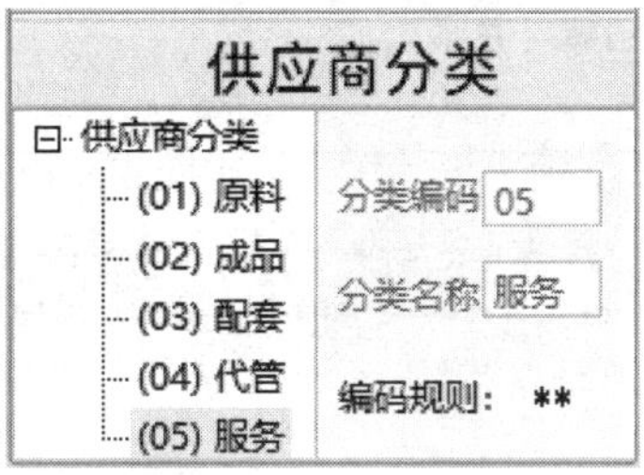

图 3－29　供应商分类

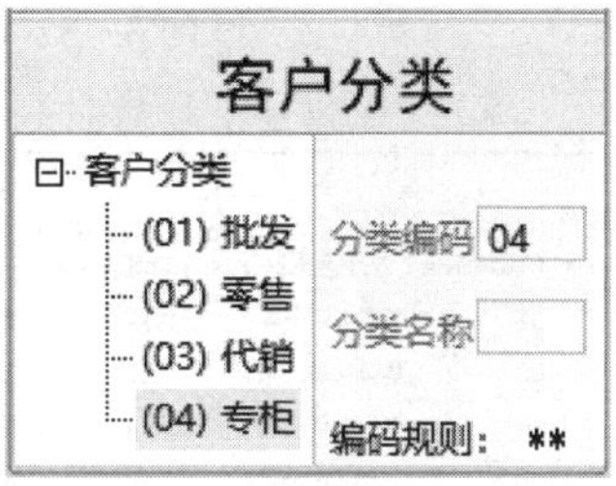

图 3－30　客户分类

4. 供应商档案设置

选择“基础设置”|“基础档案”|“客商信息”|“供应商档案”，单击“增加”录入供应商的相关信息，如图 3－31 所示。

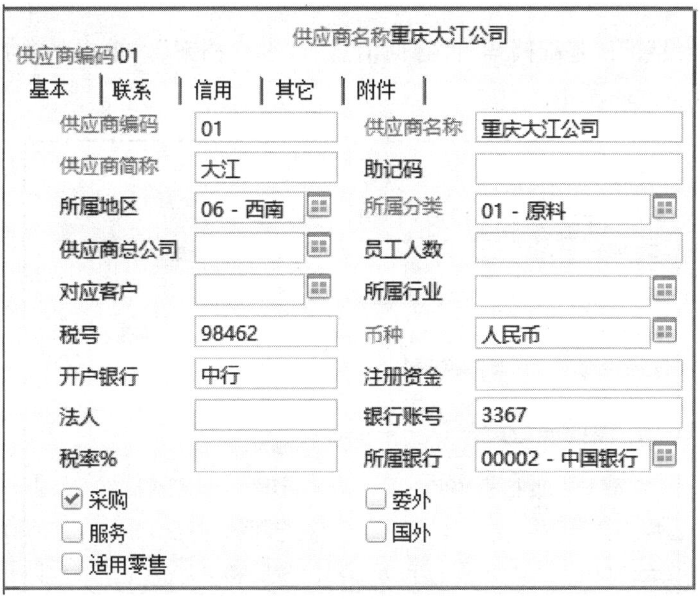

图 3－31　供应商档案（基本）

在“联系”页输入联系方式等信息，如图 3－32 所示。

单击“保存”后继续输入其他供应商档案，完成后如图 3－33 所示。

图 3-32 供应商档案（联系）

打印序号(N)

供应商档案

供应商分类
(01) 原料
(02) 成品
(03) 配套
(04) 代管
(05) 服务

序号	选择	供应商编码	供应商名称	供应商简称	供应商分类名称	地区名称	纳税人登记号	开户银行	银行账号	专营业务员名称	分管部门名称
1		01	重庆大江公司	大江	原料	西南	98462	中行	3367	李天华	采购部
2		02	成都大成公司	大成	原料	西南	67583	中行	3293	李天华	采购部
3		03	南京天华公司	天华	成品	华东	72657	工行	1278	杨真	采购部
4		04	上海大坤公司	大坤	成品	华东	31012	工行	5076	杨真	采购部
5		05	重庆大方咨询公司	大方	服务	西南	83411	工行	8217	罗忠	服务部
6		06	重庆问之电子公司	问之	代管	西南	51023	建行	7707	李天华	采购部
7		07	重庆千里广告公司	千里	服务	西南	51105	农行	7891	罗忠	服务部
8		08	辽宁飞鸽公司	飞鸽	服务	东北	03251	中行	0548	朱小明	销售部

图 3-33 供应商档案

5. 客户档案设置

选择"基础设置"|"基础档案"|"客商信息"|"客户档案"，单击"增加"录入客户的相关信息，如图 3-34 所示。

图 3-34 客户档案（基本）

在"银行"页输入客户银行信息，如图 3-35 所示。

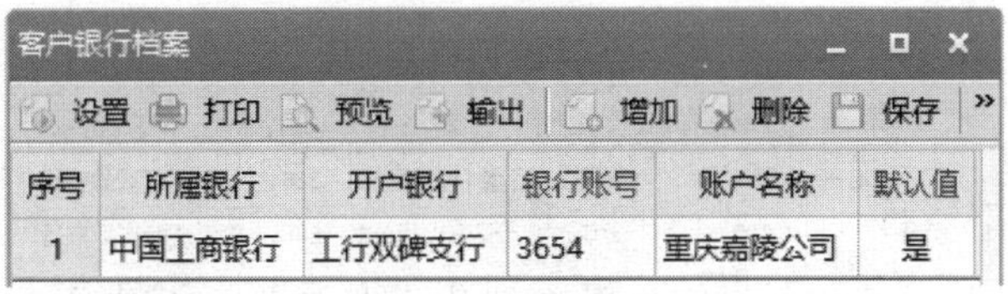

序号	所属银行	开户银行	银行账号	账户名称	默认值
1	中国工商银行	工行双碑支行	3654	重庆嘉陵公司	是

图 3－35　客户银行档案

在“联系”页输入其他信息，如图 3－36 所示。

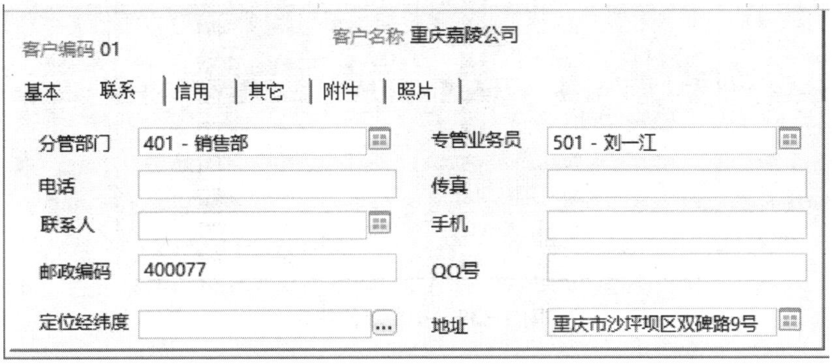

图 3－36　客户档案（联系）

选择“基础设置”|“基础档案”|“客商信息”|“客户档案”，如图 3－37 所示。

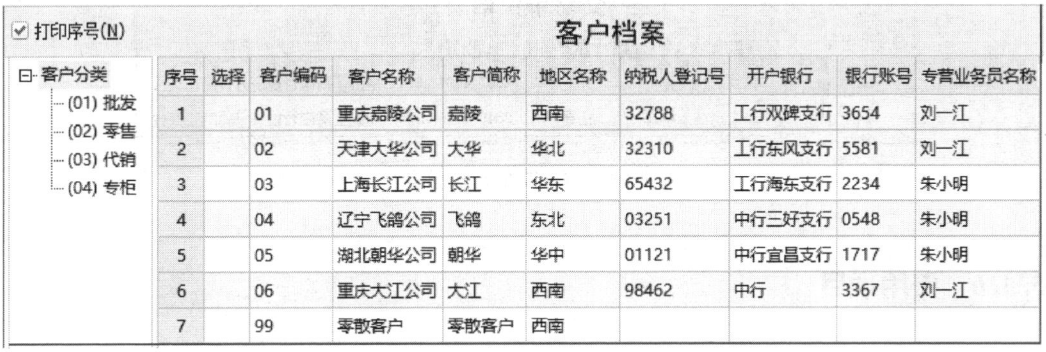

序号	选择	客户编码	客户名称	客户简称	地区名称	纳税人登记号	开户银行	银行账号	专营业务员名称
1		01	重庆嘉陵公司	嘉陵	西南	32788	工行双碑支行	3654	刘一江
2		02	天津大华公司	大华	华北	32310	工行东风支行	5581	刘一江
3		03	上海长江公司	长江	华东	65432	工行海东支行	2234	朱小明
4		04	辽宁飞鸽公司	飞鸽	东北	03251	中行三好支行	0548	朱小明
5		05	湖北朝华公司	朝华	华中	01121	中行宜昌支行	1717	朱小明
6		06	重庆大江公司	大江	西南	98462	中行	3367	刘一江
7		99	零散客户	零散客户	西南				

图 3－37　客户档案信息列表

6. 交易单位信息设置

（1）选择“基础设置”|“基础档案”|“客商信息”|“交易单位分类”，可设置交易单位的分类。系统预置有客户、供应商、个人三类，本实验采用此设置。

（2）交易单位信息可通过两种方式进行增加：一是选择“基础设置”|“基础档案”|“客商信息”|“交易单位”，单击“引入”导入已经设置的供应商、客户等相关信息。二是选择“基础设置”|“基础档案”|“客商信息”|“交易单位”，单击“增加”输入提示信息后保存完成。

1）导入交易单位信息后，根据需要删减单位数量、内容等信息，如图 3－38 所示。

交易单位信息

全部
- 客户
- 供应商
- 个人

单位编码	单位简称	账户名称	银行账号	开户行名称
C01	嘉陵	重庆嘉陵公司	3654	工行双碑支行
C02	大华	天津大华公司	5581	工行东风支行
C03	长江	上海长江公司	2234	工行海东支行
C04	飞鸽	辽宁飞鸽公司	0548	中行三好支行
C05	朝华	湖北朝华公司	1717	中行宜昌支行
C06	大江	重庆大江公司	3367	中行
C99	零散客户			
S01	大江		3367	中行
S02	大成		3293	中行
S03	天华		1278	工行
S04	大坤		5076	工行
S05	大方		8217	工行
S06	问之		7707	建行
S07	千里		7891	农行
S08	飞鸽		0548	中行

图 3－38　交易单位信息

2）额外补充交易单位信息。选择“基础设置”|“基础档案”|“客商信息”|“交易单位”，选择左侧“个人”，单击“增加”，逐个输入实验资料相关信息，如图 3－39 所示。

交易单位信息

全部
- 客户
- 供应商
- 个人

单位编码	单位简称	账户名称	银行账号	开户行名称
01	孙正	孙正	4567 4567 4567	中国工商银行重庆分行两江支行
02	杨真	杨真	2345 2345 2345	中国工商银行重庆分行两江支行

图 3－39　交易单位信息

3.4.6　费用项目

AI助手探秘

制造企业的费用项目一般包含哪些内容？

1. 费用项目分类

费用项目分类为便于统计和分析，将同一属性的费用归集成一类。单位在启用费用项目时，需根据单位的实际需要，划分单位的费用，在编码方案中设置费用项目分类的编码方案，完善费用项目分类档案并分析汇总业务数据。

2. 费用项目

在处理销售业务中的代垫费用、销售支出费用前，应在本功能中完成费用项目的设置和管理。完成后，单位可根据业务需要对该项目进行增加、修改、删除、查询、打印等操作。

实验资料

重庆两江科技有限公司的费用项目信息如表 3－13 所示。

表 3－13　费用项目信息

费用项目分类编码	费用项目分类名称	费用项目编码	费用项目名称	方向
1	代垫费用	01	代垫运输费	支出
		02	代垫安装费	支出
		03	设备服务费	支出
2	报销费用	99	报销费用	支出

实验过程

本小节的系统登录日期为 4 月 1 日。

1. 费用项目分类设置

选择“基础设置”|“基础档案”|“业务”|“费用项目分类”，单击“增加”输入实验资料，如图 3－40 所示。

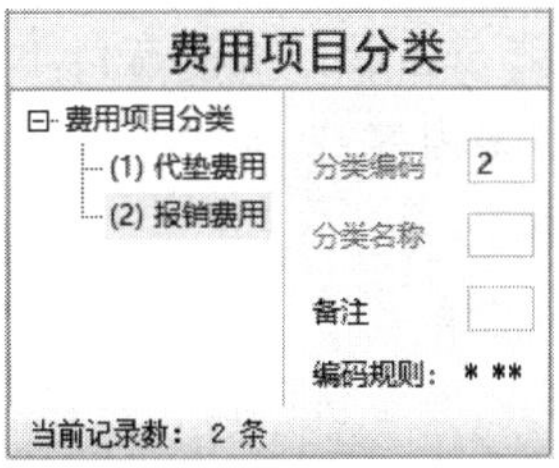

图 3－40　费用项目分类

2. 费用项目设置

选择“基础设置”|“基础档案”|“业务”|“费用项目”，选择左侧费用项目分类，单击“增加”输入实验资料，如图 3－41 所示。

图 3－41　费用项目

3.5 AI助手拓展学习

（1）企业在使用会计信息系统前需要做哪些准备？
（2）企业在使用会计信息系统后软件的测试期大致有多久？
（3）如何卸载SQL Server 2016数据库？
（4）用友U8建立账套过程中需要注意的事项。
（5）用友U8账套备份的好处有哪些？
（6）SQL Server的SA密码更改方法。

即测即评

思考题

1. 简述会计信息系统应用前确定会计核算规则的主要内容。
2. 安装新道U8+需要做哪些准备工作？
3. 系统管理中系统管理员和账套主管的权限有何不同？
4. 新道U8+基础设置包括哪些内容？
5. 建账的主要流程是怎样的？
6. 简述新道U8+V15.0系统中系统启用有几种方式，如何启用。
7. 简述新道U8+V15.0系统账套备份的操作步骤。

第4章

总账业务

4.1 总账业务处理

4.1.1 总账处理流程

信息化条件下，数据处理工作可借助计算机设备集中快速完成，所以不再考虑各种手工流程，而是结合计算机处理特点，以记账凭证处理程序流程为主，采用一种全新核算处理流程，如图 4－1 所示。

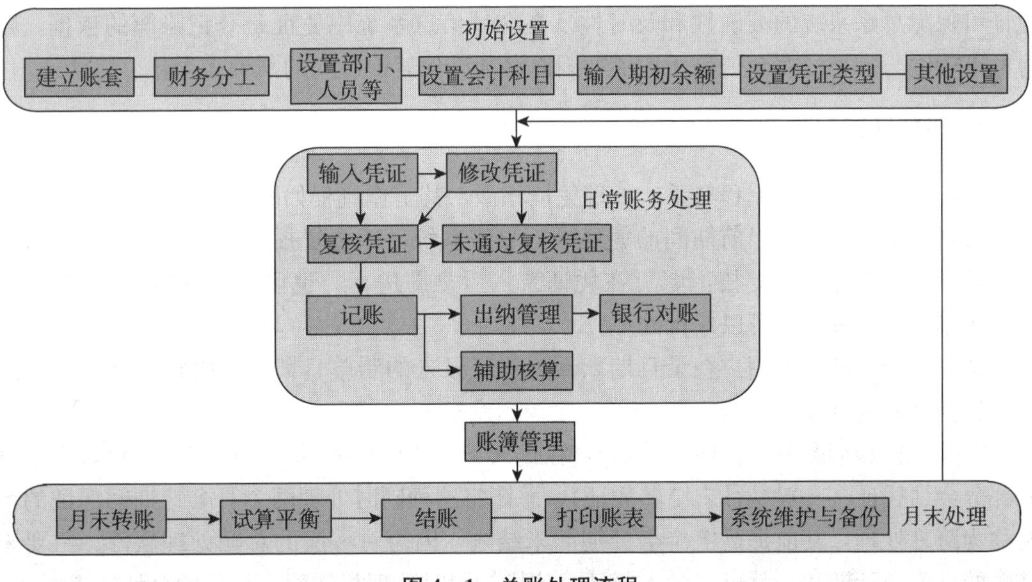

图 4－1　总账处理流程

4.1.2 总账与其他子系统之间的数据关系

信息化后，各模块间的数据关系隐藏在系统中，业务处理直接影响相关系统数据，其主要关系如图 4－2 所示。

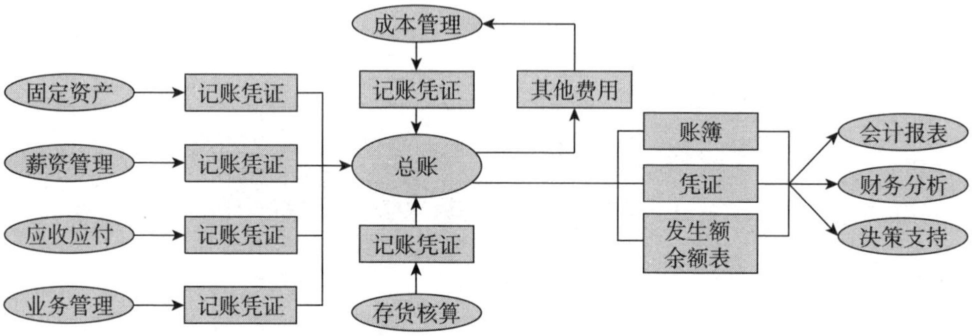

图 4－2 总账与其他子系统之间的数据关系

AI 助手探秘

总账与其他子系统之间的数据关系。

4.1.3 日常总账处理

日常总账处理是系统中使用最频繁的模块，主要围绕凭证开展，可以实现会计凭证的录入、修改、审核（复核）、记账（过账）、汇总、查询及打印等操作。

总账系统是将会计核算电子化，而会计核算的基础和核心是凭证。正确完整的处理凭证可保障总账系统的准确性和及时性。在会计信息系统中凭证是登记账簿的依据，账簿的准确性与完整性完全依赖于凭证，因而必须确保凭证录入的准确无误。

1. 凭证处理工作流程

总账中处理凭证的流程与手工处理凭证相似，其工作流程如图 4－3 所示。

常规凭证制作是将当前期间的凭证录入总账系统，通过复核、记账、结账再转入下月开始新月度的处理。复核记账可在凭证录入后立即进行，也可以后期统一复核记账。可单次单张的处理，也可以成批处理。

总账中的凭证会将用户登录日期默认为凭证录入的制单日期，同时将登录的月度默认为凭证录入的月度。

在某些特殊情况下（一般是月初），在输入当月会计凭证时，有可能需要输入上个月的部分会计凭证（一般是月末结转凭证），总账将这种同时处理两个月会计期间凭证的情况称为跨月处理，其前提是上个会计期间未结账，因为对一般的总账处理软件，只要未结账的月度会计期间，就可以输入凭证，这样能同时处理相连两个月份的会计凭证。

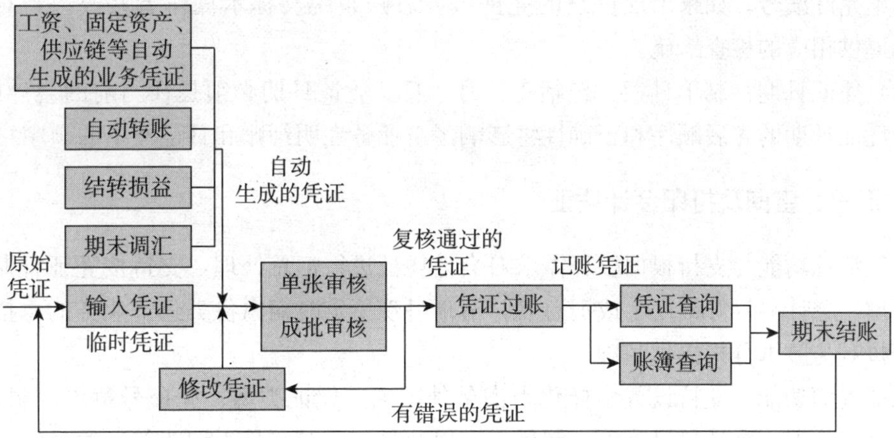

图 4－3　凭证处理的流程

2. 录入及修改凭证

凭证是指用于记录经济业务发生或者完成情况的书面证明，是登记明细账、日记账等账簿的依据。凭证包括纸质会计凭证和电子会计凭证两种形式。凭证按照填制程序和用途可分为原始凭证和记账凭证。

在输入凭证前，应将有关会计科目及相应的初始余额通过设置会计科目和科目余额初始功能输入总账数据库，同时凭证类型亦通过设置凭证类型功能定义。凭证录入的行数不受限制。在输入过程中，还提供各种联机帮助、辅助计算器等功能。为保证凭证录入的正确性，软件采用大量的正确性检验控制措施，会自动提示输入中的某些错误。

凭证录入格式在不同供应商的总账系统中有差异，但输入的项目大同小异，凭证录入与修改过程十分简单直观。其正常的操作流程如图 4－4 所示。

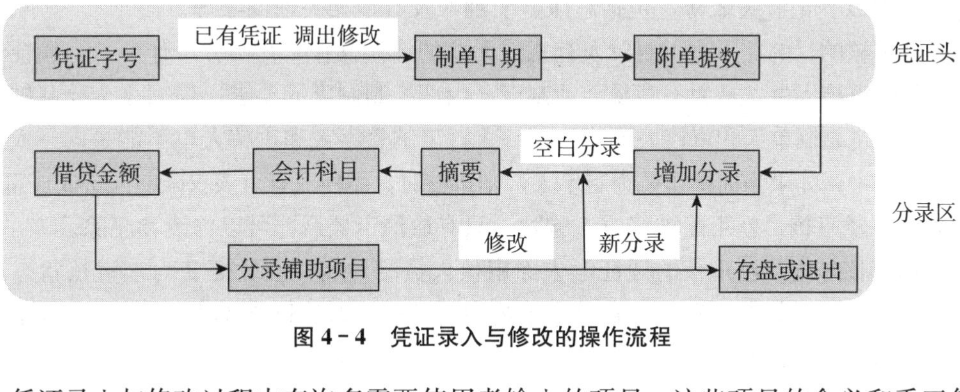

图 4－4　凭证录入与修改的操作流程

凭证录入与修改过程中有许多需要使用者输入的项目，这些项目的含义和手工凭证中的含义基本相同。但在输入时，有一些基本要求和规定，有的总账处理软件为方便用户操作，还提供一些辅助输入手段。

(1) 凭证字号：凭证的唯一标识。输入新的凭证字号表示增加新凭证，输入旧的凭证字号表示修改原有凭证。凭证字号一般由凭证类型和凭证序号组成，例如，“收 22”表示本月第 22 号收款凭证。同一类型凭证按月度会计期间从 1 开始连续编号，不允许重号，亦不允许漏号。如果出现重复的凭证号，总账系统会提示操作者修改。针对漏号，系统也提供相应的检查措施。

（2）凭证日期：制单日期，包括年、月、日。凭证日期必须是在当前的会计期间范围内，凭证日期的先后顺序和正确性将影响经济业务在明细账和日记账中的顺序。

3. 汇总、查询及打印会计凭证

凭证汇总功能，支持根据核算需求对会计凭证进行汇总处理，支持按凭证日期范围、凭证类型、会计科目等维度生成汇总表，清晰呈现一定时期内各类经济业务的总括情况，为账务核对与数据分析提供基础。

凭证查询功能，支持设置多样化查询条件，涵盖凭证类型、凭证号范围、制单日期范围、金额范围、会计科目范围、制单人，以及是否复核、是否记账等。通过组合筛选，能快速精准定位所需凭证。部分总账系统针对未记账凭证，具备模拟记账功能。模拟记账并非实际记账，而是依据未记账凭证数据，按照记账规则进行运算，仅展示模拟记账后的余额表与相关账簿，辅助财务人员预判记账后的数据结果，提前发现潜在问题。此外，查询明细账时，选中具体明细记录，可直接关联查询对应凭证，实现账证联动追溯，便于高效核对账务数据的一致性。

凭证打印功能，支持对查询到的凭证进行打印输出，可根据需要选择单张打印或批量打印，同时提供打印格式设置功能，如调整凭证纸张大小、页边距、字体样式等，确保打印出的凭证符合档案管理规范，满足后续记账、存档等业务需求。

4. 审核凭证

审核凭证即审核人员按照会计制度，审核制单人输入的会计凭证与原始凭证，针对有误的凭证，要求制单人修改后再提交审核的一项操作。针对无误的凭证，经审核后的凭证便可据以登记有关账簿，包括总账、明细账及其他相关辅助账等。

凭证审核的目的在于防止制单人有意或无意的错误操作，在实务工作中，一般会计主管担任凭证审核人员，是为了满足会计制度、内部控制制度的要求。根据《会计基础工作规范》的规定，制单人和审核人不能为同一人，出纳签字人和审核人也不能是同一人。在操作的过程中，如果当前操作员为制单人，则审核时，需换成有审核权限的人员完成审核。

凭证一经审核，就不能被修改、删除，只有取消审核后才可以修改和删除。

取消审核是指从已审核的凭证上去除审核人员的姓名，使凭证变为未审核状态。未审核的凭证可以被修改、删除。在总账系统中要求审核人员只能取消自己审核的凭证。

出纳审核是指出纳人员审核涉及现金、银行科目的凭证。

5. 会计凭证的记账

会计凭证的记账是指对已审核的会计凭证进行单张或批量记账的操作，也称为“过账”“登账”。凭证记账后系统累加各科目的本期发生额，汇总生成本月发生额和累计发生额并将其存放在总账系统的会计科目余额表中。在实务工作中，可以由凭证审核人员完成凭证的记账工作，也可以指定专人完成。

6. 处理错误凭证

制单过程中，凭证出现错误是难免的，一般采用如下方法解决：

(1) 记账前发现凭证有误，先取消审核，再修改或删除错误凭证即可。

(2) 记账后发现凭证有误，由于凭证被记账，其内容已记入总账、明细账等相关账簿中，此时若发现错误，需要更正凭证。更正凭证的方式有红字冲销法、补充登记法等。

AI助手探秘

会计软件中凭证错误的更正方法。

用友 U8 的账务处理流程。

用友报表 UFO 与账务的关系。

4.2 总账设置

4.2.1 设置总账参数

实验资料

总账控制参数如表 4-1 所示。

表 4-1　总账控制参数表

选项卡	参数设置
凭证	不选择“制单序时控制”；选择“可以使用应收、应付、存货受控科目”；选择“自动填补凭证断号”；选择“银行科目结算方式必录”；其他使用默认设置
账簿	按照默认设置
凭证打印	按照默认设置
预算控制	按照默认设置
权限	选择“出纳凭证必须经由出纳签字”；其他使用默认设置
其他	部门、个人、项目排序方式：按编码排序。其他使用默认设置

实验过程

4 月 1 日，选择“业务工作”|“财务会计”|“总账”|“设置”|“选项”，单击“编辑”，在“凭证”页面，不勾选“制单序时控制”；勾选“可以使用应收受控科目、可以使用应付受控科目、可以使用存货受控科目”；勾选“自动填补凭证断号”；勾选“银行科目结算方式必录”，其他使用默认设置。在“权限”页面，选择“出纳凭证必须经由出纳签字”，其他使用默认设置。在“其他”页面，将部门、个人、项目的排序方式中均勾选“按编码排序”，其他使用默认设置，单击“确定”完成。

操作提示

1. 制单控制

制单控制主要设置在填制凭证时系统应控制的操作。

(1) 制单序时控制。此项和“系统编号”联用，制单时凭证编号须按日期顺序排列，如4月25日编制到27号凭证，则4月26日只能开始编制28号凭证，即制单序时。如果有特殊需要可以将其改为不序时制单。

(2) 支票控制。在使用银行科目编制凭证时，系统登记票据管理的结算方式，如果录入支票号在支票登记簿中已存在，系统提供登记支票报销的功能；否则，系统提供登记支票登记簿的功能。

(3) 赤字控制。在制单时，当“资金及往来科目”或“全部科目”的最新余额出现负数时，系统将予以提示。该选项提供“提示”“严格”两种方式，可根据需要选择。

(4) 可以使用应收受控科目。若科目为应收款管理系统的受控科目，为防止重复制单，只允许应收系统使用此科目进行制单，总账系统是不能使用此科目制单的。因此如果要在总账系统中也能使用这些科目填制凭证，则应选择此项。注意：总账和其他业务系统使用了受控科目会引起应收系统与总账对账不平。

“可以使用应付受控科目”“可以使用存货受控科目”的含义与“可以使用应收受控科目”类似。

2. 凭证控制

(1) 现金流量科目必录现金流量项目。在录入凭证时如果使用现金流量科目，则必须输入现金流量项目及金额。

(2) 自动填补凭证断号。如果选择凭证编号方式为系统编号，则在新增凭证时，系统按凭证类别自动查询本月的第一个断号，默认为本次新增凭证的凭证号；如无断号则为新号，与原编号规则一致。

(3) 批量审核凭证进行合法性校验。批量审核凭证时针对凭证进行二次审核，提高凭证录入的正确率，合法性校验与保存凭证时的合法性校验相同。

(4) 银行科目结算方式必录。填制凭证时结算方式和票据必须录入。

(5) 同步删除业务系统凭证。在总账删除与业务相关的凭证时同步删除业务系统的凭证，否则只删除总账系统的凭证。

3. 凭证编号方式

在填制凭证功能时一般按照凭证类别按月自动编制凭证编号，即“系统编号”；但需要人工编号时，应选择“手工编号”。

4. 现金流量参照科目

现金流量参照科目用来设置现金流量录入时的参照内容和方式。当选中该项时，系统只参照凭证中的现金流量科目。当选中“对方科目”时，系统只显示凭证中的非现金流量科目。

“自动显示”，在选中该项目时，系统依据前两个选项将现金流量科目或对方科目自动显示在指定现金流量项目界面中，否则需要手工参照选择。

4.2.2 外币设置

实验资料

外币及汇率：币符为USD；币名为美元；固定汇率为1∶7.00。

实验过程

4月1日，选择“基础设置”|“基础档案”|“财务”|“外币设置”，在右侧录入币符“USD”，币名“美元”，单击“增加”，选择左侧“美元”，系统显示月份、记账汇率等具体信息，勾选“固定汇率”，在“记账汇率”列输入期初汇率为7，如图4-5所示。

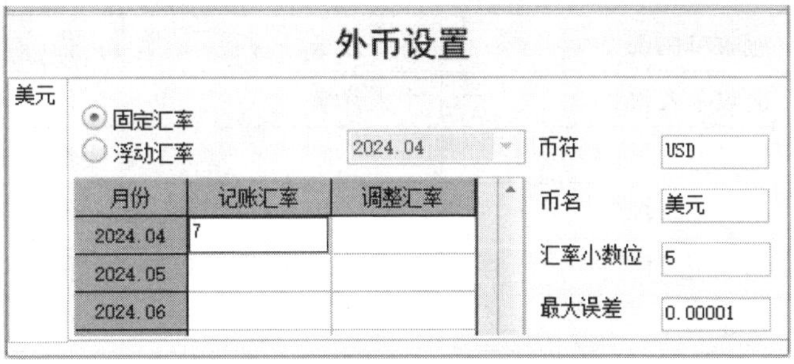

图4-5 外币设置

4.2.3 设置会计科目

AI助手探秘

会计科目设置的注意事项。

实验资料

企业使用的会计科目如表4-2所示。

表4-2 会计科目表

科目代码	科目名称	辅助核算	方向	币别计量
1001	库存现金	日记账	借	
1002	银行存款	日记账/银行账	借	
100201	工行	日记账/银行账	借	
100202	中行	日记账/银行账 外币核算	借	美元。账页格式为外币金额式
1012	其他货币资金		借	

续表

科目代码	科目名称	辅助核算	方向	币别计量
101201	支付宝		借	
101202	微信		借	
101299	其他		借	
1121	应收票据		借	
112101	银行承兑汇票	客户往来	借	
112102	商业承兑汇票	客户往来	借	
1122	应收账款	客户往来	借	
1123	预付账款	供应商往来	借	
1221	其他应收款		借	
122101	应收单位款	客户往来	借	
122102	应收个人款	个人往来	借	
1403	原材料		借	
140301	生产用原材料		借	
140399	其他用原材料		借	
1604	在建工程		借	
160401	人工费	项目核算	借	
160402	材料费	项目核算	借	
160499	其他	项目核算	借	
1901	待处理财产损溢		借	
190101	待处理流动资产损溢		借	
190102	待处理固定资产损溢		借	
2201	应付票据		贷	
220101	银行承兑汇票	供应商往来	贷	
220102	商业承兑汇票	供应商往来	贷	
2202	应付账款	供应商往来	贷	
2203	预收账款	客户往来	贷	
2204	合同负债		贷	
2211	应付职工薪酬		贷	
221101	职工薪酬		贷	
22110101	工资		贷	
22110102	职工福利费		贷	
22110103	社会保险费		贷	
22110104	住房公积金		贷	
221199	其他		贷	

续表

科目代码	科目名称	辅助核算	方向	币别计量
2221	应交税费		贷	
222101	应交增值税		贷	
22210101	进项税额		贷	
22210103	转出未交增值税		贷	
22210105	销项税额		贷	
222102	未交增值税		贷	
222104	应交企业所得税		贷	
222105	应交个人所得税		贷	
222106	应交城市维护建设税		贷	
222107	应交教育费附加		贷	
222108	应交地方教育附加		贷	
222199	其他应交税费		贷	
2231	应付利息		贷	
223101	借款利息		贷	
4104	利润分配		贷	
410401	未分配利润		贷	
5001	生产成本	项目核算	借	
500101	直接材料	项目核算	借	
500102	直接人工	项目核算	借	
50010201	工资	项目核算	借	
50010202	职工福利费	项目核算	借	
50010203	社会保险费	项目核算	借	
50010204	住房公积金	项目核算	借	
500103	制造费用	项目核算	借	
500104	折旧费	项目核算	借	
500199	其他	项目核算	借	
5101	制造费用	部门核算	借	
510101	职工薪酬	部门核算	借	
51010101	工资	部门核算	借	
51010102	职工福利费	部门核算	借	
51010103	社会保险费	部门核算	借	
51010104	住房公积金	部门核算	借	
510102	折旧费	部门核算	借	
510103	租赁费	部门核算	借	

续表

科目代码	科目名称	辅助核算	方向	币别计量
510199	其他	部门核算	借	
5301	研发支出	项目核算	借	
6403	税金及附加		借	
640301	城市维护建设税		借	
640302	教育费附加		借	
640303	地方教育附加		借	
6601	销售费用	部门核算	借	
660101	职工薪酬	部门核算	借	
66010101	工资	部门核算	借	
66010102	职工福利费	部门核算	借	
66010103	社会保险费	部门核算	借	
66010104	住房公积金	部门核算	借	
660102	业务招待费	部门核算	借	
660103	折旧费	部门核算	借	
660104	办公费	部门核算	借	
660105	差旅费	部门核算	借	
660106	委托代销手续费	部门核算	借	
660107	修理费	部门核算	借	
660108	仓储保管费	部门核算	借	
660199	其他	部门核算	借	
6602	管理费用	部门核算	借	
660201	职工薪酬	部门核算	借	
66020101	工资	部门核算	借	
66020102	职工福利费	部门核算	借	
66020103	社会保险费	部门核算	借	
66020104	住房公积金	部门核算	借	
660202	折旧费	部门核算	借	
660203	办公费	部门核算	借	
660205	差旅费	部门核算	借	
660206	运输费	部门核算	借	
660209	保险费	部门核算	借	
660210	业务招待费	部门核算	借	
660299	其他	部门核算	借	
6603	财务费用		借	

续表

科目代码	科目名称	辅助核算	方向	币别计量
660301	利息支出		借	
660302	利息收入		借	
660303	汇兑损益		借	
660304	手续费		借	
660305	现金折扣		借	
660399	其他		借	

项目核算部分在后面项目目录设置时再补充。

将“库存现金 1001”科目指定为现金总账科目；将“银行存款 1002”科目指定为银行总账科目；将“库存现金 1001”“工行 100201”“中行 100202”科目指定为现金流量科目。

实验过程

1. 设置会计科目

4 月 1 日，选择“基础设置”|“基础档案”|“财务”|“会计科目”。在设置会计科目过程中，可增加、修改会计科目，需特别注意设置辅助核算。单击“增加”可增加会计科目，双击该科目可进入修改页面，修改会计科目。

(1) 科目辅助核算属性，是赋予某个具体科目之外的项目，可从不同角度来反映科目关联项目所记录的数据，能为决策层提供不同角度的资料。系统中科目的辅助核算可设置为部门核算、个人往来、客户往来、供应商往来、项目核算、自定义核算项目等。

1) 客户往来、供应商往来：一般用于应收或应付的科目。

2) 部门核算、个人往来：同时选择时，可将核算细化至具体部门的具体个人。

3) 项目核算：设置的科目相对比较灵活，可以按照项目归集核算。

如果预置的核算项目不够使用，还可以自定义其他项目。

(2) 设置辅助核算。如果不使用辅助核算项目，就需在相关的科目下设置部门或人员、往来单位、项目等明细科目。此设置会导致输入的工作量变大，较容易出错。如果使用辅助核算，只需在科目设置处勾选对应的辅助核算项目即可。如将销售费用的办公费设置部门核算，则单位的所有部门均自动挂在办公费下，在凭证录入过程中选择管理费用/办公费时，只需选择具体部门即可。

(3) 辅助核算的作用。

1) 简化会计科目体系。辅助核算时，可以用相关的辅助档案代替明细科目，从而简化会计科目体系。

2) 对同一数据，提供多个分析入口和统计口径。如差旅费，如果设置了部门、人员、项目，就对这一数据生成多种分析结果。

3) 实现多重关系下查询和分析数据。使用传统明细科目核算时，只能单向查询，而使用辅助核算时，可以任意组合查询。如科目、部门、人员、项目，可从多个维度/多种组合来查询和分析数据。

2. 指定会计科目

4月1日，选择“基础设置”|“基础档案”|“财务”|“会计科目”，单击“指定科目”可完成指定会计科目的操作。

选择库存现金科目为现金科目，选择银行存款科目为银行科目；选择库存现金（1001）、工行（100201）、中行（100202）科目为现金流量科目，单击“确定”退出。

4.2.4 设置凭证类别

AI助手探秘

凭证类别的种类有哪些？

会计凭证的限制科目是什么含义？起什么作用？

实验资料

凭证类别如表4-3所示。

表4-3 凭证类别表

凭证类别	限制类型	限制科目
收款凭证	借方必有	1001，100201，100202
付款凭证	贷方必有	1001，100201，100202
转账凭证	凭证必无	1001，100201，100202

注：公司财务制度规定：微信、支付宝和聚合收款仅作收款使用，不得对外支付。当用微信、支付宝和聚合收款码收款时做转账凭证，待自动转账到银行卡时做收款凭证。

实验过程

4月1日，选择“基础设置”|“基础档案”|“财务”|“凭证类别”，勾选“收款凭证、付款凭证、转账凭证”，单击“确定”，选择具体的凭证类别，单击“修改”，选择限制类型并输入限制科目，如图4-6所示。

图4-6 凭证类别设置

4.2.5　设置结算方式

AI 助手探秘

目前企业间常用的结算方式有哪些？

实验资料

本单位结算方式如表 4－4 所示。

表 4－4　结算方式

结算方式编码	结算方式名称	是否票据管理
01	现金支票	否
02	转账支票	否
03	现金	否
04	支付宝	否
05	微信	否
06	网银转账	否
07	银行承兑汇票	否
08	商业承兑汇票	否
09	聚合收款	否
99	其他	否

实验过程

4 月 1 日，选择“基础设置”|“基础档案”|“收付结算”|“结算方式”，单击“增加”，添加结算方式，如图 4－7 所示。

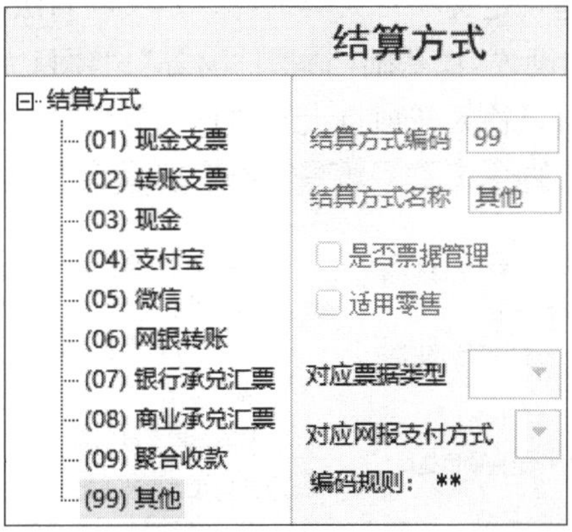

图 4－7　结算方式

4.2.6 设置项目目录

实验资料

本单位项目目录如表 4－5 所示。

表 4－5 项目目录

项目大类	项目分类编码	项目分类名称	项目代码	项目名称
研发项目	1	软件系统	01	创智系统 N2 号
	2	主产品	02	创智 X2 号
	3	配套产品	03	手持扫描器 2 代
			04	桌面扫描器 2 代
产品项目	1	主产品	01	创智 X 号
	2	配套产品	02	手持扫描器
			03	桌面扫描器

研发项目指定 5301 科目的相关明细科目。产品项目指定 5001 科目的相关明细科目。这里只是展示一种基本项目的核算方法。

实验过程

在实务工作中，项目目录是实现对项目的核算和管理，例如将某个具体的在建工程、对外投资、技术改造项目、项目成本管理、合同等作为独立项目核算。可以将相同特性的一类项目定义成一个项目大类，一个项目大类可以核算多个项目。为便于管理，可将存货、成本对象、现金流量、项目成本等作为核算的项目大类。一旦会计科目勾选项目管理核算，凭证录入时，金额需按项目划分。

1. 设置项目大类

设置项目大类的流程是：定义项目大类名称、定义项目级次、定义项目栏目。

4 月 1 日，选择“基础设置”|“基础档案”|“财务”|“项目大类”，单击“增加”，打开“项目大类定义_增加”窗口，输入新项目大类名称“研发项目”，如图 4－8 所示。

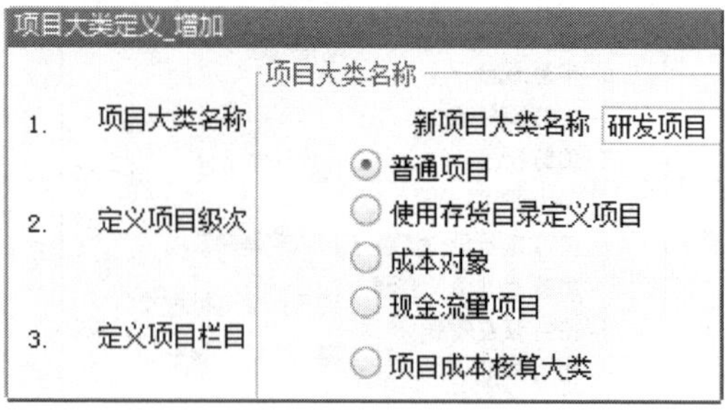

图 4－8 增加项目大类

单击“下一步”，定义项目级次，本处采用默认值，即只有 1 级。再单击“下一步”，定义项目栏目，本处采用默认值。单击“完成”结束。

按照同样的方法建立“产品项目”大类。

2. 设置项目档案

(1) 指定核算科目。4 月 1 日，选择“基础设置”|“基础档案”|“财务”|“项目大类”，选择项目大类为“研发项目”，然后从“待选科目”中选择会计科目至“已选科目”，在此会显示所有已定义的项目核算，将研发支出科目移到“已选科目”框内，单击“保存”，结果如图 4-9 所示。

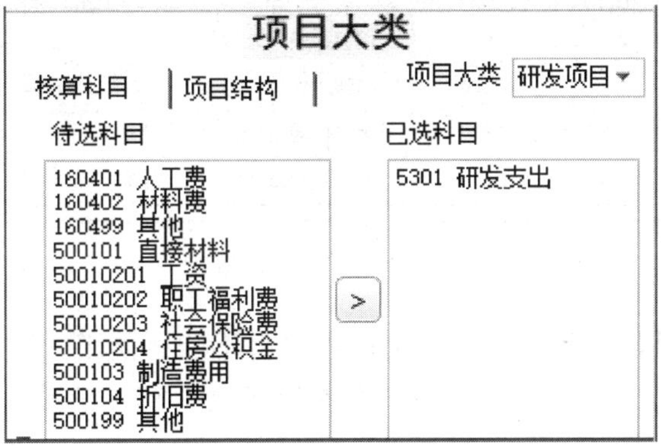

图 4-9　项目大类指定核算科目

用相同的方式为产品项目指定 5001 下所有明细科目为核算科目。

操作提示

实务工作中，可根据企业需要核算的项目设置项目大类。

一个项目大类可以指定多个科目，一个科目只能属于一个项目大类。

---

(2) 定义项目分类。4 月 1 日，选择“基础设置”|“基础档案”|“财务”|“项目分类”，项目大类选择“研发项目”，单击“增加”，输入项目信息，单击“保存”，结果如图 4-10 所示。

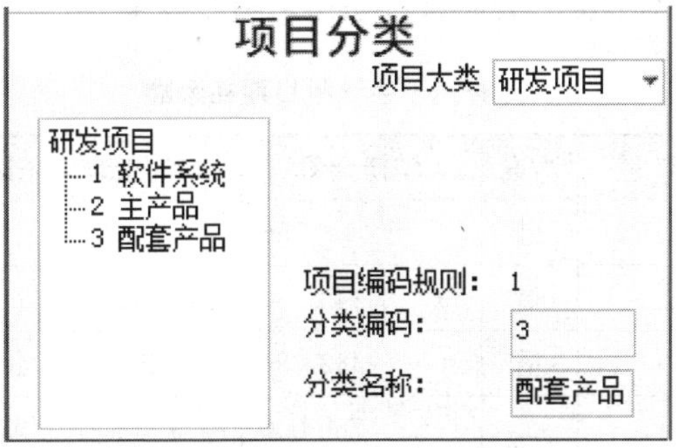

图 4-10　增加项目分类

操作提示

如果某项目分类下已经建立具体项目档案，因故需要删除项目分类，则先删除该分类下的项目档案，才能删除该分类。

（3）定义项目目录。4月1日，选择“基础设置”|“基础档案”|“财务”|“项目目录”，查询设置项目大类为“研发项目”（点击项目大类后的▦），单击“确定”，进入项目档案设置。依次单击“增加”“修改”，逐一输入项目信息，如图4-11所示。

图4-11 项目目录维护

“是否结算”项目若标识为“Y”，则该项目将不能再使用。标识的方法是在“是否结算”栏下双击需标识的项目，再次双击则取消标识“Y”。设置完成后，退出“项目目录”窗口。

操作提示

在操作过程中，新增一行后，若不再输入，可按ESC键（相当于删除该行）退出该行。

4.2.7 录入会计科目期初余额

实验资料

（1）2024年4月，本单位的会计科目期初余额如表4-6所示。

表4-6 会计科目期初余额

科目代码	科目名称	方向	年初余额	累计借方	累计贷方	期初余额
1001	库存现金	借	6 756	18 889	18 860	6 785
1002	银行存款	借	1 143 786	469 251	401 980	1 211 057
100201	工行	借	443 786	469 251	401 980	511 057
100202	中行	借	700 000 美元：100 000			700 000 美元：100 000
1121	应收票据	借		20 000		20 000

续表

科目代码	科目名称	方向	年初余额	累计借方	累计贷方	期初余额
112101	银行承兑汇票	借		10 000		10 000
112102	商业承兑汇票	借		10 000		10 000
1122	应收账款	借	297 600	40 000	200 000	137 600
1221	其他应收款	借	2 100	7 000	5 300	3 800
122102	应收个人款	借	2 100	7 000	5 300	3 800
1231	坏账准备	贷	7 000	3 000	6 000	10 000
1403	原材料	借	790 820	293 180	80 000	1 004 000
140301	生产用原材料	借	790 820	293 180	80 000	1 004 000
1405	库存商品	借	3 518 858	140 142	90 000	3 569 000
1601	固定资产	借	3 690 860			3 690 860
1602	累计折旧	贷	69 484		39 511	108 995
1701	无形资产	借	117 000		58 500	58 500
2001	短期借款	贷			200 000	200 000
2201	应付票据	贷			10 000	10 000
220101	银行承兑汇票	贷			10 000	10 000
2202	应付账款	贷	367 407	150 557	50 000	266 850
2211	应付职工薪酬	贷	4 465	14 890	18 055	7 630
221101	职工薪酬	贷	4 465	14 890	18 055	7 630
22110101	工资	贷	3 350	11 100	13 450	5 700
22110102	职工福利费	贷	450	1 560	1 900	790
22110103	社会保险费	贷	256	900	1 100	456
22110104	住房公积金	贷	409	1 330	1 605	684
2221	应交税费	贷	4 400	36 781	15 581	−16 800
222101	应交增值税	贷	4 400	36 781	15 581	−16 800
22210101	进项税额	贷	2 981	36 781		−33 800
22210105	销项税额	贷	1 419		15 581	17 000
2241	其他应付款	贷			2 100	2 100
4001	实收资本	贷	7 770 444			7 770 444
4103	本年利润	贷	1 478 000			1 478 000
4104	利润分配	贷	−115 245	14 202	10605	−118 842
410401	未分配利润	贷	−115 245	14 202	10605	−118 842
5001	生产成本	借	18 175	8 631	10 031	16 775

续表

科目代码	科目名称	方向	年初余额	累计借方	累计贷方	期初余额
500101	直接材料	借	11 171	4 800	5 971	10 000
500102	直接人工	借	5 360	1 072	1 206	5 226
50010201	工资	借	4 000	800	900	3 900
50010202	职工福利费	借	560	112	126	546
50010203	社会保险费	借	320	64	72	312
50010204	住房公积金	借	480	96	108	468
500103	制造费用	借	1 079	2 559	2 654	984
500104	折旧费	借	565	200	200	565
6001	主营业务收入	贷		350 000	350 000	
6051	其他业务收入	贷		250 000	250 000	
6401	主营业务成本	借		300 000	300 000	
6402	其他业务成本	借		180 096	180 096	
6403	税金及附加	借		1 869.72	1 869.72	
640301	城市维护建设税	借		1 090.67	1 090.67	
640302	教育费附加	借		467.43	467.43	
640303	地方教育附加	借		311.62	311.62	
6601	销售费用	借		19 380	19 380	
660101	职工薪酬	借		9 380	9 380	
66010101	工资	借		7 000	7 000	
66010102	职工福利费	借		980	980	
66010103	社会保险费	借		560	560	
66010104	住房公积金	借		840	840	
660103	折旧费	借		10 000	10 000	
6602	管理费用	借		24 430	24 430	
660201	职工薪酬	借		9380	9380	
66020101	工资	借		7 000	7 000	
66020102	职工福利费	借		980	980	
66020103	社会保险费	借		560	560	
66020104	住房公积金	借		840	840	
660202	折旧费	借		2 600	2 600	
660203	办公费	借		600	600	
660205	差旅费	借		5 600	5 600	

续表

科目代码	科目名称	方向	年初余额	累计借方	累计贷方	期初余额
660210	业务招待费	借		4 600	4 600	
660299	其他	借		1 650	1 650	
6603	财务费用	借		8 000	8 000	
660301	利息支出	借		8 000	8 000	

说明：销售费用部门核算设为销售部，管理费用部门核算设为行政部。

（2）本单位辅助账期初余额表，日期年份为2024年。

应收票据（1121）期初余额如表4－7所示。

表4－7　应收票据（期初）

票据日期	凭证号	摘要	到期日	日期	出票单位（客户）	金额	票据类型	承兑银行	业务员	票号	科目
03－10	收－11	收货款	09－09	03－31	天津大华公司	10 000	银行承兑汇票	工行	刘一江	YC031001	112101
03－25	收－22	收货款	09－24	03－31	重庆嘉陵公司	10 000	商业承兑汇票		刘一江	SC032501	112102
合计						20 000					

应收票据（1121）借贷方累计如表4－8所示。

表4－8　应收票据累计

客户	业务员	借方累计	贷方累计
天津大华公司	刘一江	10 000	
重庆嘉陵公司	刘一江	10 000	
合计		20 000	

应收账款（1122）期初余额如表4－9所示。

表4－9　应收账款（期初）

日期	凭证号	客户	业务员	摘要	方向	期初余额	票号	票据日期
03－10	转－15	天津大华公司	刘一江	销售商品	借	48 000	Z111	03－10
03－17	转－47	重庆大江公司	刘一江	销售商品	借	10 000	Y111	03－17
03－25	转－118	重庆嘉陵公司	刘一江	销售商品	借	79 600	P111	03－25
		合计			借	137 600		

应收账款（1122）借贷方累计如表4－10所示。

表4－10　应收账款累计

客户	业务员	借方累计	贷方累计
天津大华公司	刘一江	40 000	

续表

客户	业务员	借方累计	贷方累计
重庆大江公司	刘一江		100 000
重庆嘉陵公司	刘一江		100 000
合计		40 000	200 000

其他应收款——应收个人款（122102）期初如表 4 - 11 所示。

表 4 - 11　其他应收款——应收个人款（期初）

日期	凭证号	部门	个人	摘要	方向	期初余额
03 - 26	付- 118	行政部	孙正	出差借款	借	2 000
03 - 27	付- 156	销售部	朱小明	出差借款	借	1 800
				合计	借	3 800

其他应收款——应收个人款（122102）借贷方累计如表 4 - 12 所示。

表 4 - 12　其他应收款——应收个人款累计

部门	个人	借方累计	贷方累计
行政部	孙正	2 000	3 000
销售部	朱小明	5 000	2 300
合计		7 000	5 300

应付票据（2201）期初余额如表 4 - 13 所示。

表 4 - 13　应付票据（期初）

票据日期	凭证号	摘要	到期日	日期	收票单位（供应商）	金额	票据类型	承兑银行	业务员	票号	科目
03 - 24	付- 12	付货款	09 - 23	03 - 31	重庆大江公司	10 000	银行承兑汇票	工行	李天华	YC032401	220101

应付票据（2201）借贷方累计如表 4 - 14 所示。

表 4 - 14　应付票据累计

客户	业务员	借方累计	贷方累计
重庆大江公司	李天华		10 000
合计			10 000

应付账款（2202）期初余额如表 4 - 15 所示。

表 4 - 15　应付账款（期初）

日期	凭证号	供应商	业务员	摘要	方向	期初余额	票号	票据日期
01 - 20	转- 45	重庆大江公司	李天华	购买原材料	贷	266 850	C123	01 - 20
				合计	贷	266 850		

应付账款（2202）借贷方累计如表4-16所示。

表4-16 应付账款累计

供应商	业务员	累计借方	累计贷方
重庆大江公司	李天华	150 557	50 000

生产成本（5001）期初余额如表4-17所示。

表4-17 生产成本（期初）

项目	借方累计	贷方累计	期初余额
1. 直接材料	4 800	5 971	10 000
手持扫描器	4 800	5 971	4 000
桌面扫描器			6 000
2. 直接人工	1 072	1 206	5 226
（1）工资	800	900	3 900
手持扫描器	800	900	1 560
桌面扫描器			2 340
（2）职工福利费	112	126	546
手持扫描器	112	126	218.40
桌面扫描器			327.60
（3）社会保险费	64	72	312
手持扫描器	64	72	124.80
桌面扫描器			187.20
（4）住房公积金	96	108	468
手持扫描器	96	108	187.20
桌面扫描器			280.80
3. 制造费用	2 559	2 654	984
手持扫描器	2 559	2 654	300
桌面扫描器			684
4. 折旧费	200	200	565
手持扫描器	200	200	200
桌面扫描器			365
合计	8 631	10 031	16 775

实验过程

1. 科目期初数据录入方法

4 月 1 日，选择“财务会计”|“总账”|“期初”|“期初余额”，在白色单元格内直接录入末级科目的期初余额，灰色单元格表示有下级科目，其余额由下级科目自动汇总计算。中行科目涉及人民币和美元输入，按先人民币、后美元的顺序输入，如图 4 - 12 所示。

科目编码	科目名称	方向	币别/计量	年初余额	累计借方	累计贷方	期初余额
1001	库存现金	借		6,756.00	18,889.00	18,860.00	6,785.00
1002	银行存款	借		1,143,786.00	469,251.00	401,980.00	1,211,057.00
100201	工行	借		443,786.00	469,251.00	401,980.00	511,057.00
100202	中行	借		700,000.00			700,000.00
		借	美元	100,000.00			100,000.00

图 4 - 12 期初余额录入

操作提示

在输入期初余额情况下，按以下方法删除明细科目：

(1) 先清除明细科目累计借方、累计贷方、期初余额的数据。

(2) 若凭证类别已经设置，选择“基础设置”|“基础档案”|“财务”|“凭证类别”，将限制类型改为“无限制”，系统自动清除限制科目设置。

(3) 选择“基础设置”|“基础档案”|“财务”|“会计科目”，删除相应的明细科目。

在输入科目期初余额时，必须先输入末级明细科目余额，上级科目余额会逐级计算。如果出现上级科目的汇总数据与下级明细科目汇总不一致，需清除数据，重新汇总。

2. 应收票据的输入

应收票据的期初数据录入，不仅需在总账系统录入，还需在应收款管理系统录入。

(1) 总账系统输入。双击应收票据，进入辅助期初余额窗口，单击“往来明细”，进入期初往来明细窗口，单击“增行”，输入实验资料，如图 4 - 13 所示。

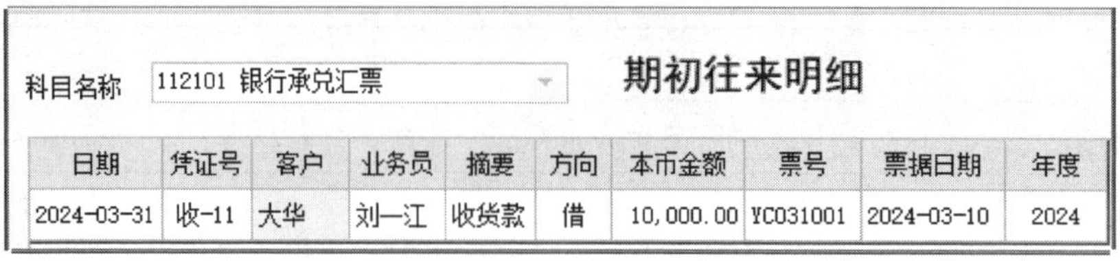

日期	凭证号	客户	业务员	摘要	方向	本币金额	票号	票据日期	年度
2024-03-31	收-11	大华	刘一江	收货款	借	10,000.00	YC031001	2024-03-10	2024

图 4 - 13 期初往来明细

先单击“汇总到辅助明细”，系统提示已完成往来明细到辅助期初表的汇总，依次单击“确定”“退出”，返回辅助期初余额窗口，输入累计金额，如图4-14所示。

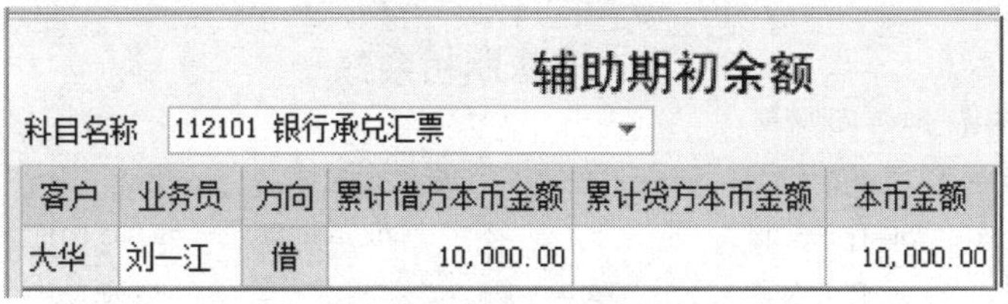
辅助期初余额

科目名称 112101 银行承兑汇票

客户	业务员	方向	累计借方本币金额	累计贷方本币金额	本币金额
大华	刘一江	借	10,000.00		10,000.00

图4-14 辅助期初余额

用同样的方法完成商业承兑汇票的期初数据录入。

(2) 应收款管理录入。选择“财务会计”|“应收款管理”|“期初余额”|“期初余额”，以默认条件查询，进入期初余额窗口，单击“增加”，进入单据类别窗口，单据名称选择“应收票据”，单据类型按实验资料选择，单击“确定”，进入期初单据录入窗口，单击“增加”，输入实验资料，如图4-15所示。输入完成后单击“保存”结束。

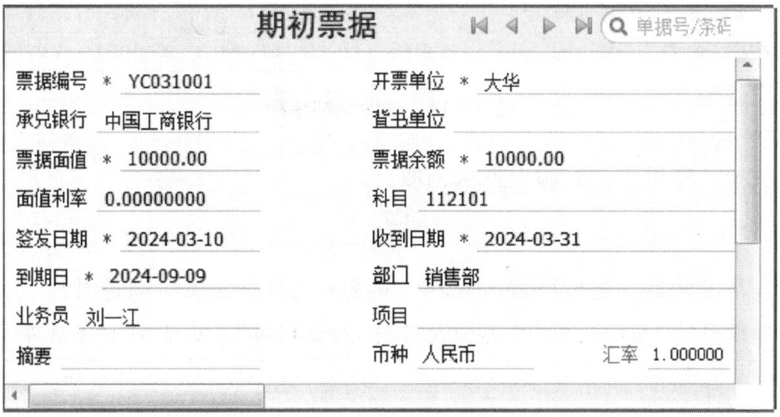

图4-15 期初票据

按相同的方法输入商业承兑汇票信息，结果如图4-16所示。

本币合计：借 20,000.00

期初余额明细表

单据类型	单据编号	单据日期	客户	部门	业务员	科目	方向	原币金额	原币余额
商业承兑汇票	SC032501	2024-03-25	重庆嘉陵公司	销售部	刘一江	112102	借	10,000.00	10,000.00
银行承兑汇票	YC031001	2024-03-10	天津大华公司	销售部	刘一江	112101	借	10,000.00	10,000.00

图4-16 票据期初余额明细

期初票据中“科目”必填，否则在应收款管理模块的期初检查时会出现对账不成功。

3. 应收账款的输入

双击应收账款，进入辅助期初余额窗口。单击“往来明细”，进入期初往来明细窗口，单击“增行”，输入期初往来明细。再单击“汇总到辅助明细”，系统提示“完成了往来明细到辅助期初表的汇总!”，依次单击“确定”“退出”，返回辅助期初余额窗口，输入累计数，如图 4－17 所示。

辅助期初余额

科目名称 1122 应收账款

客户	业务员	方向	累计借方本币金额	累计贷方本币金额	本币金额
嘉陵	刘一江	借		100,000.00	79,600.00
大华	刘一江	借	40,000.00		48,000.00
大江	刘一江	借		100,000.00	10,000.00

期初往来明细

打印 输出 定位 引入收付期初 增行 删行 汇总到辅助明细

期初往来明细

科目名称 1122 应收账款

日期	凭证号	客户	业务员	摘要	方向	本币金额	票号	票据日期	年度
2024-03-25	转-118	嘉陵	刘一江	销售商品	借	79,600.00	P111	2024-03-25	2024
2024-03-10	转-15	大华	刘一江	销售商品	借	48,000.00	Z111	2024-03-10	2024
2024-03-17	转-47	大江	刘一江	销售商品	借	10,000.00	Y111	2024-03-17	2024

图 4－17 辅助期初余额

其他应收款、应付账款的输入方法相似。

操作提示

在输入人员时，如不能选择该人员，一般是该人员未设置为业务员所致。如需修改，可选择“基础设置”|“基础档案”|“机构人员”|“人员档案”，设置为业务员即可选择。

4. 应付票据的录入

应付票据期初数据的录入参照应收票据的方法依次在总账系统、应付款管理系统中录入。

5. 生产成本（5001）的输入

双击“生产成本/直接材料”科目，进入辅助期初余额窗口。单击“增行”，输入实验资料，结果如图 4－18 所示。

辅助期初余额

科目名称 500101 直接材料

项目	方向	累计借方本币金额	累计贷方本币金额	本币金额
手持扫描器	借	4,800.00	5,971.00	4,000.00
桌面扫描器	借			6,000.00

图 4－18 “生产成本——直接材料”期初输入

6. 试算平衡

科目初始数据全部输入后，单击“试算”进行试算平衡，结果为资产＝借 9 599 382，负债＝贷 469 780，成本＝借 16 775，权益＝贷 9 129 602，借方和贷方合计均为＝9 599 382。

期初余额试算平衡的前提是数据要正确，否则后续数据会延续前面的错误。

操作提示

年初余额是根据期初余额、借方累计和贷方累计计算出来的，在试算平衡中是不检查的，因此要注意核对借方累计和贷方累计。如果年初余额不平衡，在期末制作资产负债表时会显现出来。对于有业务发生的科目，不能修改。对于无业务发生的科目，可通过反记账修改的方式进行修改。

选择“业务工作”|“财务会计”|“总账”|“账表”|“科目账”|“余额表”，查询设置月份为“2024.04”，勾选“末级科目”，其他项目根据需要选择。

查询条件是会计软件提供的一种组合型的查询方法，通过条件的组合来实现使用者不同的查询需要。可查询录入完成后的期初明细余额。

4.3 日常总账业务处理

实验资料

以下实验的单据数量，有注明的按注明，未注明的均视为一张。

（1）2024 年 4 月 2 日，采购部刘一江购买 350 元的办公用品，以现金支付。（现金流量：07 支付的与其他经营活动有关的现金）

借：管理费用/办公费（660203)/采购部　　350

　贷：库存现金（1001)　　350

（2）2024 年 4 月 2 日，收到兴华集团投资资金 10 000 美元，汇率 1∶7.00，中行转账支票号 ZZW002。（现金流量：17 吸收投资所收到的现金）

借：银行存款/中行（100202)　　70 000

　贷：实收资本（4001)　　70 000

（3）2024 年 4 月 2 日，工行账户收到天津大华公司支付的货款 3 000 元，转账支票号 ZZ45623。（现金流量：01 销售商品、提供劳务收到的现金）

借：银行存款/工行（100201)　　3 000

　贷：应收账款（1122)/大华　　3 000

（4）2024 年 4 月 2 日，接银行通知，工行账户支付短期借款利息 2 000 元。结算方式为其他；结算号：QT001（现金流量：21 分配股利、利润或偿还利息所支付的现金）

借：财务费用/利息支出（660301)　　2 000

　贷：银行存款/工行（100201)　　2 000

（5）2024年4月2日，采购部李天华采购手持扫描器和桌面扫描器套件各1 000套，每套不含税价25元，适用增值税税率13%，套件直接送入二车间生产扫描器，货款从工行支付，转账支票号ZZR002。（现金流量：04 购买商品、接受劳务支付的现金）

借：生产成本/直接材料（500101）/手持扫描器　25 000
　　生产成本/直接材料（500101）/桌面扫描器　25 000
　　应交税费/应交增值税/进项税额（22210101）　6 500
　贷：银行存款/工行（100201）　56 500

（6）2024年4月3日，财务部赵小兵从工行提取现金15 000元作为备用金，现金支票号XJ001。

借：库存现金（1001）　15 000
　贷：银行存款/工行（100201）　15 000

（7）2024年4月12日，销售部刘一江收到重庆嘉陵公司交来一张转账支票，金额49 600元，用以偿还前欠货款，转账支票号ZZR003。（现金流量：01 销售商品、提供劳务收到的现金）

借：银行存款/工行（100201）　49 600
　贷：应收账款（1122）/嘉陵　49 600

（8）2024年4月12日，采购部李天华从重庆大江公司购入“创智X号使用指南”培训教材1 000册，单价10元，货款和税款暂欠，发票号为FP23135，商品已验收入库，适用税率13%。

借：库存商品（1405）　10 000
　　应交税费/应交增值税/进项税额（22210101）　1 300
　贷：应付账款（2202）/大江　11 300

（9）2024年4月12日，行政部支付业务招待费1 500元，转账支票号ZZR004。（现金流量：07 支付的与其他经营活动有关的现金）

借：管理费用/业务招待费（660210）/行政部　1 500
　贷：银行存款/工行（100201）　1 500

（10）2024年4月20日，开具工行转账支票（支票号：ZG1226）20 000元支付本月一车间租用房屋租赁费。（现金流量：07 支付的与其他经营活动有关的现金）

借：制造费用/租赁费（510103）/一车间　20 000
　贷：银行存款/工行（100201）　20 000

（11）2024年4月20日，行政部宋嘉出差归来，报销出国考察费用5 000美元（当时汇率6.95），费用从中行账户支付，现金支票号为QTZ001。（现金流量：07 支付的与其他经营活动有关的现金）

借：管理费用/差旅费（660205）/行政部　34 750
　贷：银行存款/中行（100202）（5 000×6.95）　34 750

（12）2024年4月21日，工行账户收到存款利息收入3 000元，结算方式为其他，结算单号为QT0002。（现金流量：03 收到的其他与经营活动的现金）

借：银行存款/工行（100201）　3 000
　贷：财务费用/利息收入（660302）　3 000

（13）2024年4月24日，财务部支付购工行转账支票工本费50元，对公收费明细入账费用200元（企业打印各种回单等产生的费用），结算方式为其他。（现金流量：07 支付的与其他经营活动有关的现金）

借：管理费用/其他（660299）/财务部　250

　贷：银行存款/工行（100201）　250

（14）2024年4月25日，摊销财务部上年12月购买的ERP软件价值（即无形资产）487元。

借：管理费用/其他（660299）/财务部　487

　贷：累计摊销（1702）　487

将上述凭证进行出纳签字、审核、记账。

（15）2024年4月26日，发现第（14）笔经济业务"摊销财务部上年12月购买的ERP软件价值487元"金额计算有误，应该为487.5元/月（58 500元/（10年×12个月）），同时发现该项无形资产从购买当月起一直没有摊销ERP软件价值，故用红字冲销法冲销第（14）笔经济业务的凭证。

借：管理费用/其他（660299）/财务部　487

　贷：累计摊销（1702）　487

再填一张正确的蓝字凭证，将上年12月至本年4月的ERP软件的摊销价值2 437.50元一并处理。

借：管理费用/其他（660299）/财务部　2 437.50

　贷：累计摊销（1702）　2 437.50

实验过程

1. 录入业务（1）～（14）的凭证

（1）设置凭证输入参数。在输入凭证前，可以设置凭证输入的参数。选择"财务会计"|"总账"|"凭证"|"填制凭证"，单击"选项"，可根据需要设置。

（2）进入凭证输入功能。在填制凭证窗口，录入摘要、科目、金额等信息保存即可。

（3）凭证输入过程。单击"增加"（或者按F5功能键），进入凭证输入状态。输入项目后面有"…"的，均可按F2键或单击"…"调出已有代码或项目资料，供选择使用。

1）凭证字号。自动生成凭证号（具体看设置情况）。在"基础设置"|"业务参数"|"财务会计"|"总账"的"凭证"选项设置中设置凭证编号方式（系统编号或手工编号）。

2）制单日期。系统默认为当前登录日期，如需修改可在凭证页面日期中选择。

3）附单据数。直接输入单据数即可。当需要将某些图片、文件作为附件链接凭证时，可单击附单据数录入框右侧的图标，选择文件的链接地址。附单据数上面的两个空白项目可以自由输入内容，如凭证的分卷号等。

4）摘要。可直接输入，还可以按F2键调入常用摘要。常用摘要是在系统中存储的常用摘要，在实务工作中供每月都有的固定业务直接调用，以提高工作效率。进入常用摘要后，可以增加、修改、删除常用摘要。如图 4－19 所示。

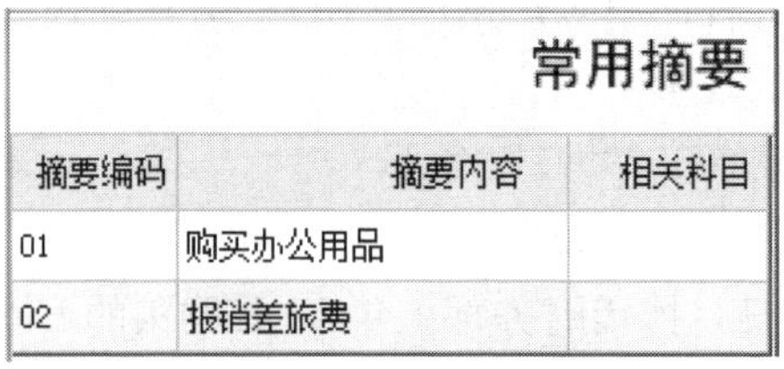
常用摘要

摘要编码	摘要内容	相关科目
01	购买办公用品	
02	报销差旅费	

图 4－19　常用摘要

5）科目名称。直接输入每级科目或按 F2 键参照录入。如果科目设置已勾选辅助核算，在此还需输入辅助信息，如部门、个人、项目、客户、供应商、数量等。录入的辅助信息将在凭证下方的备注中显示。

辅助核算项目的输入如图 4－20 所示。

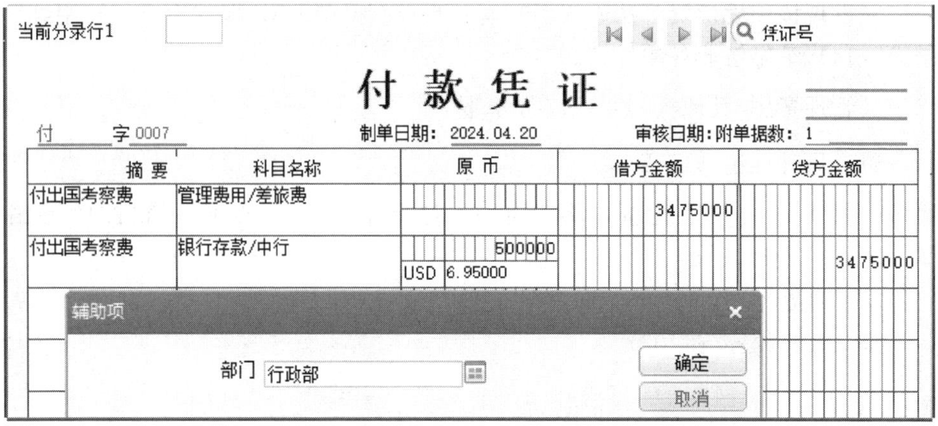

图 4－20　输入辅助项目

如果是多部门同时输入，可以选择“辅助明细”中的多部门核算，在此可同时输入多个部门及金额，如图 4－21 所示。

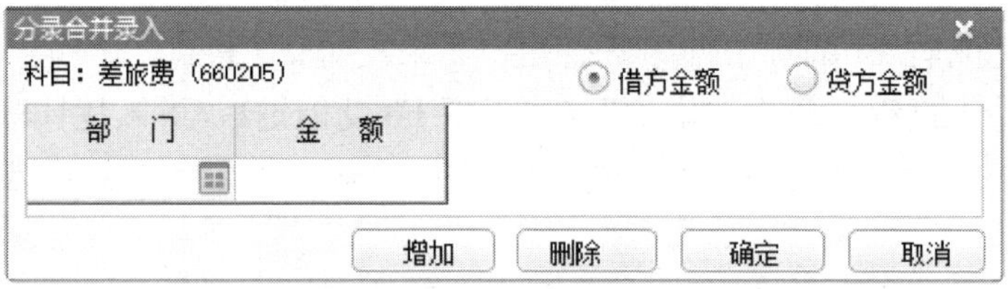

图 4－21　多部门输入

输入多个部门及金额后，会在凭证上自动生成多条分部门分录。

6）录入借贷方金额。录入分录的借方或贷方本币发生额，金额不能为零，可以红字表示负数的形式显示。如果方向不符，可按空格键调整金额的借贷方向。在录入金额时，可按“＝”（等号键），将当前凭证借贷方金额的差额填入光标所在的借方或者贷方位置。

7）录入现金流量。待凭证录入完成后，单击“流量”或“保存”，系统均弹出现金流量录入修改窗口，可直接录入现金流量，如图 4－22 所示。

图 4-22　录入现金流量

单击凭证右下角的扩展界面图标“ ≫”，可查看现金流量信息，如图 4-23 所示。

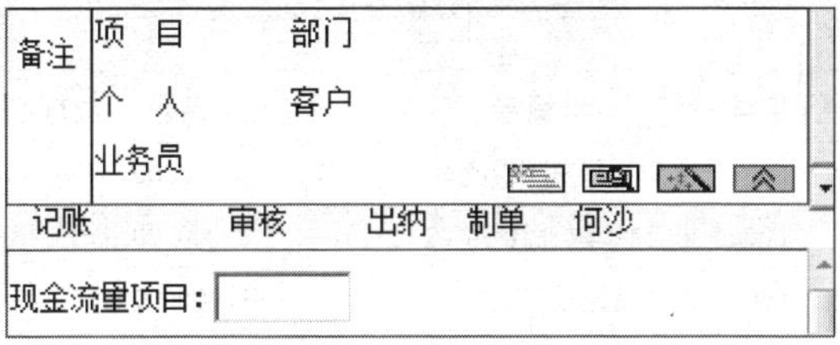

图 4-23　查看现金流量

8）其他操作。若想删除当前未输入完的分录，可单击“删分”或按 Ctrl+D 键删除当前分录。

9）完成。当凭证全部录入完毕后，单击“保存”后退出（也可以按 F6 健保存）。

10）常用功能。

余额：可查询当前科目+辅助项+自定义项的最新余额一览表。

插分：插入一条分录，可使用快捷键 CTRL+I。

删分：删除光标当前行分录，可使用快捷键 CTRL+D。

流量：查询或录入当前科目的现金流量明细。

备查：查询当前科目的备查资料。

查找和替换：在当前凭证的摘要、科目或金额列中查找内容或进行替换。

(4) 输入外币凭证。当需要输入涉及外币的凭证时，凭证格式会自动转变为外币凭证格式，不仅需要输入银行科目要求输入的辅助信息（结算方式、票号、发生日期），还需要输入外币的数量和汇率，如图 4-24 所示。

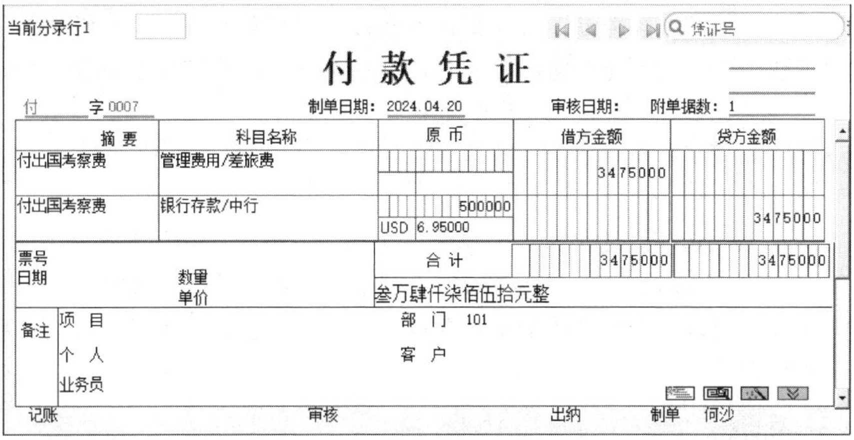

图 4-24　外币凭证

2. 查询凭证

（1）4月30日，选择“财务会计”|“总账”|“凭证”|“查询凭证”，在记账范围处勾选全部凭证；在凭证标志处勾选全部；在展现方式处勾选按凭证展示，日期选择2024-04-01到2024-04-30，单击“确定”，显示结果如图4-25所示。

查询凭证列表

制单日期	凭证编号	摘要	借方金额合计	贷方金额合计	制单人
2024-04-02	收-0001	收到兴华集团投资	70,000.00	70,000.00	何沙
2024-04-02	收-0002	收到大华公司货款	3,000.00	3,000.00	何沙
2024-04-12	收-0003	收到嘉陵前欠货款	49,600.00	49,600.00	何沙
2024-04-21	收-0004	收存款利息	3,000.00	3,000.00	何沙
2024-04-02	付-0001	购买办公用品	350.00	350.00	何沙
2024-04-02	付-0002	支付短期借款利息	2,000.00	2,000.00	何沙
2024-04-02	付-0003	采购扫描器套件	56,500.00	56,500.00	何沙
2024-04-03	付-0004	提取备用金	15,000.00	15,000.00	何沙
2024-04-12	付-0005	支付招待费	1,500.00	1,500.00	何沙
2024-04-20	付-0006	支付房屋租赁费	20,000.00	20,000.00	何沙
2024-04-20	付-0007	付出国考察费	34,750.00	34,750.00	何沙
2024-04-24	付-0008	支付支票工本费等	250.00	250.00	何沙
2024-04-12	转-0001	购买创智使用指南	11,300.00	11,300.00	何沙
2024-04-25	转-0002	摊销上年12月ERP软件费用	487.00	487.00	何沙
合计			267,737.00	267,737.00	

图4-25　凭证列表

双击任一行，可查阅或修改该凭证。

操作提示

凭证编号方式为“系统编号”时，凭证编号由系统自动生成，不能修改。凭证编号方式为“手工编号”时，可修改凭证编号。具体的方法：选择“财务会计”|“总账”|“设置”|“选项”，将凭证编号方式改为“手工编号”后即可。

登录日期应与凭证日期一致。

（2）4月30日，选择“财务会计”|“总账”|“账表”|“科目账”|“序时账”，勾选“包含未记账凭证”，日期选择2024-04-01至2024-04-30，单击“确定”，如图4-26所示。

在序时账中，可以双击某一条记录查询对应的凭证。这种方式可以直接查看凭证中每一笔分录的情况。

3. 修改凭证

选择“财务会计”|“总账”|“凭证”|“查询凭证”，以默认值查询，进入查询凭证列表，

序时账

日期：2024-04-01 - 2024-04-30

币种：全部

日期	凭证号数	科目编码	科目名称	摘要	币种	方向	原币	金额
2024-04-02	收-0001	100202	中行	*收到兴华集团投资_02_ZZW002_20...	美元	借	10,000.00	70,000.00
2024-04-02	收-0001	4001	实收资本	*收到兴华集团投资		贷		70,000.00
2024-04-02	收-0002	100201	工行	*收到大华公司货款_02_ZZ45623_2...		借		3,000.00
2024-04-02	收-0002	1122	应收账款	*收到大华公司货款_大华_ZZ45623...		贷		3,000.00
2024-04-02	付-0001	660203	办公费	*购买办公用品_采购部		借		350.00
2024-04-02	付-0001	1001	库存现金	*购买办公用品		贷		350.00
2024-04-02	付-0002	660301	利息支出	*支付短期借款利息		借		2,000.00
2024-04-02	付-0002	100201	工行	*支付短期借款利息_99_QT001_202...		贷		2,000.00
2024-04-02	付-0003	500101	直接材料	*采购扫描器套件_手持扫描器		借		25,000.00
2024-04-02	付-0003	500101	直接材料	*采购扫描器套件_桌面扫描器		借		25,000.00
2024-04-02	付-0003	22210101	进项税额	*采购扫描器套件		借		6,500.00
2024-04-02	付-0003	100201	工行	*采购扫描器套件_02_ZZR002_2024...		贷		56,500.00
2024-04-03	付-0004	1001	库存现金	*提取备用金		借		15,000.00
2024-04-03	付-0004	100201	工行	*提取备用金_02_XJ001_2024.04.03		贷		15,000.00
2024-04-12	收-0003	100201	工行	*收到嘉陵前欠货款_02_ZZR003_20...		借		49,600.00
2024-04-12	收-0003	1122	应收账款	*收到嘉陵前欠货款_嘉陵_ZZR003_...		贷		49,600.00
2024-04-12	付-0005	660210	业务招待费	*支付招待费_行政部		借		1,500.00
2024-04-12	付-0005	100201	工行	*支付招待费_02_ZZR004_2024.04.12		贷		1,500.00
2024-04-12	转-0001	1405	库存商品	*购买创智使用指南		借		10,000.00
2024-04-12	转-0001	22210101	进项税额	*购买创智使用指南		借		1,300.00
2024-04-12	转-0001	2202	应付账款	*购买创智使用指南_大江_FP23135...		贷		11,300.00
2024-04-20	付-0006	510103	租赁费	*支付房屋租赁费_一车间		借		20,000.00
2024-04-20	付-0006	100201	工行	*支付房屋租赁费_02_ZG1226_2024...		贷		20,000.00
2024-04-20	付-0007	660205	差旅费	*付出国考察费_行政部		借		34,750.00
2024-04-20	付-0007	100202	中行	*付出国考察费_01_QTZ001_2024.0...	美元	贷	5,000.00	34,750.00
2024-04-21	收-0004	100201	工行	*收存款利息_99_QT0002_2024.04.21		借		3,000.00
2024-04-21	收-0004	660302	利息收入	*收存款利息		贷		3,000.00
2024-04-24	付-0008	660299	其他	*支付支票工本费等_财务部		借		250.00
2024-04-24	付-0008	100201	工行	*支付支票工本费等_99_2024.04.24		贷		250.00
2024-04-25	转-0002	660299	其他	*摊销上年12月ERP软件费用_财务部		借		487.00
2024-04-25	转-0002	1702	累计摊销	*摊销上年12月ERP软件费用		贷		487.00
				合计		借		267,737.00
						贷		267,737.00

图 4-26　序时账

双击选中的凭证可进入“查询窗口”，修改凭证，具体方法与输入相同。

操作提示

未经审核的凭证可查询后直接修改；已审核的凭证应先取消审核再修改。

如果采用“制单序时控制”，则单据日期不能修改为上一张凭证的制单日期之前。

业务系统（如采购、销售、薪资、固定资产等）制作并传递到总账系统的凭证，需返回业务系统修改或重新生成。

4. 出纳签字

(1) 出纳签字设置。选择“财务会计”|“出纳管理”|“设置”|“系统设置”，选择“账

套参数”，将“出纳签字功能”设为“GL-总账”，其余保持默认。

(2) 进入出纳签字，以出纳员身份登录。

4 月 30 日，选择“财务会计”|“总账”|“凭证”|“出纳签字”，日期选择 2024 年 4 月 1 日至 2024 年 4 月 30 日，单击“确定”进入出纳签字列表，如图 4-27 所示。

出纳签字列表

□	制单日期	凭证编号	摘要	借方金额合计	贷方金额合计	制单人
□	2024-04-02	收 - 0001	收到兴华集团投资	70,000.00	70,000.00	何沙
□	2024-04-02	收 - 0002	收到大华公司货款	3,000.00	3,000.00	何沙
□	2024-04-12	收 - 0003	收到嘉陵前欠货款	49,600.00	49,600.00	何沙
□	2024-04-21	收 - 0004	收存款利息	3,000.00	3,000.00	何沙
□	2024-04-02	付 - 0001	购买办公用品	350.00	350.00	何沙
□	2024-04-02	付 - 0002	支付短期借款利息	2,000.00	2,000.00	何沙
□	2024-04-02	付 - 0003	采购扫描器套件	56,500.00	56,500.00	何沙
□	2024-04-03	付 - 0004	提取备用金	15,000.00	15,000.00	何沙
□	2024-04-12	付 - 0005	支付招待费	1,500.00	1,500.00	何沙
□	2024-04-20	付 - 0006	支付房屋租赁费	20,000.00	20,000.00	何沙
□	2024-04-20	付 - 0007	付出国考察费	34,750.00	34,750.00	何沙
□	2024-04-24	付 - 0008	支付支票工本费等	250.00	250.00	何沙
合计				255,950.00	255,950.00	

图 4-27 未出纳签字的凭证列表

(3) 双击某一张需签字的凭证，进入“出纳签字”窗口，单击“签字”|“签字”，凭证底部的“出纳”处自动签上出纳员姓名。单击“下张凭证”图片（显示为▶），对其他凭证签字。或者选择“签字”|“成批出纳签字”，对所有凭证进行签字，当刷新后返回到出纳签字列表可看到“出纳签字人”列下会显示每个已签字的名字。

还有一种简便的方式，在出纳签字列表，勾选需签字的凭证，单击“签字”后退出。

操作提示

出纳签字不是审核凭证的必需步骤。如果控制参数不选择“出纳凭证必须经由出纳签字”，则可以不执行出纳签字功能。

5. 审核凭证

(1) 4 月 30 日，以审核员身份登录，选择“财务会计”|“总账”|“凭证”|“审核凭证”，日期选择 2024-04-01 至 2024-04-30，单击“确定”，进入凭证审核列表，如图 4-28 所示。

(2) 凭证审核。双击需审核的凭证，进入“审核凭证”窗口。

1) 单张审核：检查待审核的凭证，确认无误后，单击“审核”|“审核”，凭证底部的“审核”处自动签上审核员姓名，继续以相同的操作审核剩余凭证。

☐	制单日期	凭证编号	摘要	借方金额合计	贷方金额合计	制单人	出纳签字人
☐	2024-04-02	收 - 0001	收到兴华集团投资	70,000.00	70,000.00	何沙	赵小兵
☐	2024-04-02	收 - 0002	收到大华公司货款	3,000.00	3,000.00	何沙	赵小兵
☐	2024-04-12	收 - 0003	收到嘉陵前欠货款	49,600.00	49,600.00	何沙	赵小兵
☐	2024-04-21	收 - 0004	收存款利息	3,000.00	3,000.00	何沙	赵小兵
☐	2024-04-02	付 - 0001	购买办公用品	350.00	350.00	何沙	赵小兵
☐	2024-04-02	付 - 0002	支付短期借款利息	2,000.00	2,000.00	何沙	赵小兵
☐	2024-04-02	付 - 0003	采购扫描器套件	56,500.00	56,500.00	何沙	赵小兵
☐	2024-04-03	付 - 0004	提取备用金	15,000.00	15,000.00	何沙	赵小兵
☐	2024-04-12	付 - 0005	支付招待费	1,500.00	1,500.00	何沙	赵小兵
☐	2024-04-20	付 - 0006	支付房屋租赁费	20,000.00	20,000.00	何沙	赵小兵
☐	2024-04-20	付 - 0007	付出国考察费	34,750.00	34,750.00	何沙	赵小兵
☐	2024-04-24	付 - 0008	支付支票工本费等	250.00	250.00	何沙	赵小兵
☐	2024-04-12	转 - 0001	购买创智使用指南	11,300.00	11,300.00	何沙	
☐	2024-04-25	转 - 0002	摊销上年12月E...	487.00	487.00	何沙	
合计				267,737.00	267,737.00		

图 4-28 凭证审核列表

2）成批审核：在审核凭证窗口，选择“审核”|“成批审核凭证”，审核所有凭证。

3）勾选审核：在凭证审核列表，勾选需要审核的凭证，点击“签字”完成。

操作提示

若凭证有错，可以单击“标错”，在凭证上显示“有错”红字签章；错误修改后，再单击“取消”，将消除“有错”红字签章。

6. 凭证记账

4 月 30 日，以记账员身份登陆，选择“财务会计”|“总账”|“凭证”|“记账”，进入记账窗口。单击“全选”选中记账范围，单击“记账”，系统提示期初试算结果平衡，合计数均为 9 599 382，单击“确定”，系统提示记账完毕后退出。

操作提示

首次使用总账系统记账时，如果期初余额不平衡，则不能记账。

上月未结账，本月不能记账。

如果所选范围内的凭证有不平衡凭证，系统将列出错误凭证，并重选记账范围。

7. 冲销凭证

利用“冲销凭证”功能完成业务（15）。

选择“财务会计”|“总账”|“凭证”|“填制凭证”，单击“冲销”，选择冲销第（14）笔凭证，如图 4－29 所示。系统自动生成一张新凭证，保存即可。

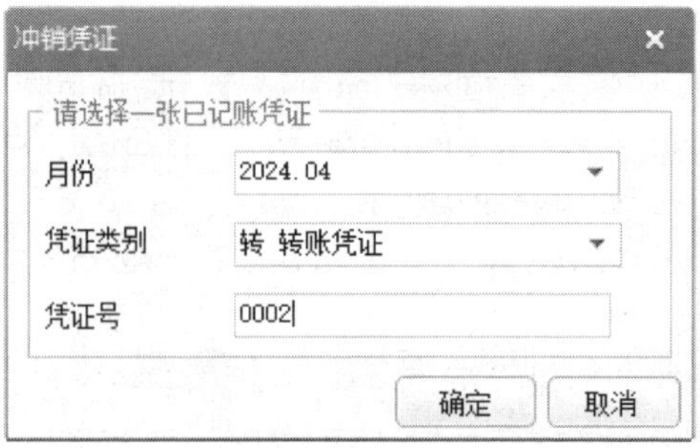

图 4－29　冲销凭证

冲销凭证是制作一张与原凭证相同，金额相反的凭证，即将原凭证金额冲销为零的凭证。

操作提示

冲销凭证是针对已经记账的凭证，如果记账后发现凭证有误，则可以通过冲销凭证功能冲销凭证，业务（15）需用此方法操作完成。

8. 后续操作

错误凭证冲销后，录入实验资料业务（15）中正确凭证后保存即可。

以孙胜业身份，继续执行上述审核、记账步骤完成操作。

9. 实验过程中可用的其他功能

（1）作废与恢复凭证。

1）作废凭证。选择“财务会计”|“总账”|“凭证”|“填制凭证”，单击“作废”，完成作废操作。作废凭证的左上角会出现红字“作废”，表示该凭证已作废，其凭证数据将不登记到相关账簿中。

2）恢复凭证。在填制凭证窗口，查询需恢复的已作废凭证，单击“恢复”，凭证左上角的“作废”红字会消除，该张凭证恢复为有效凭证。

（2）整理凭证。

在“填制凭证”窗口，单击“整理”，选择需整理的会计期间。单击“确定”，进入“作废凭证表”，选择要删除的凭证，单击“确定”，系统提示删除所选定的凭证并对凭证号重新排号。日常工作中也可以利用整理功能消除凭证断号。

操作提示

凭证整理只能处理未记账凭证。

4.4　出纳管理

4.4.1　出纳管理概述

出纳管理是新道 U8＋总账系统为出纳业务提供的一套管理工具，主要功能包括查询和打印现金日记账、银行存款日记账和资金日报；登记和管理支票登记簿；输入银行对账单，进行银行对账，输出余额调节表，并可对银行长期未达账提供审计报告。

由于企业与银行的账务处理和入账时间上的差异，通常会发生双方账面不一致的情况。为防止记账发生差错，正确掌握银行存款的实际余额，必须定期核对企业银行存款日记账与银行发出的对账单并编制银行存款余额调节表。

银行对账是核对企业登记的银行存款日记账与银行对账单。银行对账单来自企业开户行，对账流程如图 4－30 所示。

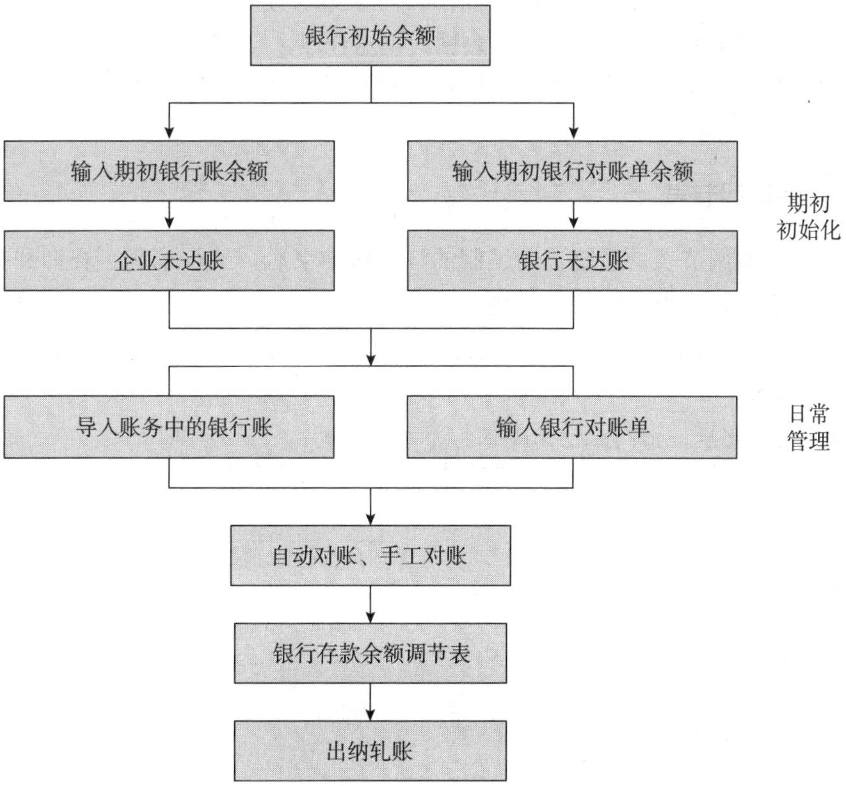

图 4－30　银行对账流程

1. 输入银行对账期初数据

输入银行对账期初数据需要做的工作如下：

(1) 确定银行账户的启用日期。

（2）输入企业银行存款日记账和银行对账单的调整前余额。

（3）输入企业银行存款日记账和银行对账单期初未达账项。系统将根据调整前余额及期初未达账项自动计算出银行对账单与企业银行存款日记账的调整后余额。为避免执行银行对账后账面不平，应先调平期初余额。

2. 输入银行对账单

选择银行账户，输入银行对账单。

3. 银行对账

银行对账采用自动对账和手工对账结合的方式进行。自动对账是系统根据对账依据自动核对、勾销。对账依据可根据需要选择，要求方向、金额相同是必要条件，其他可选条件是票号相同、结算方式相同、日期在多少天之内等。

银行存款日记账和银行对账单在已核对业务的双方标上两清标志，并视为已达账。对于未在两清栏上标记的记录，系统视为未达账项。

由于自动对账是以银行存款日记账和银行对账单双方对账依据相同为条件，为保证自动对账的正确和彻底，必须保证对账数据的规范合理。

手工对账是对自动对账的补充，使用自动对账后，可用手工对账方式核对未被对出的未达账项。

4. 编制余额调节表

银行存款余额调节表是系统自动编制的。对账结束后，就可编制、查询和打印银行存款余额调节表，以检查对账是否正确。

AI助手探秘

会计信息化后，出纳账还需要保持手工做账吗？

4.4.2 期初设置

实验资料

1. 工行期初数据

工行人民币户企业日记账调整前余额为511 057.00元。

银行对账单调整前余额为467 557.00元。

（1）企业未达账。

银行已收企业未收：

2024年3月26日，银行收到上海长江公司用转账支票支付的货款3 000元，票号ZZ45623，企业未收到。

银行已付企业未付：

2024 年 3 月 28 日，银行用其他方式支付短期借款利息 2 000 元，银行付款票据企业未收到。

（2）银行未达账。

企业已付银行未付：

2024 年 3 月 28 日，企业用现金支票支付零星采购货款 2 500 元，支票号 XJ445353，银行未入账，付款凭证号 27。

2024 年 3 月 29 日，企业用转账支票支付货款 3 000 元，支票号 ZZ30254，银行未入账，付款凭证号 32。

企业已收银行未收：

2024 年 3 月 30 日，收到货款（重庆嘉陵公司转账支票，ZZ8341）50 000 元，收款凭证号 56，银行未入账。

2. 中行期初数据

中行账户不进行银行对账。

实验过程

（1）用出纳身份登录，选择“财务会计”|“总账”|“出纳”|“银行对账”|“银行对账期初录入”，进入银行科目选择窗口，选择“工行（100201）”，单击“确定”，进入银行对账期初窗口。

（2）在“单位日记账”下的“调整前余额”栏录入工行账户期初余额 511 057.00 元，在“银行对账单”下的“调整前余额”栏录入对账单期初余额 467 557.00 元，单击“方向”，将银行对账单余额方向调整为贷方。

操作提示

系统默认的银行对账单余额方向在借方，但在实务工作中，银行对账单余额一般在贷方，故本实验将其调整为贷方。

（3）单击“对账单期初未达项”，进入银行方期初窗口，单击“增行”，录入银行对账单期初未达账数据，如图 4－31 所示。

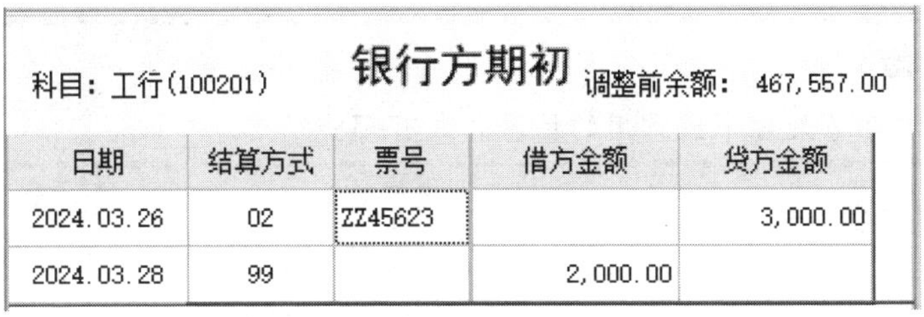

银行方期初

科目：工行(100201)　调整前余额：467,557.00

日期	结算方式	票号	借方金额	贷方金额
2024.03.26	02	ZZ45623		3,000.00
2024.03.28	99		2,000.00	

图 4－31　对账单期初未达账

（4）单击“日记账期初未达项”，进入企业方期初窗口。单击“增行”，录入企业日记账期初未达账数据，如图 4－32 所示。

科目：工行(100201)　　企业方期初　　调整前余额：511,057.00

凭证日期	凭证类别	凭证号	结算方式	票号	借方金额	贷方金额	票据日期	摘　要
2024.03.28	付	27	01	XJ445353		2,500.00	2024.03.28	零星采购
2024.03.29	付	32	02	ZZ30254		3,000.00	2024.03.29	支付货款
2024.03.30	收	56	02	ZZ8341	50,000.00		2024.03.30	收到货款

图 4－32　企业方期初未达账

（5）在“银行对账期初”窗口的下方，调整后的单位日记账余额与银行对账单余额相等，如图 4－33 所示。

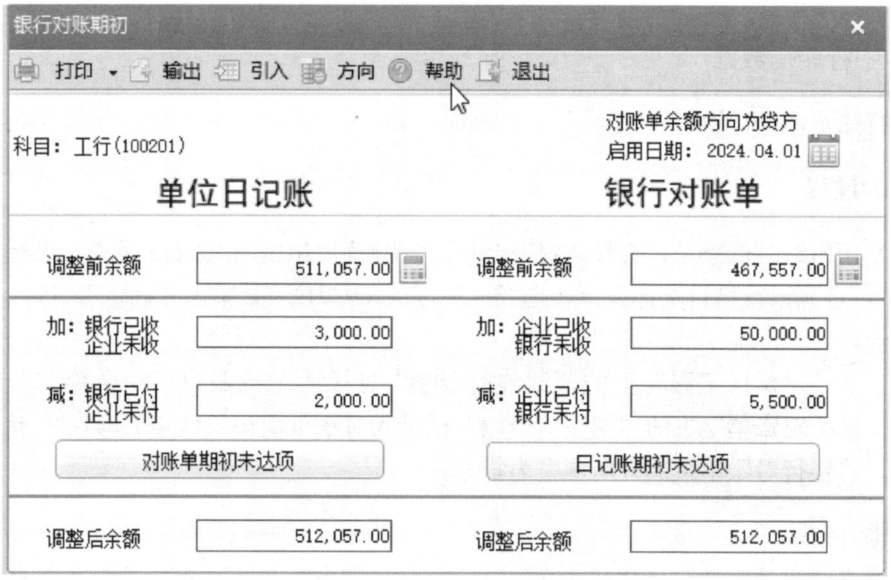

图 4－33　调整后的银行对账期初余额

4.4.3　出纳日常业务处理

AI 助手探秘

出纳日常业务处理中最常用的结算方式有哪些？

实验资料

1. 工行银行对账单

2024 年 4 月底，工行账户对账单部分资料，如表 4－18。根据表中资料，进行银行对账，生成银行存款余额调节表。

表 4-18 工行账户 4 月对账单（部分）

日期	结算方式	票号	借方金额	贷方金额
04-02	现金支票	XJ445353	2 500	
04-04	转账支票	ZZ30254	3 000	
04-08	转账支票	ZZ8341		50 000
04-11	转账支票	001188		11 934
04-12	转账支票	ZZR002	50 000	
04-12	转账支票	ZZ123	33 345	
04-16	转账支票	ZZR911	50 000	
04-20	转账支票	456324	11 400	
04-20	转账支票	ZZR003		49 600
04-20	转账支票	ZS002		10 000
04-20	转账支票	ZF002	90 000	

2. 中行银行对账单

中行账户期初及期末均无未达账项，不进行银行对账。

实验过程

1. 票据管理

此处仅做功能介绍，不做操作。选择“财务会计”|“总账”|“出纳”|“支票登记簿”，选择“工行（100201）”，进入工行账户的支票登记簿窗口。单击“增行”，添加支票信息即可。

2. 银行对账

（1）输入银行对账单。选择“财务会计”|“总账”|“出纳”|“银行对账”|“银行对账单”，选择“工行（100201）”科目，时间为 2024 年 4 月，单击“确定”，进入银行对账单窗口。单击“增行”，输入本年 4 月的部分对账单信息，如图 4-34 所示。

（2）银行对账。选择“财务会计”|“总账”|“出纳”|“银行对账”|“银行对账”，选择科目（工行（100201））、月份（2024.03—2024.04），单击“确定”，进入银行对账窗口。

（3）单击“对账”，系统进入“自动对账”窗口，勾选截止日期 2024 年 4 月 30 日，其余保持默认，单击“确定”完成，继续手工对账。

（4）手工对账勾选支付短期借款利息 2 000 元，单击“保存”，系统自动将标志“√”变为“Y”，对账结果如图 4-35 所示。

科目：工行(100201)　**银行对账单**　对账单账面余额:348,846.00

日期	结算方式	票号	备注	借方金额	贷方金额	余额
2024.03.26	02	ZZ45623			3,000.00	469,557.00
2024.03.28	99			2,000.00		467,557.00
2024.04.02	01	XJ445353		2,500.00		465,057.00
2024.04.04	02	ZZ30254		3,000.00		462,057.00
2024.04.08	02	ZZ8341			50,000.00	512,057.00
2024.04.11	02	001188			11,934.00	523,991.00
2024.04.12	02	ZZR002		50,000.00		473,991.00
2024.04.12	02	ZZ123		33,345.00		440,646.00
2024.04.16	02	ZZR911		50,000.00		390,646.00
2024.04.20	02	456324		11,400.00		379,246.00
2024.04.20	02	ZZR003			49,600.00	428,846.00
2024.04.20	02	ZS002			10,000.00	438,846.00
2024.04.20	02	ZF002		90,000.00		348,846.00

图 4-34　银行对账单信息

科目：100201(工行)

单位日记账								银行对账单						
凭证日期	票据日期	结算方式	票号	方向	金额	两清	凭证号数	日期	结算方式	票号	方向	金额	两清	对账序号
2024.04.02	2024.04.02	02	ZZ45623	借	3,000.00	○	收-0002	2024.03.26	02	ZZ45623	贷	3,000.00	○	20240
2024.04.12	2024.04.12	02	ZZR003	借	49,600.00	○	收-0003	2024.03.28	99		借	2,000.00	Y	20240
2024.04.21	2024.04.21	99	QT0002	借	3,000.00		收-0004	2024.04.02	01	XJ445353	借	2,500.00	○	20240
2024.04.02	2024.04.02	99	QT001	贷	2,000.00	Y	付-0002	2024.04.04	02	ZZ30254	借	3,000.00	○	20240
2024.04.02	2024.04.02	02	ZZR002	贷	56,500.00		付-0003	2024.04.08	02	ZZ8341	贷	50,000.00	○	20240
2024.04.03	2024.04.03	02	XJ001	贷	15,000.00		付-0004	2024.04.11	02	001188	贷	11,934.00		
2024.04.12	2024.04.12	02	ZZR004	贷	1,500.00		付-0005	2024.04.12	02	ZZR002	借	50,000.00		
2024.04.20	2024.04.20	02	ZG1226	贷	20,000.00		付-0006	2024.04.12	02	ZZ123	借	33,345.00		
2024.04.24	2024.04.24	99		贷	250.00		付-0008	2024.04.16	02	ZZR911	借	50,000.00		
2024.03.30	2024.03.30	02	ZZ8341	借	50,000.00	○	收-0056	2024.04.20	02	456324	借	11,400.00		
2024.03.28	2024.03.28	01	XJ445353	贷	2,500.00	○	付-0027	2024.04.20	02	ZZR003	贷	49,600.00	○	20240
2024.03.29	2024.03.29	02	ZZ30254	贷	3,000.00	○	付-0032	2024.04.20	02	ZS002	贷	10,000.00		
								2024.04.20	02	ZF002	借	90,000.00		

图 4-35　已进行自动对账的单位日记账与银行对账单

图 4-35 中，自动对账两清的记录标记为背景着色的“O”。

对账的具体情况，与记账凭证的多少有关系。

操作提示

自动对账条件越多，对账越准确。

“方向相反、金额相等”是系统默认条件，不能取消；如果在“银行对账期初”中定义“银行对账单余额方向”为借方，则对账默认条件为“方向、金额相同”。

为保证对账的正确性，使用自动对账后，可用手工对账补充调整。

手工对账通过打上两清标志“√”，再单击“保存”，系统自动将标志“√”变为“Y”即完成手工对账。本实验可手工对账勾选支付短期借款利息 2 000 元，单击“保存”，“√”变为“Y”。

(5) 银行存款余额调节表。选择“财务会计”|“总账”|“出纳”|“银行对账”|“余额调节表查询”。选中银行科目“工行”，双击可查看该科目的余额调节表，如图 4-36 所示。

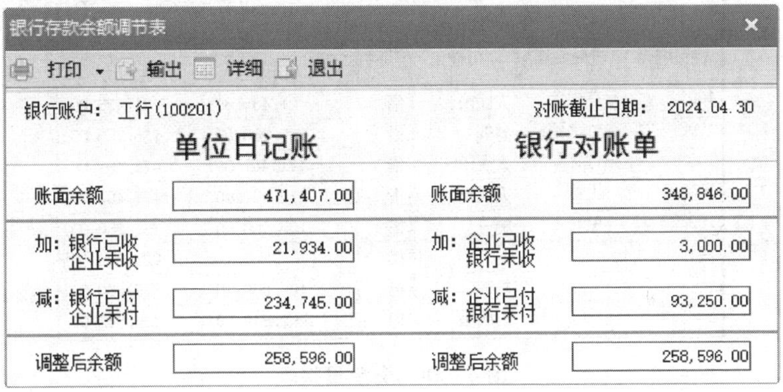

图 4-36　工行账户期末余额调节表

4.4.4　信息查询

1. 日记账查询

选择“财务会计”|“总账”|“出纳”|“现金日记账”，按默认条件查询，如图 4-37 所示。

现金日记账　　金额式

月份：2024.04 - 2024.04

科目：1001 库存现金　　币种：全部

年	月	日	凭证号数	摘要	对方科目	借方金额	贷方金额	方向	余额金额
2024	04			期初余额				借	6,785.00
2024	04	02	付-0001	购买办公用品	660203		350.00	借	6,435.00
2024	04	02		本日合计			350.00	借	6,435.00
2024	04	03	付-0004	提取备用金	100201	15,000.00		借	21,435.00
2024	04	03		本日合计		15,000.00		借	21,435.00
2024	04			当前合计		15,000.00	350.00	借	21,435.00
2024	04			当前累计		33,889.00	19,210.00	借	21,435.00

图 4-37　现金日记账

在日记账中，双击某行记录或选中某行后单击“凭证”，可查看该记录对应的凭证信息。

单击“总账”，可查看库存现金、银行存款等科目的总账和日记账。

2. 资金日报表

选择“财务会计”|“总账”|“出纳”|“资金日报”，科目级次选择1～3级，勾选“有余额无发生也显示”条件，单击“确定”，如图4-38所示。

资金日报表

日期：2024-04-30　币种：全部

科目编码	科目名称	币种	方向	今日余额	
				原币	金额
1001	库存现金	人民币	借	21,435.00	21,435.00
1002	银行存款	美元	借	105,000.00	735,250.00
1002	银行存款	人民币	借	471,407.00	471,407.00
100201	工行	人民币	借	471,407.00	471,407.00
100202	中行	美元	借	105,000.00	735,250.00
合计			借		1,228,092.00
		美元	借	105,000.00	735,250.00
		人民币	借	492,842.00	492,842.00

图4-38　资金日报表

4.5　网上银行

4.5.1　概述

企业网上银行是指银行提供给企业客户的一种网上银行服务，可进行各种金融交易和管理。通过网上银行系统，企业可以实时查询账户余额、当日交易明细、历史交易明细等信息，掌控账户资金状况。系统与网上报销、结算中心、应付款管理等系统集成应用，接收这些系统发出的支付指令，经过严格审批，将支付指令传递到银行系统，完成资金对外支付活动。

4.5.2　网上银行设置

网上银行操作步骤是企业将收款人信息提交银行，银行按企业要求将款项由企业账户划转到收款人账户。

AI助手探秘

网上银行常见的日常业务有哪些？

实验资料

(1) 开户银行如表4-19所示。

表 4－19　开户银行类型

编码	开户银行	账号	币种	机构号	联行号	4 月 1 日余额	所属银行编码
01	中国工商银行重庆分行两江支行	7879 7879 7879	人民币			511 057	01
02	中国银行重庆分行两江支行	1121 1121 1121	美元	10465	86455	700 000	00002

注：账户名称均为重庆两江科技有限公司。

(2) 重庆两江科技有限公司所有人民币结算均通过基本存款账户进行。

(3) 业务种类与结算方式的对应关系是：托收承付——转账支票；委托收款——转账支票；资金汇划——网银转账。

(4) 出纳员拥有查询、制单支付权限；制单支付金额为 3 万元。

(5) 资金主管拥有查询、制单支付、审核权限；制单支付金额和审核金额均为 10 万元。

公司内部制度规定，制单人和审核人不能为同一人。赵小兵制单时由孙胜业负责审核，何沙负责审批。孙胜业制单时由何沙负责审核和审批。

实验过程

本小节的系统登录日期为 4 月 1 日。

1. 设置银行账号

选择“财务会计”|“网上银行”|“设置”|“银行账号”，单击“增加”，进入“增加银行账号”页面，分别增加两个银行的账户信息，工行两江支行信息增加后结果如图 4－39 所示。

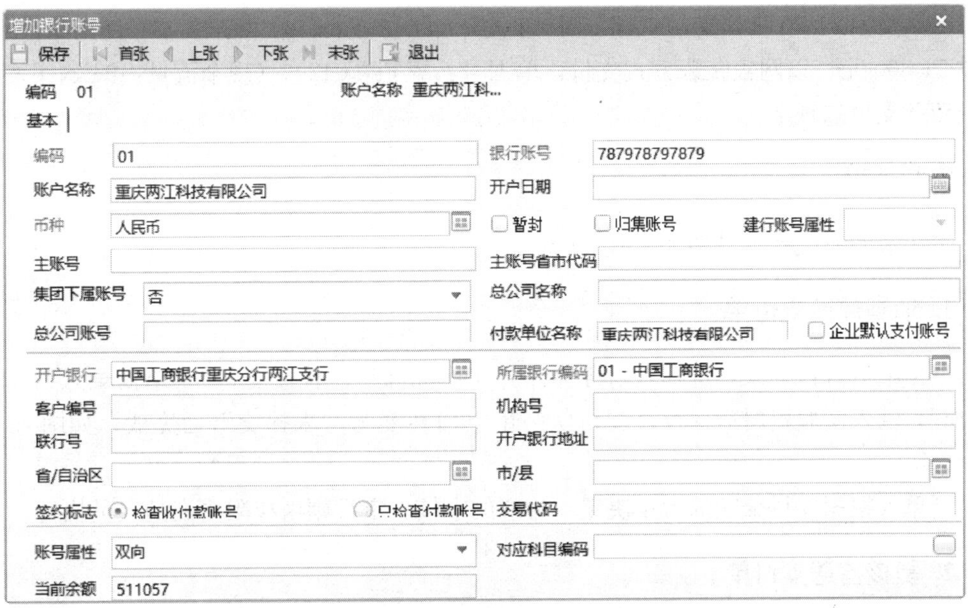

图 4－39　银行账号信息

2. 业务种类对应结算方式设置

选择“财务会计”|“网上银行”|“设置”|“业务种类”，按实验资料输入和补充相关信息，单击“保存”完成。

3. 操作员权限设置

选择“财务会计”|“网上银行”|“设置”|“操作员管理”，按实验资料输入和补充相关信息如图 4-40 所示。

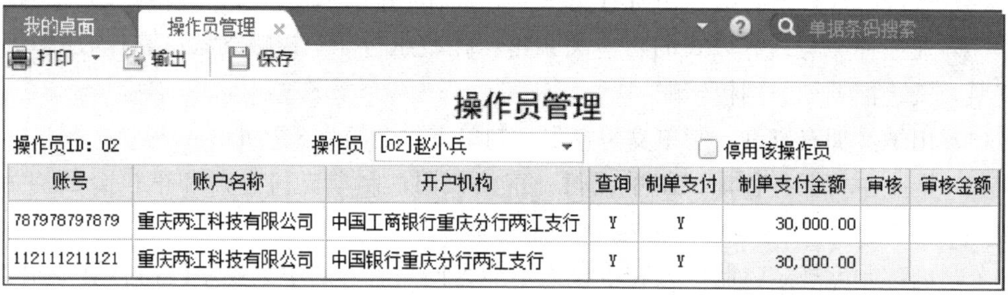

图 4-40　操作员管理

单击“保存”，在操作员处选择“[03] 孙胜业”，按照相同的方法设置。本功能的操作员必须拥有“网上银行”的操作权限。

4.5.3　普通支付业务处理

实验资料

2024 年 4 月 20 日，支付 4 月 12 日向重庆大江公司采购的《创智 X 号使用指南》的货款 11 300 元，以网银转账方式支付，单据号：WYPT0420。（现金流量：04 购买商品、接受劳务支付的现金）

实验过程

本小节的系统登录日期为 4 月 20 日。

1. 填制普通支付单

以出纳员身份登录，选择“财务会计”|“网上银行”|“普通支付”|“单据录入”，单击“增加”，输入实验资料后保存，支付状态由空白转变为“未提交”后完成，如图 4-41 所示。

制单人根据支付金额的大小决定，相应的审核、审批则由权限更高的人员执行。

2. 复核普通支付单

以资金主管身份登录，选择“财务会计”|“网上银行”|“普通支付”|“单据复核”，按

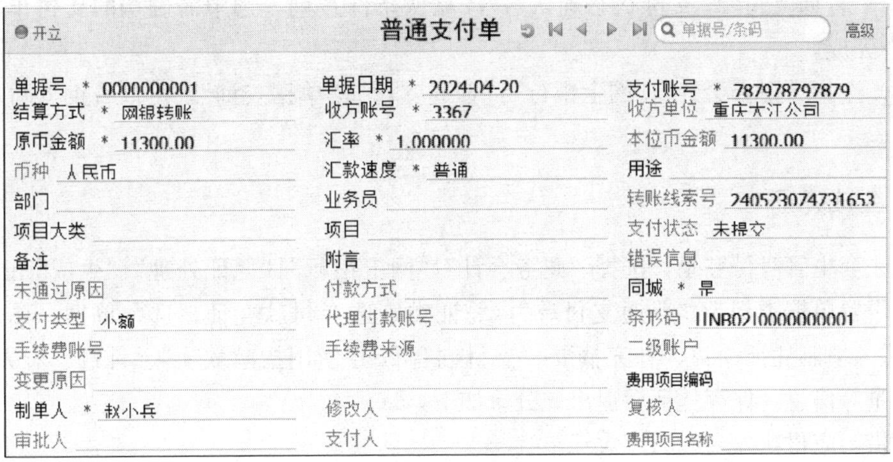

开立　**普通支付单**　单据号/条码　高级

单据号	* 0000000001	单据日期	* 2024-04-20	支付账号	* 787978797879
结算方式	* 网银转账	收方账号	* 3367	收方单位	重庆大江公司
原币金额	* 11300.00	汇率	* 1.000000	本位币金额	11300.00
币种	人民币	汇款速度	* 普通	用途	
部门		业务员		转账线索号	240523074731653
项目大类		项目		支付状态	未提交
备注		附言		错误信息	
未通过原因		付款方式		同城	* 是
支付类型	小额	代理付款账号		条形码	IINB0210000000001
手续费账号		手续费来源		二级账户	
变更原因				费用项目编码	
制单人	* 赵小兵	修改人		复核人	
审批人		支付人		费用项目名称	

图 4-41　普通支付单

默认条件查询。双击待复核的单据，进入普通支付单，单击“复核通过”，系统提示“复核成功”完成。实务中若普通支付单有误，单击“复核不通过”，待修改后重新提交。

3. 审批普通支付单

以账套主管身份登录，选择“财务会计”|“网上银行”|“普通支付”|“单据审批”，按默认条件查询，双击待审批的单据进入普通支付单，审批无误后单击“审批通过”，系统提示“审批成功”完成。

4. 支付普通支付单并确认

（1）以出纳员身份登录，选择“财务会计”|“网上银行”|“普通支付”|“单据支付”，按默认条件查询，双击待支付的单据，单击“支付”，如图 4-42 所示。

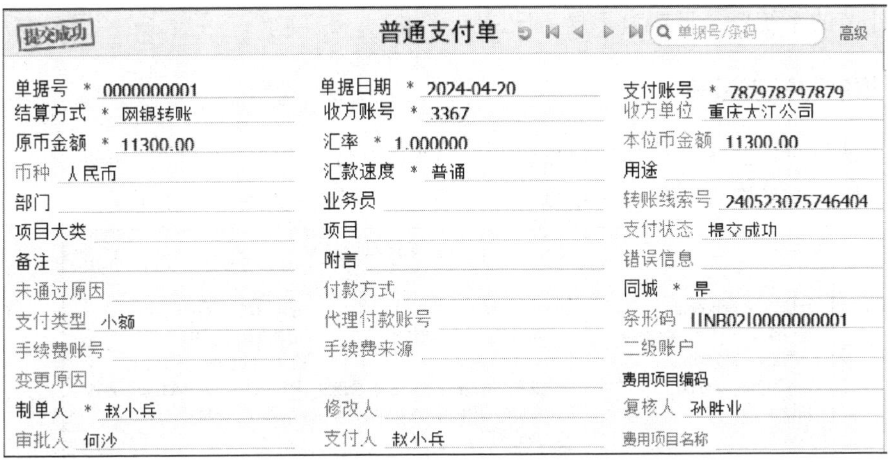

提交成功　**普通支付单**　单据号/条码　高级

单据号	* 0000000001	单据日期	* 2024-04-20	支付账号	* 787978797879
结算方式	* 网银转账	收方账号	* 3367	收方单位	重庆大江公司
原币金额	* 11300.00	汇率	* 1.000000	本位币金额	11300.00
币种	人民币	汇款速度	* 普通	用途	
部门		业务员		转账线索号	240523075746404
项目大类		项目		支付状态	提交成功
备注		附言		错误信息	
未通过原因		付款方式		同城	* 是
支付类型	小额	代理付款账号		条形码	IINB0210000000001
手续费账号		手续费来源		二级账户	
变更原因				费用项目编码	
制单人	* 赵小兵	修改人		复核人	孙胜业
审批人	何沙	支付人	赵小兵	费用项目名称	

图 4-42　普通支付单

（2）单击“支付确认”，此时单据左上角“提交成功”标志变更为“支付成功”。若此处未支付确认，可在生成凭证前进行普通支付单支付状态确认。选择“财务会计”|“网

上银行”|“普通支付”|“支付状态确认”，按默认条件查询，选中需确认的支付单，单击“确定”完成。

（3）选择“财务会计”|“网上银行”|“普通支付”|“单据查询”，可以查询支付单的相关信息。

5. 生成凭证

以账套主管身份登录，选择“财务会计”|“网上银行”|“凭证处理”|“生成凭证”，查询条件设置单据类型为“普通支付单”，凭证类别选择付款凭证，选中单据，单击“制单”，进入填制凭证窗口，补充摘要“支付创智 X 号使用指南款项”、科目、对方单位、现金流量等信息，保存凭证后退出。分录如下：

借：应付账款（2202）/大江　　11 300

　贷：银行存款/工行（100201）　　11 300

在实务工作中进行网上银行支付时，每个环节都要严格控制，防止发生错误，同时要防止各种诈骗。

普通支付单支付状态确认可在单据支付窗口完成，也可在支付状态确认窗口完成。

4.5.4 对私支付业务处理

实验资料

4 月 7 日，以网银转账方式支付行政部孙正垫付的办公费 200 元，单据号：WYDS0407。（现金流量：07 支付的与其他经营活动有关的现金）

实验过程

本小节的系统登录日期为 4 月 7 日。

1. 填制对私支付单

以出纳员身份登录，选择“财务会计”|“网上银行”|“对私支付”|“单据录入”，单击“增加”，输入实验资料后保存，单据显示“开立”字样，如图 4-43 所示。

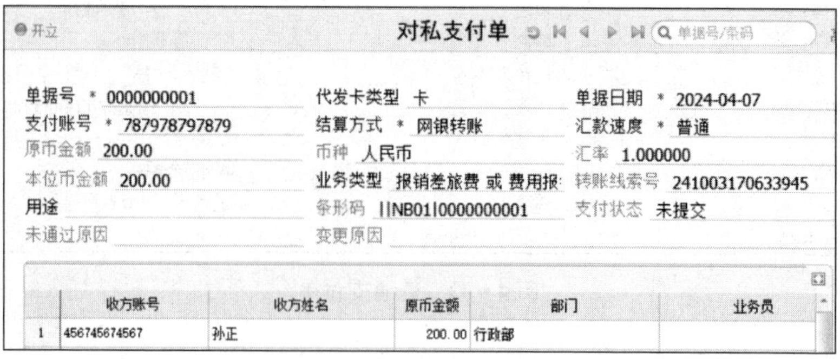

图 4-43 对私支付单

2. 复核对私支付单

以资金主管身份登录，选择“财务会计”|“网上银行”|“对私支付”|“单据复核”。按默认条件查询，双击待复核的对私支付单，进入对私支付窗口，单击“复核通过”后退出。

3. 审批对私支付单

以账套主管身份登录，选择“财务会计”|“网上银行”|“对私支付”|“单据审批”，按默认条件查询，双击需审批的单据，审批无误后，单击“审批通过”，系统提示“审批成功”完成。

4. 支付对私支付单

以出纳员身份登录，选择“财务会计”|“网上银行”|“对私支付”|“单据支付”，按默认条件查询。勾选单据，单击“支付”，系统提示“提交成功”，单击“确定”完成。

5. 对私支付单支付状态确认并生成凭证

（1）对私支付单支付状态确认。以出纳员身份登录，选择“财务会计”|“网上银行”|“对私支付”|“支付状态确认”，按默认条件查询，勾选需确认的支付单，单击“确认”完成。

（2）生成凭证。以账套主管身份登录，选择“财务会计”|“网上银行”|“凭证处理”|“生成凭证”，查询设置单据类型为“对私支付单”，单击“确定”，系统进入生成凭证窗口，凭证类别选择“付款凭证”，选中单据，单击“制单”，系统进入填制凭证窗口，补充摘要“支付行政部孙正垫支办公费”、科目、金额、现金流量等信息，保存凭证后退出。分录如下：

借：管理费用/办公费（660203）/行政部　　200

　　贷：银行存款/工行（100201）　　200

4.5.5 凭证查询

选择“财务会计”|“网上银行”|“凭证处理”|“查询凭证”，查询设置单据类型为“对私支付单”，单击“确定”，进入查询凭证窗口，双击支付单，可对凭证进行修改、删除、冲销等操作。

4.5.6 网上银行交易查询

选择“财务会计”|“网上银行”|“查询”|“银行账户余额查询”，进入“选择账号”窗口，选择需查询的银行及账号即可。如有需要，可查询其他内容。

4.5.7 交易明细与付款单据对账

选择“财务会计”|“网上银行”|“查询”|“交易明细与付款单据对账”，按默认条件查询即可。

4.6 网上报销

4.6.1 网上报销概述

本模块在此仅作实验功能介绍，不进行实际操作。由于本模块的运行需要使用 IE 浏览器才能正常登录完成本节的设置和操作，随着微软公司 Windows 11 专业版系统的自动更新，现已将 IE 合并进 Edge 浏览器。本节的所有操作在 Edge 浏览器中登录时，设置语言及配置操作会比较麻烦，故本节不进行实验操作。

新道 U8＋网上报销可帮助各类企业、行政事业单位处理内部员工日常借款报销业务，以及在报销时的费用控制。可以作为单个企业费用预算的控制入口：支持异地借款、报销、审批业务以及借款的及时核销。

AI 助手探秘

用友网上报销业务目前使用的模块。

简述用友网上报销业务的概况。

网上报销业务应用的范围。

1. 业务类型

业务类型是对不同单据明细分类，根据不同业务类型可对应不同的显示模板、打印模板以及设置不同的参数。网上报销模块默认的单据类型有费用申请单、借款单、费用报销单、收入报销单、还款单。

2. 地区级别

地区级别主要应用在报销标准中，可在地区分类下建立不同的地区，可针对地区级别设置报销标准。

3. 交通工具

系统预置的交通工具包括汽车、火车、轮船、飞机，在此处可根据需要自定义报销单中的交通工具。交通工具也可以作为报销标准的影响因素，参与制定报销标准。

4. 休息日

单位可按年度自定义报销时使用的休息日方案，定义的内容包括正常公休日和法定节假日，主要适用于用户对工作日、公休日或者休息日的补助计算标准不同的业务场景。

4.6.2　网上报销设置

选择“财务会计”|“网上报销”|“基础设置”|“选项”，设置即可。

在本处的基础设置中可完成选项、业务类型、地区级别、交通工具、报销标准等设置。

4.6.3　网上报销期初数据

选择“财务会计”|“网上报销”|“期初余额”|“借款期初”，设置即可。

4.6.4　费用申请、借款业务处理

其他应收款是指企业除应收票据、应收账款、预付账款、应收股利和应收利息以外的其他各种应收及暂付款项。主要包括应收的各种赔款、罚款，如因企业财产等遭受意外损失而应向有关保险公司收取的赔款等；应收的出租包装物租金；应向职工收取的各种垫付款项，如为职工垫付的水电费、应由职工负担的医药费、房租费等；存出保证金，如租入包装物支付的押金；其他各种应收、暂付款项。

“其他应收款”期末余额一般在借方，反映企业尚未收回的其他应收款项。“其他应收款”科目应按对方单位（或个人）设置明细科目核算。

期末，企业应将“应收利息”“应收股利”“其他应收款”科目的期末余额合计数，减去“坏账准备”科目中相关坏账准备期末余额后的金额，填入资产负债表中“其他应收款”项目。

员工借款可以通过两种方式完成，一是通过“费用申请”功能实现；二是直接通过“借款”功能实现。通过“借款”功能，则可选择“财务会计”|“网上报销”|“日常业务”|“借款”|“员工日常借款”，操作即可。

4.6.5　办公费报销业务处理

管理费用是指企业为组织和管理生产经营发生的各种费用，包括企业在筹建期间发生的开办费、董事会和行政管理部门在企业经营管理中发生的以及应由企业统一负担的公司经费（包括行政管理部门职工薪酬、物料消耗、低值易耗品摊销、办公费和差旅费等）、行政管理部门负担的工会经费、董事会费（包括董事会成员津贴、会议费和差旅费等）、聘请中介机构费、咨询费（含顾问费）、诉讼费、业务招待费、技术转让费、研究

费用等。“管理费用”科目借方登记企业发生的各项管理费用，贷方登记期末转入“本年利润”科目的管理费用，结转后，“管理费用”科目应无余额。“管理费用”科目按费用项目完成明细核算。

在实务工作中，管理费用无论正数还是负数，均计入借方。正数计入借方的蓝字，负数计入借方的红字。

选择“财务会计”|“网上报销”|“日常业务”|“费用申请”|“费用申请”，设置即可。

4.6.6 差旅费报销业务处理

选择“财务会计”|“网上报销”|“日常业务”|“报销”|“差旅费报销”，设置即可。

4.6.7 报销冲借款业务处理

报销冲借款业务是对已审核的报销单据进行冲销借款处理的操作，该业务可完成批量冲借款、单张冲借款（同/异币种）的工作。选择“业务工作”|“财务会计”|“网上报销”|“财务处理”|“报销冲借款”路径设置即可。

4.6.8 收付款业务处理

收付款业务可完成借款单支付，费用报销单支付，收入报销单收款等工作。选择选择“财务会计”|“网上报销”|“财务处理”|“收付款”，设置即可。

4.6.9 还款业务处理

选择“财务会计”|“网上报销”|“日常业务”|“还款”|“归还借款”，设置即可。

4.6.10 网上报销业务查询

选择“财务会计”|“网上报销”|“单据查询”，设置即可。

选择“财务会计”|“网上报销”|“报表查询”，设置即可。

4.7 总账查询

4.7.1 余额表

余额表可以反映总的数据情况，在实际工作中十分有用。通过选择“财务会计”|“总账”|“账表”|“科目账”|“余额表”查看，本处勾选“包含未记账凭证”，取消选择“本期

无发生无余额，累计有发生显示”，科目级次选到 4 级，其余按默认设置，单击“确定”，显示如图 4－44 所示。

发生额及余额表

月份：2024.04 - 2024.04　　币种：全部　　金额式

科目		期初余额		本期发生		期末余额	
编码	名称	借方	贷方	借方	贷方	借方	贷方
1001	库存现金	6,785.00		15,000.00	350.00	21,435.00	
1002	银行存款	1,211,057.00		125,600.00	141,500.00	1,195,157.00	
100201	工行	511,057.00		55,600.00	106,750.00	459,907.00	
100202	中行	700,000.00		70,000.00	34,750.00	735,250.00	
1121	应收票据	20,000.00				20,000.00	
112101	银行承兑汇票	10,000.00				10,000.00	
112102	商业承兑汇票	10,000.00				10,000.00	
1122	应收账款	137,600.00			52,600.00	85,000.00	
1221	其他应收款	3,800.00				3,800.00	
122102	应收个人款	3,800.00				3,800.00	
1231	坏账准备		10,000.00				10,000.00
1403	原材料	1,004,000.00				1,004,000.00	
140301	生产用原材料	1,004,000.00				1,004,000.00	
1405	库存商品	3,569,000.00		10,000.00		3,579,000.00	
1601	固定资产	3,690,860.00				3,690,860.00	
1602	累计折旧		108,995.00				108,995.00

图 4－44　发生额及余额表（部分）

可以双击某科目，就能直接查询该科目的明细账。

4.7.2　明细账

选择“财务会计”|“总账”|“账表”|“科目账”|“明细账”，科目选择“1122”，勾选“包含未记账凭证”，应收账款的明细账如图 4－45 所示。可以双击任一分录，会显示其凭证。

应收账款明细账

科目　1122 应收账款　　月份：2024.04 - 2024.04　　币种：全部　　金额式

年	月	日	凭证号数	摘要	借方	贷方	方向	余额
					金额	金额		金额
2024	04			期初余额			借	137,600.00
2024	04	02	收-0002	收到大华公司货款_大华_ZZ45623_2024.04.02_刘一江		3,000.00	借	134,600.00
2024	04	12	收-0003	收到嘉陵前欠货款_嘉陵_ZZR003_2024.04.12_刘一江		49,600.00	借	85,000.00
2024	04			当前合计		52,600.00	借	85,000.00
2024	04			当前累计	40,000.00	252,600.00	借	85,000.00

图 4－45　明细账

4.7.3　多栏账

选择“财务会计”|“总账”|“账表”|“科目账”|“多栏账”，单击“增加”，核算科目选

择“6602 管理费用”，多栏账名称为“管理费用多栏账”，依次单击“自动编制”“确定”完成。

双击“管理费用多栏账”单元格，勾选“包含未记账凭证”，其余保持默认设置，单击“确定”后显示具体的多栏账，如图 4-46 所示。

多栏账

多栏 管理费用多栏账

月份：2024.04-2024.04

2024年		凭证号数	摘要	借方	贷方	方向	余额	借方					
月	日							职工薪酬	折旧费	办公费	差旅费	业务招待费	其他
04	02	付-0001	购买办公用品_采购部	350.00		借	350.00			350.00			
04	07	付-0010	*支付行政部孙正垫付办公费_行政部	200.00		借	550.00			200.00			
04	12	付-0005	支付招待费_行政部	1,500.00		借	2,050.00					1,500.00	
04	20	付-0007	付出国考察费_行政部	34,750.00		借	36,800.00				34,750.00		
04	24	付-0008	支付支票工本费等_财务部	250.00		借	37,050.00						250.00
04	25	转-0002	摊销上年12月ERP软件费用_财务部	487.00		借	37,537.00						487.00
04	25	转-0003	[冲销2024.04.25 转-0002号凭证]摊销	-487.00		借	37,050.00						-487.00
04	26	转-0004	摊销上年12月至本年4月的ERP软件款_	2,437.50		借	39,487.50						2,437.50
04			当前合计	39,487.50		借	39,487.50			550.00	34,750.00	1,500.00	2,687.50
04			当前累计	63,917.50	24,430.00	借	39,487.50	9,380.00	2,600.00	1,150.00	40,350.00	6,100.00	4,337.50

图 4-46 多栏账

4.8 AI 助手拓展学习

（1）企业常用的会计科目。

（2）企业会计科目设置时的注意事项。

（3）企业期初余额录入后对账不平衡的原因。

（4）企业期初余额录入完成后进行试算平衡的原因。

（5）用友 U8 每个模块的月末结账条件是什么？

（6）用友 U8 各模块结账顺序是什么？

（7）在用友 U8 中，如果业务处理模块已经结账，但做报表的时候发现有数据错误，该怎么办？

（8）会计信息化后，怎样查找业务数据错误？

（9）会计信息化后，怎样通过数据链来查找前面出错的点？

即测即评

思考题

1. 简述总账系统中凭证处理的工作流程。

2. 会计科目设置中辅助核算的作用有哪些？

3. 网上银行的主要功能有哪些?

4. 出纳管理中银行对账的流程是怎样的?

5. 总账查询中余额表、明细账和多栏账的作用分别是什么?

6. 总账系统在企业会计核算中扮演着怎样的角色?与其他子系统的数据关系是如何体现的?

第5章
固定资产业务

5.1 固定资产业务处理

5.1.1 系统使用前的准备工作

固定资产子系统使用前应做好如下准备工作：

1. 收集规范固定资产数据

企业根据需要规范数据收集的方式、内容、格式；优化数据传递渠道；规定数据管理责任部门，从而保证固定资产数据的及时、完整、系统。

2. 规范固定资产的基础数据和历史数据

固定资产子系统投入使用前需根据企业管理和系统数据处理需要而规范。数据规范需考虑：第一，编码科学、合理；第二，编码在各子系统中是否统一；第三，编码体系是否符合所选软件对编码的要求。

规范固定资产历史数据清理主要解决两个问题。第一，会计部门对固定资产二级明细账与设备管理部门的固定资产卡片的分类合计是否相符；第二，所有部门记录的固定资产的单、证、账、表上的数据与实际存在的固定资产是否相符。

3. 确定折旧方法

企业根据细化会计核算需要，在会计制度允许的范围内选择折旧计算方法即可。单个固定资产可以独立选择折旧方法。

4. 规范信息输出

固定资产信息输出的形式是报表。在固定资产系统投入使用前根据企业管理需要确定报表的种类、格式和具体内容，企业据此确定固定资产子系统报表的格式和计算公式。

5. 规范计算机系统的工作程序

规范计算机系统的工作程序有两个目的。一是确保数据处理的正确性；二是通过规范工作程序从制度上建立系统使用的内部控制体系。

AI助手探秘

固定资产的日常管理有哪些工作？

5.1.2　固定资产业务处理流程

固定资产日常会发生增加、减少、部门转移等业务，其基本业务流程如图5－1所示。

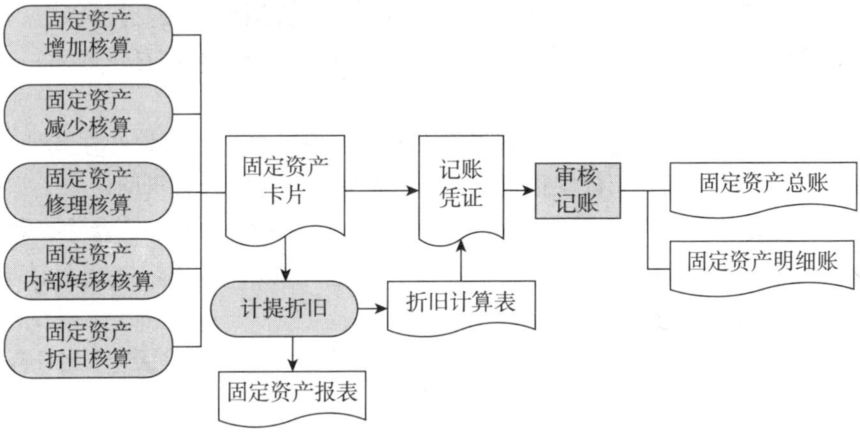

图5－1　固定资产业务流程

AI助手探秘

固定资产业务的处理流程。

5.1.3　系统初始设置和日常应用

1. 固定资产模块的基础设置

运用固定资产模块核算前，应先定义固定资产。在基础设置中建立固定资产卡片，包括编码、名称、规格型号、类别、建造单位或生产厂家、数量、计量单位、原值等信息。还需录入固定资产类型、增加减少的方式、使用状态等信息，以及用户自定义项目。

2. 固定资产模块的日常管理

对固定资产的日常管理是基于固定资产卡片的，从图5-2可看出它们之间的关系。

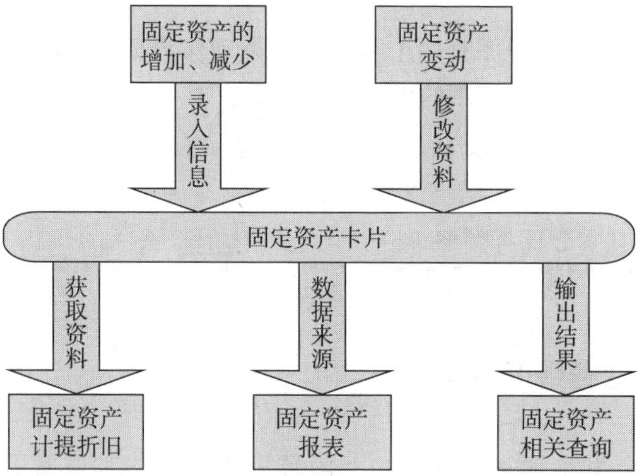

图5-2 固定资产日常管理与固定资产卡片的关系图

（1）增加固定资产。当固定资产因自建、购置、接受捐赠、接受投资、盘盈以及其他方式增加企业资产时，需录入固定资产卡片。在固定资产基本信息录入后，由系统自动生成固定资产相关的凭证。

新卡片第一个月不计提折旧。如果新增旧资产，应准确记录该资产在其他企业已计提折旧的月份、累计折旧和累计工作量等信息，否则不能正确计算折旧。

（2）减少固定资产，是指系统计提折旧后发生的因出售、报废、盘亏、对外投资、对外捐赠及其他方式引起的企业资产减少。固定资产的减少操作需在当月计提折旧后处理。

（3）修改固定资产卡片。修改固定资产卡片有两种情况：一是无修改痕迹，即当月结账前发现录入错误，可直接编辑处理卡片；二是有修改痕迹，即通过系统变动功能修改资产的原值、折旧方法、累计折旧、使用年限、折旧费用科目等内容。

已经生成固定资产凭证的变动资料不能直接删除或修改。如需修改或删除，必须先删除根据该变动资料生成的记账凭证，然后才能修改或删除该变动资料。

（4）处理固定资产折旧。固定资产计提折旧是有规律的操作，系统根据录入的各种固定资产增减变动情况，按照定义的折旧方法自动在每个会计期间的期末计算每项资产的折旧，完成折旧费用的分配，生成记账凭证，并且自动登记固定资产卡片中的累计折旧信息。

（5）生成固定资产凭证和报表。固定资产要生成正确凭证，首先要正确设置完整的会计科目，如“固定资产”“累计折旧”以及有关生产（经营）成本、费用账户。其中“累计折旧”是“固定资产”的备抵账户，这一账户只进行总分类核算，而不进行明细分类核算。

固定资产报表一般有如下几种。

1）统计类：固定资产汇总表、固定资产增减表、固定资产清单。

2）分析类：固定资产类别构成分析表、固定资产类别价值结构分析表、固定资产部门构成分析表和固定资产使用情况分析表。

3）折旧类：固定资产折旧汇总表、固定资产累计折旧表。

4）账簿类：固定资产总账、固定资产明细账（卡片）。

5.2 固定资产初始设置

5.2.1 控制参数

实验资料

约定与说明：我同意。

启用月份：2024年4月。

折旧信息：本账套计提折旧。

折旧方法：平均年限法（一）。

折旧汇总分配周期：1个月，当月初已计提月份＝可使用月份－1时，将剩余折旧全部提足。

编码方式：资产类别编码方式为2；固定资产编码方式为手工输入。

财务接口：与账务系统进行对账。

固定资产对账科目：固定资产（1601）。累计折旧对账科目：累计折旧（1602）。

在对账不平情况下允许固定资产月末结账。

参数设置：业务发生后立即制单；月末结账前一定要完成制单登账业务。

固定资产默认入账科目：1601。累计折旧默认入账科目：1602。减值准备默认入账科目：1603。增值税进项税额缺省入账科目：22210101。固定资产清理缺省入账科目：1606。

实验过程

1. 初始化账套

选择“业务工作”|“财务会计”|“固定资产”，首次使用时，系统将提示“这是第一次打开此账套，还未进行过初始化，是否进行初始化”，选择“是”。进入“初始化账套向导”窗口，完成如下设置。

在约定及说明步骤中选择“我同意”。

在启用月份步骤中选择2024年4月。

在折旧信息步骤中，主要折旧方法选择“平均年限法（一）”、折旧汇总分配周期为1个月、勾选当（月初已计提月份＝可使用月份－1）时将剩余折旧全部提足（工作量法除外）。

在编码方式步骤中，选择资产类别编码长度为“2”，固定资产编码方式采用手工输入方式。

在账务接口步骤中，固定资产对账科目设置为 1601，累计折旧对账科目设置为 1602，其余采用默认设置，结果如图 5－3 所示。

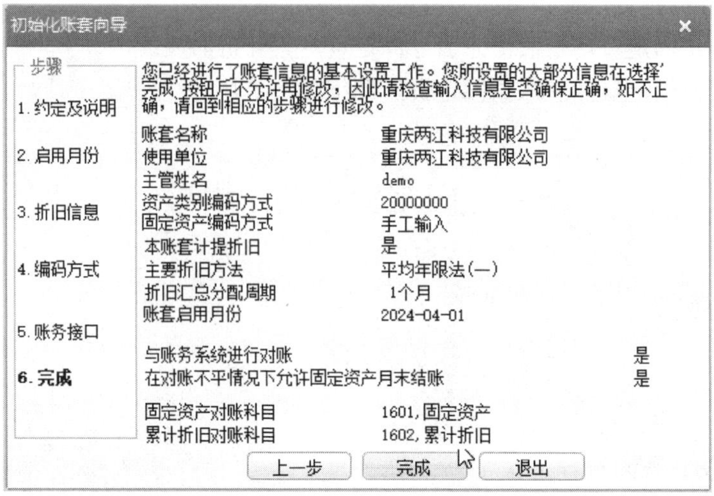

图 5－3　固定资产初始化参数设置（完成）

单击“完成”，系统弹出“是否确定所设置的信息完全正确并保存对新账套的所有设置”提示。选择“是”，系统初始化后弹出“已成功初始化本固定资产账套”提示，单击“确定”完成固定资产账套初始化。

2. 选项设置

选择“财务会计”|“固定资产”|“设置”|“选项”，单击“编辑”，在账务系统接口页面，设置如图 5－4 所示。其余采用默认设置，单击“确定”完成。此处，可修改初始化设置的内容。

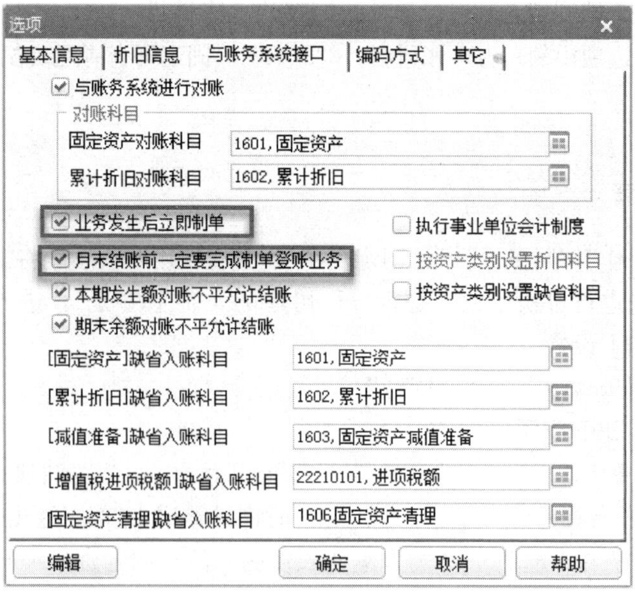

图 5－4　固定资产选项设置（与账务系统接口）

5.2.2　部门对应折旧科目

AI 助手探秘

会计准则中固定资产计提折旧的规定。

“累计折旧”科目属于“固定资产”的调整科目，核算企业固定资产的累计折旧，贷方登记企业计提的固定资产折旧，借方登记处置固定资产转出的累计折旧，期末贷方余额，反映企业固定资产的累计折旧额。

实验资料

本单位各部门对应的折旧科目如下。

管理中心、供应中心：管理费用/折旧费。制造中心：制造费用/折旧费。营销中心：销售费用/折旧费。

实验过程

选择“财务会计”|“固定资产”|“设置”|“部门对应折旧科目”，选择“固定资产部门编码目录”下的各部门，单击“修改”，输入实验资料，如图 5-5 所示。

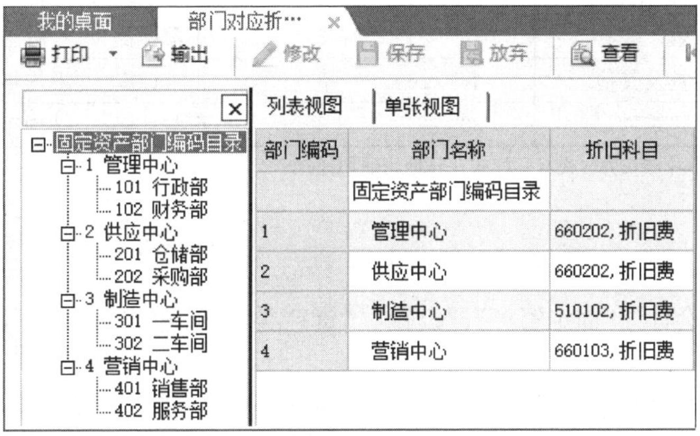

图 5-5　部门对应折旧科目设置

5.2.3　固定资产类别

AI 助手探秘

会计准则中固定资产类别的规定。

固定资产根据不同管理需要、核算要求和不同分类标准进行分类，主要有以下几种分类方法：

（1）按经济用途分类，可分为生产经营用固定资产和非生产经营用固定资产。生产经营用固定资产包括生产经营用的房屋、建筑物、机器、设备、器具、工具等；非生产经营用固定资产包括职工宿舍等使用的房屋、设备和其他固定资产等。

（2）按综合分类，可把企业的固定资产划分为：

1）生产经营用固定资产。

2）非生产经营用固定资产（指企业在经营租赁方式下出租给外单位使用的固定资产）。

3）租出固定资产。

4）不需用固定资产。

5）未使用固定资产。

6）土地（指过去已经估价单独入账的土地）。

实验资料

固定资产类别如表 5-1 所示。

表 5-1　固定资产类别

类别编码	类别名称	使用年限	净残值率（%）	计提属性	折旧方法
01	通用设备	3	3	正常计提	平均年限法（一）
02	交通运输设备	8	3	正常计提	工作量法
03	电气设备	5	3	正常计提	双倍余额递减法（一）
04	仪器仪表	5	3	正常计提	年数总和法
05	家具用具及其他	5	3	正常计提	平均年限法（一）
06	房屋及建筑物	30	3	正常计提	平均年限法（一）

注：通用设备的卡片样式为含税卡片样式，其他为通用样式（二）。

实验过程

选择“财务会计”|“固定资产”|“设置”|“资产类别”，单击“增加”，输入实验资料，如图 5-6 所示。

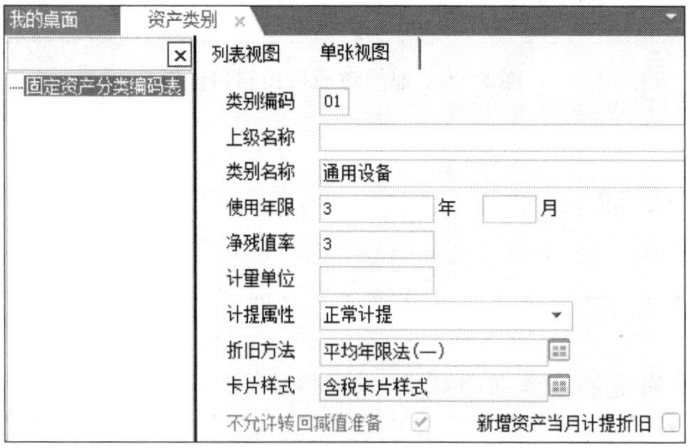

图 5-6　资产类别

每设置一个类别后单击“保存”，继续输入，资产类别列表如图5-7所示。

类别编码	类别名称	使用年限(月)	净残值率(%)	计提属性	折旧方法	卡片样式
	固定资产分类编码表					
01	通用设备	36	3	正常计提	平均年限法(一)	含税卡片样式
02	交通运输设备	96	3	正常计提	工作量法	通用样式（二）
03	电气设备	60	3	正常计提	双倍余额递减法(一)	通用样式（二）
04	仪器仪表	60	3	正常计提	年数总和法	通用样式（二）
05	家具用具及其他	60	3	正常计提	平均年限法(一)	通用样式（二）
06	房屋及建筑物	360	3	正常计提	平均年限法(一)	通用样式（二）

图5-7　资产类别

5.2.4　固定资产增减方式的对应入账科目

实验资料

本单位固定资产增减方式的对应入账科目如下：

(1) 增加方式。

直接购入：工行（100201）。

(2) 减少方式。

出售：固定资产清理（1606）。

毁损：固定资产清理（1606）。

实验过程

选择“财务会计”|“固定资产”|“设置”|“增减方式”，根据实验需要，选定左侧的“增减方式目录表”下的具体内容，单击“修改”，输入实验资料，如图5-8所示。

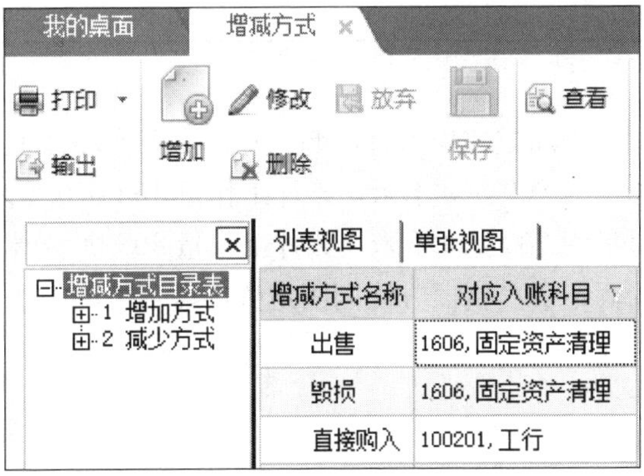

图5-8　增减方式

5.2.5 固定资产卡片

AI助手探秘

固定资产日常管理的流程。

固定资产管理办法。

实验资料

固定资产卡片如表 5－2 所示。

表 5－2 固定资产卡片

资产编码	固定资产名称	类别编号	所在部门	使用年限	开始使用日期	原值	累计折旧
01	红旗牌轿车	02	行政部	8	2023－01－01	215 470.00	42 323.70
02	复印机	01	行政部	3	2023－02－01	3 510.00	1 418.63
03	联想 P14S	01	行政部	3	2023－09－01	14 450.00	2 336.08
04	联想 P14S	01	财务部	3	2023－09－01	14 450.00	2 336.08
05	HP 计算机	01	销售部	3	2023－08－01	6 490.00	1 224.09
06	装配机 A 型	03	一车间	5	2023－12－31	200 000.00	19 400.00
07	质量检测仪	04	二车间	5	2023－08－01	6 490.00	1 224.09
08	装配机 B 型	03	二车间	5	2023－12－31	180 000.00	17 460.00
09	长安面包车	02	采购部	8	2023－10－31	50 000.00	2 425.00
10	办公楼	06	行政部 30%，其他均为 10%	30	2023－10－31	3 000 000.00	18 847.33
	合计					3 690 860.00	108 995.00

补充资料：

使用状况均为在用；增加方式均为直接购入；固定资产净残值率均为 3%。

红旗牌轿车工作总量为 800 000 千米，累计工作量 162 000 千米。

长安面包车工作总量为 200 000 千米，累计工作量 40 000 千米。

除车辆外，其他的固定资产折旧方法同固定资产类别折旧方法。

实验过程

1. 输入初始卡片

选择“财务会计”|“固定资产”|“卡片”|“录入原始卡片”，如图 5－9 所示。

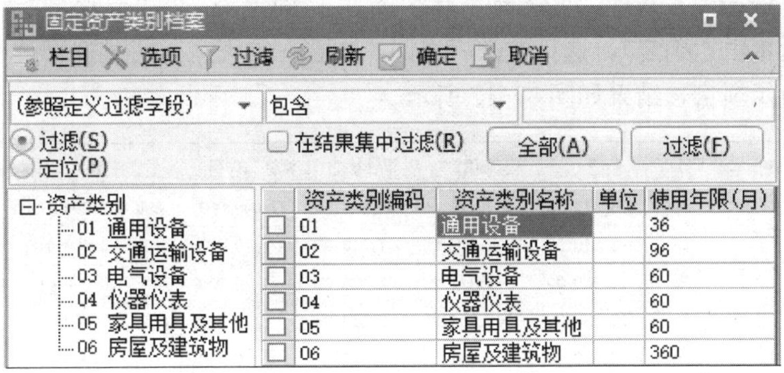

图 5-9　固定资产类别档案

选择资产类别，单击“确定”，输入实验资料，如图 5-10 所示。

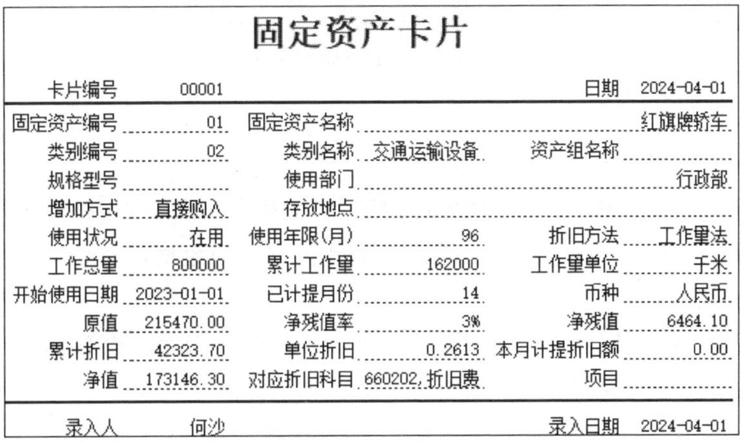

图 5-10　固定资产卡片（固定资产卡片）

按同样的方法完成剩余卡片的录入。

输入办公楼固定资产的使用部门时，单击“使用部门”，选择“多部门使用”，输入分摊部门，如图 5-11 所示。

使用部门

使用部门有效数量范围:2 ～ 999个

序号	使用部门	使用比例%	对应折旧科目	部门编码
1	行政部	30.0000	660202，折旧费	101
2	财务部	10.0000	660202，折旧费	102
3	仓储部	10.0000	660202，折旧费	201
4	采购部	10.0000	660202，折旧费	202
5	一车间	10.0000	510102，折旧费	301
6	二车间	10.0000	510102，折旧费	302
7	销售部	10.0000	660103，折旧费	401
8	服务部	10.0000	660103，折旧费	402

图 5-11　办公楼的使用部门

查询固定资产卡片管理，可选择“财务会计”|“固定资产”|“卡片”|“卡片管理”，保持默认设置，单击“确定”，选择按部门查询，查看在役资产。通过选择“栏目设置”决定在役资产显示项目，结果如图5-12所示。

开始使用日期	使用年限(月)	原值	净值	累计折旧	累计工作量	工作总量	类别编号	固定资产名称
2023.01.01	96	225,470.00	179,226.80	46,243.20	177,000.000	800,000.000	02	红旗牌轿车
2023.02.01	36	3,510.00	1,996.95	1,513.05	0.000	0.000	01	复印机
2023.09.01	36	14,450.00	12,113.92	2,336.08	0.000	0.000	01	联想P14S
2023.09.01	36	14,450.00	12,113.92	2,336.08	0.000	0.000	01	联想P14S
2023.08.01	36	6,490.00	5,091.33	1,398.67	0.000	0.000	01	HP计算机
2023.12.31	60	200,000.00	173,940.00	26,060.00	0.000	0.000	03	装配机A型
2023.12.31	60	180,000.00	154,046.00	23,454.00	0.000	0.000	03	装配机B型
2023.10.31	96	50,000.00	44,695.00	5,305.00	50,000.000	200,000.000	02	长安面包车
2023.10.31	360	3,000,000.00	2,973,052.67	26,947.33	0.000	0.000	06	办公楼

图5-12 固定资产卡片

2. 固定资产对账

选择“财务会计”|“固定资产”|“资产对账”|“对账”，系统将检查固定资产原始卡片数据与总账系统期初余额对应科目（原值和累计折旧）的数据，若结果提示对账差异为0，表示数据一致。

如果固定资产账套与总账数据对账差异不为零，那么需要检查数据的出错原因并予以改正。

AI助手探秘

固定资产累计折旧与原值和当前折旧方法计算的可能不一致的原因？

5.3 固定资产日常业务处理

5.3.1 固定资产增加

固定资产增加的方式包括但不限于外购、建造、接受捐赠、接受投资、非货币性资产交换等。外购固定资产分为购入不需要安装、需要安装的固定资产。

一般纳税人购入不需要安装的固定资产，应按实际支付的购买价款、相关税费、使固定资产达到预定可使用状态前所发生的可归属于该资产的运输费、装卸费、安装费和专业人员服务费等，作为固定资产的取得成本，借记“固定资产”“应交税费/应交增值税/进项税额”科目，贷记“银行存款”“应付账款”等科目。

一般纳税人购入需要安装的固定资产时，应在购入固定资产取得成本的基础上加上安装调试成本作为入账成本。按照购入需安装的固定资产的取得成本，借记“在建工程”科目，按购入固定资产时可抵扣的增值税进项税额，借记“应交税费/应交增值税/进项税额”科目，贷记“银行存款”“应付账款”等科目；按照发生的安装调试成本，借记“在建工程”科目，按取得的外部单位提供的增值税专用发票上注明的增值税进项税额，借记“应交税费/应交增值税/进项税额”科目，贷记“银行存款”等科目；耗用本单位材料或人工的，按应承担的成本金额，借记“在建工程”科目，贷记“原材料”“应付职工薪酬”等科目。安装完成达到预定可使用状态时，借记“固定资产”科目，贷记“在建工程”科目。

小规模纳税人购入固定资产发生的增值税进项税额应计入固定资产成本，借记“固定资产”或“在建工程”科目。

企业以一笔款项购入多项未单独标价的固定资产，应将各项资产单独确认为固定资产，并按各项固定资产公允价值的比例分配总成本，分别确认各项固定资产成本。

实验资料

2024年4月10日，购买HP服务器1台，取得的增值税专用发票上的金额为20 000元，税额为2 600元（增值税税率13%），价税合计22 600元，用工行转账支票支付货款，支票号ZZ456325。（现金流量：13购建固定资产、无形资产和其他长期资产所支付的现金）

按原值和预计使用期间计提折旧，净残值率3%，预计使用年限3年，详细资料如表5-3所示。

表5-3　固定资产信息表

卡片编号	固资名称	固资类别	原值	使用状态	增加方式	使用部门	折旧方法
11	HP服务器	通用设备	20 000	在用	直接购入	财务部	平均年限法（一）

实验过程

4月10日，选择“财务会计”|“固定资产”|“卡片”|“资产增加”，选择类别为通用设备，单击“确定”，输入实验资料，如图5-13所示。

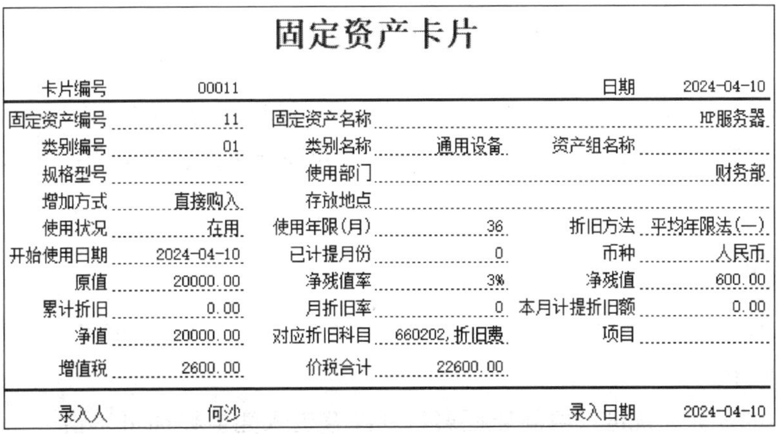
固定资产卡片

卡片编号 00011　　日期 2024-04-10

固定资产编号 11　　固定资产名称 HP服务器
类别编号 01　　类别名称 通用设备　　资产组名称
规格型号　　使用部门 财务部
增加方式 直接购入　　存放地点
使用状况 在用　　使用年限(月) 36　　折旧方法 平均年限法(一)
开始使用日期 2024-04-10　　已计提月份 0　　币种 人民币
原值 20000.00　　净残值率 3%　　净残值 600.00
累计折旧 0.00　　月折旧率 0　　本月计提折旧额 0.00
净值 20000.00　　对应折旧科目 660202，折旧费　　项目
增值税 2600.00　　价税合计 22600.00

录入人 何沙　　录入日期 2024-04-10

图5-13　固定资产卡片（资产增加）

单击“保存”，系统进入填制凭证窗口，凭证类别选择付款凭证，补充现金流量等信息，保存凭证后退出。分录如下：

借：固定资产（1601） 20 000
　　应交税费/应交增值税/进项税额（22210101） 2 600
　贷：银行存款/工行（100201） 22 600

5.3.2 固定资产原值变动

固定资产原值变动属于固定资产后续支出业务。固定资产后续支出，是指固定资产在使用过程中发生的更新改造支出、修理费用等。

固定资产更新改造、修理等后续支出，满足固定资产确认条件的，应计入固定资产成本，如有被替换部分，应同时将被替换部分的账面价值从该固定资产原账面价值中扣除；不符合固定资产资本化后续支出条件的固定资产日常修理费用，在发生时应当按照受益对象计入当期损益或计入相关资产的成本。与存货生产和加工相关的固定资产日常修理费用按照存货成本确定原则处理，行政管理部门、企业专设的销售机构等发生的固定资产日常修理费用按照功能分类计入管理费用或销售费用。

固定资产发生属于资本化后续支出时，通过“在建工程”科目核算。将固定资产原值、已计提折旧和减值准备转销，将账面价值转入在建工程，借记“在建工程”“累计折旧”“固定资产减值准备”等科目，贷记“固定资产”科目。发生属于资本化后续支出时，借记“在建工程”，如有取得增值税专用发票，还需借记“应交税费/应交增值税/进项税额”科目，按实际支付金额，贷记“银行存款”等科目；发生后续支出的固定资产达到预定可使用状态时，借记“固定资产”科目，贷记“在建工程”科目。

固定资产发生不属于资本化后续支出，按受益单位可计入管理费用、销售费用。

AI助手探秘

固定资产原值变动的原因。

实验资料

2024 年 4 月 15 日，行政部的红旗牌轿车添置新配件，支付 10 000 元。用工行转账支票支付，支票号 ZZ971121。（现金流量：13 购建固定资产、无形资产和其他长期资产所支付的现金）

实验过程

4 月 15 日，选择“财务会计”|“固定资产”|“变动单”|“原值增加”，输入变动资料，如图 5－14 所示。

单击“保存”，系统进入填制凭证窗口（没有进入凭证界面可单击“凭证”进入），凭证类别选择“付款凭证”，补充贷方科目为“100201”，补充结算方式、现金流量等信

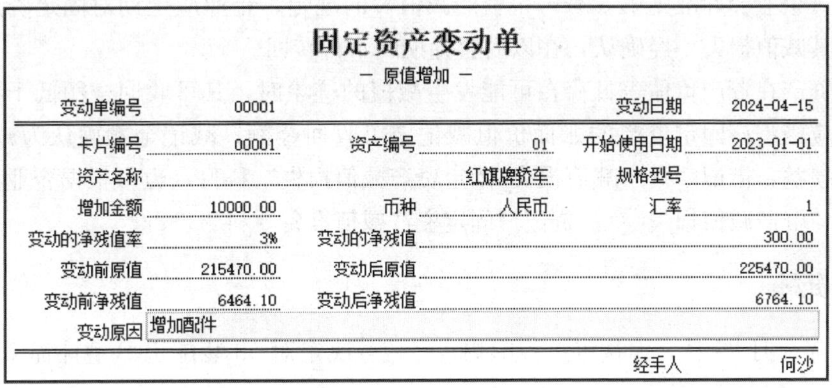

固定资产变动单

— 原值增加 —

变动单编号	00001			变动日期	2024-04-15
卡片编号	00001	资产编号	01	开始使用日期	2023-01-01
资产名称			红旗牌轿车	规格型号	
增加金额	10000.00	币种	人民币	汇率	1
变动的净残值率	3%	变动的净残值			300.00
变动前原值	215470.00	变动后原值			225470.00
变动前净残值	6464.10	变动后净残值			6764.10
变动原因	增加配件				
				经手人	何沙

图 5-14　固定资产原值增加

息，保存凭证后退出。分录如下：

借：固定资产（1601）　　10 000

　　贷：银行存款/工行（100201）　　10 000

5.3.3　固定资产部门转移

实验资料

2024 年 4 月 20 日，因财务部业务需要，将属于行政部的编号 02 的复印机交付给财务部使用。

实验过程

4 月 20 日，选择“财务会计”|“固定资产”|“变动单”|“部门转移”，输入部门转移资料，保存后退出，结果如图 5-15 所示。

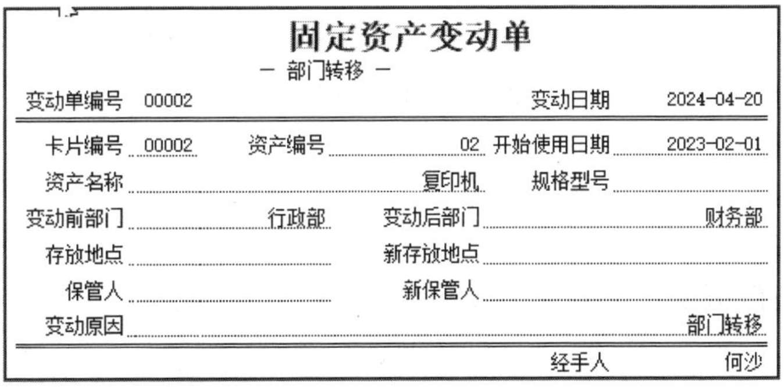

固定资产变动单

— 部门转移 —

变动单编号	00002			变动日期	2024-04-20
卡片编号	00002	资产编号	02	开始使用日期	2023-02-01
资产名称			复印机	规格型号	
变动前部门	行政部	变动后部门			财务部
存放地点		新存放地点			
保管人		新保管人			
变动原因					部门转移
				经手人	何沙

图 5-15　部门转移

5.3.4　计提减值准备

固定资产减值准备，是指企业已计提的固定资产减值准备累计金额。

根据《企业会计准则第 8 号——资产减值》的规定，企业应定期对固定资产进行减值测试，其减值损失一经确认，在以后会计期间不得转回。

固定资产在资产负债表日存在可能发生减值的迹象时，其可收回金额低于账面价值的，企业应当将该固定资产的账面价值减记至可收回金额，减记金额确认为减值损失，计入当期损益，借记“资产减值损失/固定资产减值损失”科目（也可根据企业的核算需要，借记“资产减值损失”），贷记“固定资产减值准备”科目。

实验资料

2024 年 4 月 25 日，因技术进步影响，经核查决定对 08 装配机 B 型计提 2 500 元减值准备。

实验过程

选择“财务会计”|“固定资产”|“减值准备”|“计提减值准备”，输入减值准备资料，如图 5－16 所示。

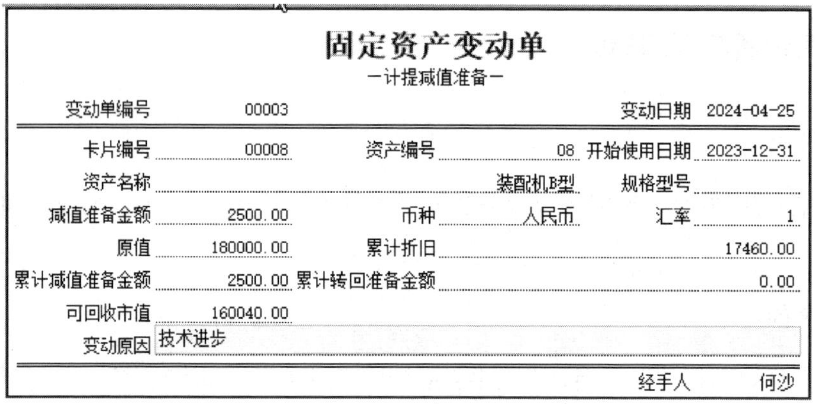
固定资产变动单
—计提减值准备—

变动单编号	00003			变动日期	2024-04-25
卡片编号	00008	资产编号	08	开始使用日期	2023-12-31
资产名称			装配机B型	规格型号	
减值准备金额	2500.00	币种	人民币	汇率	1
原值	180000.00	累计折旧			17460.00
累计减值准备金额	2500.00	累计转回准备金额			0.00
可回收市值	160040.00				
变动原因	技术进步				
				经手人	何沙

图 5－16　计提减值准备

单击“保存”，系统进入填制凭证窗口，凭证类别选择转账凭证，补充借方科目“6701 资产减值损失”，保存凭证后退出。分录如下：

借：资产减值损失（6701）　　2 500

　贷：固定资产减值准备（1603）　　2 500

5.3.5　计提当月折旧

AI 助手探秘

固定资产和无形资产计提折旧的区别。

固定资产的折旧方法有年限平均法、工作量法、双倍余额递减法、年数总和法。其中双倍余额递减法、年数总和法为加速折旧法。

1. 年限平均法

年限平均法是将固定资产的应计折旧额均衡地分摊到固定资产预计使用寿命内，每期折旧额相等，年限平均法的基本计算公式如下：

年折旧率＝(1－预计净残值率)÷预计使用寿命(年)×100％

月折旧率＝年折旧率÷12

月折旧额＝固定资产原价×月折旧率

2. 工作量法

工作量法是指根据实际工作量计算固定资产每期应计提折旧额的一种方法。工作量法的基本计算公式如下：

单位工作量折旧额＝[固定资产原价×(1－预计净残值率)]÷预计总工作量

某项固定资产月折旧额＝该项固定资产当月工作量×单位工作量折旧额

3. 双倍余额递减法

双倍余额递减法是在不考虑净残值情况下，根据每期期初固定资产原价减去累计折旧后的余额和双倍的直线法折旧率计算折旧的一种方法。采用本法计提折旧时，在使用寿命结束前两年，将固定资产账面净值扣除预计净残值后的余额平均摊销。双倍余额递减法的基本计算公式如下：

年折旧率＝2÷预计使用寿命(年)×100％

年折旧额＝每个折旧年度年初固定资产账面净值×年折旧率

月折旧额＝年折旧额÷12

4. 年数总和法

年数总和法是指将固定资产的原价减去预计净残值后的余额，乘以逐年递减的分数计算每年的折旧额，该分数的分子为固定资产尚可使用寿命，分母为固定资产预计使用寿命逐年数字总和。年数总和法的计算公式如下：

$$年折旧率=\left(\begin{matrix}预计使用\\寿命\end{matrix}-\begin{matrix}已使用\\年限\end{matrix}\right)\div\left[\begin{matrix}预计使用\\寿命\end{matrix}\times\left(\begin{matrix}预计使用\\寿命\end{matrix}+1\right)\div 2\right]\times 100\%$$

或者：

年折旧率＝尚可使用年限÷预计使用寿命的年数总和×100％

年折旧额＝(固定资产原价－预计净残值)×年折旧率

企业计提固定资产折旧时，借记“在建工程”“制造费用”“管理费用”“销售费用”“其他业务成本”等科目，贷记“累计折旧”科目。

实验资料

2024 年 4 月 30 日，计提本月折旧费用。其中红旗牌轿车的本月工作量为 15 000 千米，长安面包车本月工作量为 10 000 千米。

实验过程

1. 录入工作量

选择“财务会计”|“固定资产”|“折旧计提”|“工作量输入”，输入工作量信息，保存后退出。

2. 计提本月折旧

选择“财务会计”|“固定资产”|“折旧计提”|“计提本月折旧”，系统询问是否正确输入工作量，选择“是”，系统提示“是否查看折旧清单”，选择“是”，折旧计算的详细清单如图 5－17 所示。

2024.04(登录)(最新)

折旧清单

资产名称	原值	计提原值	本月计提折旧额	累计折旧	本年计提折旧	减值准备	净值	净残值	本月工作量	累计工作量
红旗牌轿车	225,470.00	215,470.00	3,919.50	46,243.20	3,919.50	0.00	179,226.80	6,764.10	15000	177000
复印机	3,510.00	3,510.00	94.42	1,513.05	94.42	0.00	1,996.95	105.30	0	0
联想P14S	14,450.00	14,450.00	388.71	2,724.79	388.71	0.00	11,725.21	433.50	0	0
联想P14S	14,450.00	14,450.00	388.71	2,724.79	388.71	0.00	11,725.21	433.50	0	0
HP计算机	6,490.00	6,490.00	174.58	1,398.67	174.58	0.00	5,091.33	194.70	0	0
装配机A型	200,000.00	200,000.00	6,660.00	26,060.00	6,660.00	0.00	173,940.00	6,000.00	0	0
质量检测仪	6,490.00	6,490.00	175.01	1,399.10	175.01	0.00	5,090.90	194.70	0	0
装配机B型	180,000.00	180,000.00	5,994.00	23,454.00	5,994.00	2,500.00	154,046.00	5,400.00	0	0
长安面包车	50,000.00	50,000.00	2,880.00	5,305.00	2,880.00	0.00	44,695.00	1,500.00	10000	50000
办公楼	3,000,000.00	3,000,000.00	8,100.00	26,947.33	8,100.00	0.00	2,973,052.67	90,000.00	0	0
	3,700,860.00	3,690,860.00	28,774.93	137,769.93	28,774.93	2,500.00	3,560,590.07	111,025.80	25000	227000

图 5－17 折旧清单

退出折旧清单后显示折旧分配表。按类别分配的折旧分配表如图 5－18 所示。

我的桌面　折旧分配表 ×

打印　输出　凭证

01(2024.04—>2024.04)　按类别分配

类别编号	类别名称	科目编号	科目名称	折 旧 额
01	通用设备	660103	折旧费	174.58
01	通用设备	660202	折旧费	871.84
02	交通运输设备	660202	折旧费	6,799.50
03	电气设备	510102	折旧费	12,654.00
04	仪器仪表	510102	折旧费	175.01
06	房屋及建筑物	510102	折旧费	1,620.00
06	房屋及建筑物	660103	折旧费	1,620.00
06	房屋及建筑物	660202	折旧费	4,860.00
合计				28,774.93

图 5－18 折旧分配表（类别）

折旧凭证生成模式有按类别分配、按部门分配两种，本实验选择按部门分配。在折旧分配表页面勾选按部门分配，单击“凭证”，系统进入填制凭证窗口，凭证类别选择转账凭证，保存凭证后退出。分录如下：

借：管理费用/折旧费（660202)/行政部	6 738.21
管理费用/折旧费（660202)/财务部	1 293.13
管理费用/折旧费（660202)/仓储部	810.00
管理费用/折旧费（660202)/采购部	3 690.00
制造费用/折旧费（510102)/一车间	7 470.00
制造费用/折旧费（510102)/二车间	6 979.01
销售费用/折旧费（660103)/销售部	984.58
销售费用/折旧费（660103)/服务部	810.00
贷：累计折旧（1602)	28 774.93

操作提示

如果系统已经计提折旧并生成记账凭证，将数据传递到总账系统，要重新计提折旧须先删除已计提折旧的凭证。

AI助手探秘

数字资产计提折旧吗？

5.3.6　处置固定资产

处置固定资产，即固定资产的终止确认，包括固定资产的出售、报废、毁损、对外投资、非货币性资产交换、债务重组等，其核算可通过“固定资产清理”科目完成。

处置固定资产的步骤包括，第一步，将固定资产转入固定资产清理；第二步，结算清理费用等；第三步，收回出售固定资产的价款、残料价值和变价收入等；第四步，确认应收责任单位（或个人）赔偿损失；第五步，结转清理净损益。

固定资产清理完毕应结转“固定资产清理”科目余额。固定资产出售、转让计入资产处置损益；固定资产报废、毁损计入营业外支出，结转后“固定资产清理”科目无余额。

实验资料

2024年4月30日，二车间本月毁损07质量检测仪一台，进行报废处理，并将其作废品处置，收到现金100元。（现金流量：10 处置固定资产、无形资产和其他长期资产所收回的现金净额）

经批准，该设备的毁损属于管理不当原因造成，结转清理净损益。

实验过程

1. 完成资产减少的账务处理

4 月 30 日，选择“财务会计”|“固定资产”|“资产处置”|“资产减少”，在选项卡中输入资产编号，单击“增加”，再输入减少方式，如图 5－19 所示。

图 5－19　资产减少

单击“确定”，系统提示固定资产减少成功，系统进入填制凭证窗口，凭证类别选择收款凭证，补充现金流量，保存凭证后退出。分录如下：

借：累计折旧（1602）　　1 399.10

　　固定资产清理（1606）　　5 090.90

　贷：固定资产（1601）　　6 490.00

借：库存现金（1001）　　100.00

　贷：固定资产清理（1606）　　100.00

如果没有生成凭证，可以选择“财务会计”|“固定资产”|“凭证处理”|“批量制单”，选择需生成凭证的内容，选择制单设置页面，单击“凭证”，修改凭证类别为收款凭证、输入现金流量保存即可。

2. 结转固定资产清理的账务处理

选择“财务会计”|“总账”|“凭证”|“填制凭证”，录入摘要“结转固定资产清理”、录入科目、金额等信息后，保存凭证后退出。分录如下：

借：营业外支出（6711）　　4 990.9

　贷：固定资产清理（1606）　　4 990.9

操作提示

只有在计提折旧后，才能减少资产。

如果资产减少错误，且已制作凭证，只有删除凭证后才能恢复减少的固定资产。

5.3.7　固定资产盘点

AI助手探秘

固定资产盘点的流程。

1. 固定资产盘盈

企业在财产清查中盘盈的固定资产，应当作为重要的前期差错处理。在报批处理前，通过“以前年度损益调整”科目核算。

盘盈资产的价值以重置成本入账，借记“固定资产”科目，贷记“以前年度损益调整”科目；由于以前年度损益调整增加的所得税费用，借记“以前年度损益调整”科目，贷记“应交税费/应交所得税”科目；将以前年度损益调整科目余额转入留存收益时，借记“以前年度损益调整”科目，贷记“盈余公积”“利润分配/未分配利润”科目。

2. 固定资产盘亏

企业在财产清查中盘亏的固定资产，应按盘亏固定资产的账面价值，借记“待处理财产损溢”“累计折旧”“固定资产减值准备”科目，贷记“固定资产”科目。

企业报批后，根据责任划分，对于可收回的保险赔偿或过失人赔偿，借记“其他应收款”科目，按照应计入营业外支出的金额，借记“营业外支出/盘亏损失”科目，贷记“待处理财产损溢”科目。

实验资料

4月30日，公司进行固定资产盘点，在盘点过程中发现销售部有一台未开封的联想T480S笔记本。经查证，该笔记本是两年前公司年会所得的奖励。最后决定将该机作为销售部的工作用电脑，固定资产编号为12，类别编号为01通用设备，开始使用时间为2024年4月30日，无残值，原值估价为10 000元，使用年限3年，增加方式为盘盈，折旧方法为平均年限法（一），使用状况为在用。

实验过程

1. 资产盘点

4月30日，选择“财务会计”|“固定资产”|“资产盘点”|“资产盘点”，单击“增加”。

单击“范围”，设置盘点范围，本实验对销售部盘点（使用部门填写401）。

单击“确定”，系统生成资产盘点单，单击“盘盈增加”，输入盘盈的固定资产，保存后退出，结果如图5-20所示。

资产盘点

部门:[401]销售部　盘点日期:2024-04-30　定位　盘盈增加　盘亏删除　卡片数:3

固定资产名称	部门编号	开始使用日期	录入日期	原值	净残值	类别名称	增加方式	使用状况	折旧方法
HP计算机	401	2023-08-01	2024-04-01	6490	194.7	通用设备	直接购入	在用	平均年限法(一)
办公楼	101/10...	2023-10-31	2024-04-01	3000000	90000	房屋及建筑物	直接购入	在用	平均年限法(一)
联想T480S...	401	2024-04-30	2024-04-30	10000		通用设备	盘盈	在用	平均年限法(一)

图 5-20　盘点单

2. 盘点汇总

选择“财务会计”|“固定资产”|“资产盘点”|“资产盘点汇总”，单击“增加”，按默认条件查询，单击“确定”，先选择单据，再单击“汇总”，如图 5-21 所示。

汇总盘点单

部门: (401)　汇总日期　定位　核对　卡片数:3

固定资产名称	部门编号	类别编号	开始使用日期	录入日期	原值	净残值	类别名称	增加方式	使用状况	折旧方法
联想T480S笔记本	/401	01	2024-04-30	2024-04-30	10000	0	通用设备	盘盈	在用	平均年限法(一)
办公楼	101/10...	06	2023-10-31	2024-04-01	3000000	90000	房屋及建筑物	直接购入	在用	平均年限法(一)
HP计算机	401	01	2023-08-01	2024-04-01	6490	194.7	通用设备	直接购入	在用	平均年限法(一)

图 5-21　汇总盘点单

依次单击“保存”“核对”，如图 5-22 所示。

盘点结果清单

部门: (401)　过滤掉相符情况　盘盈　盘亏　不符

卡片编号	固定资产编号	账面资产状况		合并汇总状况		汇总盘点结果	处理
		部门编号	使用部门	部门编号	使用部门		
	12			401	销售部	盘盈	盘盈
00005	05	401	销售部	401	销售部	相同	不处理
00010	10	101/102...	行政部...	101/102...	行政部/财务部/仓...	相同	不处理

图 5-22　盘点结果清单

3. 汇总结果确认

选择“财务会计”|“固定资产”|“资产盘点”|“汇总结果确认”，如图 5-23 所示。

我的桌面　汇总结果确认

打印　输出　刷新　全选　全消　保存

汇总盘点单　[2024-04-30]000001

[2024-04-30]000001

部门: (401)　汇总盘点单关闭　批量审核　批量填充

选择	固定资产编号	固定资产名称	原因	审核	处理意见	系统处理标记	审核人
	12	联想T480S笔记本	盘盈			未处理	

图 5-23　汇总结果确认

先选择，在审核列下选择“同意”，处理意见填写“资产盘盈”，保存后退出。

4. 资产盘盈处理

选择“财务会计”|“固定资产”|“资产盘点”|“资产盘盈”，选择单据，单击“盘盈处理”，如图 5-24 所示。

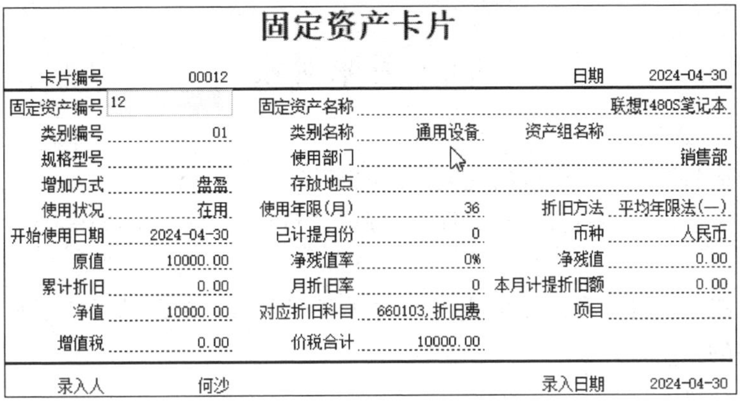

固定资产卡片

卡片编号	00012			日期	2024-04-30
固定资产编号	12	固定资产名称	联想T480S笔记本		
类别编号	01	类别名称	通用设备	资产组名称	
规格型号		使用部门	销售部		
增加方式	盘盈	存放地点			
使用状况	在用	使用年限(月)	36	折旧方法	平均年限法(一)
开始使用日期	2024-04-30	已计提月份	0	币种	人民币
原值	10000.00	净残值率	0%	净残值	0.00
累计折旧	0.00	月折旧率	0	本月计提折旧额	0.00
净值	10000.00	对应折旧科目	660103,折旧费	项目	
增值税	0.00	价税合计	10000.00		
录入人	何沙			录入日期	2024-04-30

图 5-24 盘盈固定资产卡片

此时补充的编号为最终编号，单击“保存”，系统进入填制凭证窗口，凭证类别选择转账凭证，补充贷方科目，保存凭证后退出。分录如下：

借：固定资产（1601） 10 000

贷：以前年度损益调整（6901） 10 000

可选择“财务会计”|“固定资产”|“凭证处理”|“批量制单”，完成盘盈或盘亏的凭证制作。

5.4 固定资产查询

1. 固定资产凭证查询

4 月 30 日，选择“财务会计”|“固定资产”|“凭证处理”|“查询凭证”，如图 5-25 所示。

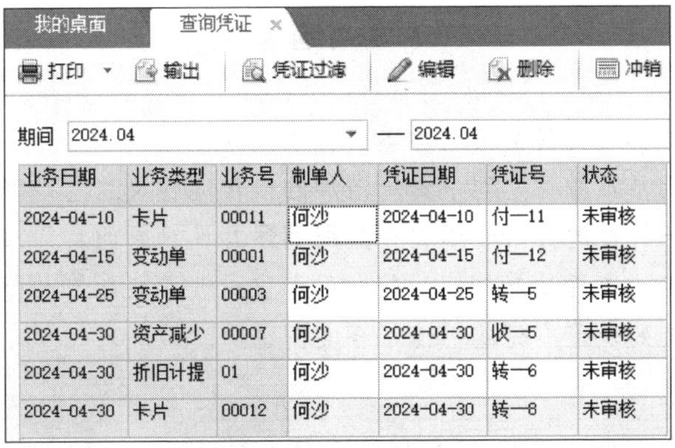

业务日期	业务类型	业务号	制单人	凭证日期	凭证号	状态
2024-04-10	卡片	00011	何沙	2024-04-10	付—11	未审核
2024-04-15	变动单	00001	何沙	2024-04-15	付—12	未审核
2024-04-25	变动单	00003	何沙	2024-04-25	转—5	未审核
2024-04-30	资产减少	00007	何沙	2024-04-30	收—5	未审核
2024-04-30	折旧计提	01	何沙	2024-04-30	转—6	未审核
2024-04-30	卡片	00012	何沙	2024-04-30	转—8	未审核

图 5-25 凭证查询

可以双击各行信息，调出对应凭证。

2. 固定资产账表查询

选择“财务会计”|“固定资产”|“账表”|“我的账表”，可根据需要查询固定资产的账簿、分析表、统计表。

5.5 月末对账

对账前，应将固定资产生成的有关凭证记账。

选择“财务会计”|“固定资产”|“资产对账”|“对账”，核对检查固定资产系统与账务系统数据。

只有在总账系统将所有涉及固定资产的凭证记账后，对账结果才反映真实的情况，否则是不平衡的。

5.6 AI助手拓展学习

（1）企业固定资产日常业务有哪些？

（2）企业固定资产盘点时间点。

（3）企业固定资产处置的流程。

（4）企业更新改造的账务处理，并举例说明。

（5）企业固定资产处置需要注意哪些问题？

即测即评

思考题

1. 固定资产子系统使用前需要进行哪些准备工作？
2. 简述固定资产日常业务处理中资产增加的操作流程及注意事项。
3. 固定资产折旧计提的方法有哪些？分别简述其计算原理。
4. 固定资产盘点的流程是怎样的？若发现盘盈或盘亏应如何进行账务处理？
5. 固定资产处置的步骤有哪些？请结合实例说明。

第6章

薪资业务

6.1 工资业务处理

薪资核算系统的主要流程是初始化工作、每月的数据录入、计算汇总后完成相关的查询、打印和凭证结转。工资核算基本流程如图6-1所示。

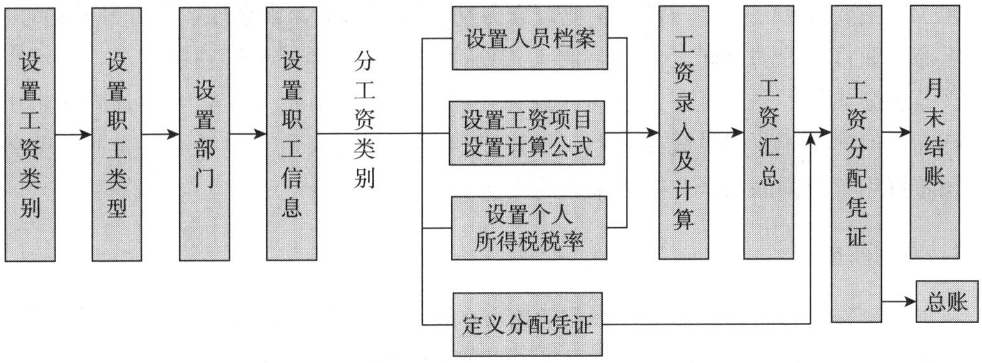

图6-1 工资核算基本流程

下面说明主要功能：

（1）设置组织机构。根据单位的组成情况，设置相应二级部门组成机构、职工岗位类别分类及职工基本信息。

（2）初始化工资。根据单位需要设置工资种类和各类工资的对应项目结构，对每种工资项目结构定义其计算公式，输入本年前期的累计数据。根据单位工资发放实情，确定是否进行工资尾数结余，银行代储等。

（3）编辑工资数据。可以清空上月数据再重新输入，也可以修改和增删上月数据。

可依据人力资源管理部门或其他部门提供的人员变动、工资变动、代扣款、计件数量或工资补贴调整等资料编辑工资数据。

（4）计算工资。根据工资数据及计算公式计算工资并生成工资发放明细表。如果在工资初始化阶段定义尾数结余，则要计算工资尾数。

（5）汇总工资。按职工类别和部门类别汇总，生成工资结算汇总表。由银行代发工资的单位，需向银行提供工资汇总表，以便银行发放。

（6）分配工资费用。按工资用途分配工资费用，形成工资费用分配汇总表，为成本计算提供资料。

（7）计提相关费用和基金。按国家相关政策，计算职工福利费、社会保险费、住房公积金等相关种类的基金或费用。

（8）自动生成转账凭证。根据工资汇总、工资费用分配汇总表、各项计提分配表等内容，自动生成汇总转账凭证，传送到总账系统中，作为登记总账和明细账的依据。

6.2 工资基础设置

6.2.1 初始化建账

职工薪酬，是指企业为获得职工提供的服务或解除劳动关系而给予的各种形式的报酬或补偿，包括短期薪酬、离职后福利、辞退福利和其他长期职工福利。企业为职工配偶、子女、受赡养人、已故员工遗属即其他受益人提供的福利，也属于职工薪酬。

职工，主要包含三类：一是与企业订立劳动合同的人员，含全职、兼职和临时职工；二是未与企业订立劳动合同，但由企业正式任命的企业治理层和管理层人员，如董事会成员、监事会成员等；三是在企业的计划和控制下，虽未与企业订立劳动合同或未由其正式任命，但向企业所提供服务和职工所提供服务类似的人员，包括通过企业与劳务中介公司签订用工合同而向企业提供服务的人员。

1. 短期薪酬

短期薪酬，是指企业在职工提供相关服务的年度报告期间结束后12个月内需要全部予以支付的职工薪酬，因解除与职工的劳动关系给予的补偿除外。具体包括：职工工资、奖金、津贴和补贴；职工福利费（生活困难补助、丧葬补助费、抚恤费、职工异地安家费、防暑降温费等）；社会保险费（医疗保险费、工伤保险费等）；住房公积金；工会经费和职工教育经费（工会活动和职工教育及职业技能培训等）；短期带薪缺勤（年休假、病假、婚假、产假、丧假、探亲假等）；短期利润分享计划（基于利润或其他经营成果提供薪酬的协议）；其他短期薪酬。

2. 离职后福利

离职后福利，是指企业未获得职工提供的服务而在职工退休或与企业解除劳动关系后，提供的各种形式的报酬和福利，短期薪酬和辞退福利除外。

3. 辞退福利

辞退福利，是指企业在职工劳动合同到期之前解除与职工的劳动关系，或者为鼓励职工自愿接受裁减而给予职工的补偿。

4. 其他长期福利

其他长期福利，是指除短期薪酬、离职后福利、辞退福利之外所有的职工薪酬，包括长期带薪缺勤、长期残疾福利、长期利润分享计划等。

实验资料

参数设置：工资类别个数为多个；核算币种为人民币 RMB；取消选择“是否核算计件工资”。

扣税设置：要求代扣个人所得税。

扣零设置：不进行扣零处理。

人员编码：与公共平台人员的人员编码保持一致。

实验过程

选择“人力资源”|“薪资管理”，根据系统提示设置工资类别，输入实验资料。

第一步，将“请选择本账套所需处理的工资类别个数”选择为“多个”；将“请选择币别名称”，选择币别为“人民币 RMB”。

第二步，勾选“是否从工资中代扣个人所得税”。

第三步，取消选择“扣零”。

第四步，单击“完成”结束。

工资建账完成后，部分建账参数可以单击“人力资源”|“薪资管理”|“设置”|“选项”修改。

工资账套与企业核算账套是不同的概念。企业核算账套是在系统管理中建立的，是针对整个新道 U8＋系统；而工资账套只是针对新道 U8＋系统中的薪资管理，是企业核算账套中的一个组成部分。

如果企业工资发放类别有多个，发放项目、计算公式都不相同，但需要在一个工资账套中进行统一管理，则工资类别选择“多个”。

6.2.2　建立工资类别

AI助手探秘

企业一般有哪些人员类别？

实验资料

工资类别1：计时人员工资。部门选择：所有部门。
工资类别2：计件人员工资。部门选择：制造中心。

实验过程

1. 计时人员工资类别建立

4月1日，选择“人力资源”|“薪资管理”|“工资类别”|“新建工资类别”，输入要建立的工资类别名称为“计时人员工资”。依次单击“下一步”“选定全部部门”“完成”后，系统提示工资类别的启用日期为“2024-04-01”，选择“是”完成计时人员工资类别的建立。

选择“人力资源”|“薪资管理”|“工资类别”|“关闭工资类别”，弹出薪资管理窗口，提示已关闭工资类别，单击“确定”完成。

2. 计件人员工资类别建立

选择“人力资源”|“薪资管理”|“工资类别”|“新建工资类别”，在工资类别设置窗口输入“计件人员工资”。

选择部门时，只选择“制造中心”及其下属的两个车间。其余操作参照计时人员工资类别建立完成后，关闭工资类别即可。

AI助手探秘

计时工资和计件工资的相同点和不同点。

6.2.3 公共工资项目设置

AI助手探秘

企业一般有哪些工资类别？
企业一般有哪些工资项目类别？

实验资料

本单位的工资项目如表6-1所示。

表6-1 工资项目

项目名称	新增项目	类型	长度	小数位数	增减项
基本工资	是	数字	8	2	增项

续表

项目名称	新增项目	类型	长度	小数位数	增减项
岗位补贴	是	数字	8	2	增项
交通补贴	是	数字	8	2	增项
计件工时	是	数字	8	2	其它
工时工资	是	数字	8	2	其它
计件结算	是	数字	8	2	增项
应发合计		数字	10	2	增项
事假天数	是	数字	8	2	其它
事假扣款	是	数字	8	2	减项
养老保险	是	数字	8	2	减项
失业保险	是	数字	8	2	减项
医疗保险	是	数字	8	2	减项
公积金	是	数字	8	2	减项
其他保险	是	数字	8	2	减项
代扣税		数字	10	2	减项
子女教育		数字	8	2	其它
继续教育		数字	8	2	其它
住房贷款利息		数字	8	2	其它
住房租金		数字	8	2	其它
老人赡养费		数字	8	2	其它
大病医疗	是	数字	8	2	其它
婴幼儿照护	是	数字	8	2	其它
其他合法扣除		数字	8	2	其它
上月累计应税所得额	是	数字	10	2	其它
本月应税所得额	是	数字	10	2	其它
本月累计应税所得额	是	数字	10	2	其它
扣款合计		数字	10	2	减项
本月应付工资	是	数字	10	2	其它
实发合计		数字	10	2	增项

注：国家税务总局公告 2023 年第 14 号文规定 3 岁以下婴幼儿照护、子女教育专项附加扣除标准变更为每个婴幼儿（子女）每月 2 000 元；赡养老人专项附加扣除标准变更为每月 3 000 元，文件于 2023 年 1 月 1 日实施。

实验过程

1. 项目设置

选择“人力资源”|“薪资管理”|“设置”|“工资项目设置”，系统提供常设项目，这里设置的工资项目是不同工资类别之间共享的，即公共服务。在建立不同工资类别的工资

项目时，只能在这里设置的项目中选择。项目相同，便于不同类别工资的数据汇总和分析。

2. 增加和减少项目

在“工资项目设置”窗口中，单击“增加”，输入实验资料相关项目，设置类型、长度、小数、增减项。设置完成后如图 6－2 所示。

图 6－2 设置工资项目

可单击“上移”或“下移”，将工资项目移动到预设的位置。

单击“确定”，系统提示要求确认各工资类别的公式是否正确，否则计算结果可能不正确，单击“确定”完成。

此处所设置的工资项目是针对所有工资类别所需要使用的全部工资项目。

对新增的工资项目，如果“名称参照”下拉列表中没有，可以直接输入。

6.2.4 人员档案设置

实验资料

本单位计时工资人员档案如表 6－2 所示。

表 6－2 计时工资人员档案

人员编码	人员姓名	性别	人员类别	部门	账号	是否计税
101	孙正	男	管理	行政部	1111	是
102	宋嘉	女	管理	行政部	1112	是
201	何沙	男	管理	财务部	1113	是

续表

人员编码	人员姓名	性别	人员类别	部门	账号	是否计税
202	赵小兵	女	管理	财务部	1114	是
203	孙胜业	女	管理	财务部	1115	是
301	李天华	女	管理	采购部	1116	是
302	杨真	男	管理	采购部	1117	是
401	陈瓜瓜	男	管理	仓储部	1118	是
501	刘一江	男	经营	销售部	1119	是
502	朱小明	女	经营	销售部	1120	是
601	罗忠	男	经营	服务部	1121	是
701	向璐宇	男	车间管理	一车间	1180	是
702	秦地久	女	车间管理	一车间	1181	是
801	万思维	男	车间管理	二车间	1182	是
802	东方魂	男	车间管理	二车间	1183	是

本单位增加的计件工资人员档案如表 6－3 所示。

表 6－3　计件工资人员档案

人员编码	人员姓名	性别	人员类别	部门	账号	是否计税
703	天河飞	男	车间工人	一车间	1190	是
704	秦半岛	女	车间工人	一车间	1191	是
803	叶海甸	男	车间工人	二车间	1192	是
804	万银大	女	车间工人	二车间	1193	是
805	朱海风	男	车间工人	二车间	1194	是
806	温琼海	女	车间工人	二车间	1195	是

注：所有人员均为中方人员。

以上所有人员的代发银行均为工行两江支行，账号：787978797879。

实验过程

1. 计时人员工资档案

选择“人力资源”|“薪资管理”|“工资类别”|“打开工资类别”，选择“计时人员工资”，单击“确定”完成。工资类别打开成功后，屏幕右下角会显示当前打开的工资类别。

打开某个工资类别后，相应的操作是针对这个工资类别进行的。选择“人力资源”|“薪资管理”|“设置”|“人员档案”，设置计时人员工资类别的人员档案。

单击“批增”，进入人员批量增加窗口，如图 6－3 所示。单击左边栏中的全部部门(逐个选择每个部门)，单击“查询”，再选择需要纳入计时人员工资类别的人，单击“确定”，系统自动将人员引入计时人员工资类别的人员档案中。

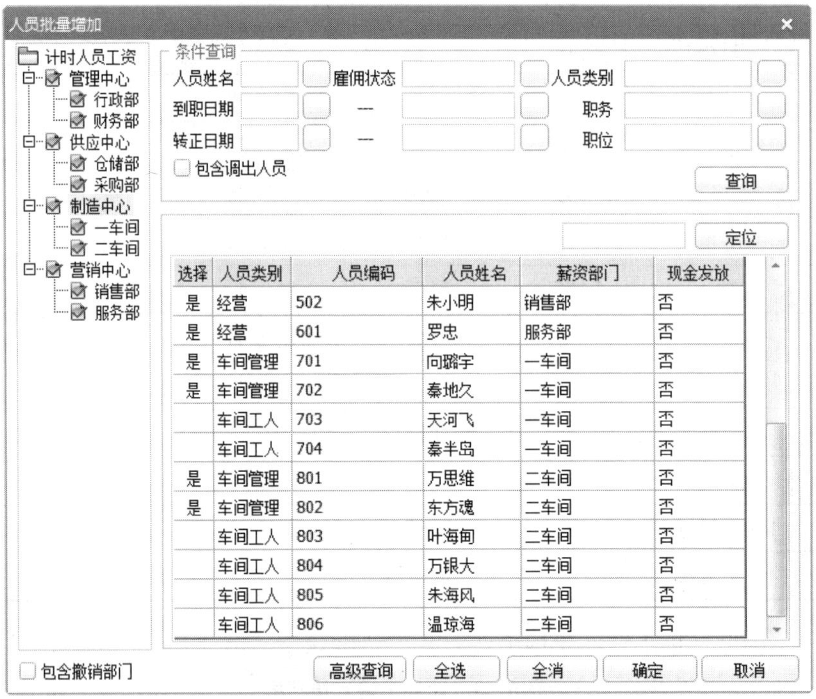

图6-3 批量引入计时人员档案

在人员档案窗口，单击“修改”或双击某一人员所在行，输入和设置有关信息，如图6-4所示。

图6-4 人员档案（基本信息）

在本类别中核算工资的人员，通过在“选择”列下双击某人就可以转换“是”或空白，“是”表示选择此人，如图6-5所示。

人员档案

选择	薪资部门名称	人员编号	人员姓名	人员类别	账号	居民	是否计税	工资停发	核算计件工资	现金发放
	行政部	101	孙正	管理	1111	是	是	否	否	否
	行政部	102	宋嘉	管理	1112	是	是	否	否	否
	财务部	201	何沙	管理	1113	是	是	否	否	否
	财务部	202	赵小兵	管理	1114	是	是	否	否	否
	财务部	203	孙胜业	管理	1115	是	是	否	否	否
	仓储部	401	陈瓜瓜	管理	1118	是	是	否	否	否
	采购部	301	李天华	管理	1116	是	是	否	否	否
	采购部	302	杨真	管理	1117	是	是	否	否	否
	一车间	701	向璐宇	车间管理	1180	是	是	否	否	否
	一车间	702	秦地久	车间管理	1181	是	是	否	否	否
	二车间	801	万思维	车间管理	1182	是	是	否	否	否
	二车间	802	东方魂	车间管理	1183	是	是	否	否	否
	销售部	501	刘一江	经营	1119	是	是	否	否	否
	销售部	502	朱小明	经营	1120	是	是	否	否	否
	服务部	601	罗忠	经营	1121	是	是	否	否	否

图 6-5　计时人员档案

排序的方法是先将鼠标移到某一列，然后单击右键，选择“排序”|“选择列”|“升序”或“降序”。

2. 计件人员工资档案

选择“人力资源”|“薪资管理”|“工资类别”|“打开工资类别”，选择计件人员工资类别。

选择“人力资源”|“薪资管理”|“设置”|“人员档案”，单击“批增”，选择左侧的“制造中心”及所属车间，单击“查询”，选择加入计件人员工资类别的人员，如图 6-6 所示。

图 6-6　计件人员批量增加

单击“确定”，如图 6-7 所示。

人员档案

选择	薪资部门名称	人员编号	人员姓名	人员类别	账号	居民	是否计税	工资停发	核算计件工资	现金发放
	一车间	703	天河飞	车间工人	1190	是	是	否	否	否
	一车间	704	秦半岛	车间工人	1191	是	是	否	否	否
	二车间	803	叶海甸	车间工人	1192	是	是	否	否	否
	二车间	804	万银大	车间工人	1193	是	是	否	否	否
	二车间	805	朱海风	车间工人	1194	是	是	否	否	否
	二车间	806	温琼海	车间工人	1195	是	是	否	否	否

图 6-7　计件人员档案

6.2.5　计时人员工资项目设置

实验资料

工资项目：基本工资、岗位补贴、交通补贴、应发合计、事假天数、事假扣款、养老保险、失业保险、医疗保险、公积金、其他保险、子女教育、继续教育、住房贷款利息、住房租金、老人赡养费、大病医疗、婴幼儿照护、其他合法扣除、代扣税、扣款合计、实发合计、本月应付工资、本月应税所得额、年终奖、年终奖代扣税、工资代扣税、扣税合计、上月累计应税所得额、本月累计应税所得额。

计算公式：

交通补贴＝IFF(人员类别＝"管理",200,iff(人员类别＝"车间管理" ,200,150))

说明：管理人员和车间管理人员为 200，其他人员 150 元，IIF() 为系统提供的函数。另一种公式为：

交通补贴＝IFF(人员类别＝"管理",200,iff(人员类别＝"车间管理",200,
　　　　iff(人员类别＝"经营",150)))
应发合计＝基本工资＋岗位补贴＋交通补贴(该公式为系统自动生成)
事假扣款＝(基本工资/22)＊事假天数
养老保险＝(基本工资＋岗位补贴)＊0.08
医疗保险＝(基本工资＋岗位补贴)＊0.02
失业保险＝(基本工资＋岗位补贴)＊0.005
公积金＝(基本工资＋岗位补贴)＊0.12

说明：养老保险个人交 8%，医疗保险个人交 2%，失业保险个人交 0.5%，本实验中计时人员和计件人员都按照该比例计算。

本月应税所得额＝基本工资＋岗位补贴＋交通补贴－事假扣款－养老保险
　　　　－医疗保险－失业保险－公积金－其他保险－子女教育
　　　　－继续教育－住房贷款利息－住房租金－老人赡养费
　　　　－大病医疗－婴幼儿照护－其他合法扣除

本月累计应税所得额＝上月累计应税所得额＋本月应税所得额

说明：用于计算个人所得税。在实际工作中，应税所得额的计算有具体的规定。

扣款合计＝事假扣款＋养老保险＋医疗保险＋失业保险＋公积金＋其他保险＋代扣税(该公式为系统根据减项自动生成)

实发合计＝应发合计－扣款合计(该公式为系统自动生成)

本月应付工资＝基本工资＋岗位补贴＋交通补贴－事假扣款

实验过程

1. 工资项目设置

选择“人力资源”|“薪资管理”|“工资类别”|“打开工资类别”，选择计时人员工资类别。

选择“人力资源”|“薪资管理”|“设置”|“工资项目设置”，在工资项目设置选项中，单击“增加”后单击“名称参照”下拉列表，设置项目如图6-8所示。

图6-8　设置工资项目

可以单击“上移”或“下移”，将工资项目移动到预设位置。

在工资类别选定后设置工资项目时，发现工资项目名称缺少的，需先关闭工资类别，进入工资项目设置中重新按公共工资项目设置的步骤增加即可。

2. 公式设置

选择“公式设置”选项卡，设置计算公式。其中：

应发合计＝基本工资＋岗位补贴＋交通补贴

扣款合计＝事假扣款＋养老保险＋失业保险＋医疗保险＋公积金＋其他保险＋代扣税

实发合计＝应发合计－扣款合计

上述项目是系统固定生成，不能更改。应发合计是按照工资项目中的“增项”生成；扣款合计是按照工资项目的减项生成。实发合计则是固定公式。

如果项目自动生成公式，在设置工资项目时，将“增减项”属性设置为“其它”。

除系统固定生成的公式外，其他计算公式可以自行设定。在设定时需注意先后顺序。

设置公式时，单击工资项目的“增加”，添加需要计算的项目，如“养老保险”，然后在养老保险公式定义中，设置计算公式，如“(基本工资＋岗位补贴)＊0.08”，设置完成后单击“公式确认”完成本项目公式定义。

在公式定义框中输入公式，公式中涉及的工资项目、部门、人员类别、函数、运算符号均在公式输入参照中选择，也可以直接输入。一个公式设置完成，务必单击“公式确认”检测公式的正确性。

在设置函数时，单击“函数公式向导输入”，录入资料信息，具体可查看每个函数的说明，如图6－9所示。公式的顺序可通过单击工资项目内的“上移”和“下移”来调整。

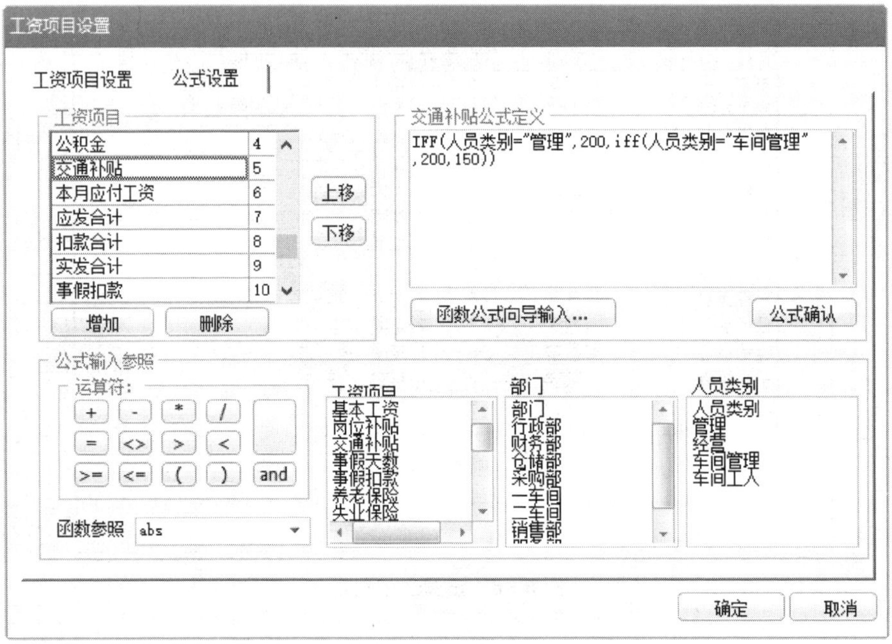

图6－9 公式设置

操作提示

系统自动生成的应发合计、实发合计、扣款合计计算公式不能更改。

定义公式时，工资中没有的项目不允许在公式中出现。

定义公式时，可以使用函数向导输入、函数参照输入、工资项目参照、部门参照和人员参照，编辑输入该工资项目的计算公式。

定义公式后要注意调整公式的先后顺序，否则系统有可能计算错误，如应发合计应排在基本工资、岗位补贴等之后。

6.2.6　计件人员工资项目设置

实验资料

工资项目：岗位补贴、交通补贴、计件工时、工时工资、计件结算、应发合计、养老保险、失业保险、医疗保险、公积金、其他保险、子女教育、继续教育、住房贷款利息、住房租金、老人赡养费、大病医疗、婴幼儿照护、其他合法扣除、代扣税、扣款合计、实发合计、本月应付工资、本月应税所得额、上月累计应税所得额、本月累计应税所得额、年终奖、年终奖代扣税、工资代扣税、扣税合计。

计算公式：

交通补贴＝IFF(人员类别＝"车间工人",150)

计件结算＝计件工时＊工时工资

应发合计＝岗位补贴＋交通补贴＋计件结算(该公式为系统自动生成)

养老保险＝(4118＋岗位补贴)＊0.08

医疗保险＝(4118＋岗位补贴)＊0.02

失业保险＝(4118＋岗位补贴)＊0.005

公积金＝(4118＋岗位补贴)＊0.12

说明：各项保险基数中 4 118 元是按照重庆市 2023 年社会平均工资缴费下限计算得出。

本月应税所得额＝岗位补贴＋交通补贴＋计件结算－养老保险－医疗保险－失业保险－公积金－其他保险－子女教育－继续教育－住房贷款利息－住房租金－老人赡养费－大病医疗－婴幼儿照护－其他合法扣除

本月累计应税所得额＝上月累计应税所得额＋本月应税所得额(具体工作中，应税所得额应根据税法相关规定计算，在此仅提现一种方法)

扣款合计＝养老保险＋失业保险＋医疗保险＋公积金＋其他保险＋代扣税(该公式为系统自动生成)

实发合计＝应发合计－扣款合计(该公式为系统自动生成)

实验过程

1. 工资项目设置

选择“人力资源”|“薪资管理”|“工资类别”|“打开工资类别”，选择计件人员工资类别。

选择“人力资源”|“薪资管理”|“设置”|“工资项目设置”，在工资项目设置中，单击“增加”后单击“名称参照”下拉列表，如图 6－10 所示。

图 6－10　设置工资项目

可以单击“上移”或“下移”，将工资项目移动到预设的位置。

2. 公式设置

在公式设置页面，根据资料设置计件人员工资类别的公式，设置方式与计时工资项目的设置类似。不同工资类别相同项目的计算公式是单独设置的，在工资类别之间不相同。设置如图 6－11 所示。

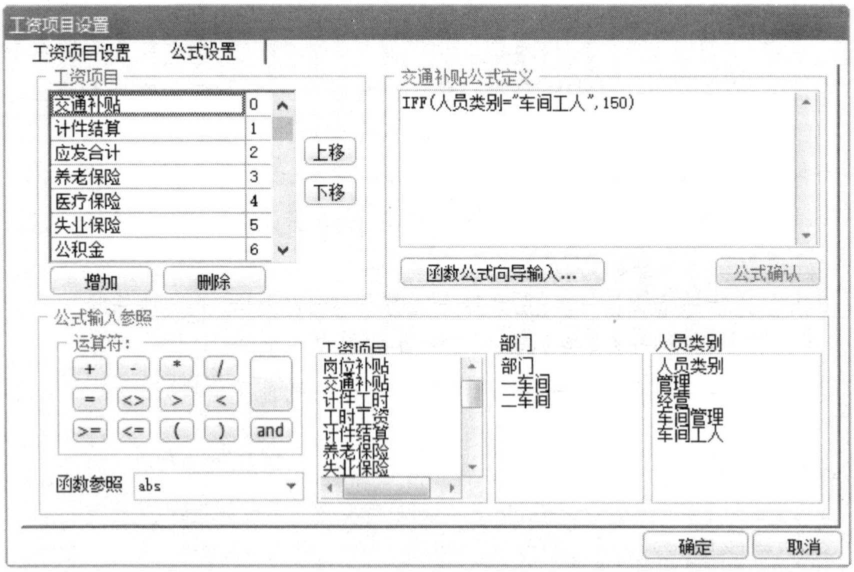

图 6－11　公式设置

6.3 计时人员工资类别日常工资处理

6.3.1 计时人员工资数据

实验资料

本单位计时人员 4 月初工资情况如表 6-4 所示。

表 6-4 计时人员工资情况

人员编码	姓名	基本工资	岗位补贴	事假天数	上月累计应税所得额	子女教育	继续教育	住房贷款利息	住房租金	老人赡养费	婴幼儿照护
101	孙正	15 000	1 000		48 000	1 000					
102	宋嘉	11 000	500	2	34 500			1 000			
201	何沙	10 000	500		31 500		400				
202	赵小兵	9 000	500		28 500				1 500		
203	孙胜业	9 500	500		30 000					1 500	
301	李天华	10 000	400		31 200						2 000
302	杨真	10 000	400	1	31 200						
401	陈瓜瓜	10 000	400		31 200						
501	刘一江	9 000	400		28 200	1 000					
502	朱小明	11 000	400		34 200						
601	罗忠	10 000	400		31 200						
701	向璐宇	12 000	400		37 200	1 000					
702	秦地久	11 000	400		34 200		400				
801	万思维	11 500	400	6	35 700						
802	东方魂	10 000	400		31 200						
合计		159 000	7 000	9	498 000	3 000	800	1 000	1 500	1 500	2 000

说明：这里的上月累计应税所得额，仅仅是举例说明方法，与总账等数据无关。

2019 年开始，实施累计预扣预缴个人所得税的计算方法，即指扣缴义务人在一个纳税年度内，以截至当前月份累计支付的工资薪金所得收入额减除累计基本扣除费用、累计专项扣除、累计专项附加扣除和依法确定的累计其他扣除后的余额为预缴应纳税所得额，对照所得税税率表，计算出累计应预扣预缴税额，减除已预扣预缴税额后的余额，作为本期应预扣预缴税额。该方法适用于综合所得，包括工资、薪金所得，劳务报酬所得，稿酬所得，特许权使用费所得。专项附加扣除项目，包括子女教育、继续教育、大病医疗、住房贷款利息、住房租金、赡养老人以及 3 岁以下婴幼儿照护。个人所得税计算方法举例如表 6－5 所示。

表 6－5　个人所得税预扣率（居民个人工资、薪金所得预扣预缴适用）

级数	累计预扣预缴应纳税所得额	预扣率（%）	速算扣除数（元）
1	不超过 36 000 元的部分	3	0
2	超过 36 000 元至 144 000 元的部分	10	2 520
3	超过 144 000 元至 300 000 元的部分	20	16 920
4	超过 300 000 元至 420 000 元的部分	25	31 920
5	超过 420 000 元至 660 000 元的部分	30	52 920
6	超过 660 000 元至 960 000 元的部分	35	85 920
7	超过 960 000 元的部分	45	181 920

注：扣减基数为 5 000 元。

实验过程

1. 选择工资类别

选择“人力资源”|“薪资管理”|“工资类别”|“打开工资类别”，选择计时人员工资类别。

2. 录入工资数据

选择“人力资源”|“薪资管理”|“业务处理”|“工资变动”，输入工资基本数据、考勤等资料。鼠标移动到输入区单击右键，选择“项目过滤”，可以选择相关项目在输入区内。输入数据后，单击“计算”，系统根据定义好的公式，自动计算工资表有关项目的数据，如图 6－12 所示。

工资变动

过滤器 所有项目　　定位器

选择	人员编号	姓名	部门	人员类别	基本工资	岗位补贴	交通补贴	应发合计
	101	孙正	行政部	管理	15,000.00	1,000.00	200.00	16,200.00
	102	宋嘉	行政部	管理	11,000.00	500.00	200.00	11,700.00
	201	何沙	财务部	管理	10,000.00	500.00	200.00	10,700.00
	202	赵小兵	财务部	管理	9,000.00	500.00	200.00	9,700.00
	203	孙胜业	财务部	管理	9,500.00	500.00	200.00	10,200.00
	401	陈瓜瓜	仓储部	管理	10,000.00	400.00	200.00	10,600.00
	301	李天华	采购部	管理	10,000.00	400.00	200.00	10,600.00
	302	杨真	采购部	管理	10,000.00	400.00	200.00	10,600.00
	701	向璐宇	一车间	车间管理	12,000.00	400.00	200.00	12,600.00
	702	秦地久	一车间	车间管理	11,000.00	400.00	200.00	11,600.00
	801	万思维	二车间	车间管理	11,500.00	400.00	200.00	12,100.00
	802	东方魂	二车间	车间管理	10,000.00	400.00	200.00	10,600.00
	501	刘一江	销售部	经营	9,000.00	400.00	150.00	9,550.00
	502	朱小明	销售部	经营	11,000.00	400.00	150.00	11,550.00
	601	罗忠	服务部	经营	10,000.00	400.00	150.00	10,550.00
合计					159,000.00	7,000.00	2,850.00	168,850.00

图 6－12　工资变动表（应发部分）

实发部分的所得税计算要继续进行所得税预扣率设置后再计算，在不进行汇总计算的前提下关闭表格。

3. 设置扣税项目和税率

选择“人力资源”|“薪资管理”|“设置”|“选项”，在“扣税设置”页面，单击“编辑”，将应税计算项目设置为“本月累计应税所得额”，税款所属期设置为“当月”，如图 6－13 所示。

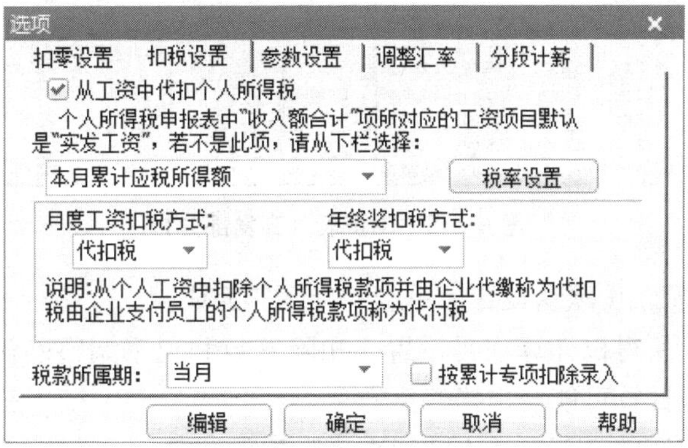

图 6－13　选项

单击“税率设置”，修改附加费用金额为“0”，完成后如图 6－14 所示。

图 6－14　税率表

单击“确定”退出。再单击“选项”窗口中的“确定”，系统提示“您需要确认您的税款所属期：一旦确认，将不能更改！您现在选择的税款所属期是当月”，单击“是”退出。

选择“人力资源”|“薪资管理”|“业务处理”|“工资变动”，依次单击“计算”“汇总”，如图 6－15 所示。

4. 扣缴个人所得税

选择“人力资源”|“薪资管理”|“业务处理”|“扣缴所得税”，选择系统扣缴个人所得

工资变动

过滤器 所有项目　　□定位器　　□录入期初

姓名	基本工资	事假扣款	养老保险	失业保险	医疗保险	公积金	子女教育	继续教育	住房贷款利息	住房租金	老人赡养费	大病医疗	婴幼儿照护
孙正	15,000.00		1,280.00	80.00	320.00	1,920.00	1,000.00						
宋嘉	11,000.00	1,000.00	920.00	57.50	230.00	1,380.00			1,000.00				
何沙	10,000.00		840.00	52.50	210.00	1,260.00		400.00					
赵小兵	9,000.00		760.00	47.50	190.00	1,140.00				1,500.00			
孙胜业	9,500.00		800.00	50.00	200.00	1,200.00					1,500.00		
陈瓜瓜	10,000.00		832.00	52.00	208.00	1,248.00							
李天华	10,000.00		832.00	52.00	208.00	1,248.00							2,000.00
杨真	10,000.00	454.55	832.00	52.00	208.00	1,248.00							
向踊宇	12,000.00		992.00	62.00	248.00	1,488.00	1,000.00						
秦地久	11,000.00		912.00	57.00	228.00	1,368.00		400.00					
万思维	11,500.00	3,136.36	952.00	59.50	238.00	1,428.00							
东方魂	10,000.00		832.00	52.00	208.00	1,248.00							
刘一江	9,000.00		752.00	47.00	188.00	1,128.00	1,000.00						
朱小明	11,000.00		912.00	57.00	228.00	1,368.00							
罗忠	10,000.00		832.00	52.00	208.00	1,248.00							
	159,000.00	4,590.91	13,280.00	830.00	3,320.00	19,920.00	3,000.00	800.00	1,000.00	1,500.00	1,500.00	0.00	2,000.00

图 6-15　工资表（实发部分）

税报表后单击“打开”，按默认设置后单击“确定”完成。

一定要进行个人所得税计算项目设置、扣除基数和税率调整确认，再重算工资表数据，否则个人所得税计算可能会出错。

如果将来税率等调整，可以单击“税率表”重新调整。

AI 助手探秘

2019 年版个人所得税计算方法及举例。

6.3.2　计时人员工资分摊

“应付职工薪酬”科目按照“工资”“职工福利费”“非货币性福利”“社会保险费”“住房公积金”“工会经费”“职工教育经费”“带薪缺勤”“利润分享计划”“设定提存计划”“设定受益计划”“辞退福利”等职工薪酬项目设置明细科目完成明细核算。

对于职工工资、奖金、津贴和补贴等货币性职工薪酬，企业应当在职工为其提供服务的会计期间，将实际发放的职工工资、奖金、津贴和补贴等，根据职工提供服务的受益对象，按照应确认的职工薪酬，借记“生产成本”“制造费用”“合同履约成本”“管理费用”“销售费用”等科目，贷记“应付职工薪酬/工资”科目。

实验资料

在计时人员工资类别中，应付工资总额等于工资项目“工资”，设置分摊类型名称为“计时人员工资分摊”，分摊比例 100%，凭证类别号为“转”，薪资费用分配的转账分录如表 6-6 所示。

表 6-6　转账分录

部门	人员类别	应付职工薪酬/职工薪酬/工资	
		借方科目	贷方科目
行政部、财务部、采购部、仓储部	管理	66020101	22110101
销售部、服务部	经营	66010101	22110101
一车间、二车间	车间管理	51010101	22110101

实验过程

1. 工资分摊设置

选择“人力资源”|“薪资管理”|“工资类别”|“打开工资类别”，选择计时人员工资类别。

选择“人力资源”|“薪资管理”|“设置”|“分摊类型设置”，单击“增加”，输入实验资料，如图 6-16 所示。

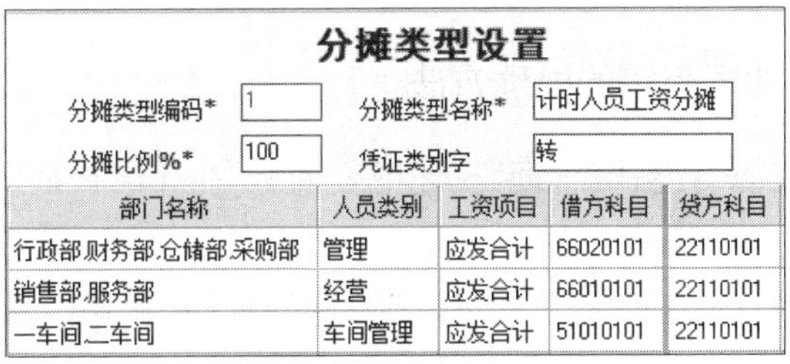

图 6-16　计时人员工资分摊类型设置

2. 执行工资分摊

选择“人力资源”|“薪资管理”|“业务处理”|“工资分摊”，选中左边栏中的“计时人员工资分摊”，然后选择参与分摊的部门，勾选“明细到工资项目”和“分配到部门”，如图 6-17 所示。

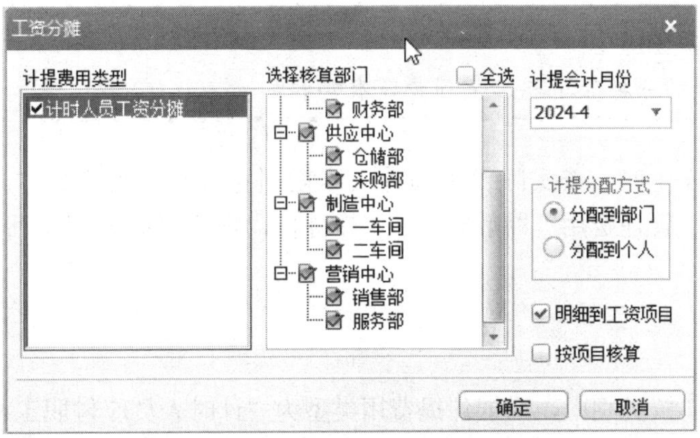

图 6-17　计时人员工资分摊设置

单击“确定”，进入计时人员工资分摊一览表，如图 6-18 所示。

计时人员工资分摊一览表

☐ 合并科目相同、辅助项相同的分录

类型 计时人员工资分摊　　计提会计月份 4月

部门名称	人员类别	应发合计		
		分配金额	借方科目	贷方科目
行政部	管理	27900.00	66020101	22110101
财务部		30600.00	66020101	22110101
仓储部		10600.00	66020101	22110101
采购部		21200.00	66020101	22110101
一车间	车间管理	24200.00	51010101	22110101
二车间		22700.00	51010101	22110101
销售部	经营	21100.00	66010101	22110101
服务部		10550.00	66010101	22110101

图 6-18　计时人员工资分摊一览表

勾选“合并科目相同、辅助项相同的分录”，单击“制单”，生成凭证。凭证类型选择转账凭证，单击“保存”后生成凭证。

3. 生成工资分摊凭证有错的处理方法

（1）选择“人力资源”|“薪资管理”|“凭证查询”，在凭证查询窗口，可以删除前面生成的有误凭证。

（2）选择“财务会计”|“总账”|“凭证”|“填制凭证”，单击“整理凭证”就可以彻底清除这张凭证。

（3）建立新的工资分摊方案，可以按新的方案生成凭证。

所有与工资相关的费用、基金都可以建立相应的分摊类型名称及分配比例，通过工资分摊计算并生成凭证，工资分摊设置应按分摊顺序完成。

6.3.3　计时人员职工福利费分摊

AI 助手探秘

企业工资的分摊除了职工福利费还有哪些？

职工福利费发生时，按实际发生额计入当期损益或相关资产成本，借记“生产成本”“制造费用”“管理费用”“销售费用”等科目，贷记“应付职工薪酬/职工福利费”科目。

实验资料

在计时人员工资类别中，增加计提费用类型为“计时人员应付职工福利费”，公司职工福利费的计提依据为公司应付工资总额的 14%，转账分录如表 6-7 所示。

表 6-7　转账分录

部门	人员类别	应付职工薪酬/职工薪酬/职工福利费	
		借方科目	贷方科目
行政部、财务部、仓储部、采购部	管理	66020102	22110102
销售部、服务部	经营	66010102	22110102
一车间、二车间	车间管理	51010102	22110102

实验过程

1. 工资分摊设置

选择“人力资源”|“薪资管理”|“工资类别”|“打开工资类别”，选择计时人员工资类别。

选择“人力资源”|“薪资管理”|“设置”|“分摊类型设置”，单击“增加”，输入实验资料信息后如图 6-19 所示。

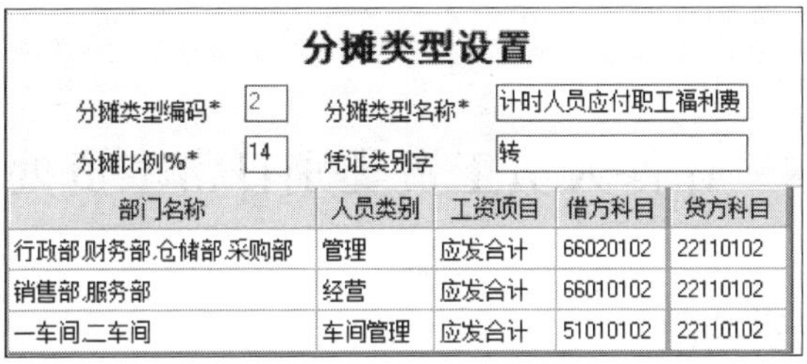

图 6-19　计时人员应付职工福利费分摊类型设置

2. 执行工资分摊

选择“人力资源”|“薪资管理”|“业务处理”|“工资分摊”，勾选左边栏的“计时人员职工福利费”，选择参与分摊的部门，勾选“明细到工资项目”和“分配到部门”，如图 6-20 所示。

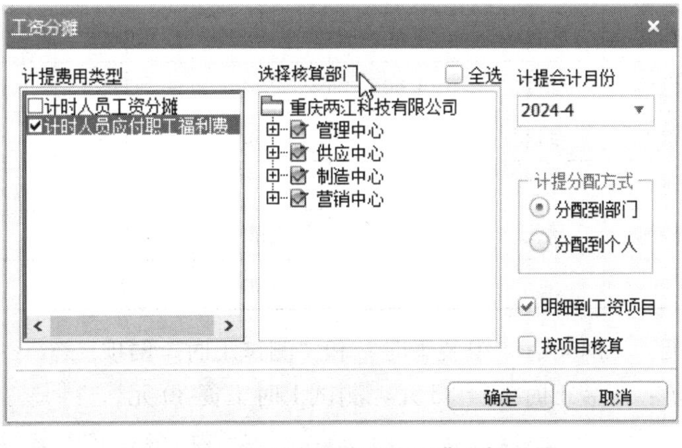

图 6-20　计时人员职工福利费分摊设置

单击“确定”，进入计时人员应付职工福利费一览表，勾选“合并科目相同、辅助项相同的分录”，如图 6-21 所示。单击“制单”生成凭证。凭证类型选择转账凭证，单击“保存”完成。

计时人员应付职工福利费一览表

☑ 合并科目相同、辅助项相同的分录

类型 计时人员应付职工福利费　　计提会计月份 4月

部门名称	人员类别	应发合计				
		计提基数	计提比例	计提金额	借方科目	贷方科目
行政部	管理	27900.00	14.00%	3906.00	66020102	22110102
财务部		30600.00	14.00%	4284.00	66020102	22110102
仓储部		10600.00	14.00%	1484.00	66020102	22110102
采购部		21200.00	14.00%	2968.00	66020102	22110102
一车间	车间管理	24200.00	14.00%	3388.00	51010102	22110102
二车间		22700.00	14.00%	3178.00	51010102	22110102
销售部	经营	21100.00	14.00%	2954.00	66010102	22110102
服务部		10550.00	14.00%	1477.00	66010102	22110102

图 6-21　计时人员应付职工福利费一览表

6.4　计件人员工资类别日常工资处理

6.4.1　计件人员工资数据

实验资料

本单位计件人员工资情况如表 6-8 所示。

表 6-8　计件人员工资情况

人员编码	人员姓名	工作岗位	岗位补贴	交通补贴	计件工时	上月累计应税所得额
703	天河飞	组装	1 000	150	170	15 000
704	秦半岛	组装	1 000	150	180	14 000
803	叶海甸	组装	1 000	150	175	15 000
804	万银大	组装	1 000	150	185	14 000
805	朱海风	组装	1 000	150	175	16 000
806	温琼海	测试	1 000	150	185	15 000
合计			6 000	900	1 070	89 000

计件工资标准：工时，有“组装工时”和“测试工时”两项。

计件工资单价：组装工时工资 35 元，测试工时工资 30 元。

实验过程

1. 选择工资类别

选择“人力资源”|“薪资管理”|“工资类别”|“打开工资类别”，选择计件人员工资类别。

2. 设置扣税项目和税率

选择“人力资源”|“薪资管理”|“设置”|“选项”，在“扣税设置”页面，单击“编辑”，将应税计算项目设置为“本月累计应税所得额”，税款所属期设置为“当月”，单击“税率设置”，修改附加费用金额为“0”。

税率设置检查与计时人员工资类别相同，请参考计时人员的设置方法。

3. 录入工资数据

选择“人力资源”|“薪资管理”|“业务处理”|“工资变动”，输入工资数据，单击“计算”，系统根据定义好的公式，自动计算工资表，如图 6-22 所示。鼠标移动到输入区单击右键，选择“项目过滤”，可以选择在输入区展示的项目。

工资变动

过滤器 所有项目 定位器 录

姓名	部门	人员类别	岗位补贴	交通补贴	计件工时	工时工资	计件结算	应发合计
天河飞	一车间	车间工人	1,000.00	150.00	170.00	35.00	5,950.00	7,100.00
秦半岛	一车间	车间工人	1,000.00	150.00	180.00	35.00	6,300.00	7,450.00
叶海甸	二车间	车间工人	1,000.00	150.00	175.00	35.00	6,125.00	7,275.00
万银大	二车间	车间工人	1,000.00	150.00	185.00	35.00	6,475.00	7,625.00
朱海风	二车间	车间工人	1,000.00	150.00	175.00	35.00	6,125.00	7,275.00
温琼海	二车间	车间工人	1,000.00	150.00	185.00	30.00	5,550.00	6,700.00
			6,000.00	900.00	1,070.00	205.00	36,525.00	43,425.00

图 6-22 工资变动（应发部分）

实发部分中的部分内容如图 6-23 所示。

工资变动

过滤器 所有项目 定位器

姓名	部门	人员类别	应发合计	养老保险	失业保险	医疗保险	公积金
天河飞	一车间	车间工人	7,100.00	409.44	25.59	102.36	614.16
秦半岛	一车间	车间工人	7,450.00	409.44	25.59	102.36	614.16
叶海甸	二车间	车间工人	7,275.00	409.44	25.59	102.36	614.16
万银大	二车间	车间工人	7,625.00	409.44	25.59	102.36	614.16
朱海风	二车间	车间工人	7,275.00	409.44	25.59	102.36	614.16
温琼海	二车间	车间工人	6,700.00	409.44	25.59	102.36	614.16
			43,425.00	2,456.64	153.54	614.16	3,684.96

图 6-23 工资变动（实发部分中的部分内容）

若金额出现错误，可尝试多次完成计算和汇总，还需返回检查公式设置，如果公式错误，按计件人员工资项目重新设置即可。

4. 扣缴个人所得税

选择“人力资源”|“薪资管理”|“业务处理”|“扣缴所得税”，选择系统扣缴个人所得税报表后单击“打开”，按默认设置后单击“确定”完成。

AI助手探秘

怎样计算企业承担的为职工缴纳的社保和医保等费用？

企业为职工缴纳的社保和医保费用记入什么会计科目？

6.4.2 计件人员工资分摊

实验资料

在计件人员工资分摊中，设置分摊类型名称为“计件人员应付工资”，分摊比例100%，凭证类别号为“转”，薪资费用分配的转账分录如表 6-9 所示。

表 6-9 转账分录

部门	人员类别	应付职工薪酬/职工薪酬/工资	
		借方科目	贷方科目
一车间、二车间	车间工人	51010101	22110101

实验过程

1. 工资分摊设置

选择“人力资源”|“薪资管理”|“工资类别”|“打开工资类别”，选择计件人员工资类别。

选择“人力资源”|“薪资管理”|“设置”|“分摊类型设置”，单击“增加”，输入实验资料，在计提类型名称处输入“计件人员应付工资”，分摊比例 100%，凭证类别字选择“转”，如图 6-24 所示。

分摊类型设置

分摊类型编码* 1　分摊类型名称* 计件人员应付工资

分摊比例%* 100　凭证类别字 转

部门名称	人员类别	工资项目	借方科目	贷方科目
一车间,二车间	车间工人	应发合计	51010101	22110101

图 6-24 计件人员应付工资分摊类型设置

2. 执行工资分摊

选择“人力资源”|“薪资管理”|“业务处理”|“工资分摊”，勾选左边栏“计件人员应付工资”，选择参与分摊的部门，勾选“明细到工资项目”和“分配到部门”，如图 6 - 25 所示。

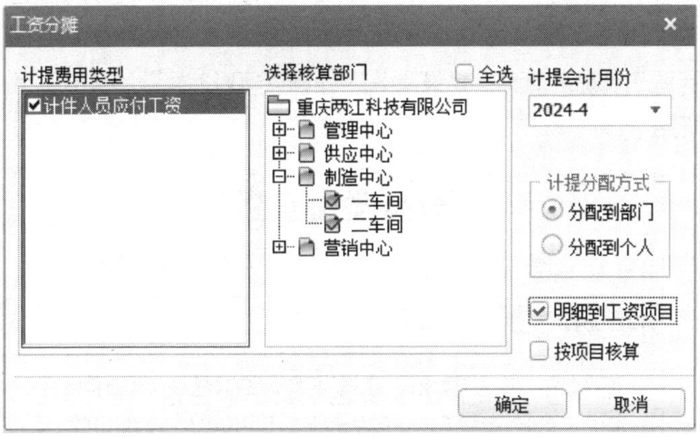

图 6 - 25　计件人员应付工资分摊

单击“确定”，进入计件人员应付工资一览表，勾选“合并科目相同、辅助项相同的分录”，如图 6 - 26 所示。单击“制单”，凭证类型选择转账凭证，单击“保存”完成。

计件人员应付工资一览表

合并科目相同、辅助项相同的分录

类型 计件人员应付工资　　计提会计月份 4月

部门名称	人员类别	应发合计		
		分配金额	借方科目	贷方科目
一车间	车间工人	14550.00	51010101	22110101
二车间		28875.00	51010101	22110101

图 6 - 26　计件人员应付工资一览表

如果计件工资较复杂，应采用计件工资模块管理，数据能传递到工资业务。

6.4.3　计件人员职工福利费分摊

实验资料

在计件人员工资类别中，增加计提费用类型为“计件人员应付职工福利费”，公司职工福利费的计提依据为公司应付工资总额的 14%，如表 6 - 10 所示。

表 6 - 10　转账分录

部门	人员类别	应付职工薪酬/职工薪酬/职工福利费	
		借方科目	贷方科目
一车间、二车间	车间工人	51010102	22110102

实验过程

1. 职工福利费分摊设置

选择“人力资源”|“薪资管理”|“工资类别”|“打开工资类别”，选择计件人员工资类别。

选择“人力资源”|“薪资管理”|“设置”|“分摊类型设置”，单击“增加”输入实验资料，如图6-27所示。

图6-27　计时人员应付职工福利费分摊类型设置

2. 执行职工福利费分摊

选择“人力资源”|“薪资管理”|“业务处理”|“工资分摊”，勾选左边栏“计时人员职工福利费”，勾选“明细到工资项目”和“分配到部门”，如图6-28所示。

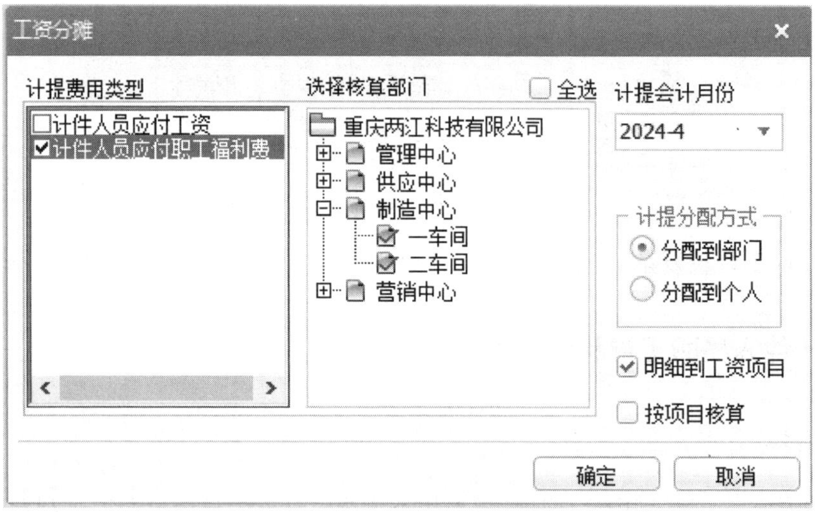

图6-28　计时人员职工福利费分摊设置

单击“确定”，进入计件人员应付职工福利费一览表，勾选“合并科目相同、辅助项相同的分录”，如图6-29所示。单击“制单”，凭证类型选择转账凭证，单击“保存”完成。

部门名称	人员类别	应发合计				
		计提基数	计提比例	计提金额	借方科目	贷方科目
一车间	车间工人	14550.00	14.00%	2037.00	51010102	22110102
二车间	车间工人	28875.00	14.00%	4042.50	51010102	22110102

图6-29 计件人员应付职工福利费一览表

操作提示

实务工作中，计时（计件）人员需计提的内容还会涉及工会经费、职工教育经费等内容。其计提的方式、方法和操作步骤与应付职工福利费类似，仅科目不同。计提工会经费的贷方科目为“应付职工薪酬/工会经费”；计提职工教育经费的贷方科目为“应付职工薪酬/职工教育经费”。

6.5 工资汇总

职工在各工资类别发放的工资，常需汇总工资类别而掌握总体情况，可查询与分析数据。

（1）关闭工资类别。选择“人力资源”|“薪资管理”|“工资类别”|“关闭工资类别”，关闭已经打开的工资类别。

（2）进行工资类别汇总。选择“人力资源”|“薪资管理”|“维护”|“工资类别汇总”，选择要汇总的工资类别，此处选择仅有的两个工资类别，单击“确定”，完成汇总，生成新的工资类别“998 汇总工资类别”。

（3）打开汇总工资类别。选择“人力资源”|“薪资管理”|“工资类别”|“打开工资类别”，选择“998 汇总工资类别”。

（4）汇总工资类别计算公式设置。汇总工资类别是将选定的工资类别按照人员归集和汇总，即建立一个新的工资类别，按照需要建立汇总工资表的计算公式。选择“人力资源”|“薪资管理”|“设置”|“工资项目设置”，进入公式设置，自动定义应发合计、扣款合计、实发合计的公式。如果需要新的定义，就要设置新的公式，本实验保持默认设置。然后在“工资项目设置”中调整项目顺序，符合汇总的阅读需要。

（5）汇总工资信息查询。选择“人力资源”|“薪资管理”|“业务处理”|“工资变动”，可查看汇总的工资表，项目顺序是在工资项目设置中确定的。汇总工资类别不需要时可以删除。

6.6 工资信息查询

当分类别的工资月末处理完成后，选择“人力资源”|“薪资管理”|“工资类别”|“打开工资类别”，选择需要打开的工资类别。

选择“人力资源”|“薪资管理”|“账表”|“我的账表”，显示相关的报表目录，根据需要选择。

6.7 薪金发放——银行代发

职工薪酬实际发放时，借记“应付职工薪酬/工资”科目，贷记“银行存款”“库存现金”“其他应收款”“应交税费/应交个人所得税”等科目。

实验资料

重庆两江科技有限公司每月30日发放当月工资。

实验过程

选择“人力资源”|“薪资管理”|“工资类别”|“打开工资类别”，选择“998汇总工资类别”，单击“确定”，在主界面右下角显示当前工资类别为998汇总工资类别。

选择“人力资源”|“薪资管理”|“业务处理”|“银行代发”，依次单击“全选”“确定”，选择“银行模板”|“中国工商银行”，单击“确定”，进入银行代发一览表，单击“方式”，进入“文件方式设置”窗口，在“常规”页面中选择银行要求的文件格式。在“高级”页面中仅勾选“数值型是否输出小数点”，单击“确定”，系统提示“确定当前设置文件格式?”选择“是”，返回银行代发页面，单击“输出”，选择保存路径，输入文件名，按设定的保存类型，单击“保存”完成。

6.8 AI拓展学习

（1）企业员工的类别。

（2）企业员工应享受的社会保障有哪些?

（3）企业薪资发放的时间。

（4）企业住房公积金缴纳的比例，并举例说明。

（5）个人所得税的计算方法。

即测即评

思考题

1. 简述薪资核算系统的主要流程。
2. 请简述薪资核算系统的应用主要流程。
3. 简述信息化后工资业务的处理过程。
4. 薪资核算系统与总账系统的联系体现在哪些方面?
5. 工资分摊的目的是什么?

第7章

采购与应付业务

7.1 采购业务处理

7.1.1 供应链管理及与其他系统的关系

从总账看，采购、销售、库存是业务数据入口，所有数据进入系统完成业务处理后，到总账完成账务处理，总账是会计数据处理的中心，采购、销售、库存与总账的关系如图 7-1 所示。

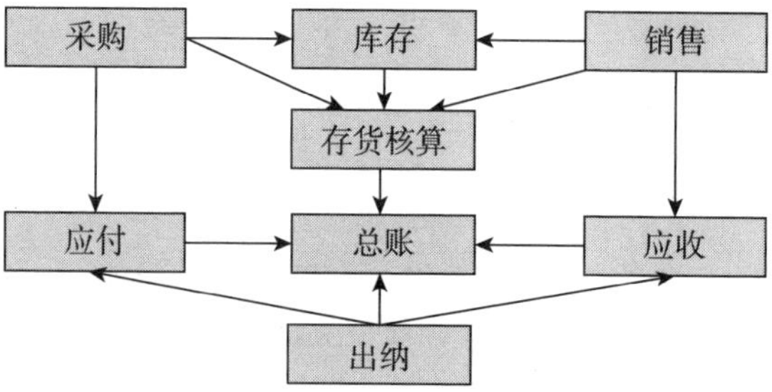

图 7-1 采购、销售、库存与总账的关系图

7.1.2 采购管理

采购过程是指企业获取其所需资源（包括各类原材料、配件、固定资产等）的业务过程。因此，采购模块可处理购买、维护及支付等业务。在此过程中，采用商业信用结账，与应付业务有密切联系。采购过程的总目标是获取、维护和支付组织所需的资源，

也就是为组织的经营过程提供必需的资源。

采购模块是一个重要组成部分，其主要功能有采购业务管理和采购核算，其中采购业务管理是采购模块的基础，可实现拟订采购计划，在经营过程中合理配置采购资金和人力资源，实施监控计划的执行情况；同时管理供应渠道、商品质量、价格、优惠条件等，选择优秀合作伙伴，提高采购性价比；还可以对业务部门及业务人员进行业绩考评。采购核算功能则是处理商品或材料等购进业务，以及在采购过程中发生的费用摊销。通过采购单据记载采购过程，根据采购单据形成应付账款。同时管理和核算受托代销商品。针对直运销售业务专门提供直运采购核算，以及生成采购记账凭证、查询及打印各种账表等。

不同行业的企业采购过程不同。其中制造企业与商业企业的采购过程具有较大的代表性，分析并总结两者的采购过程，其基本业务流程如下：

1. 拟订购货计划

企业为降本增效，通常会建立存货再购点制度，即对各项存货设定最低库存水平。企业根据生产经营计划及存货的消耗量拟订采购计划。需要采购部门或个人提交请购单，如当库存量达到再订货点时，可根据需求提交请购单。请购单包括请购项目、部门及批准请购的主管人员签字等信息。

2. 选出供应商并发出采购订单

采购部门复查请购单，如批准请购，应根据采购项目挑选供应商并编制采购订单。采购订单的部分内容与请购单相同，另外还包括核准信息、供应商信息、采购期限及商品价格信息等。采购订单用于传递外部供应商和内部部门间的授权信息。

3. 验收购入物品

当物品到达时，验收部门应根据来自采购部门的采购订单（验收部门）完成验收。检查货物是否与采购订单上的详细项目一致，通过计数、过秤、测量、化验等手段验证数量和质量，并在验收单上记录结果。验收单内容包括存货品名规格、验收数量、到货时间及存货状况（如质量等）。

4. 信息记录和会计处理

验收后，根据购入物品的验收资料更新存货明细账和应付账款明细账。采购部门收到供应商发票，复核相关报销所需附件，提交会计部门审核付款或确认负债。此时需复查四张单据：采购订单确认经采购部门授权的采购；验收单确认商品已验收；入库单确认物料已经入库；发票确认供应商发票计算的正确性。如果订购项目与验收项目存在差异，应与供应商联系。在复查后，处理将要支付的款项。

5. 定期汇总购货交易的各项资料

会计部门复查采购确认负债后，应进行相应的账务处理。

6. 付款

当到达付款节点，组织复查其有关负债并支付相应的货款。

采购管理与其他业务系统的数据关系如图 7－2 所示。

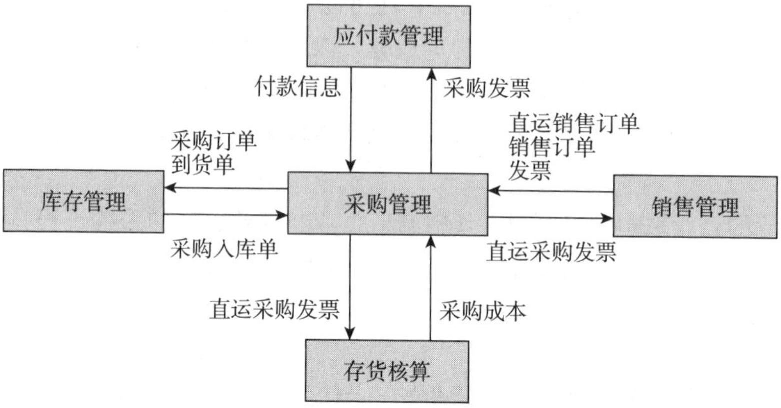

图 7－2　采购管理与其他业务系统的数据关系

AI 助手探秘

采购管理与总账之间的关系。

7.1.3　设置基础信息

实验资料

1. 计量单位

计量单位的有关信息如表 7－1 所示。

表 7－1　计量单位

计量单位组名称	计量单位编码	计量单位名称	换算方式	换算率	主计量单位
01：自然单位组，无换算率	0100	其他	无换算率		
	0101	吨	无换算率		
	0102	台	无换算率		
	0103	块	无换算率		
	0104	箱	无换算率		
	0105	盒	无换算率		
	0106	个	无换算率		
	0107	套	无换算率		

续表

计量单位组名称	计量单位编码	计量单位名称	换算方式	换算率	主计量单位
01：自然单位组，无换算率	0108	千米	无换算率		
	0109	次	无换算率		
02：鼠标组，固定换算率	0200	只	固定换算率	1	是
	0201	箱	固定换算率	12	
03：硬盘组，固定换算率	0300	盒	固定换算率	1	是
	0301	箱	固定换算率	10	

2. 存货分类

存货分类如表 7－2 所示。

表 7－2　存货分类

类别编码	类别名称	类别编码	类别名称
1	原材料	2	产成品
101	主机	201	创智一体机
10101	处理器	202	扫描器
10102	硬盘	3	配套用品
10103	主板	301	配套硬件
102	显示屏	30101	打印机
103	电子秤	30102	服务器
104	机箱	302	配套软件
105	键盘	4	代管商品
106	鼠标	8	应税服务

3. 存货档案

存货档案如表 7－3 所示。

表 7－3　存货档案

类别	编码	名称	计量单位组	单位	属性
1		原材料			
101		主机			
10101		处理器			
10101	001	CN 处理器	自然单位组	盒	内销、采购、生产耗用
10101	002	INT 处理器	自然单位组	盒	内销、采购、生产耗用
10102		硬盘			

续表

类别	编码	名称	计量单位组	单位	属性
10102	003	2TSSD 硬盘	硬盘组	盒	内销、采购、生产耗用
10102	004	1TSSD 硬盘	硬盘组	盒	内销、采购、生产耗用
10103		主板			
10103	005	MS 智能主板	自然单位组	块	内销、采购、生产耗用
102		显示屏			
102	006	LED 触摸屏	自然单位组	块	内销、采购、生产耗用
102	007	LED 显示屏	自然单位组	块	内销、采购、生产耗用
103		电子秤			
103	008	普通电子秤	自然单位组	台	内销、采购、生产耗用
103	009	防水电子秤	自然单位组	台	内销、采购、生产耗用
104		机箱			
104	010	A 型机箱	自然单位组	个	内销、采购、生产耗用
104	011	B 型机箱	自然单位组	个	内销、采购、生产耗用
105		键盘			
105	012	有线键盘	自然单位组	个	内销、采购、生产耗用
105	013	无线键盘	自然单位组	个	内销、采购、生产耗用
106		鼠标			
106	014	有线鼠标	鼠标组	只	内销、采购、生产耗用
106	015	无线鼠标	鼠标组	只	内销、采购、生产耗用
2		产成品			
201		创智一体机			
201	016	创智 X 号	自然单位组	台	内销、自制、计件、服务产品
201	017	创智 N 号	自然单位组	台	内销、自制、计件、服务产品
202		扫描器			
202	018	手持扫描器	自然单位组	个	内销、自制、生产耗用、计件、服务产品
202	019	桌面扫描器	自然单位组	个	内销、自制、生产耗用、计件、服务产品
3		配套用品			
301		配套硬件			
30101		打印机			
30101	020	HP 打印机	自然单位组	台	内销、采购
30102		服务器			

续表

类别	编码	名称	计量单位组	单位	属性
30102	021	联想服务器	自然单位组	台	内销、采购
30102	022	HP服务器	自然单位组	台	内销、采购
302		配套软件			
302	023	操作系统	自然单位组	套	内销、采购、生产耗用
302	024	发票系统	自然单位组	套	内销、采购、生产耗用
4		代管商品			
4	025	摄像头	自然单位组	台	内销、外销、采购、生产耗用
8	800	运费	自然单位组	千米	外销、采购、应税劳务
8	801	维修费	自然单位组	其他	服务项目
8	802	代销手续费	自然单位组	次	内销、采购、应税劳务

运费、维修费、代销手续费的计价方法为个别计价法，其他的按仓库计价。除运费、维修费、代销手续费的增值税税率为6%外，其他均为13%。

4. 仓库档案

仓库档案如表7-4所示。

表7-4　仓库档案

仓库编码	仓库名称	计价方式
1	原料库	移动平均法
2	成品库	全月平均法
3	配套用品库	全月平均法
4	代管仓库	全月平均法
5	备用仓库	个别计价法

存货核算方式为按照仓库核算，其中代管仓库需勾选“代管仓库”，其余设置保持默认。

5. 收发类别

收发类别如表7-5所示。

表7-5　收发类别

编码	名称	标志	编码	名称	标志
1	正常入库	收	3	正常出库	发
101	采购入库	收	301	销售出库	发
102	产成品入库	收	302	领料出库	发

续表

编码	名称	标志	编码	名称	标志
103	调拨入库	收	303	调拨出库	发
104	代管入库	收	304	代管出库	发
105	组装入库	收	305	组装出库	发
2	非正常入库	收	4	非正常出库	发
201	盘盈入库	收	401	盘亏出库	发
202	其他入库	收	402	其他出库	发

6. 采购类型

采购类型如表 7－6 所示。

表 7－6 采购类型

编码	名称	入库类别	默认值
1	普通采购	采购入库	是
2	代管采购	代管入库	否

7. 销售类型

销售类型如表 7－7 所示。

表 7－7 销售类型

编码	名称	出库类别	默认值
1	经销	销售出库	是
2	代销	销售出库	否
3	直运销售	销售出库	否
4	分期收款	销售出库	否

8. 单据编号

将应收款管理、应付款管理下所有单据的单据编号设置改为“手工改动，重号时自动重取”，将流水依据长度改为 3 位。在实验中，可手工输入，可自动获取。在实际工作中，发票一般需要输入实际的发票号，以便对账。

9. 代管业务设置

公司存在代管业务，在采购管理系统中启用代管业务；设置代管商品（025 摄像头）的默认供应商为重庆问之电子公司。在代管消耗规则中设置“其他出库单”为代管消耗。如表 7－8 所示。

表7-8　代管消耗规则

单据类型	红蓝标识	系统预置
其他出库单	蓝字	否
其他出库单	红字	否

10. 付款申请单设置

在应付款管理模块中启用付款申请单，选择“付款申请单审批后自动生成付款单”，付款申请单来源有“应付单”“合同”两项。

11. 现金折扣设置

在应付款管理的设置中，勾选“自动计算现金折扣”。

实验过程

1. 设置计量单位组

选择“基础设置”|“基础档案”|“存货”|“计量单位”，单击“分组”，在计量单位组窗口，单击“增加”，输入计量单位组信息，单击“保存”完成。用相同的方法完成其他计量单位组设置，完成后如图7-3所示。

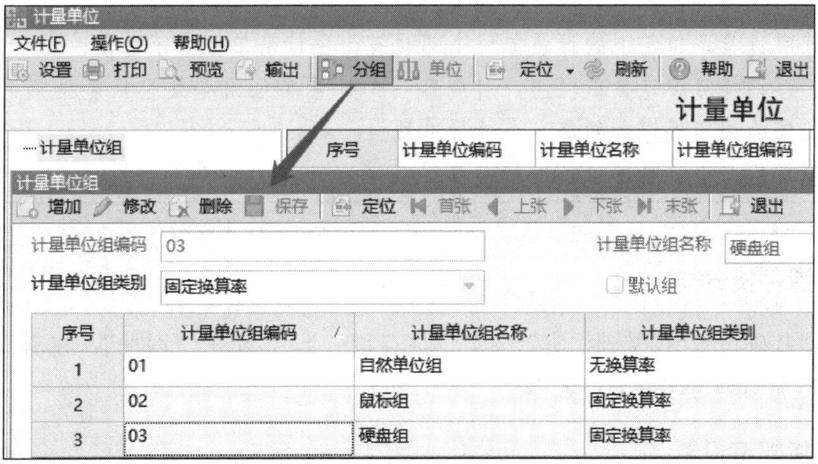

图7-3　计量单位组

无换算率计量单位组：该组的所有计量单位以单独形式存在，各计量单位间不需输入换算率，系统默认为主计量单位。

固定换算率计量单位组：包括多个计量单位，一个主计量单位、多个辅计量单位。

浮动换算率的计量单位组：仅包括两个计量单位，一个主计量单位、一个辅计量单位。

2. 设置计量单位

选择“基础设置”|“基础档案”|“存货”|“计量单位”，选择左边计量单位组，单击

“单位”，在计量单位设置单击“增加”，输入计量单位信息，如图7-4所示。

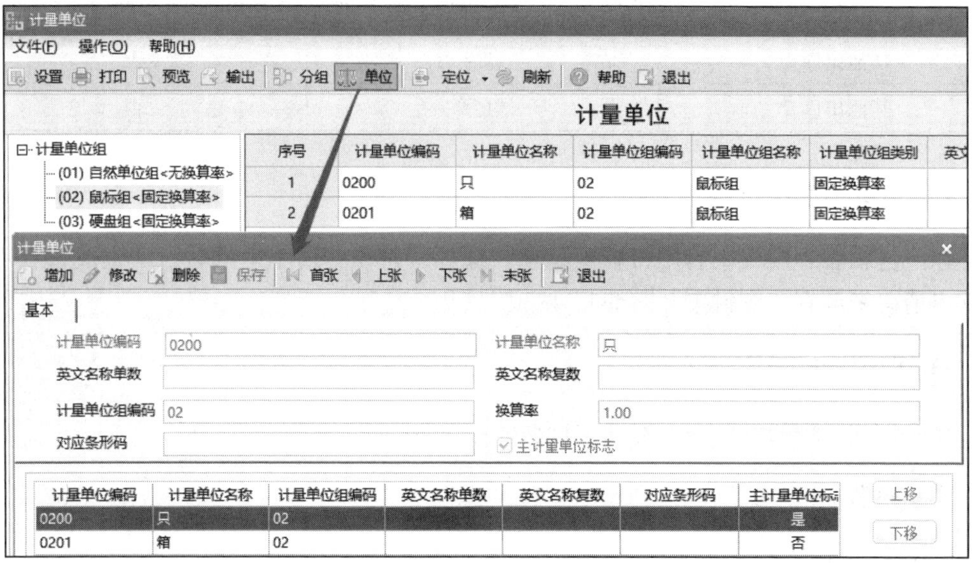

图7-4 计量单位

用相同的方法继续增加剩余的计量单位直至完成。

操作提示

主计量单位标志：打勾选择，不可修改。

无换算率计量单位组下的计量单位全部缺省为主计量单位，不可修改。

固定、浮动换算率计量单位组：对应每一个计量单位组必须且只能设置一个主计量单位，默认值为该组下增加的第一个计量单位。

辅计量单位与主计量单位可进行换算。

3. 设置存货分类

选择“基础设置”|“基础档案”|“存货”|“存货分类”，单击“增加”，在窗口右边栏中输入存货类别编码与存货类别名称。

4. 存货档案设置

选择“基础设置”|“基础档案”|“存货”|“存货档案”，单击“增加”，在“基本”页输入存货档案后保存，结果如图7-5所示。

在“价格成本”页设置税率、计价方式，完成存货档案设置，结果如图7-6所示。

5. 仓库档案设置

(1) 仓库档案设置。选择“基础设置”|“基础档案”|“业务”|“仓库档案”，单击“增加”，根据实验资料录入仓库编码、仓库名称、计价方式等信息。单击“保存”，系统将保存并新增空白卡片，结果如图7-7所示。

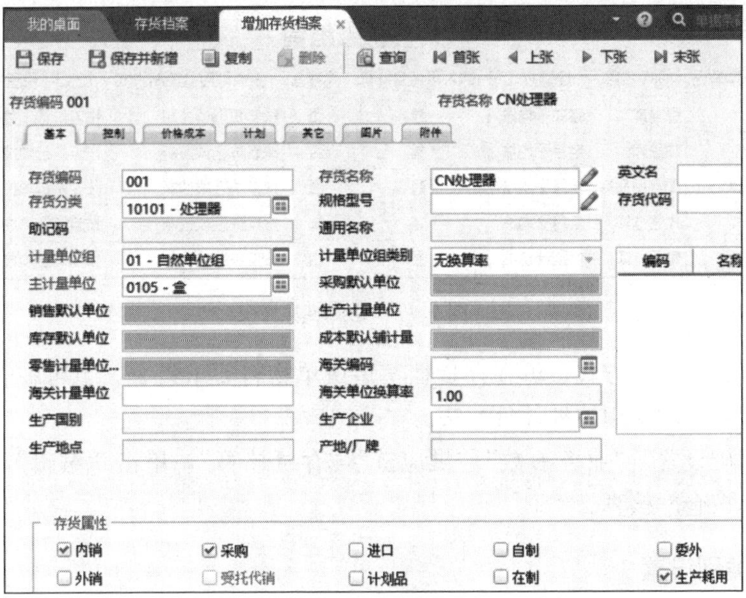

图 7－5　存货档案信息录入（基本）

存货档案

序号	选择	存货编码	存货名称	存货大类编码	启用日期	计量单位组名称	计量单位组类别	主计量单位名称
1	☐	001	CN处理器	10101	2024-04-01	自然单位组	无换算率	盒
2	☐	002	INT处理器	10101	2024-04-01	自然单位组	无换算率	盒
3	☐	003	2TSSD硬盘	10102	2024-04-01	硬盘组	固定换算率	盒
4	☐	004	ITSSD硬盘	10102	2024-04-01	硬盘组	固定换算率	盒
5	☐	005	MS智能主板	10103	2024-04-01	自然单位组	无换算率	块
6	☐	006	LED触摸屏	102	2024-04-01	自然单位组	无换算率	块
7	☐	007	LED显示屏	102	2024-04-01	自然单位组	无换算率	块
8	☐	008	普通电子秤	103	2024-04-01	自然单位组	无换算率	台
9	☐	009	防水电子秤	103	2024-04-01	自然单位组	无换算率	台
10	☐	010	A型机箱	104	2024-04-01	自然单位组	无换算率	个
11	☐	011	B型机箱	104	2024-04-01	自然单位组	无换算率	个
12	☐	012	有线键盘	105	2024-04-01	自然单位组	无换算率	个
13	☐	013	无线键盘	105	2024-04-01	自然单位组	无换算率	个
14	☐	014	有线鼠标	106	2024-04-01	鼠标组	固定换算率	只
15	☐	015	无线鼠标	106	2024-04-01	鼠标组	固定换算率	只
16	☐	016	创智X号	201	2024-04-01	自然单位组	无换算率	台
17	☐	017	创智N号	201	2024-04-01	自然单位组	无换算率	台
18	☐	018	手持扫描器	202	2024-04-01	自然单位组	无换算率	个
19	☐	019	桌面扫描器	202	2024-04-01	自然单位组	无换算率	个
20	☐	020	HP打印机	30101	2024-04-01	自然单位组	无换算率	台
21	☐	021	联想服务器	30102	2024-04-01	自然单位组	无换算率	台
22	☐	022	HP服务器	30102	2024-04-01	自然单位组	无换算率	台
23	☐	023	操作系统	302	2024-04-01	自然单位组	无换算率	套
24	☐	024	发票系统	302	2024-04-01	自然单位组	无换算率	套
25	☐	025	摄像头	4	2024-04-01	自然单位组	无换算率	台
26	☐	800	运费	8	2024-04-01	自然单位组	无换算率	千米
27	☐	801	维修费	8	2024-04-01	自然单位组	无换算率	其他
28	☐	802	代销手续费	8	2024-04-01	自然单位组	无换算率	次

图 7－6　存货档案

☑ 打印序号(N)

仓库档案

序号	仓库编码	仓库名称	计价方式	纳入可用量计算	代管仓	销售可用量控制方式	出口可用量控制方式
1	1	原料库	移动平均法	是	否	按系统选项控制	按系统选项控制
2	2	成品库	全月平均法	是	否	按系统选项控制	按系统选项控制
3	3	配套用品库	全月平均法	是	否	按系统选项控制	按系统选项控制
4	4	代管仓库	全月平均法	是	是	按系统选项控制	按系统选项控制
5	5	备用仓库	个别计价法	是	否	按系统选项控制	按系统选项控制

图 7-7　仓库档案

（2）设置存货核算方式。可在存货档案里按单物料要求设置，也可在仓库档案里按仓库设置整仓物料均采用该种计价方法。

选择“基础设置”|“业务参数”|“供应链”|“存货核算”，单击“编辑”，在“核算方式”页，选择按仓库核算。

6. 收发类别设置

选择“基础设置”|“基础档案”|“业务”|“收发类别”，单击“增加”，根据实验资料录入收发类别的相关信息，如图 7-8 所示。

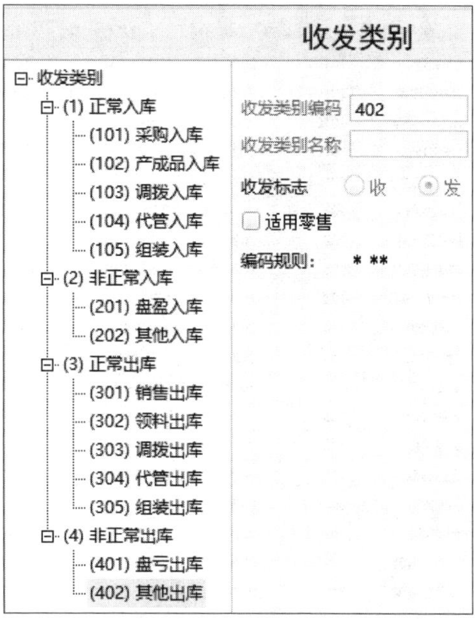

图 7-8　收发类别

7. 采购类型设置

选择“基础设置”|“基础档案”|“业务”|“采购类型”，单击“增加”，根据实验资料录入采购类型的相关信息，如图 7-9 所示。

采购类型						
序号	采购类型编码	采购类型名称	入库类别	是否默认值	是否委外默认值	参与需求计划运算
1	1	普通采购	采购入库	是	否	是
2	2	代管采购	代管入库	否	否	是

图7-9　采购类型

8. 销售类型设置

选择“基础设置”|“基础档案”|“业务”|“销售类型”，单击“增加”，根据实验资料录入销售类型的相关信息，如图7-10所示。

销售类型
文件(F)　操作(O)　帮助(H)
设置　打印　预览　输出　增加　修改　删除　保存

销售类型					
序号	销售类型编码	销售类型名称	出库类别	是否默认值	参与需求计划运算
1	1	经销	销售出库	是	是
2	2	代销	销售出库	否	是
3	3	直运销售	销售出库	否	是
4	4	分期收款	销售出库	否	是

图7-10　销售类型

9. 单据编号设置

单据编号可以按照需要设置。实际工作中一般使用真实的发票号，便于后续查询和核对。

选择“基础设置”|“单据设置”|“单据编号设置”，选择“应收款管理”|“其他应收单”，单击“”修改，选择“手工改动，重号时自动重取”，将流水号的长度改为3，保存后如图7-11所示。

其他单据的单据号设置方法相同，逐一设置。在“编号设置”页将编号设置为“完全手工编号”。出现空号，还可以在“查看流水号”中修改流水号的序号值，使序号不断号。

10. 代管业务设置

选择“供应链”|“采购管理”|“设置”|“选项”，在“业务及权限控制”页，勾选“启用代管业务”(其他选项不变)。

勾选启用代管业务后，需重新进入系统才能看到代管消耗规则。

选择“基础设置”|“基础档案”|“存货”|“存货档案”，选中“025-摄像头”档案记录，单击“修改”，打开修改存货档案窗口，在“控制”页面选择主要供货单位为重庆问之电子公司，单击“保存”，结果如图7-12所示。

图 7 - 11　单据编号设置

图 7 - 12　代管商品主要供货单位设置

选择“供应链”|“库存管理”|“设置”|“代管消耗规则”，进入后系统预设销售出库单（蓝/红字）、材料出库单（蓝/红字），单击“增加”，输入实验资料，如图 7 - 13 所示。

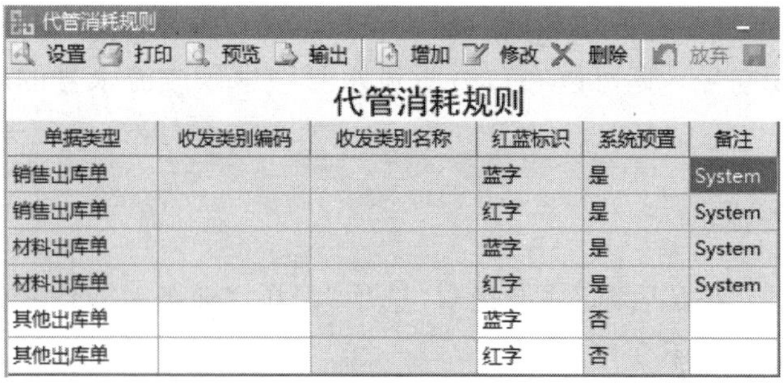

图 7 - 13　代管消耗规则

11. 付款申请单设置

选择“财务会计”|“应付款管理”|“设置”|“选项”，进入账套参数设置窗口，单击

“编辑”，系统提示“选项修改需要重新登录才能生效”，单击“确定”关闭。选择“收付款控制”页，勾选“启用付款申请单”，再勾选“付款申请单审批后自动生成付款单”，勾选付款申请单来源中的“应付单”“合同”（其他选项不变）。

发票编号、销售出库单等的编号是在增加或生成单据时自动生成的，系统是根据存储的编号自动加 1 生成编号，如果中间因故删除了单据，而存储的编号不会自动减 1，则可能出现断号情况。对打印出的单据，一般还采用打号机打号，防止断号引起误解，这也是一种保障手段。

12. 现金折扣设置

选择“财务会计”|“应付款管理”|“设置”|“选项”，单击“编辑”，系统弹出应付款管理窗口，提示“选项修改需要重新登录才能生效”，单击“确定”关闭，选择“常规”页，勾选“自动计算现金折扣”（其他选项不变），单击“确定”完成。

7.1.4 设置基础科目

实验资料

1. 存货核算

（1）存货科目设置。原料库：生产用原材料（140301）。成品库：库存商品（1405）。配套用品库：库存商品（1405）。

（2）对方科目设置。采购入库：在途物资（1402）。产成品入库：生产成本/直接材料（500101）。盘盈入库：待处理流动资产损溢（190101）。销售出库：主营业务成本（6401）。领料出库：生产成本/直接材料（500101）。

2. 应收款管理

（1）账套参数设置。坏账处理方式为应收余额百分比法；应收款核销方式为按单据；其他参数为系统默认。

（2）基本科目设置。应收科目（1122）；预收科目（2203）；销售收入科目（6001）；税金科目（22210105）；商业承兑科目（112102）；银行承兑科目（112101），其他可暂时不设置。

（3）控制科目设置。所有客户的控制科目均相同；应收科目（1122）；预收科目（2203）。

（4）结算方式科目设置。现金对应科目（1001）；现金支票对应科目（100201）；转账支票（人民币）对应科目（100201）；转账支票（美元）对应科目（100202）；支付宝对应科目（101201）；微信对应科目（101202）；网银转账对应科目（100201）；其他结算方式（100201）。

（5）坏账准备设置。提取比例 0.5%；期初余额 10 000；科目（1231）；对方科目（6701）。

（6）账期内账龄区间及逾期账龄区间的总天数项目设置。01 为 30 天；02 为 60 天；03 为 90 天；04 为 120 天。

（7）预警级别设置如表 7-9 所示。

表 7-9　预警级别

序号	起止比率	总比率（%）	级别名称
1	0～10%	10	A
2	10%～30%	30	B
3	30%～50%	50	C
4	50%～100%	100	D
5	100%以上		E

3. 应付款管理

（1）账套参数设置。应付款核销方式为按单据；其他参数为系统默认。

（2）基本科目设置。应付科目（2202）；预付科目（1123）；采购科目（1402）；税金科目（22210101）；商业承兑科目（220102）；银行承兑科目（220101），其他可暂时不设置。

（3）结算方式科目设置。现金对应科目（1001）；现金支票对应科目（100201）；转账支票（人民币）对应科目（100201）；转账支票（美元）对应科目（100202）；支付宝对应科目（101201）；微信对应科目（101202）；网银转账对应科目（100201）；其他结算方式（100201）。

账期内账龄区间与逾期账龄区间设置同应收款管理。

实验过程

1. 存货核算设置

（1）设置存货科目。选择“供应链”|“存货核算”|“设置”|“存货科目”，单击“增行”，录入实验资料，如图 7-14 所示。

图 7-14　存货科目

(2) 设置对方科目。选择“供应链”|“存货核算”|“设置”|“对方科目”，单击“增行”，录入实验资料，如图 7－15 所示。

收发类别编码	收发类别名称	对方科目编码	对方科目名称
101	采购入库	1402	在途物资
102	产成品入库	500101	直接材料
201	盘盈入库	190101	待处理流动资产损溢
301	销售出库	6401	主营业务成本
302	领料出库	500101	直接材料

图 7－15　对方科目

2. 应收款管理设置

(1) 账套参数设置。选择“财务会计”|“应收款管理”|“设置”|“选项”，在常规页面选择坏账处理方式为“应收余额百分比法”，在核销设置页面选择应收款核销方式为“按单据”。

(2) 基本科目设置。选择“财务会计”|“应收款管理”|“设置”|“科目设置”|“基本科目”，单击“增行”，按实验资料逐一设置科目，如图 7－16 所示。

基本科目种类	科目	币种
应收科目	1122	人民币
预收科目	2203	人民币
销售收入科目	6001	人民币
税金科目	22210105	人民币
商业承兑科目	112102	人民币
银行承兑科目	112101	人民币

图 7－16　基本科目设置

(3) 控制科目设置。选择“财务会计”|“应收款管理”|“设置”|“科目设置”|“控制科目”，单击“增行”，按实验资料逐一设置科目，如图 7－17 所示。

(4) 结算方式科目设置。选择“财务会计”|“应收款管理”|“设置”|“科目设置”|“结算科目”，单击“增行”，按实验资料逐一设置科目，如图 7－18 所示。

(5) 坏账准备设置。选择“财务会计”|“应收款管理”|“设置”|“初始设置”，选择左侧的“坏账准备设置”，按实验资料逐一设置，如图 7－19 所示。

序号	客户编码	客户名称	应收科目编码	应收科目名称	预收科目编码	预收科目名称
2	01	嘉陵	1122	应收账款	2203	预收账款
3	02	大华	1122	应收账款	2203	预收账款
4	03	长江	1122	应收账款	2203	预收账款
5	04	飞鸽	1122	应收账款	2203	预收账款
6	05	朝华	1122	应收账款	2203	预收账款
7	06	大江	1122	应收账款	2203	预收账款
8	99	零散客户	1122	应收账款	2203	预收账款

图 7-17　控制科目设置

结算方式	币种	本单位账号	科目
03 现金	人民币	787978797879	1001
01 现金支票	人民币	787978797879	100201
02 转账支票	人民币	787978797879	100201
02 转账支票	美元	112111211121	100202
04 支付宝	人民币	787978797879	101201
05 微信	人民币	787978797879	101202
06 网银转账	人民币	787978797879	100201
99 其他	人民币	787978797879	100201

图 7-18　结算方式科目设置

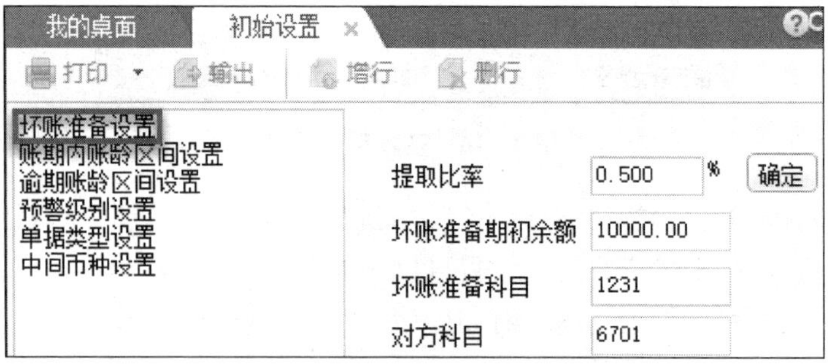

图 7-19　坏账准备设置

（6）账期内账龄区间设置。继续在初始设置窗口，选择左侧“账期内账龄区间设置”，按实验资料逐一设置，如图 7-20 所示。

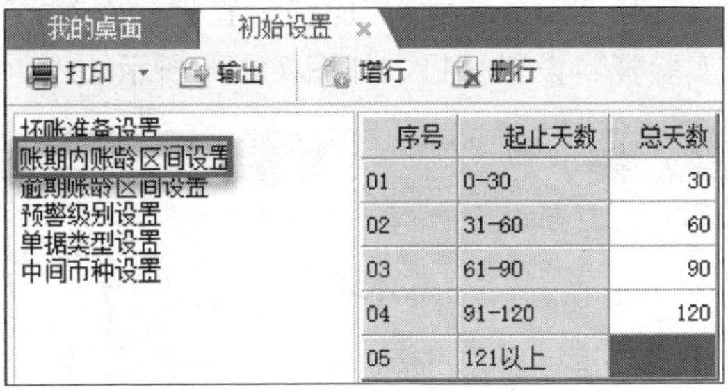

图7-20　账期内账龄区间设置

（7）逾期账龄区间设置。继续在初始设置窗口，选择“逾期账龄区间设置”，按实验资料逐一设置，如图7-21所示。

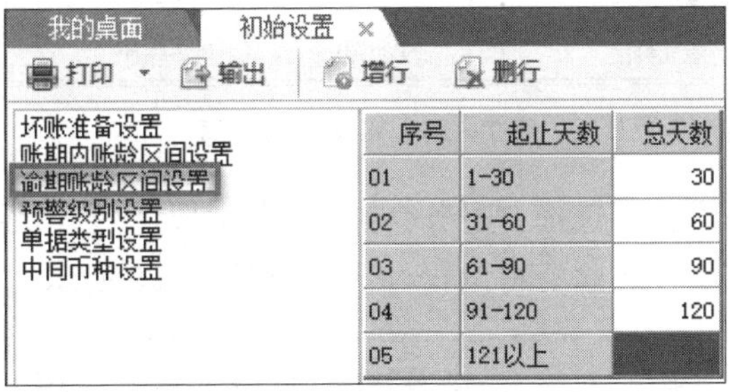

图7-21　逾期账龄区间设置

（8）预警级别设置。继续在初始设置窗口，选择“预警级别设置”，按实验资料逐一设置，如图7-22所示。

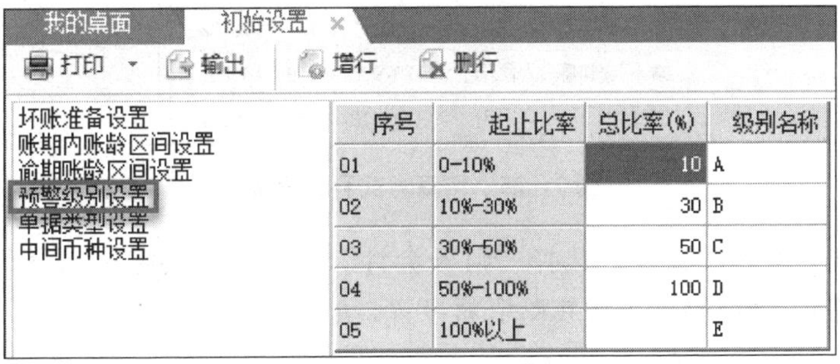

图7-22　预警级别设置

3. 应付款管理设置

（1）设置账套参数。选择“财务会计”|“应付款管理”|“设置”|“选项”，进入账套参数设置窗口，选择“核销设置”页，单击“编辑”，按实验资料设置参数，如图7-23所示。

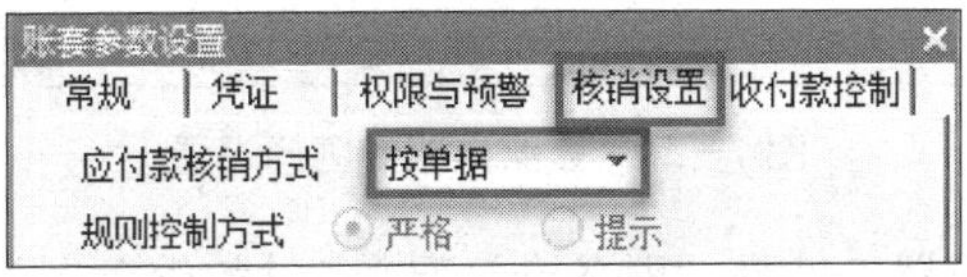

图7-23　账套参数设置

（2）基本科目设置。选择“财务会计”|“应付款管理”|“设置”|“科目设置”|“基本科目”，单击“增行”，按实验资料设置科目，如图 7－24 所示。

我的桌面 应付基本科目

打印 输出 增行 删除

基本科目

基本科目种类	科目	币种
应付科目	2202	人民币
预付科目	1123	人民币
采购科目	1402	人民币
税金科目	22210101	人民币
商业承兑科目	220102	人民币
银行承兑科目	220101	人民币

图 7－24　基本科目设置

（3）结算方式科目设置。选择“财务会计”|“应付款管理”|“设置”|“科目设置”|“结算科目”，单击“增行”，按实验资料设置科目，如图 7－25 所示。

结算方式科目

结算方式	币　种	本单位账号	科 目
03 现金	人民币	787978797879	1001
01 现金支票	人民币	787978797879	100201
02 转账支票	人民币	787978797879	100201
02 转账支票	美元	112111211121	100202
06 网银转账	人民币	787978797879	100201
99 其他	人民币	787978797879	100201

图 7－25　结算方式科目设置

（4）账期内账龄区间设置。选择“财务会计”|“应付款管理”|“设置”|“初始设置”，选择“账期内账龄区间设置”，按实验资料设置，如图 7－26 所示。

我的桌面 初始设置

打印 输出 增行 删除

账期内账龄区间设置
逾期账龄区间设置
预警级别设置
单据类型设置
中间币种设置

序号	起止天数	总天数
01	0-30	30
02	31-60	60
03	61-90	90
04	91-120	120
05	121以上	

图 7－26　账期内账龄区间设置

（5）逾期账龄区间设置。选择“财务会计”|“应付款管理”|“设置”|“初始设置”，选

择“逾期账龄区间设置”，按实验资料设置，如图 7－27 所示。

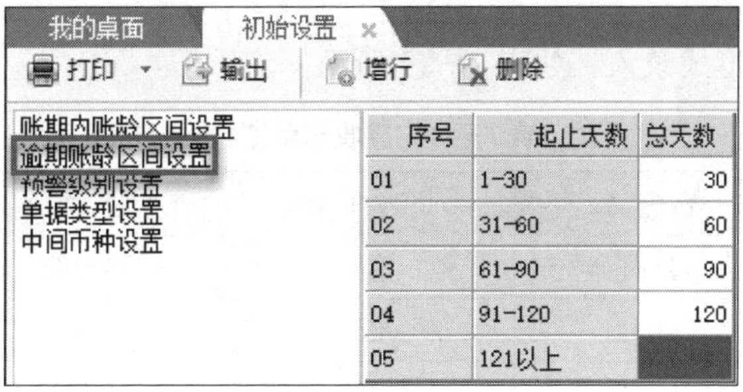

图 7－27　逾期账龄区间设置

7.1.5　期初余额

实验资料

1. 采购管理期初数据

2024 年 3 月 25 日，收到重庆大江公司提供的 2TSSD 硬盘 100 盒，暂估单价为 800 元，商品已验收入原料仓库，尚未收到发票。

2. 销售管理期初数据

2024 年 3 月 28 日，销售部向天津大华公司出售创智 X 号 10 台，报价（无税单价）为 6 500 元，由成品库发货。该发货单尚未开票。

3. 库存和存货核算期初数据

2024 年 3 月底，盘点各仓库，结果如表 7－10 所示。

表 7－10　库存盘点表

仓库名称	物料名称	单位	数量	结存单价	结存金额
原料库	CN 处理器	盒	700	1 200	840 000
	2TSSD 硬盘	盒	200	820	164 000
	小计				1 004 000
成品库	创智 X 号	台	580	4 800	2 784 000
	手持扫描器	个	250	150	37 500
	桌面扫描器	个	275	100	27 500
	小计				2 849 000
配套用品库	HP 打印机	台	400	1 800	720 000
合计					4 573 000

4. 应收款管理系统期初数据

应收款以应收单形式录入，如表 7－11 所示。

表 7－11　应收账款期初

日期	客户	方向	金额	业务员
03－10	天津大华公司	借	48 000	刘一江
03－17	重庆大江公司	借	10 000	刘一江
03－25	重庆嘉陵公司	借	79 600	刘一江
	合计	借	137 600	

5. 应付款管理系统期初数据

应付账款以应付单形式录入，如表 7－12 所示。

表 7－12　应付账款期初

日期	供应商	方向	金额	业务员
2024－01－20	重庆大江公司	贷	266 850	李天华

实验过程

1. 采购管理期初数据设置

选择“供应链”|“采购管理”|“采购入库”|“采购入库单”，单击“增加”|“空白单据”，输入实验资料，本实验属于货到发票未到的情况，如图 7－28 所示。

期初采购入库单　单据号/条码

入库单号 * 0000000001　入库日期 * 2024-03-25　仓库 * 原料库
订单号　到货单号　业务号
供货单位 * 大江　部门 采购部　业务员 李天华
到货日期　业务类型 普通采购　采购类型 普通采购
入库类别　审核日期　备注

删行　存量　排序定位　显示格式

	存货编码	存货名称	主计量单位	数量	本币单价	本币金额
1	003	2TSSD硬盘	盒	100.00	800.00	80000.00

图 7－28　期初采购入库单

输入完成，单击“保存”后退出。

选择“供应链”|“采购管理”|“设置”|“采购期初记账”，单击“记账”完成期初记账工作。记账后再选择本功能，则可以取消期初记账。

操作提示

若在输入存货编码后，系统提示没有该物料，此时可检查存货档案，选择“基础设置”|“基础档案”|“存货”|“存货档案”，如果有该物料的存货档案，就要检查存货属性是否设置（如内销、采购、生产耗用），这些属性将限制具体物料采购、销售、使用等范围。

2. 销售管理期初数据设置

选择“供应链”|“销售管理”|“设置”|“期初发货单”，单击“增加”|“空白单据”，输入实验资料，如图7－29所示，依次完成保存、审核操作后退出。

期初发货单

发货单号 * 0000000001　发货日期 * 2024-03-28　业务类型 * 普通销售
销售类型 * 经销　订单号　发票号
客户简称 * 大华　销售部门 * 销售部　业务员 刘一江
发货地址 天津市滨海区东风路8号　发运方式　付款条件
税率 13.00　币种 人民币　汇率 1.00000000
备注

插行　复制行　拆分行　删行　批改　存量　价格　折扣分摊　信用　排序定位　组合套件　显示格式

	仓库名称	存货编码	存货名称	主计量	数量	报价	含税单价	无税单价	无税金额	税额	价税合计	税率（%）
1	成品库	016	创智X号	台	10.00	6500.00	7345.00	6500.00	65000.00	8450.00	73450.00	13.00

图7－29　期初发货单

3. 库存和存货期初数据设置

（1）录入存货期初数据。选择“供应链”|“存货核算”|“设置”|“期初余额”，仓库选择原料库，单击“增加”，输入实验资料，如图7－30所示。

期初余额

年度 2024　存货分类
仓库 1 原料库　计价方式：移动平均法

□	存货编码	存货名称	规格型号	计量单位	数量	单价	金额	存货科目编码	存货科目名称
□	001	CN处理器		盒	700.00	1,200.00	840,000.00	140301	生产用原材料
□	003	2TSSD硬盘		盒	200.00	820.00	164,000.00	140301	生产用原材料
合计					900.00		1,004,000.00		

图7－30　期初余额（原料库）

仓库选择成品库，输入期初余额，如图7－31所示。

仓库选择配套用品库，输入期初余额，如图7－32所示。

（2）录入库存期初数据。选择“供应链”|“库存管理”|“设置”|“期初结存”，先选择原料库，单击“修改”，输入实验资料，也可单击“取数”从存货期初数据中导入，如图7－33所示。

期初余额

年度 2024　　存货分类

仓库 2 成品库　　计价方式：全月平均法

□	存货编码	存货名称	计量单位	数量	单价	金额	存货科目编码	存货科目名称
□	016	创智X号	台	580.00	4,800.00	2,784,000.00	1405	库存商品
□	018	手持扫描器	个	250.00	150.00	37,500.00	1405	库存商品
□	019	桌面扫描器	个	275.00	100.00	27,500.00	1405	库存商品
合计				1,105.00		2,849,000.00		

图 7-31　期初余额（成品库）

期初余额

年度 2024　　存货分类

仓库 3 配套用品库　　计价方式：全月平均法

□	存货编码	存货名称	计量单位	数量	单价	金额	存货科目编码	存货科目名称
□	020	HP打印机	台	400.00	1,800.00	720,000.00	1405	库存商品
合计				400.00		720,000.00		

图 7-32　期初余额（配套用品库）

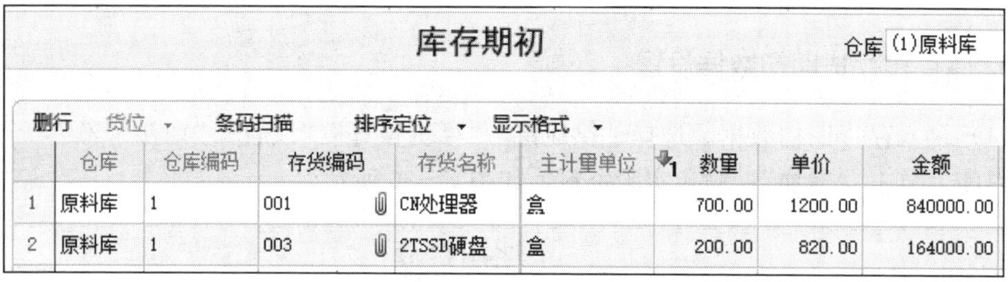

库存期初　　仓库 (1)原料库

删行　货位　条码扫描　排序定位　显示格式

	仓库	仓库编码	存货编码	存货名称	主计量单位	数量	单价	金额
1	原料库	1	001	CN处理器	盒	700.00	1200.00	840000.00
2	原料库	1	003	2TSSD硬盘	盒	200.00	820.00	164000.00

图 7-33　库存期初数据（原料库）

保存后，再选择成品库输入期初数据，如图 7-34 所示。

库存期初　　仓库 (2)成品库

删行　货位　条码扫描　排序定位　显示格式

	仓库	仓库编码	存货编码	存货名称	主计量单位	数量	单价	金额
1	成品库	2	016	创智X号	台	580.00	4800.00	2784000.00
2	成品库	2	018	手持扫描器	个	250.00	150.00	37500.00
3	成品库	2	019	桌面扫描器	个	275.00	100.00	27500.00

图 7-34　库存期初数据（成品库）

保存后，选择配套用品库输入期初数据，如图 7-35 所示。

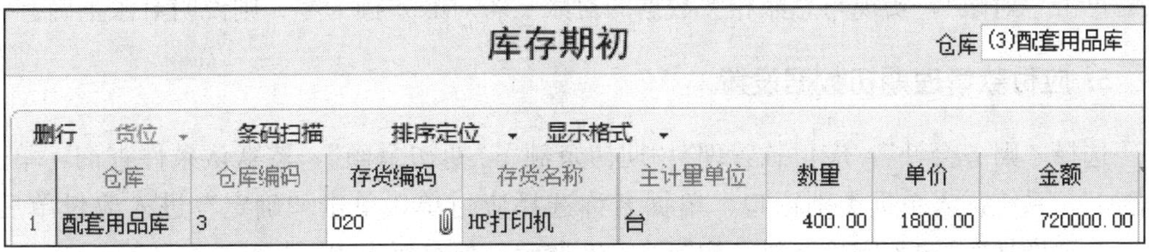

	仓库	仓库编码	存货编码	存货名称	主计量单位	数量	单价	金额
1	配套用品库	3	020	HP打印机	台	400.00	1800.00	720000.00

图 7-35　库存期初数据（配套用品库）

保存后，单击“批审”，分别审核对各仓库的期初数据。单击“对账”，按仓库进行对账，会显示“对账成功”。

操作提示

工具栏的“审核”是审核当前存货记录，“批审”是审核当前录入的库房存货。如果不审核，将不会在实际库存数据中体现出来，就无法保存录入的出库单。

4. 应收款管理期初数据设置

选择“财务会计”|“应收款管理”|“期初余额”|“期初余额”，按默认条件查询，单击“增加”，显示单据类别，选择应收单，进入应收单后，单击“增加”，输入实验资料，如图 7-36 所示。

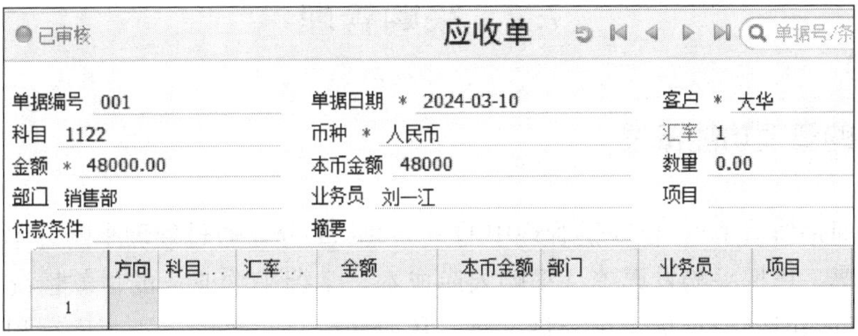

	方向	科目...	汇率...	金额	本币金额	部门	业务员	项目
1								

图 7-36　应收单

保存后，再单击“增加”继续输入。全部单据输入完毕后，返回期初余额明细表。单击“刷新”，可以查看输入的期初单据，如图 7-37 所示。

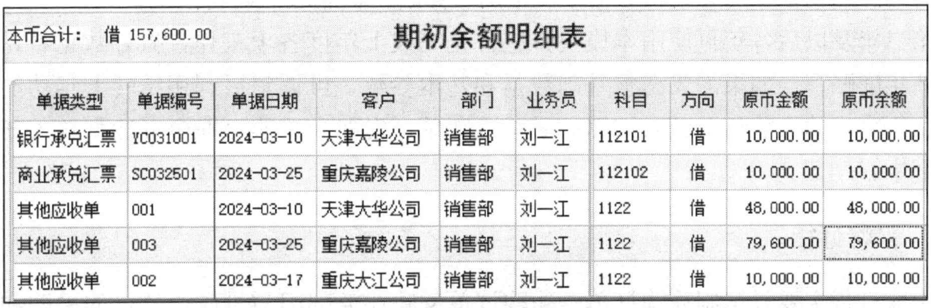

单据类型	单据编号	单据日期	客户	部门	业务员	科目	方向	原币金额	原币余额
银行承兑汇票	YC031001	2024-03-10	天津大华公司	销售部	刘一江	112101	借	10,000.00	10,000.00
商业承兑汇票	SC032501	2024-03-25	重庆嘉陵公司	销售部	刘一江	112102	借	10,000.00	10,000.00
其他应收单	001	2024-03-10	天津大华公司	销售部	刘一江	1122	借	48,000.00	48,000.00
其他应收单	003	2024-03-25	重庆嘉陵公司	销售部	刘一江	1122	借	79,600.00	79,600.00
其他应收单	002	2024-03-17	重庆大江公司	销售部	刘一江	1122	借	10,000.00	10,000.00

图 7-37　期初余额明细表

单击“对账”，实现与总账相关数据的对账。若对账差额为零，则说明对账正确。

5. 应付款管理期初数据设置

选择“财务会计”|“应付款管理”|“期初余额”|“期初余额”，按默认条件查询，单击“增加”，系统进入单据类别窗口，单据名称选择应付单，单击“确定”进入应付单后，再单击“增加”，输入实验资料，如图 7－38 所示，保存后退出。

图 7－38　应付单

在“期初余额”窗口，单击“对账”，实现与总账相关数据的对账，对账结果如差额为零说明对账正确。

7.2　采购管理

7.2.1　采购管理功能概述

采购管理是新道 U8＋供应链管理中的一个重要部分，通过处理采购订单、采购入库单、采购发票，根据采购发票确认采购入库成本，掌握采购业务的付款情况；与库存管理联合使用可随时掌握存货的现存量信息，从而减少盲目采购，避免库存积压；与存货核算一起使用可以为核算提供采购入库成本，便于财务部门及时掌握存货采购成本。

首次使用采购管理模块，应建立系统账套参数等基础数据，然后输入在使用本系统前未执行完的采购订单、采购入库单（暂估入库）和采购发票（在途数据），并进行期初记账处理；期初记账后，期初数据不能增加、修改，除非取消期初记账。

第二年及以后各年再使用本模块，应首先完成上年度各项工作，做好数据备份，再建立新年度账套。如果需要调整基础数据和基本参数，可调整后利用结转上年功能将上年未执行完成的采购订单、未结算的采购入库单、发票和采购台账余额数据转入新一年的账套中。

1. 采购订货

采购订货主要是填制采购订单。采购订单反映业务部门与供应商签订的采购和受托代销合同，它是统计采购合同执行情况的依据。根据经供货单位审核确认后的订单，可以生成入库单和采购发票。

执行完毕的采购订单，将会自动关闭。对于确实不能执行的某些采购订单，经采购主管批准后，也可以人工关闭该订单。对关闭的订单，如果需要继续执行，也可以手工打开。

2. 采购业务

采购业务的关键步骤和内容如下：

（1）采购入库。可根据采购订单和实际到货数量填制入库单，根据采购发票填制入库单。可以暂估入库，支持退货负入库和冲单负入库，并可处理采购退货。

（2）采购发票。处理取得供货单位开具的发票。采购发票分为增值税专用发票、普通发票、运费发票、其他票据等。发票可以根据入库单产生，可以处理负数发票，可以进行付款结算。

（3）采购结算。采购结算是针对采购业务的入库单，根据发票确认其采购入库成本。采购结算可自动结算也可人工结算，对采购费用，系统提供灵活的分摊功能。

3. 采购账表

提供采购功能中的有关报表，主要包括采购明细表、采购统计表、入库明细表、入库统计表、结算明细表、结算统计表、采购订货统计表等。

4. 采购业务处理流程

采购业务涉及众多单据，最后生成凭证，其处理流程如图 7-39 所示。

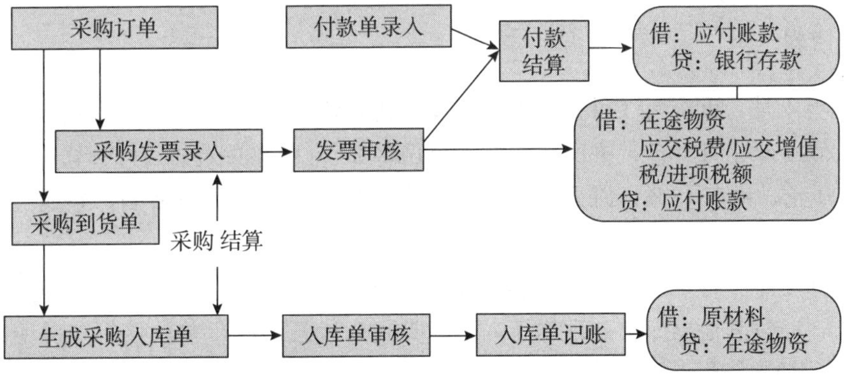

图 7-39　采购业务处理流程

5. 代管业务

代管采购的实际业务流程与普通采购相似，其订货、到货、质检、入库环节相同，不同之处主要体现在结算和开票环节上。

（1）供应商将物料放在代管仓库，由企业代为保管。

（2）企业根据需要，从代管仓库领用物料。可以是生产部门领用原材料，也可以是销售部门的销售出库，还可以是盘点、调拨的其他出入库。

（3）可定期或月末核对汇总挂账已使用的物料，并与供应商确认。

（4）供应商根据确认后的数量开具发票。

（5）取得供应商的发票后，采购部门填制采购发票。

（6）采购部门将代管挂账确认单与采购发票进行采购结算。

（7）将代管挂账确认单报财务部门的成本会计进行存货核算，将采购发票等票据报应付账会计进行应付账款核算。

7.2.2 代管业务

代管业务，即供应商管理库存模式，是指企业替供应商保管其提供的物料实物，其所有权归供应商。该模式的诞生是由于企业不愿保留过多库存。在此模式下，企业先使用物料，然后根据实际使用情况定期汇总，与供应商进行挂账确认。这种业务模式主要应用于主机厂、总装厂以及供应链上的关键配套企业。

已完成销售手续但购买单位在月末未提取的产品，不应作为企业的库存商品，而应作为代管商品处理，单独设置代管商品备查簿进行登记。

AI助手探秘

制造业企业的代管业务一般有哪些？

代管业务能降低成本吗？

实验资料

2024年4月，重庆两江科技有限公司发生代管业务如下：

（1）2024年4月1日，重庆问之电子公司将20台摄像头入公司代管仓库管理，不含税单价300元，税率13%，以采购入库单形式，业务类型为代管采购，采购类型为代管入库。

（2）2024年4月15日，生产部从代管仓库中领用20台摄像头，不含税单价300元，税率13%，通过其他出库单办理出库，出库类别为代管出库，并就该笔业务于当天与重庆问之电子公司确认。

（3）2024年4月25日，财务部与重庆问之电子公司上午确认无误后，当天下午收到重庆问之电子公司开具的增值税专用发票，票号ZZS043001。财务人员立即将发票录入系统，完成结算、审核工作，生成应付凭证一张。

实验过程

1. 录入代管业务采购入库单

4月1日，选择“业务工作”|“供应链”|“库存管理”|“采购入库”|“采购入库单”，单

击“增加”|“空白单据”，输入实验资料，如图 7－40 所示，依次完成保存、审核操作后退出。

图 7－40　代管业务采购入库单

采购入库单可单击“增加”|“空白单据”录入或单击“增加”|“采购”|“采购订单”直接生成两种方式增加，本实验从空白单据直接录入。

直接生成方法为：选择“供应链”|“库存管理”|“采购入库”|“采购入库单”，以默认条件查询，进入订单生成列表窗口，勾选订单，单击“确定”，系统自动生成采购入库单，并自动返回采购入库单窗口。根据实验资料修改生成的采购入库单即可。

采购订单及采购入库单如果发生录入错误，可以先弃审后修改，具体方式是进入采购订单或采购入库单列表，选中该单据，单击“弃审”即可修改对应单据。

2. 通过其他出库单消耗代管物资

4 月 15 日，选择“供应链”|“库存管理”|“其他出库”|“其他出库单”，单击“增加”|“空白单据”，输入实验资料，如图 7－41 所示。

图 7－41　其他出库单

选中“025”存货行，单击右键，选择“指定代管商”|“存货档案默认的供应商”，依次完成保存、审核操作后退出。

代管物资通过“销售出库单”“材料出库单”“其他出库单”三种业务类型完成代管物资消耗。

3. 代管挂账确认

4 月 25 日，选择“供应链”|“采购管理”|“代管业务”|“代管挂账确认单”，单击“增加”|“消耗单”，按默认条件查询，进入拷贝并执行窗口，选择代管出库单，单击“确定”返回，输入本币单价等信息，如图 7－42 所示，依次完成保存、审核操作后退出。

采购代管挂账确认单

业务类型 普通采购　挂账单号 0000000001　挂账日期 2024-04-25
部门 采购部　业务员 李天华　采购类型 代管采购
备注　挂账统计期间　供货单位 * 问之
税率 13.00　汇率 1
入库类别 代管入库

删行　批改　存量　价格　排序定位　显示格式

	存货编码	存货名称	主计量单位	消耗数量	供方确认数量	本币单价	本币无税金额	仓库
1	025	摄像头	台	20.00	20.00	300.00	6000.00	代管仓库

图 7－42　采购代管挂账确认单

代管挂账确认还可通过自动挂账的形式自动生成采购代管挂账确认单。方法如下：选择“供应链”|“采购管理”|“代管业务”|“自动挂账”，按默认条件查询，根据系统提示，查看生成单据的列表，进入代管挂账确认单列表窗口，双击单据，进入采购代管挂账确认单窗口，采购类型选择“代管采购”，入库类别选择“代管入库”，依次完成保存、审核操作后退出。

4. 代管发票录入

选择“供应链”|“采购管理”|“采购发票”|“专用采购发票”，单击“增加”|“空白单据”，输入实验资料，如图 7－43 所示，依次完成保存、复核操作后退出。

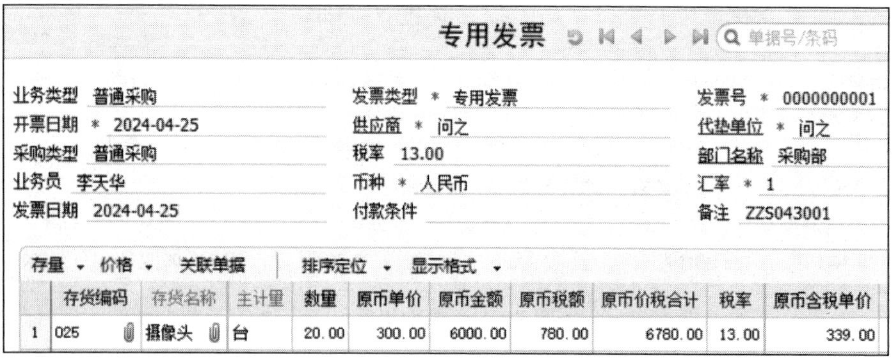

专用发票

业务类型 普通采购　发票类型 * 专用发票　发票号 * 0000000001
开票日期 * 2024-04-25　供应商 * 问之　代垫单位 * 问之
采购类型 普通采购　税率 13.00　部门名称 采购部
业务员 李天华　币种 * 人民币　汇率 * 1
发票日期 2024-04-25　付款条件　备注 ZZS043001

存量　价格　关联单据　排序定位　显示格式

	存货编码	存货名称	主计量	数量	原币单价	原币金额	原币税额	原币价税合计	税率	原币含税单价
1	025	摄像头	台	20.00	300.00	6000.00	780.00	6780.00	13.00	339.00

图 7－43　代管业务专用发票

5. 代管采购结算

选择“供应链”|“采购管理”|“采购结算”|“手工结算”，单击“选单”，进入结算选单窗口，以默认条件查询，结果如图 7－44 所示。

结算选发票列表 □按批次结算

□	供应商简称	存货名称	供应商名称	开票日期	存货编码	数量	计量单位	单价	金额	项目名称
□	问之	摄像头	重庆问之电子公司	2024-04-25	025	20.00	台	300.00	6,000.00	
合计										

共1条记录

结算选入库单列表

□	供应商简称	存货名称	仓库名称	供应商名称	入库日期	入库数量	计量单位	件数	单价	金额
□	大江	2TSSD硬盘	原料库	重庆大江公司	2024-03-25	100.00	盒	10.00	800.00	80,000.00
□	问之	摄像头	代管仓库	重庆问之电子公司	2024-04-25	20.00	台	0.00	300.00	6,000.00
合计										

图7－44 结算选单

分别勾选发票和对应的代管入库单，单击“确定”返回手工结算窗口。单击“结算”，系统提示“完成结算”，单击“确定”完成。

6. 代管发票审核确认应付

选择“财务会计”|“应付款管理”|“应付处理”|“采购发票”|“采购发票审核”，查询设置供应商为“重庆问之电子公司”。

双击采购专用发票，进入“采购发票”窗口，审核发票无误后，单击“审核”，根据系统提示立即制单，凭证类型选择转账凭证，修改相关科目信息、修改摘要为“问之摄像头代管消耗挂账，ZZS043001”，保存凭证后退出。分录如下：

借：库存商品（1405）　　6 000

　　应交税费/应交增值税/进项税额（22210101）　　780

　贷：应付账款/问之电子（2202）　　6 780

若审核后未出现立即制单提示，则单击“弃审”，再重新审核后会出现制单提示。

7.2.3 典型采购业务

典型采购业务是公司日常采购中较典型的业务，采购的物资入库后按存货进行管理。存货是指企业在日常活动中持有以备出售的产品或商品、处在生产过程中的在产品、在生产过程或提供劳务过程中储备的材料或物料等。持有存货的终极目的是通过销售获得利差。企业的存货通常包括原材料、在产品、半产品、产成品、商品以及周转材料、委托代销商品等。

原材料是指企业在生产过程中经过加工改变其形态或性质并构成产品主要实体的各种原料及主要材料、辅助材料、外购半成品（外购件）、修理用备件（备品备件）、包装材料、燃料等。

在产品是指企业正在制造尚未完工的生产物资，包括正在各生产工序加工的产品和已加工完毕但尚未检验或已检验但尚未办理入库手续的产品。

半成品是指经过一定生产过程并已检验合格交付半成品库保管，但尚未制造完工，仍需进一步加工的中间产品。

产成品是指企业已经完工并入库，可以对外交付或销售的产品。

商品是指商品流通企业外购或委托加工完成验收入库用于销售的各种商品。

周转材料包括包装物和低值易耗品。

企业取得存货应当按照成本计量。存货成本包括采购成本、加工成本和其他成本以及自制存货成本等。存货的采购成本包括购买价款、相关税费、运输费、装卸费、保险费以及其他可归属于存货采购成本的费用。

实验资料

2024 年 4 月 1 日，业务员李天华向成都大成公司询问有线键盘、MS 智能主板、防水电子秤的不含税单价，其中有限键盘 95 元、MS 智能主板 800 元、防水电子秤 100 元，经评估后确认价格合理，随即向主管领导提出请购要求，请购有线键盘 300 个、MS 智能主板 10 块、防水电子秤 10 台。领导同意向成都大成公司订购上述原材料，要求到货日期为 2024 年 4 月 3 日。

2024 年 4 月 3 日，收到所订购的有线键盘 300 个、MS 智能主板 10 块、防水电子秤 10 台，填制到货单。将所收到的货物验收入原料库。填制采购入库单。当天收到该笔货物的专用发票一张。业务部将采购发票交给财务部，财务部确定此业务所涉及的应付账款及采购成本。

2024 年 4 月 4 日，财务部开出工行转账支票一张，支票号 ZZ123，付清采购货款。（现金流量：04 购买商品、接受劳务支付的现金）

实验过程

1. 填制并审核请购单

4 月 1 日，选择“供应链”|“采购管理”|“请购”|“请购单”，单击“增加”|“空白单据”，输入实验资料，如图 7－45 所示，依次完成保存、审核后退出。

采购请购单

业务类型 普通采购　单据号 * 0000000001　日期 * 2024-04-01
请购部门 采购部　请购人员 李天华　采购类型 普通采购

关闭 打开 存量 价格 需求源 关联单据 排序定位 显示格式

	存货编码	存货名称	主计量	数量	本币单价	本币价税合计	税率	需求日期	建议订货日期
1	012	有线键盘	个	300.00	95.00	32205.00	13.00	2024-04-03	2024-04-01
2	005	MS智能主板	块	10.00	800.00	9040.00	13.00	2024-04-03	2024-04-01
3	009	防水电子秤	台	10.00	100.00	1130.00	13.00	2024-04-03	2024-04-01

图 7－45　采购请购单

若在输入存货编码时，系统提示无该物料，此时应选择“基础设置”|“基础档案”|“存货”|“存货档案”检查，如果有该物料的存货档案，则检查存货属性是否设置（如内

销、外购、生产耗用)，这些属性将限制具体物料采购、销售、使用等范围。

操作提示

只有经过审核的采购请购单，在输入采购订单时才能导入采购请购单的数据。

根据内部控制的需要，在实务工作中，业务单据的填制人与审核人不能相同。本实验为方便练习，除必须控制外，设计由同一人完成审核或复核，以减少操作人员的频繁切换登录。

2. 填制并审核到货单

4 月 3 日到货。

选择“供应链”|“采购管理”|“采购到货”|“到货单”，单击“增加”|“空白单据”，输入实验资料，如图 7 - 46 所示，依次完成保存、审核操作后退出。

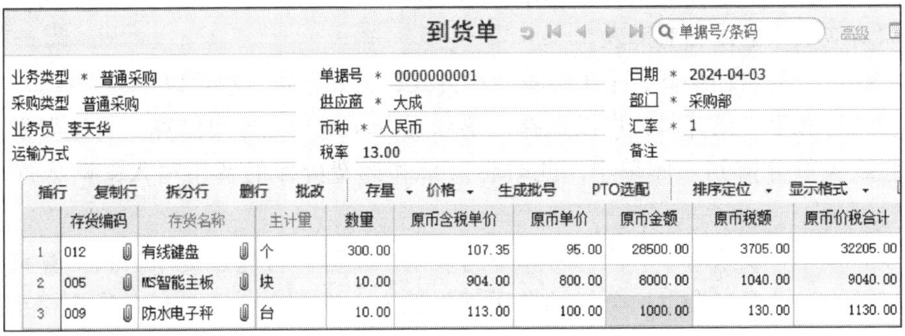

到货单

业务类型 * 普通采购　单据号 * 0000000001　日期 * 2024-04-03

采购类型 普通采购　供应商 * 大成　部门 * 采购部

业务员 李天华　币种 * 人民币　汇率 * 1

运输方式　税率 13.00　备注

	存货编码	存货名称	主计量	数量	原币含税单价	原币单价	原币金额	原币税额	原币价税合计
1	012	有线键盘	个	300.00	107.35	95.00	28500.00	3705.00	32205.00
2	005	MS智能主板	块	10.00	904.00	800.00	8000.00	1040.00	9040.00
3	009	防水电子秤	台	10.00	113.00	100.00	1000.00	130.00	1130.00

图 7 - 46　到货单

3. 填制并审核采购入库单

选择“供应链”|“库存管理”|“采购入库”|“采购入库单”，选择“增加”|“采购”|“采购到货单”，设置查询条件，供应商为成都大成公司，单击“确定”，选择到货单，单击“确定”，补充库房等信息，结果如图 7 - 47 所示，依次完成保存、审核操作后退出。

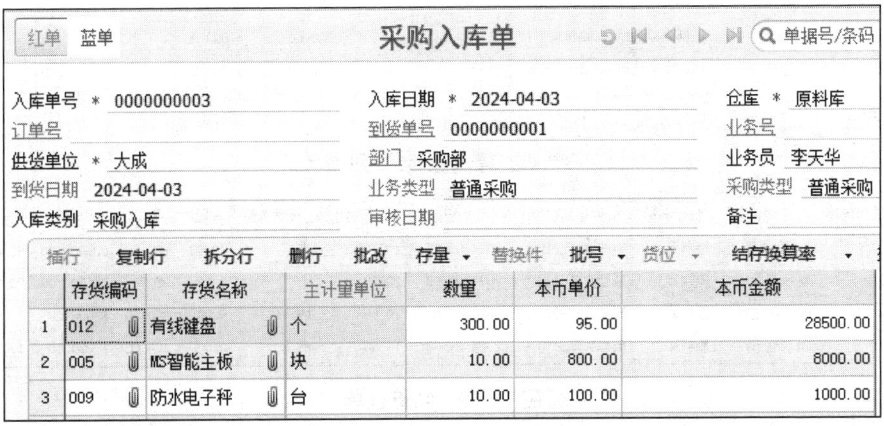

采购入库单

入库单号 * 0000000003　入库日期 * 2024-04-03　仓库 * 原料库

订单号　到货单号 0000000001　业务号

供货单位 * 大成　部门 采购部　业务员 李天华

到货日期 2024-04-03　业务类型 普通采购　采购类型 普通采购

入库类别 采购入库　审核日期　备注

	存货编码	存货名称	主计量单位	数量	本币单价	本币金额
1	012	有线键盘	个	300.00	95.00	28500.00
2	005	MS智能主板	块	10.00	800.00	8000.00
3	009	防水电子秤	台	10.00	100.00	1000.00

图 7 - 47　采购入库单

操作提示

采购管理中也有采购入库单，只能查询，不能输入。在期初可以输入期初的采购入库单。

4. 填制并审核专用采购发票

选择“供应链”|“采购管理”|“采购发票”|“专用采购发票”，单击“增加”|“入库单”，设置查询条件，供应商为成都大成公司，单击“确定”，进入拷贝并执行窗口，选择采购入库单，单击“确定”，依次完成保存、复核操作后退出。

5. 执行采购结算

（1）采购结算的内容。采购结算也称采购报账，是指采购核算人员根据采购发票、采购入库单核算采购入库成本；采购结算的结果是采购结算单，它是记载采购入库单与采购发票对应关系的结算对照表。

采购结算分为自动结算、手工结算两种方式；另外运费发票可以单独结算。

自动结算和手工结算时，可以选择发票和运费同时与入库单结算，将运费发票的费用按数量或金额分摊到入库单中。此时将发票和运费分摊的费用写入采购入库单的成本中。

如果开具运费发票时，对应的入库单与发票已结算，可通过费用折扣结算将运费分摊到入库单中，此时运费发票分摊的费用不再记入入库单中，需要到存货核算系统中进行结算成本的暂估处理，系统会将运费金额分摊到成本中。

（2）手工采购结算的操作流程。选择“供应链”|“采购管理”|“采购结算”|“手工结算”，单击“选单”，进入结算选单，按默认条件查询，在结算选单窗口，勾选发票，单击“匹配”，完成匹配后，如图7-48所示，依次单击“确定”“结算”后退出。

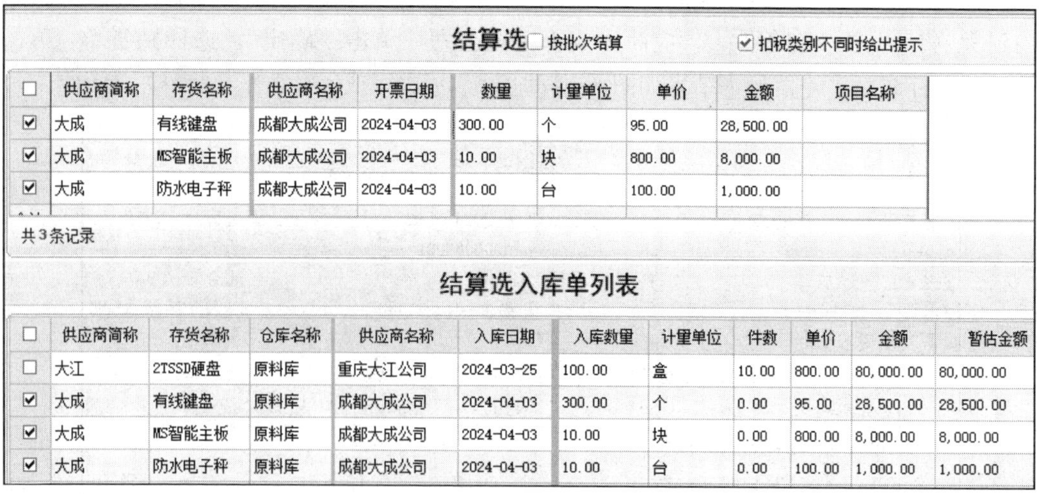

结算选☐按批次结算　☑扣税类别不同时给出提示

☐	供应商简称	存货名称	供应商名称	开票日期	数量	计量单位	单价	金额	项目名称
☑	大成	有线键盘	成都大成公司	2024-04-03	300.00	个	95.00	28,500.00	
☑	大成	MS智能主板	成都大成公司	2024-04-03	10.00	块	800.00	8,000.00	
☑	大成	防水电子秤	成都大成公司	2024-04-03	10.00	台	100.00	1,000.00	

共3条记录

结算选入库单列表

☐	供应商简称	存货名称	仓库名称	供应商名称	入库日期	入库数量	计量单位	件数	单价	金额	暂估金额
☐	大江	2TSSD硬盘	原料库	重庆大江公司	2024-03-25	100.00	盒	10.00	800.00	80,000.00	80,000.00
☑	大成	有线键盘	原料库	成都大成公司	2024-04-03	300.00	个	0.00	95.00	28,500.00	28,500.00
☑	大成	MS智能主板	原料库	成都大成公司	2024-04-03	10.00	块	0.00	800.00	8,000.00	8,000.00
☑	大成	防水电子秤	原料库	成都大成公司	2024-04-03	10.00	台	0.00	100.00	1,000.00	1,000.00

图7-48　结算选单

结算完成后，在手工结算窗口，将看不到已结算的入库单和发票。结算结果可以在“供应链”|“采购管理”|“采购结算”|“结算单列表”中查询，供应商选择成都大成公司，所有该公司的结算单在此处显示。

如果选择“供应链”|“采购管理”|“采购结算”|“自动结算”，设置查询条件，结算模式为入库单和发票，单击“确定”，系统提示成功。本实验由于已经进行手工结算，在此操作时，系统弹出提示框“结算模式［入库单和发票］，状态：没有符合条件的红蓝入库单和发票”。

操作提示

由于某种原因需要修改或删除入库单、采购发票时，需先取消采购结算。具体操作：采购结算—结算单列表—选择要取消的结算单—单击“删除”。

在“结算选发票列表”和“结算选入库单列表”中除可选择“匹配”外，还可以采用手动勾选匹配的方式。

6. 应付单据审核

选择“财务会计”|“应付款管理”|“应付处理”|“采购发票”|“采购发票审核”，按默认条件查询，进入采购发票列表。勾选发票，完成审核操作后退出。

7. 生成应付凭证

通过制单处理生成凭证，后续再审核和记账。系统对不同单据类型或不同业务处理提供制单（生成凭证）的功能。此外，系统提供统一制单平台，可以在此快速、批量生成凭证，并可依据规则进行合并制单等处理。

选择“财务会计”|“应付款管理”|“凭证处理”|“生成凭证”，在制单查询中勾选“发票”，供应商选择成都大成公司，单击“确定”，进入发票列表，凭证类别选择“转账凭证”，单击“全选”（选择要进行制单的单据，这里是发票），或在“选择标志”一栏双击，系统会在双击的栏目中填上序号，表明对该单据制单。可以修改系统所给出的序号，如系统给出的序号为1，也可以改为2。相同序号的记录会制成一张凭证，单击“制单”（制单日期只能大于等于单据日期），保存凭证后退出。分录如下：

借：在途物资（1402）	37 500
应交税费/应交增值税/进项税额（22210101）	4 875
贷：应付账款（2202）/大成	42 375

凭证生成后，可以调整凭证，如补充相关信息。如先选择“应付账款”科目，双击“票号”后面的位置（会显示笔尖图形的标识），补充输入发票号等，单击“保存”完成。

选择“财务会计”|“应付款管理”|“单据查询”|“查询凭证”，可以查看生成的凭证。还可以选择“财务会计”|“总账”|“凭证”|“查询凭证”查看。

8. 生成入库凭证

如果录入期初余额时没有记账，应先选择仓库记账，才能进行后续操作。

（1）期初库存单据记账。选择“供应链”|“存货核算”|“设置”|“期初余额”，分别选择仓库后，单击“记账”，完成期初记账工作。如果已经记账，则工具栏“记账”显示为灰色。

（2）采购入库单记账。选择“供应链”|“存货核算”|“记账”|“正常单据记账”，设置查询条件时，可以按仓库选择原料库，或按单据类型选择采购入库单，单击“查询”进入正常单据记账列表，先选择，再单击“记账”完成。

（3）生成凭证。选择“供应链”|“存货核算”|“凭证处理”|“生成凭证”，单击“选单”，单据类型选择“（01）采购入库单（报销记账）”，单击“确定”进入未生成凭证单据一览表，根据需要单击“全选”或选择要处理的行，单击“确定”，凭证类别选择转账凭证，若相关信息不完整，可补充填写。单击“合并制单”，进入填制凭证窗口，保存凭证后退出。分录如下：

借：原材料/生产用原材料（140301）　　37 500

　贷：在途物资（1402）　　37 500

9. 生成付款凭证

4 月 4 日付款。

选择“财务会计”|“应付款管理”|“付款申请”|“付款申请单录入”，单击“增加”|“空白单据”，供应商选择成都大成公司，结算方式选择转账支票，金额为 42 375 元，如图 7－49 所示，依次完成保存、审核操作后退出。

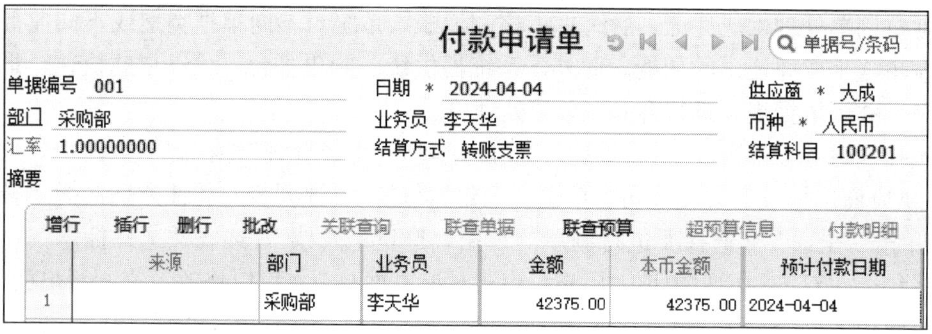

图 7－49　付款申请单

选择“财务会计”|“应付款管理”|“付款处理”|“付款单据审核”，按默认条件查询，对查询出的单据进行审核，根据系统提示立即制单，凭证类型选择付款凭证，补充输入发票号和支票号等信息，保存凭证后退出。分录如下：

借：应付账款（2202）/大成　　42 375

　贷：银行存款/工行（100201）　　42 375

操作提示

选择“基础设置”|“业务参数”|“财务会计”|“总账”，可以选择取消凭证页面的“制单序时控制”。否则，要求生成凭证的日期是从小到大的。

如在付款单据审核窗口未出现制单提示，可选择“财务会计”|“应付款管理”|“凭证

处理"|"生成凭证"，在制单查询中勾选"收付款单"，单击"确定"，进入生成凭证窗口，选择单据，凭证类别选择付款凭证，单击"制单"，进入填制凭证窗口，补充银行存款的辅助核算项目及现金流量即可生成上述凭证。

7.2.4　采购现结业务

实验资料

2024年4月4日，向成都大成公司购买有线鼠标30箱（共360只），每箱单价为600元（不含税）、A机箱10个，单价为100元（不含税），直接验收入原料仓库。同时收到专用发票一张，立即以工行转账支票（支票号ZZ011）支付货款。确定采购成本，进行付款处理。（现金流量：04购买商品、接受劳务支付的现金）

实验过程

1. 填制采购入库单并审核

选择"供应链"|"库存管理"|"采购入库"|"采购入库单"，单击"增加"|"空白单据"，输入实验资料，如图7－50所示，依次完成保存、审核操作后退出。

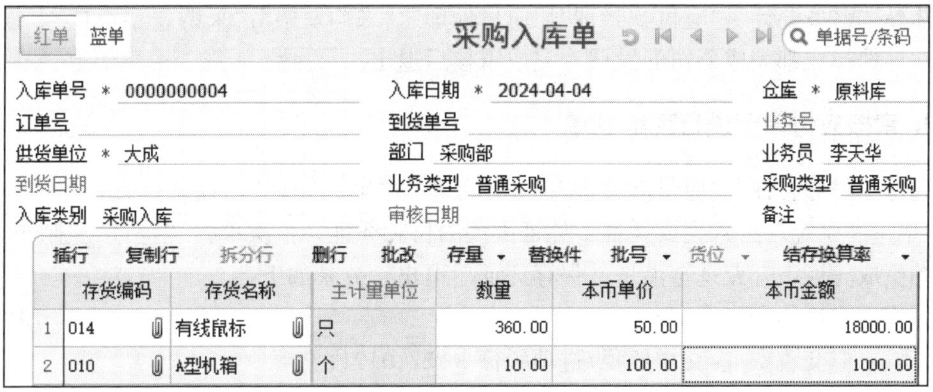

图7－50　采购入库单

2. 录入采购专用发票并进行现结处理和采购结算

选择"供应链"|"采购管理"|"采购发票"|"专用采购发票"，选择"增加"|"入库单"，供应商选择成都大成公司，进入发票拷贝入库单列表，选择入库单，单击"确定"，如图7－51所示，依次完成保存、复核操作后退出。

单击"现付"，输入付款金额（如果不注意退出发票，可选择"供应链"|"采购管理"|"采购发票"|"采购发票列表"再进入这张发票），输入付款信息后如图7－52所示。

单击"确定"，发票显示"现付"标记。

单击"结算"，发票显示"已结算"标记。

专用发票

单据号/条码

业务类型 普通采购　发票类型 ＊ 专用发票　发票号 ＊ 0000000003
开票日期 ＊ 2024-04-04　供应商 ＊ 大成　代垫单位 ＊ 大成
采购类型 普通采购　税率 13.00　部门名称 采购部
业务员 李天华　币种 ＊ 人民币　汇率 ＊ 1
发票日期　付款条件　备注

插行　删行　批改　存量　价格　排序定位　显示格式

	存货编码	存货名称	规格型号	主计量	数量	原币单价	原币金额	原币税额	原币...	税率
1	014	有线鼠标		只	360.00	50.00	18000.00	2340.00	20340.00	13.00
2	010	A型机箱		个	10.00	100.00	1000.00	130.00	1130.00	13.00

图 7-51　采购发票

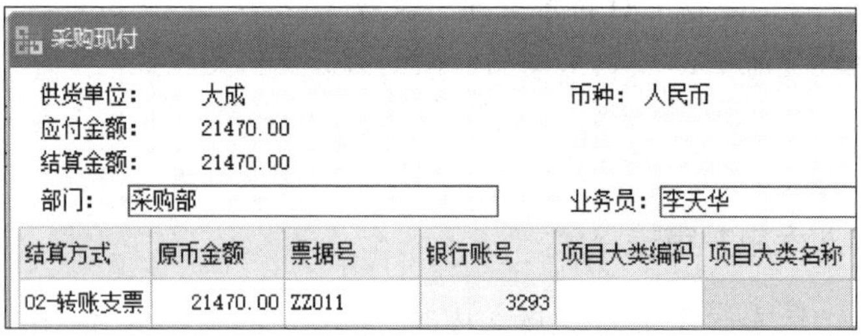
采购现付

供货单位：大成　币种：人民币
应付金额：21470.00
结算金额：21470.00
部门：采购部　业务员：李天华

结算方式	原币金额	票据号	银行账号	项目大类编码	项目大类名称
02-转账支票	21470.00	ZZ011	3293		

图 7-52　采购现付

选择“财务会计”|“应付款管理”|“应付处理”|“采购发票”|“采购发票审核”，设置查询条件，选择成都大成公司的发票，完成审核后退出。

3. 审核应付单据进行现结制单

选择“财务会计”|“应付款管理”|“凭证处理”|“生成凭证”，在制单查询中勾选“现结”，单击“确定”进入生成凭证，凭证类型为付款凭证，依次单击“全选”“制单”，系统自动生成凭证，补充现金流量并保存凭证后退出。分录如下：

借：在途物资（1402）	19 000	
应交税费/应交增值税/进项税额（22210101）	2 470	
贷：银行存款/工行（100201）		21 470

4. 生成入库凭证

（1）选择“供应链”|“存货核算”|“记账”|“正常单据记账”，设置查询条件，仓库选择原料库或单据类型选择采购入库单，进入正常单据记账列表，选择单据，单击“记账”完成。

（2）选择“供应链”|“存货核算”|“凭证处理”|“生成凭证”，单击“选单”，单据类型选择“01 采购入库单（报销记账）”，单击“确定”进入未生成凭证单据一览表。

选择待制单单据，单击“确定”，凭证类别选择转账凭证，单击“合并制单”进入填制凭证窗口，保存凭证后退出。分录如下：

借：原材料/生产用原材料（140301）	19 000	
贷：在途物资（1402）		19 000

7.2.5　采购运费处理

AI 助手探秘

含税运费 6%，请举例说明。

实验资料

2024 年 4 月 6 日，向成都大成公司购买 2TSSD 硬盘 200 盒，不含税单价 800 元，验收入原料库。同时还购买有线鼠标 5 箱（共 60 只），不含税每箱单价 600 元，验收入原料仓库。当天收到税率为 13%的专用发票一张，发票含运输费用。

另外，在采购的过程中，还发生了一笔含税运输服务费 600 元，税率为 6%，收到相应的运费发票一张，费用按金额分配。确定采购成本及应付账款，货款未付。

实验过程

1. 填制并审核采购入库单

选择“供应链”|“库存管理”|“采购入库”|“采购入库单”，单击“增加”|“空白单据”，输入实验资料，如图 7 - 53 所示，依次完成保存、审核操作后退出。

红单　蓝单　采购入库单　单据号/条码

入库单号 * 0000000005　入库日期 * 2024-04-06　仓库 * 原料库

订单号　到货单号　业务号

供货单位 * 大成　部门 采购部　业务员 李天华

到货日期　业务类型 普通采购　采购类型 普通采购

入库类别 采购入库　审核日期　备注

插行　复制行　拆分行　删行　批改　存量　替换件　批号　货位　结存换算率　排

	存货编码	存货名称	主计量单位	数量	本币单价	本币金额
1	003	2TSSD硬盘	盒	200.00	800.00	160000.00
2	014	有线鼠标	只	60.00	50.00	3000.00

图 7 - 53　采购入库单

2. 填制采购专用发票

选择“供应链”|“采购管理”|“采购发票”|“专用采购发票”，单击“增加”|“入库单”，供应商选择成都大成公司，来源单据类型选择“采购入库单”，进入发票拷贝入库单列表，选择要传入数据的入库单（2TSSD 硬盘和有线鼠标），单击“确定”，结果如图 7 - 54 所示，依次完成保存、复核操作后退出。

3. 填制运费发票并进行采购结算

选择“供应链”|“采购管理”|“采购发票”|“运费发票”，单击“增加”|“空白单据”，

输入运费相关信息，如图 7－55 所示，依次完成保存、复核操作后退出。

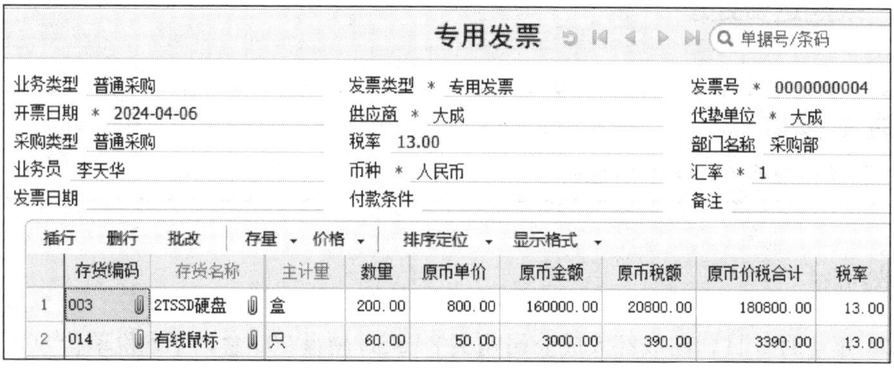

专用发票

业务类型 普通采购　　发票类型 * 专用发票　　发票号 * 0000000004
开票日期 * 2024-04-06　　供应商 * 大成　　代垫单位 * 大成
采购类型 普通采购　　税率 13.00　　部门名称 采购部
业务员 李天华　　币种 * 人民币　　汇率 * 1
发票日期　　付款条件　　备注

	存货编码	存货名称	主计量	数量	原币单价	原币金额	原币税额	原币价税合计	税率
1	003	2TSSD硬盘	盒	200.00	800.00	160000.00	20800.00	180800.00	13.00
2	014	有线鼠标	只	60.00	50.00	3000.00	390.00	3390.00	13.00

图 7－54　专用发票

运费发票

业务类型 普通采购　　发票类型 * 运费发票　　发票号 * 0000000001
开票日期 * 2024-04-06　　供应商 * 大成　　代垫单位 * 大成
采购类型 普通采购　　税率 6.00　　部门名称 采购部
业务员 李天华　　币种 * 人民币　　汇率 * 1
发票日期 2024-04-06　　付款条件　　备注

	存货编码	存货名称	主计量	原币无税金额	原币金额	原币税额	税率	本币无税金额
1	800	运费	千米	564.00	600.00	36.00	6.00	564.00

图 7－55　运费发票

操作提示

在此运费发票仅作功能和操作演示，真实的税额请按税法要求进行计算。

选择“供应链”|“采购管理”|“采购结算”|“手工结算”，单击“选单”进入结算选单窗口，在查询条件中选择成都大成公司，选择要结算的发票和对应的入库单，如图 7－56 所示。

结算选发票列表

☑	供应商简称	存货名称	供应商名称	开票日期	数量	计量单位	单价	金额	项目名称
☑	大成	2TSSD硬盘	成都大成公司	2024-04-06	200.00	盒	800.00	160,000.00	
☑	大成	有线鼠标	成都大成公司	2024-04-06	60.00	只	50.00	3,000.00	
☑	大成	运费	成都大成公司	2024-04-06		千米	0.00	564.00	

共3条记录　已选择行数:3

结算选入库单列表

☑	供应商简称	存货名称	仓库名称	供应商名称	入库日期	入库数量	计量单位	件数	单价	金额
☑	大成	2TSSD硬盘	原料库	成都大成公司	2024-04-06	200.00	盒	20.00	800.00	160,000.00
☑	大成	有线鼠标	原料库	成都大成公司	2024-04-06	60.00	只	5.00	50.00	3,000.00

图 7－56　结算选单

单击“确定”，当系统提示所选单据扣税类别不同时，选择继续。在“手工结算”窗口，费用分摊方式选择“按金额”，单击“分摊”，完成后，分摊费用列显示已分摊的运费，如图7-57所示，单击“结算”完成。

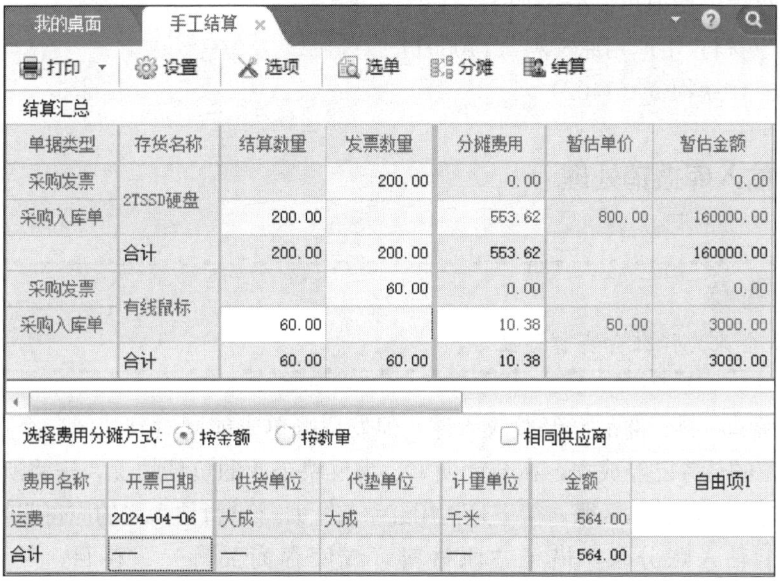

单据类型	存货名称	结算数量	发票数量	分摊费用	暂估单价	暂估金额
采购发票	2TSSD硬盘		200.00	0.00		0.00
采购入库单		200.00		553.62	800.00	160000.00
	合计	200.00	200.00	553.62		160000.00
采购发票	有线鼠标		60.00	0.00		0.00
采购入库单		60.00		10.38	50.00	3000.00
	合计	60.00	60.00	10.38		3000.00

费用名称	开票日期	供货单位	代垫单位	计量单位	金额	自由项1
运费	2024-04-06	大成	大成	千米	564.00	
合计	—	—		—	564.00	

图7-57　分摊运费的结果

操作提示

不管采购入库单上有无单价，采购结算后，其单价都被自动修改为发票上的存货单价。

4. 审核发票并合并制单

选择“财务会计”|“应付款管理”|“应付处理”|“采购发票”|“采购发票审核”，进入采购发票审核窗口，供应商选择成都大成公司，进入采购发票列表。选择需审核的采购专用发票和运费发票，审核成功后返回。

选择“财务会计”|“应付款管理”|“凭证处理”|“生成凭证”，在制单查询中，选择“发票”，进入发票列表，凭证类别选择转账凭证，依次单击“全选”“合并”“制单”，进入填制凭证窗口，保存凭证后退出。分录如下：

借：在途物资（1402）　163 564

　　应交税费/应交增值税/进项税额（22210101）　21 226

　贷：应付账款（2202）/大成　184 790

5. 生成入库凭证

选择“供应链”|“存货核算”|“记账”|“正常单据记账”，进入查询设置，可选择仓库为原料库，或选择单据类型为采购入库单，勾选需记账的内容（本次单击全选），再单击“记账”完成。

选择“供应链”|“存货核算”|“凭证处理”|“生成凭证”，单击“选单”，在单据类型中选择“（01）采购入库单（报销记账）”，单击“确定”，进入未生成凭证单据一览表。

选择待记账的采购入库单，凭证类别选择转账凭证，单击“合并制单”，进入填制凭证窗口，保存凭证后退出。分录如下：

借：原材料/生产用原材料（140301）	163 564	
贷：在途物资（1402）		163 564

7.2.6 暂估入库报销处理

> **AI助手探秘**
>
> 制造企业为什么会有暂估业务？

月末，所购材料、商品已经验收入库，但发票账单未能同时到达时，企业应付材料、商品供应单位的债务已经成立，在会计期末，为反映企业的负债情况，需将所购材料、商品和相关的应付账款暂估入账，待下月初用红字将上月月末暂估入账的应付账款予以冲销。

月末，暂估入账分录，借记“原材料（或库存商品等）”科目，贷记“应付账款——暂估应付款”科目。下月初，冲销上月末暂估入账分录，可以负数相等金额冲销，借记“原材料（或库存商品等）”科目，贷记“应付账款——暂估应付款”科目。也可以做相反分录的方式冲销，借记“应付账款——暂估应付款”科目，贷记“原材料（或库存商品等）”科目。

实验资料

2024 年 4 月 9 日，收到重庆大江公司提供的上月已验收入库的 100 盒 2TSSD 硬盘的专用发票一张，发票单价为 790 元，价税合计 89 270 元。进行暂估报销处理，确定采购成本及应付账款。

实验过程

1. 录入采购发票

选择“供应链”|“采购管理”|“采购发票”|“专用采购发票”，单击“增加”|“入库单”，查询设置供应商为重庆大江公司，选择 3 月 25 日的暂估单，单击“确定”，将单价从 800 元改为 790 元，如图 7－58 所示，依次完成保存、复核操作后退出。

2. 手工结算

选择“供应链”|“采购管理”|“采购结算”|“手工结算”，单击“选单”，在查询条件中设置供应商为重庆大江公司，系统进入结算选单窗口，如图 7－59 所示。

选定发票，单击“匹配”，系统自动为发票匹配并勾选入库单，单击“确定”返回手工结算窗口，单击“结算”完成。

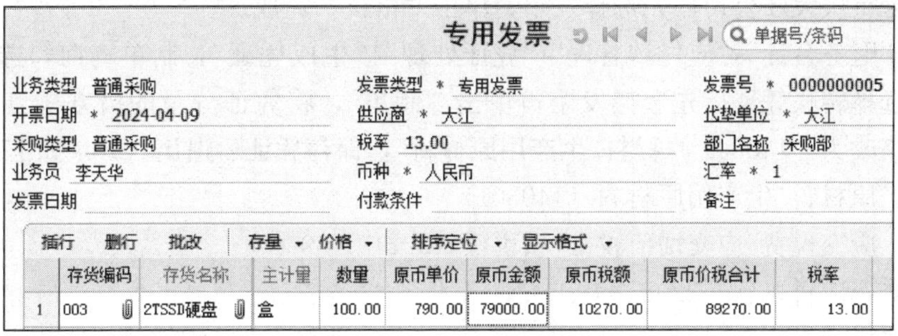

图 7－58　专用采购发票

图 7－59　结算选单

3. 结算成本处理并生成凭证

选择“供应链”|“存货核算”|“记账”|“结算成本处理”，选择原料库，单击“确定”进入结算成本处理，选择暂估结算的单据，单击“结算处理”计算成本。

选择“供应链”|“存货核算”|“凭证处理”|“生成凭证”，单击“选单”，查询设置单据类型为“（24）红字回冲单”，单击“确定”进入选择单据窗口，依次单击“全选”“确定”，进入生成凭证窗口。凭证类别选择转账凭证，补充应付暂估科目“2202 应付账款”，单击“制单”，保存凭证后退出。分录如下：

期初暂估红字回冲：

借：原材料/生产用原材料（140301）　　　　－80 000

　贷：应付账款（2202）　　　　－80 000

操作提示

如果发现生成凭证有误，可删除后重新生成。可选择“供应链”|“存货核算”|“凭证处理”|“查询凭证”，先选择要删除的凭证，单击“删除”完成。

4. 审核发票并制单处理

选择“财务会计”|“应付款管理”|“应付处理”|“采购发票”|“采购发票审核”，查询设

置供应商为重庆大江公司。先选择发票，单击“审核”完成。

选择“财务会计”|“应付款管理”|“凭证处理”|“生成凭证”，制单查询勾选“发票”，凭证类别选择转账凭证。先选择发票再单击“制单”，将凭证分录的借方科目“1402 在途物资”修改为“140301 原材料/生产用原材料”，保存凭证后退出。分录如下：

借：原材料/生产用原材料（140301）　　79 000
　　应交税费/应交增值税/进项税额（22210101）　　10 270
　贷：应付账款（2202）/大江　　89 270

可以选择“供应链”|“采购管理”|“报表”|“采购账簿”|“采购结算余额表”及“在途货物余额表”，查询有关详情。

7.2.7 采购结算前退货

实验资料

2024 年 4 月 9 日，收到成都大成公司提供的 LED 显示屏，数量 52 台，不含税单价 1 200 元。验收入原料库。

2024 年 4 月 9 日，仓库反映有 2 台 LED 显示屏有质量问题，退回给供应商，办理相关出库手续。

2024 年 4 月 10 日，收到成都大成公司开具的 50 台 LED 显示屏的专用发票一张，不含税单价 1 200 元。编制应付账款凭证和入库凭证。

实验过程

1. 填制并审核采购入库单

4 月 9 日，选择“供应链”|“库存管理”|“采购入库”|“采购入库单”，单击“增加”|“空白单据”，选择“蓝单”页面，输入实验资料，如图 7－60 所示，完成保存、审核操作后退出。

图 7－60 采购入库单（蓝单）

2. 填制红字采购入库单

选择“供应链”|“库存管理”|“采购入库”|“采购入库单”，单击“增加”|“空白单据”，选择“红单”页面，采购入库单会变成红色的字，输入实验资料，退货数量填写−2，单价填写 1 200，如图 7－61 所示，完成保存、审核操作后退出。

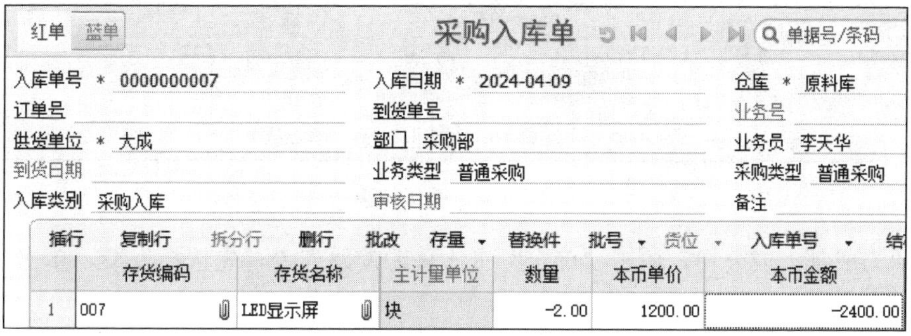

图 7－61　采购入库单（红单）

3. 根据采购入库单生成采购专用发票

4 月 10 日，选择“供应链”|“采购管理”|“采购发票”|“专用采购发票”，单击“增加”|“入库单”，单据来源类型选择采购入库单，选择要传入的红、蓝字入库单，单击“确定”，结果如图 7－62 所示，完成保存、复核操作后退出。

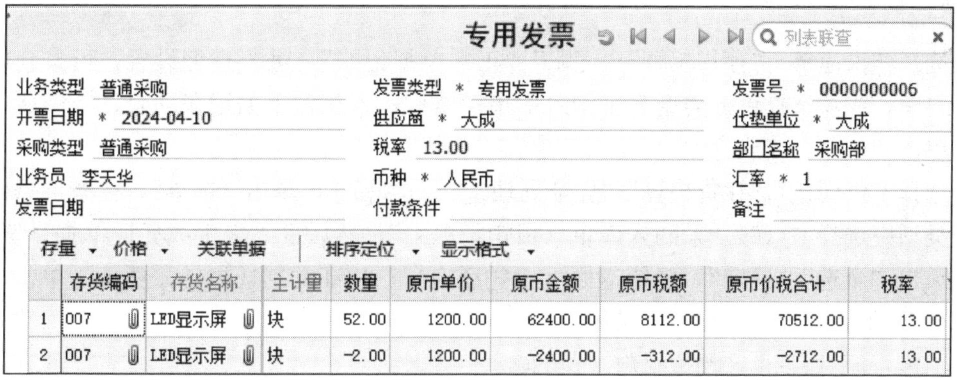

图 7－62　专用发票

4. 采购结算

选择“供应链”|“采购管理”|“采购结算”|“手工结算”，单击“选单”进入结算选单，查询设置选择供应商为成都大成公司，分别勾选发票和入库单，单击“确定”返回手工结算，如图 7－63 所示，单击“结算”完成。

5. 生成应付凭证

选择“财务会计”|“应付款管理”|“应付处理”|“采购发票”|“采购发票审核”，查询设

单据类型	存货名称	结算数量	发票数量	暂估单价	暂估金额	发票单价	发票金额
采购发票	LED显示屏		52.00		0.00	1200.00	62400.00
采购发票			-2.00		0.00	1200.00	-2400.00
采购入库单		52.00		1200.00	62400.00		
采购入库单		-2.00		1200.00	-2400.00		
	合计	50.00	50.00		60000.00		60000.00

图 7－63 手工结算

置供应商为成都大成公司，单击“确定”进入采购发票列表，先选择发票，单击“审核”完成。

选择“财务会计”|“应付款管理”|“凭证处理”|“生成凭证”，勾选“发票”，供应商选择成都大成公司，凭证类别选择转账凭证，选择发票，单击“制单”，保存凭证后退出。分录如下：

借：在途物资（1402） 60 000

应交税费/应交增值税/进项税额（22210101） 7 800

贷：应付账款（2202）/大成 67 800

6. 生成入库凭证

选择“供应链”|“存货核算”|“记账”|“正常单据记账”，进入查询设置，可按仓库选择原料库，或者选择单据类型为采购入库单，然后进入正常单据记账列表，选中所有单据，单击“记账”完成。

选择“供应链”|“存货核算”|“凭证处理”|“生成凭证”，单击“选单”，在查询条件的单据类型中选择“（01）采购入库单（报销记账）”，然后进入未生成凭证单据一览表，依次单击“全选”“确定”，系统返回生成凭证窗口。凭证类别选择转账凭证，单击“合并制单”，保存凭证后退出。分录如下：

借：原材料/生产用原材料（140301） 60 000

贷：在途物资（1402） 60 000

7.2.8 采购结算后退货

实验资料

2024 年 4 月 15 日，发现前期从成都大成公司购入的有线键盘质量有问题，从原料库退回 4 个给供货方，不含税单价 95 元，同时收到红字专用发票一张。对采购入库单和红字专用采购发票进行业务处理。

实验过程

1. 填制红字采购入库单并审核

选择“供应链”|“库存管理”|“采购入库”|“采购入库单”，单击“增加”|“空白单据”，选择“红单”页面，输入实验资料，如图 7－64 所示，完成保存、审核操作后退出。

图 7－64　采购入库单（红单）

2. 填制红字采购专用发票并执行采购结算

选择“供应链”|“采购管理”|“采购发票”|“红字专用采购发票”，单击“增加”|“入库单”，查询设置供应商为成都大成公司，进入拷贝并执行窗口选择单据，单击“确定”，结果如图 7－65 所示，依次完成保存、复核、结算操作后退出。

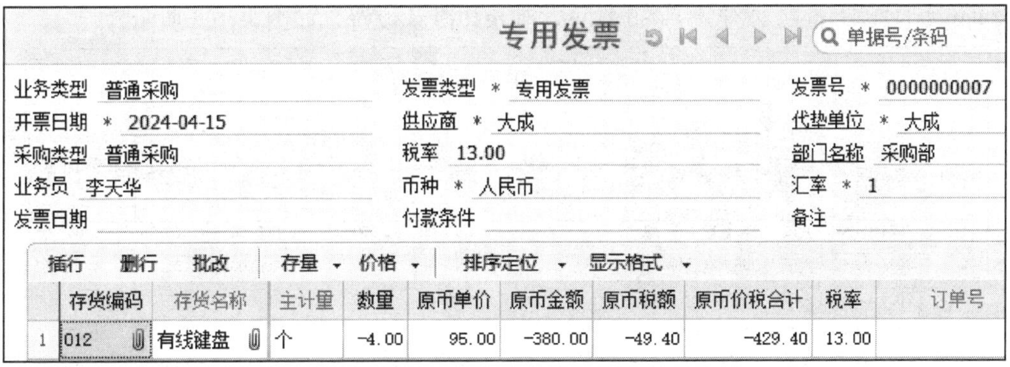

图 7－65　红字专用发票

3. 生成应付冲销凭证

选择“财务会计”|“应付款管理”|“应付处理”|“采购发票”|“采购发票审核”，单击“查询”，设置发票查询条件，供应商选择成都大成公司，单击“确定”进入采购发票列表，选择单据，单击“审核”后退出。

选择“财务会计”|“应付款管理”|“凭证处理”|“生成凭证”，勾选“发票”，供应商选择成都大成公司，单击“确定”，凭证类别选择转账凭证，选择单据，单击“制单”，保

存凭证后退出。分录如下：

借：在途物资（1402） −380.00

应交税费/应交增值税/进项税额（22210101） −49.40

贷：应付账款（2202）/大成 −429.40

4. 生成入库凭证

选择“供应链”|“存货核算”|“记账”|“正常单据记账”，进入查询设置，可按仓库选择原料库，也可按单据类型选择采购入库单，然后进入正常单据记账列表，先勾选单据，再单击“记账”完成。

选择“供应链”|“存货核算”|“凭证处理”|“生成凭证”，单击“选单”，在查询条件中单据类型选择“（01）采购入库单（报销记账）”，单击“确定”进入未生成凭证单据一览表。

选择入库单，单击“确定”，凭证类别选择转账凭证，单击“制单”，保存凭证后退出。分录如下：

借：原材料/生产用原材料（140301） −380

贷：在途物资（1402） −380

7.2.9 采购查询

1. 采购明细表

选择“供应链”|“采购管理”|“报表”|“明细表”|“采购明细表”，查询设置选择日期为 2024 年 4 月 1 日至 2024 年 4 月 30 日止，其余按默认设置，如图 7－66 所示。

采购明细表

	发票日期	供应商简称	存货名称	主计量	辅计量	换算率	数量	本币单价	本币金额	本币税额	本币价税合计
1	2024-04-03	大成	MS智能主板	块			10.00	800.00	8,000.00	1,040.00	9,040.00
2	2024-04-03	大成	防水电子秤	台			10.00	100.00	1,000.00	130.00	1,130.00
3	2024-04-03	大成	有线键盘	个			300.00	95.00	28,500.00	3,705.00	32,205.00
4	2024-04-04	大成	A型机箱	个			10.00	100.00	1,000.00	130.00	1,130.00
5	2024-04-04	大成	有线鼠标	只	箱	12.00	360.00	50.00	18,000.00	2,340.00	20,340.00
6	2024-04-06	大成	运费	千米					564.00	36.00	600.00
7	2024-04-06	大成	2TSSD硬盘	盒	箱	10.00	200.00	800.00	160,000.00	20,800.00	180,800.00
8	2024-04-06	大成	有线鼠标	只	箱	12.00	60.00	50.00	3,000.00	390.00	3,390.00
9	2024-04-09	大江	2TSSD硬盘	盒	箱	10.00	100.00	790.00	79,000.00	10,270.00	89,270.00
10	2024-04-10	大成	LED显示屏	块			-2.00	1,200.00	-2,400.00	-312.00	-2,712.00
11	2024-04-10	大成	LED显示屏	块			52.00	1,200.00	62,400.00	8,112.00	70,512.00
12	2024-04-15	大成	有线键盘	个			-4.00	95.00	-380.00	-49.40	-429.40
13	2024-04-25	问之	摄像头	台			20.00	300.00	6,000.00	780.00	6,780.00
14	总计						1,116.00		364,684.00	47,371.60	412,055.60

图 7－66 采购明细表

2. 其他明细表

在“供应链”|“采购管理”|“报表”|“明细表”路径下，除可查询采购明细表外，还可查询其他明细表，如到货明细表、入库明细表、结算明细表、未完成业务明细表、费用明细表、增值税发票处理状态明细表、待处理订单明细表、建议计划量明细表。

查询其他明细表可参照采购明细表的查询方法。

3. 采购发票列表

选择“供应链”|“采购管理”|“采购发票”|“采购发票列表”，查询设置选择日期为 2024 年 4 月 1 日至 2024 年 4 月 30 日止，其余按默认设置即可。

7.3　应付款管理

7.3.1　概述

应付款管理系统，通过录入和处理其他应付单、付款单等单据，对企业的往来账款进行综合管理，及时、准确地提供供应商的往来账款余额资料，提供各种分析报表，帮助企业合理调配资金，提高资金的利用效率。

应付业务处理流程如图 7－67 所示。

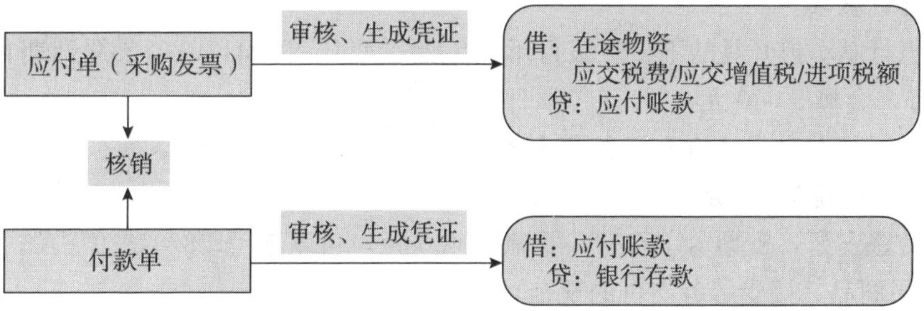

图 7－67　应付业务处理流程

7.3.2　带票据的常规付款业务

AI 助手探秘

开具商业承兑汇票应具备哪些条件?

应付票据是指企业购买材料、商品和接受服务等而开出、承兑的商业汇票，包括商业承兑汇票和银行承兑汇票。我国商业汇票的付款期限不超过 6 个月，一般作为流动负债管理。

1. 开出应付票据

企业因购买材料、商品和接受服务等而开出、承兑的商业汇票，应当按其票面金额作为应付票据的入账金额，借记“材料采购”“在途物资”“原材料”“库存商品”“应付账款”“应交税费/应交增值税/进项税额”等科目，贷记“应付票据”科目。为开具商业汇票支付的手续费借记“财务费用”“应交税费/应交增值税/进项税额”科目，贷记“银行存款”科目。

2. 偿付应付票据

企业开具的商业汇票到期支付时，借记“应付票据”科目，贷记“银行存款”科目。

3. 转销应付票据

商业承兑汇票的承兑人为企业自身，该票据到期时，如企业无力承付，企业将应付票据转为应付账款。借记“应付票据”科目，贷记“应付账款”科目。

银行承兑汇票的承兑人为银行，该票据到期时，如企业无力承付，承兑银行代为承付，并将代为承付的金额作为对该企业的贷款处理。企业将应付票据的账面余额转作短期借款。借记“应付票据”科目，贷记“短期借款”科目。

实验资料

2024年4月17日，财务部开出转账支票一张和承兑汇票两张，用于支付前欠重庆大江公司部分货款。

（1）工行基本户开具的不带息银行承兑汇票：票号YC041701，票据到期日2024年10月16日，金额5 000元。

（2）工行基本户开具的不带息商业承兑汇票：票号SC041701，票据到期日2024年10月16日，金额5 000元。

（3）转账支票：支票号ZZ777，金额2 000元，付款账号787978797879。（现金流量：04购买商品、接受劳务支付的现金）

实验过程

1. 录入付款申请单

选择“财务会计”|“应付款管理”|“付款申请”|“付款申请单录入”，单击“增加”|“空白单据”，输入使用银行承兑汇票付款的申请单，结算方式、结算科目为空。保存后，付款申请单左上角显示“开立”字样，如图7-68所示。

用同样的方法录入使用商业承兑汇票付款的付款申请单，结果如图7-69所示。

按同样的方法录入使用转账支票支付的付款申请单后，依次单击“保存”“结算明细”后进入付款申请单结算明细窗口，单击“增行”，补充结算明细信息，返回付款申请单，结果如图7-70所示。

开立　付款申请单　单据号/条码

单据编号 002　日期 * 2024-04-17　供应商 * 大江
部门 采购部　业务员 李天华　币种 * 人民币
汇率 1　结算方式　结算科目
摘要 支付前欠货款

增行　插行　删行　批改　关联查询　联查单据　联查预算　超预算信息　付款明细

	来源	部门	业务员	金额	本币金额	订单号	实际付款日期	预计付款日期
1		采购部	李天华	5000.00	5000.00			2024-04-17

图 7－68　付款申请单（银行承兑汇票）

开立　付款申请单　单据号/条码

单据编号 003　日期 * 2024-04-17　供应商 * 大江
部门 采购部　业务员 李天华　币种 * 人民币
汇率 1　结算方式　结算科目
摘要 支付前欠货款

增行　插行　删行　批改　关联查询　联查单据　联查预算　超预算信息　付款明细

	部门	业务员	源单币种	金额	本币金额	订单号	预计付款日期
1	采购部	李天华		5000.00	5000.00		2024-04-17

图 7－69　付款申请单（商业承兑汇票）

开立　付款申请单　单据号/条码

单据编号 004　日期 * 2024-04-17　供应商 * 大江
部门 采购部　业务员 李天华　币种 * 人民币
汇率 1　结算方式 转账支票　结算科目 100201
摘要 支付前欠货款

增行　插行　删行　批改　关联查询　联查单据　联查预算　超预算信息　付款明细

	部门	业务员	金额	本币金额	订单号	预计付款日期
1	采购部	李天华	2000.00	2000.00		2024-04-17

图 7－70　付款申请单（转账支票）

操作提示

在使用商业汇票付款，填写付款申请单时，结算方式一定为空，否则在后续票据选择时无法选择该付款申请单。

2. 付款申请单审核

选择“财务会计”|“应付款管理”|“付款申请”|“付款申请单审核”，进入后设置查询条件，供应商选择重庆大江公司，单击“确定”返回付款申请单列表，双击付款申请单可查看并审核。也可依次完成全选、审核操作后退出。

3. 录入应付票据

选择“财务会计”|“应付款管理”|“票据管理”|“票据录入”，单击“增加”|“付款申请

单”，供应商选择重庆大江公司，进入付款申请单表头列表，如图 7－71 所示。

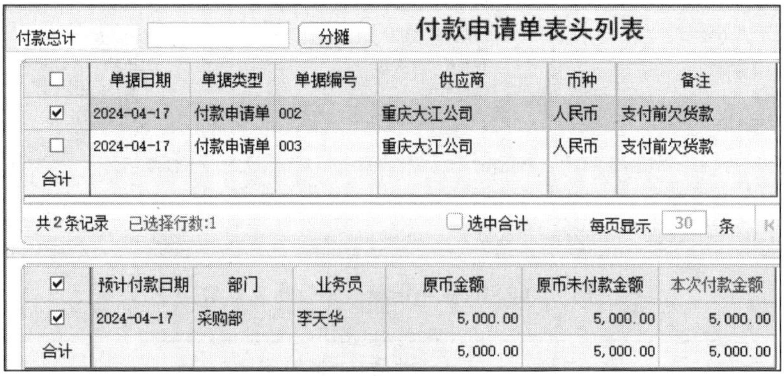
付款总计 分摊 付款申请单表头列表

☐	单据日期	单据类型	单据编号	供应商	币种	备注
☑	2024-04-17	付款申请单	002	重庆大江公司	人民币	支付前欠货款
☐	2024-04-17	付款申请单	003	重庆大江公司	人民币	支付前欠货款
合计						

共2条记录 已选择行数:1 选中合计 每页显示 30 条

☑	预计付款日期	部门	业务员	原币金额	原币未付款金额	本次付款金额
☑	2024-04-17	采购部	李天华	5,000.00	5,000.00	5,000.00
合计				5,000.00	5,000.00	5,000.00

图 7－71 付款申请单表头列表

分类别选择票据，单击“确定”，补充商业汇票的其他信息，单击“保存”，商业承兑汇票和银行承兑汇票如图 7－72、图 7－73 所示。

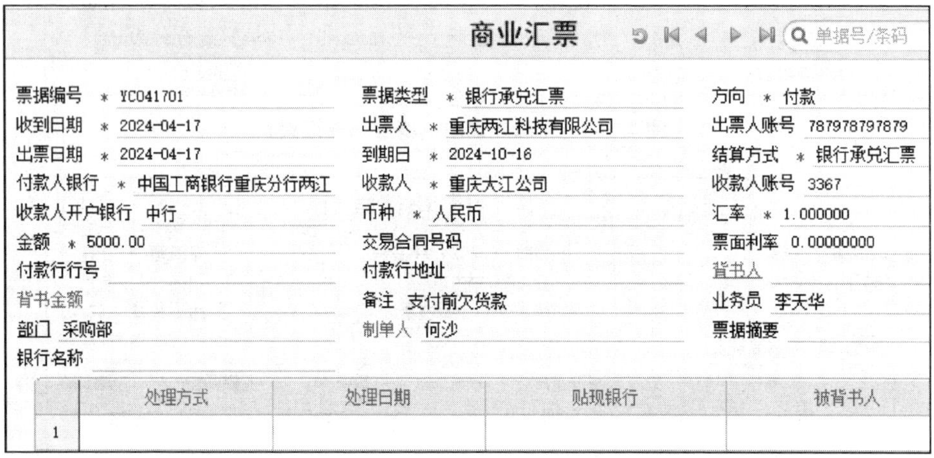
商业汇票 单据号/条码

票据编号 * YC041701 票据类型 * 银行承兑汇票 方向 * 付款
收到日期 * 2024-04-17 出票人 * 重庆两江科技有限公司 出票人账号 787978797879
出票日期 * 2024-04-17 到期日 * 2024-10-16 结算方式 * 银行承兑汇票
付款人银行 * 中国工商银行重庆分行两江 收款人 * 重庆大江公司 收款人账号 3367
收款人开户银行 中行 币种 * 人民币 汇率 * 1.000000
金额 * 5000.00 交易合同号码 票面利率 0.00000000
付款行行号 付款行地址 背书人
背书金额 备注 支付前欠货款 业务员 李天华
部门 采购部 制单人 何沙 票据摘要
银行名称

	处理方式	处理日期	贴现银行	被背书人
1				

图 7－72 商业汇票（银行承兑汇票）

商业汇票 单据号/条码

票据编号 * SC041701 票据类型 * 商业承兑汇票 方向 * 付款
收到日期 * 2024-04-17 出票人 * 重庆两江科技有限公司 出票人账号 787978797879
出票日期 * 2024-04-17 到期日 * 2024-10-16 结算方式 * 商业承兑汇票
付款人银行 * 中国工商银行重庆分行两江 收款人 * 大江 收款人账号 3367
收款人开户银行 中行 币种 * 人民币 汇率 * 1.000000
金额 * 5000.00 交易合同号码 票面利率
付款行行号 付款行地址 背书人
背书金额 备注 支付前欠货款 业务员 李天华
部门 采购部 制单人 票据摘要
银行名称

	处理方式	处理日期	贴现银行	被背书人
1				

图 7－73 商业汇票（商业承兑汇票）

4. 付款单据审核

选择“财务会计”|“应付款管理”|“付款处理”|“付款单据审核”，查询设置供应商为重庆大江公司，单击“确定”后转入付款单据审核，全选单据，后单击“审核”完成。

5. 手工核销付款单并生成凭证

选择“财务会计”|“应付款管理”|“核销处理”|“手工核销”，查询设置供应商为重庆大江公司，单击“确定”进入手工核销窗口，用本次支付的总额 12 000 元进行手工核销，在其他应付款 266 850 元单据的“本次结算”中输入 12 000 元，如图 7－74 所示，单击“确定”完成。

单据日期	单据类型	单据编号	供应商	款项类型	结算方式	币种	汇率	原币金额	原币余额	本次结算
2024-04-17	付款单	003	大江	应付款	转账支票	人民币	1.00000000	2,000.00	2,000.00	2,000.00
2024-04-17	付款单	004	大江	应付款	银行承...	人民币	1.00000000	5,000.00	5,000.00	5,000.00
2024-04-17	付款单	005	大江	应付款	商业承...	人民币	1.00000000	5,000.00	5,000.00	5,000.00
合计								12,000.00	12,000.00	12,000.00

单据日期	单据类型	单据编号	到期日	供应商	币种	原币金额	原币余额	可享受折扣	本次折扣	本次结算	凭证号
2024-04-09	采购专用发票	0000000005	2024-04-09	大江	人民币	89,270.00	89,270.00	0.00			转-0020
2024-01-20	其他应付单	001	2024-01-20	大江	人民币	266,850.00	266,850.00	0.00		12000	
合计						356,120.00	356,120.00	0.00			

图 7－74　手工核销

选择“财务会计”|“应付款管理”|“凭证处理”|“生成凭证”，进入制单查询，勾选“收付款单”和“核销”，供应商选择重庆大江公司，单击“确定”，凭证类别选择付款凭证，如图 7－75 所示。

选择标志	凭证类别	单据类型	单据号	日期	供应商编码	供应商名称	部门	业务员	金额
1	付款凭证	付款单	003	2024-04-17	01	重庆大江公司	采购部	李天华	2,000.00
1	付款凭证	付款单	004	2024-04-17	01	重庆大江公司	采购部	李天华	5,000.00
1	付款凭证	付款单	005	2024-04-17	01	重庆大江公司	采购部	李天华	5,000.00
1	付款凭证	核销	003	2024-04-17	01	重庆大江公司	采购部	李天华	2,000.00
1	付款凭证	核销	004	2024-04-17	01	重庆大江公司	采购部	李天华	5,000.00
	付款凭证	核销	005	2024-04-17	01	重庆大江公司	采购部	李天华	5,000.00

图 7－75　生成凭证应付列表

依次单击“全选”“合并”“制单”，补充现金流量信息，保存凭证后退出。分录如下：

借：应付账款（2202）/大江	12 000
贷：银行存款/工行（100201）	2 000
应付票据/银行承兑汇票（220101）	5 000
应付票据/商业承兑汇票（220102）	5 000

6. 查询业务明细账

选择“财务会计”|“应付款管理”|“账表管理”|“业务账表”|“业务明细账”，查询设置供应商为重庆大江公司，单击“确定”，如图 7-76 所示。

应付明细账

币种：全部

期间：4 - 4

年	月	日	凭证号	摘要	供应商 简称	单据类型	本期应付 本币	本期付款 本币	余额 本币	到期日
				期初余额	大江				266,850.00	
2024	4	9	转-0020	采购专用发票	大江	采购专用发票	89,270.00		356,120.00	2024-04-09
2024	4	17	付-0015	支付前欠货款	大江	付款单		2,000.00	354,120.00	2024-04-17
2024	4	17	付-0015	支付前欠货款	大江	付款单		5,000.00	349,120.00	2024-04-17
2024	4	17	付-0015	支付前欠货款	大江	付款单		5,000.00	344,120.00	2024-04-17
							89,270.00	12,000.00	344,120.00	
合...							89,270.00	12,000.00	344,120.00	

图 7-76 应付明细账（重庆大江公司）

7.3.3 现金折扣付款业务

AI 助手探秘

新会计准则中对现金折扣业务的处理条款。

实验资料

重庆大江公司针对 4 月 9 日开出的 100 盒 2TSSD 硬盘的货款 89 270 元，给予公司现金折扣：2/10，n/30。公司为享受 2%现金折扣，于 2024 年 4 月 18 日，开出工行转账支票一张，支票号 ZZ040701，付清该笔采购货款。（现金流量：04 购买商品、接受劳务支付的现金）

实验过程

1. 填写付款申请单

4 月 18 日，选择“财务会计”|“应付款管理”|“付款申请”|“付款申请单录入”，单击“增加”|“空白单据”，输入实验资料，如图 7-77 所示，依次完成保存、审核操作，系统提示生成 1 张付款单后退出。

2. 付款单据审核

选择“财务会计”|“应付款管理”|“付款处理”|“付款单据审核”，查询设置供应商为重庆大江公司，单击“确定”进入付款单据审核窗口，双击该内容，进入付款单据录入窗口，单击“审核”，系统提示“是否立即制单?”，选择“否”暂不生成凭证，如

图 7－78 所示。

付款申请单

单据编号 005　日期 * 2024-04-18　供应商 * 大江
部门 采购部　业务员 李天华　币种 * 人民币
汇率 1.00000000　结算方式 转账支票　结算科目 100201
摘要

增行　插行　删行　批改　关联查询　联查单据　联查预算　超预算信息　付款明细

	来源单据号	部门	业务员	金额	本币金额	订单号	实际付款日期	预计付款日期
1		采购部	李天华	87484.60	87484.60			2024-04-18

图 7－77　付款申请单

已审核　付款单

单据编号 006　日期 * 2024-04-18　供应商 * 大江
结算方式 * 转账支票　结算科目 100201　币种 * 人民币
汇率 1　金额 * 87484.60　本币金额 87484.60
供应商银行 中行　供应商账号 3367　票据号
部门 采购部　业务员 李天华　项目
摘要

插行　删行　批改　显示格式　排序定位　关联单据

	款项类型	供应商	科目	金额	本币金额	部门	业务员	项目
1	应付款	大江	2202	87484.60	87484.60	采购部	李天华	

图 7－78　已审核付款单

3. 付款核销，确认本次采购折扣

选择“财务会计”|“应付款管理”|“核销处理”|“手工核销”，查询设置供应商为重庆大江公司，单击“确定”进入手工核销，输入本次结算金额与折扣金额，如图 7－79 所示。

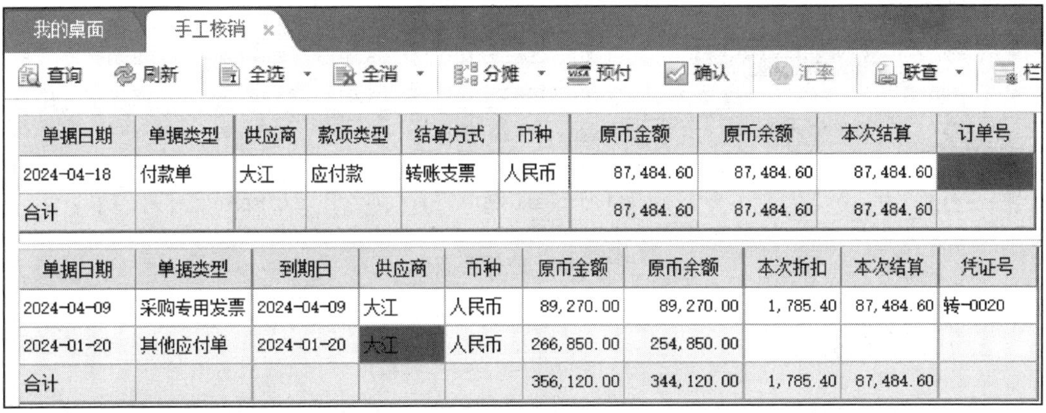
我的桌面　手工核销

查询　刷新　全选　全消　分摊　预付　确认　汇率　联查

单据日期	单据类型	供应商	款项类型	结算方式	币种	原币金额	原币余额	本次结算	订单号
2024-04-18	付款单	大江	应付款	转账支票	人民币	87,484.60	87,484.60	87,484.60	
合计						87,484.60	87,484.60	87,484.60	

单据日期	单据类型	到期日	供应商	币种	原币金额	原币余额	本次折扣	本次结算	凭证号
2024-04-09	采购专用发票	2024-04-09	大江	人民币	89,270.00	89,270.00	1,785.40	87,484.60	转-0020
2024-01-20	其他应付单	2024-01-20	大江	人民币	266,850.00	254,850.00			
合计					356,120.00	344,120.00	1,785.40	87,484.60	

图 7－79　手工核销页面

单击“确认”完成核销，已核销的单据在本页不再显示。

4. 付款及核销生成凭证

选择“财务会计”|“应付款管理”|“凭证处理”|“生成凭证”，勾选“收付款单”和“核销”，单击“确定”，凭证类别选择付款凭证，依次单击“全选”“合并”“制单”，补充现金折扣科目为 140301 原材料/生产用原材料、补充辅助项、现金流量等信息，保存凭证后退出。分录如下：

借：应付账款（2202）/大江　　89 270

　　原材料/生产用原材料（140301）　　—1 785.4

贷：银行存款/工行（100201）　　87 484.6

2021 年 1 月 1 日起施行的新收入准则规定，从采购方取得的现金折扣应冲减采购成本，本案例应冲减“原材料”科目，不再冲减财务费用，故此支付金额和应付款之间的差额 1 785.4 元冲减原材料/生产用原材料。

如果过程中发现单据错误，需要修改或删除的，需依次在付款单据审核、付款申请单中执行弃审，对相应的单据进行修改或删除操作。

7.3.4 应付款查询

1. 应付款余额表

选择“财务会计”|“应付款管理”|“账表管理”|“业务账表”|“业务余额表”，按默认条件查询，单击“确定”进入应付余额表，如图 7－80 所示。

应付余额表

	供应商编码	供应商名称	期初	本期应付	本期付款	余额	周转率	周转天数
			本币	本币	本币	本币	本币	本币
1	01	重庆大江公司	266,850.00	89,270.00	101,270.00	254,850.00	0.34	87.66
2	(小计)01		266,850.00	89,270.00	101,270.00	254,850.00	0.34	87.66
3	02	成都大成公司	0.00	294,535.60	42,375.00	252,160.60	2.34	12.84
4	(小计)02		0.00	294,535.60	42,375.00	252,160.60	2.34	12.84
5	06	重庆问之电子公司	0.00	6,780.00	0.00	6,780.00	2.00	15.00
6	(小计)06		0.00	6,780.00	0.00	6,780.00	2.00	15.00
7	总计		266,850.00	390,585.60	143,645.00	513,790.60	1.00	29.98

图 7－80　应付余额表

2. 应付账龄分析

选择“财务会计”|“应付款管理”|“应付处理”|“账龄分析”|“应付账龄分析”，按默认查询即可。

7.4 合同管理

7.4.1 合同管理概述

合同管理提供合同的录入、生效、变更、结案的管理，同时对合同的执行、结算、收付款等一系列业务进行管理及后续的跟踪，保证合同的顺利履行。

1. 合同管理的基本功能

（1）基础设置。合同管理可以设置合同选项，定义合同执行阶段，进行报警设置，录入期初单据。

（2）业务处理。可制作应收、应付、销售、采购、出口、进口、其他类型的合同，管理合同标的、条款、附件、大事记等。应收、应付类合同可制作执行单、结算单，记录合同的执行与结算信息。销售、采购、出口、进口类合同可在相应模块中生成订单并执行。

（3）报表。可以查询使用合同统计表、明细表、收付款分析、履行跟踪表等。

2. 合同管理与相关模块的关系

（1）合同管理与应收款和应付款管理。应收款和应付款管理对合同结算单进行审核，记应收账或应付账、收付账和核销操作，收款或付款信息回填合同结算单。

（2）合同管理与采购管理和销售管理。采购订单或销售订单参照：采购订单或销售订单可来源于采购/销售类合同；合同管理可跟踪查询订单后续执行过程。来源于合同的采购到货以及销售发货可推式生成合同执行单，并据此进行分期收付款业务。

（3）合同管理与进口管理和出口管理。进口和出口订单参照：已生效的进口和出口类合同可生成相应的进出口订单；合同管理可跟踪查询订单后续执行过程，如订单、发票、到货单和出货单、收付款单。

7.4.2 合同管理设置

实验资料

重庆两江科技有限公司针对合同管理的规定如下：

（1）合同分组设置：001 购销合同；002 劳务合同。

（2）合同类型详见表 7－13。

表 7－13 合同类型

类型编码	类型名称	合同性质
01	销售合同	销售类合同

续表

类型编码	类型名称	合同性质
02	委托代销合同	销售类合同
03	采购合同	采购类合同
04	广告合同	应付类合同
05	运输合同	应付类合同
06	咨询服务类合同	应付类合同
07	技术服务类合同	应收类合同

（3）合同阶段设置：01 第一阶段；02 第二阶段；03 第三阶段，质保金阶段设置为“否”。

（4）合同阶段组设置 01 分批发货为默认阶段组。

实验过程

1. 合同分组设置

选择“供应链”|“合同管理”|“设置”|“合同分组”，单击“增加”输入合同分组信息，如图 7－81 所示。

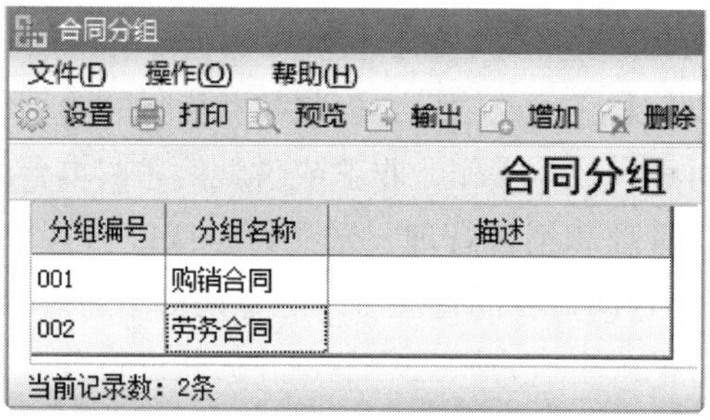

图 7－81　合同分组

2. 合同类型设置

选择“供应链”|“合同管理”|“设置”|“合同类型”|“合同类型设置”，单击“增加”输入合同类型信息，如图 7－82 所示。

图 7－82　合同类型设置

系统默认无分类，在无分类下增加合同类型。如需修改，直接双击合同类型，进入“修改合同类型”窗口，直接修改即可。如系统启用受托代销业务，可增加“受托代销合同”类型。

3. 合同阶段设置

选择“供应链”|“合同管理”|“设置”|“合同阶段”|“阶段设置”，单击“增加”，输入合同阶段信息，保存后如图 7－83 所示，退出即可。

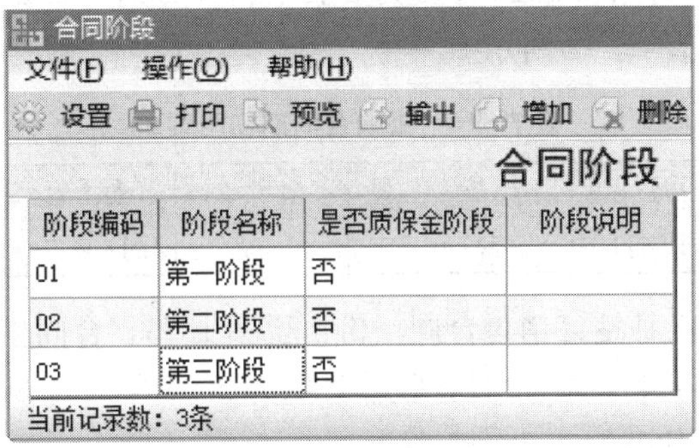

图 7－83　合同阶段

4. 合同阶段组设置

选择“供应链”|“合同管理”|“设置”|“合同阶段”|“阶段组设置”，单击“增加”，输入合同阶段组信息，保存即可，如图 7－84 所示。

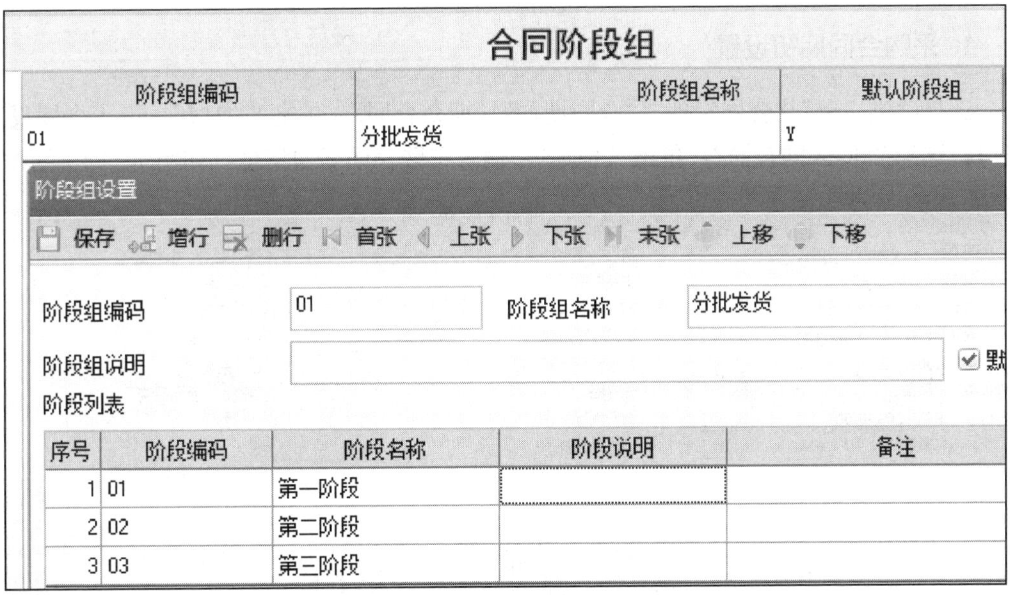

图 7－84　合同阶段组

7.4.3 合同管理期初设置

实验资料

重庆两江科技有限公司截至 2024 年 4 月 1 日，前期已签订未执行的两份合同分别如下：

（1）2024 年 3 月 31 日签订采购合同一份，税率 13%，合同生效日期为 2024 年 3 月 31 日，买方自提，自提时间为 2024 年 4 月 5 日，付款日期为 2024 年 5 月 31 日，付款比例 100%，详细信息如表 7-14 所示。

表 7-14 采购合同期初明细表

供应商	币种	物资名称	单位	数量	不含税单价	不含税金额	税率	税额	结算方式
南京天华公司	人民币	HP 打印机	台	10	1 800	18 000	13%	2 340	转账支票

（2）2024 年 3 月 31 日签订销售合同一份，税率 13%，合同生效日期为 2024 年 3 月 31 日，发货时间为 2024 年 4 月 17 日，收款日期为 2024 年 6 月 30 日，收款比例 100%，送货上门包安装，详细信息如表 7-15 所示。

表 7-15 销售合同期初明细表

客户	币种	物资名称	单位	数量	不含税单价	不含税金额	税率	税额	结算方式
重庆嘉陵公司	人民币	HP 打印机	台	5	2 400	12 000	13%	1 560	转账支票

实验过程

1. 采购合同期初设置

选择“供应链”|“合同管理”|“合同期初”|“期初合同”，单击“增加”，进入合同设置窗口，选择“03 采购合同”，单击“确定”，输入采购合同期初信息，如图 7-85 所示。

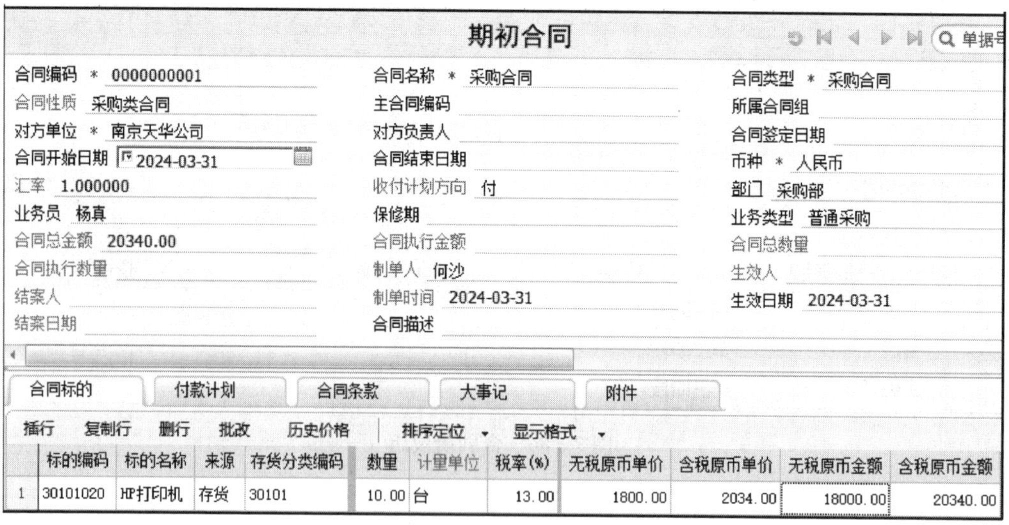

图 7-85 期初采购合同设置

在“付款计划”页面，录入收付款日期、收付比例、收付金额、结算方式等信息，单击“保存”退出。

在合同工作台录入期初合同的合同标的内容时，需先选择存货分类编码及对应存货编码，其余蓝色字体框下的内容为系统自动生成，不可录入。

2. 销售合同期初设置

同采购合同期初设置不同之处在于：合同选择“01 销售合同”，录入销售合同期初信息即可，其余设置参照采购合同期初设置，如图 7 - 86 所示。

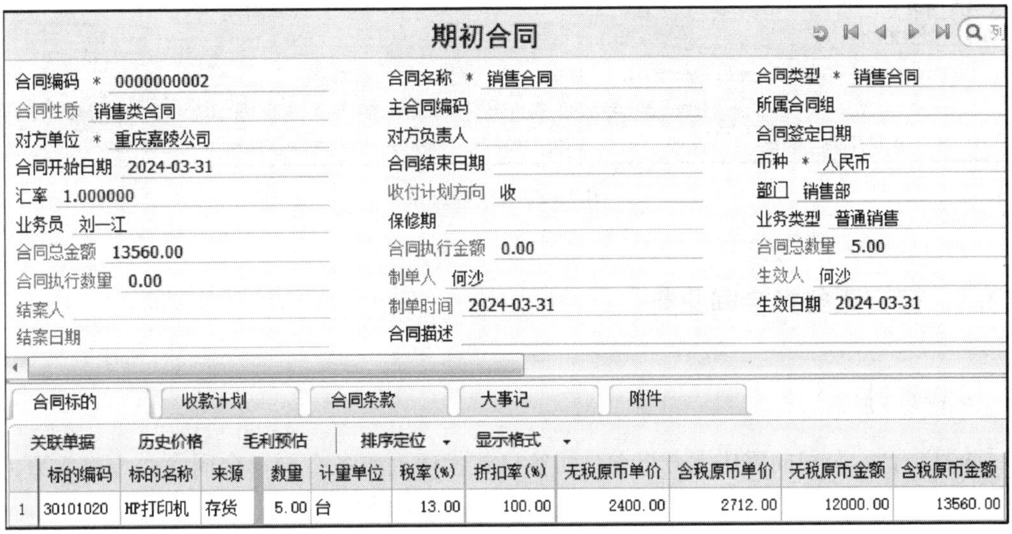
期初合同

合同编码 * 0000000002
合同名称 * 销售合同
合同类型 * 销售合同
合同性质 销售类合同
主合同编码
所属合同组
对方单位 * 重庆嘉陵公司
对方负责人
合同签定日期
合同开始日期 2024-03-31
合同结束日期
币种 * 人民币
汇率 1.000000
收付计划方向 收
部门 销售部
业务员 刘一江
保修期
业务类型 普通销售
合同总金额 13560.00
合同执行金额 0.00
合同总数量 5.00
合同执行数量 0.00
制单人 何沙
生效人 何沙
结案人
制单时间 2024-03-31
生效日期 2024-03-31
结案日期
合同描述

合同标的　收款计划　合同条款　大事记　附件

关联单据　历史价格　毛利预估　排序定位　显示格式

	标的编码	标的名称	来源	数量	计量单位	税率(%)	折扣率(%)	无税原币单价	含税原币单价	无税原币金额	含税原币金额
1	30101020	HP打印机	存货	5.00	台	13.00	100.00	2400.00	2712.00	12000.00	13560.00

图 7 - 86　期初销售合同设置

在“收款计划”页面，录入收付款日期、收付比例、收付金额、结算方式等信息，单击“保存”退出。

采购合同、销售合同期初设置时，与执行相关的数量、不含税金额、含税金额均不输入，否则在采购订单中无法找到该笔合同。系统设置的规则是已执行完成的合同无须执行，如果此处填写执行数会导致在下一步的采购订单中无法找到该合同。

7.4.4　采购合同业务

采购合同业务可能产生预付账款。预付账款是指企业按照合同规定预付的款项，如预付的材料、商品采购款、在建工程价款等。款项预付时，借记“预付账款”科目，贷记“银行存款”科目。企业收到所购物资，按所购物资的成本金额，借记“材料采购”“原材料”“库存商品”等科目，按可抵扣的增值税进项税额，借记“应交税费/应交增值税/进项税额”科目，贷记“预付账款”科目。

实验资料

4 月 1 日，根据前期已签订未执行的采购合同生成采购订单，预计到货时间 4 月 5 日。

实验过程

选择“供应链”|“采购管理”|“采购订货”|“采购订单”，单击“增加”|“合同”，供应商选择南京天华公司，其余按默认设置，在“合同参照”中选择要生成的采购合同，单击“确定”，如图 7－87 所示。完成保存、审核操作后退出。

采购订单

业务类型 普通采购　订单日期 * 2024-04-01　订单编号 * 0000000001
采购类型 普通采购　供应商 * 天华　部门 采购部
业务员 杨真　税率 13.00　付款条件
币种 * 人民币　汇率 * 1　备注

	存货编码	存货名称	主计量	数量	原币含税单价	原币单价	原币金额	原币税额	原币价税合计	税率	计划到货日期
1	020	HP打印机	台	10.00	2034.00	1800.00	18000.00	2340.00	20340.00	13.00	2024-04-01

图 7－87　采购订单

7.4.5　咨询服务类合同业务

实验资料

4 月 1 日，公司向重庆大方咨询公司签订技术咨询服务合同，合同含税金额 5 万元，税率为 6%。项目大类为 01（产品项目）、项目分类编码为 1（主产品）、对应项目编码为 01（创智 X 号）。

4 月 20 日，重庆大方咨询公司签订的咨询服务执行完毕，达到预期目标，对合同进行结算，生成应付凭证。

4 月 25 日，支付重庆大方咨询公司合同款项（结算方式为转账支票，结算科目为 100201，票据号为 ZZ1222）。（现金流量：04 购买商品、接受劳务支付的现金）

1. 录入合同信息

选择“供应链”|“合同管理”|“合同”|“合同工作台”，选择“增加”|“应付类合同”|“咨询服务类合同”，输入合同案例。输入合同标的时先输入项目大类、项目分类编码、对应项目编码，标的编码和标的名称、来源自动生成，输入“含税原币单价”后其他相关金额会自动计算。依次单击“保存”“生效”，如图 7－88 所示。

2. 录入合同结算单

4 月 20 日，合同中约定的事务完成，并达到预期目标。

选择“供应链”|“合同管理”|“合同结算”|“合同结算单”，单击“增加”|“结算单”|“合同”，其余按默认设置，单击“确定”，选中单据，进入合同结算单，依次单击“保存”“生效”后退出。

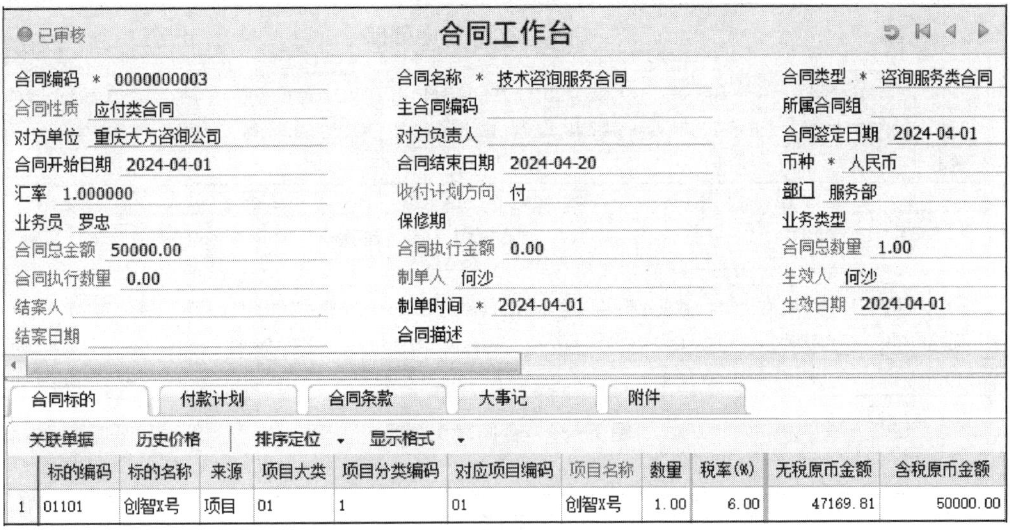

	标的编码	标的名称	来源	项目大类	项目分类编码	对应项目编码	项目名称	数量	税率(%)	无税原币金额	含税原币金额
1	01101	创智X号	项目	01	1	01	创智X号	1.00	6.00	47169.81	50000.00

图 7－88　合同工作台

3. 合同结算单审核

选择“财务会计”|“应付款管理”|“应付处理”|“合同结算单”|“合同结算单审核”，设置查询条件中供应商选择重庆大方咨询公司，单击“确定”后进入合同结算单列表，勾选结算单，单击“审核”后退出。

4. 生成应付凭证

选择“财务会计”|“应付款管理”|“凭证处理”|“生成凭证”，勾选“合同结算单”，供应商选择重庆大方咨询公司，单击“确定”，凭证类别选择转账凭证。选择单据，单击“制单”，补充借方科目，保存凭证后退出。分录如下：

借：管理费用/其他（660299）/服务部	47 169.81
应交税费/应交增值税（进项税额）（22210101）	2 830.19
贷：应付账款（2202）/大方	50 000.00

5. 合同付款申请处理

4 月 25 日，选择“财务会计”|“应付款管理”|“付款申请”|“付款申请单录入”，选择“增加”|“合同”，供应商选择重庆大方咨询公司，单击“确定”，进入合同表头列表，选择合同，输入本次申请金额 50 000 元，如图 7－89 所示。

单击“确定”进入付款申请单，补充结算方式、预计付款日期等信息，如图 7－90 所示。

完成保存、审核后，系统提示“审核后生成一张付款单，是否继续进行自动核销”，单击“否”暂不核销。

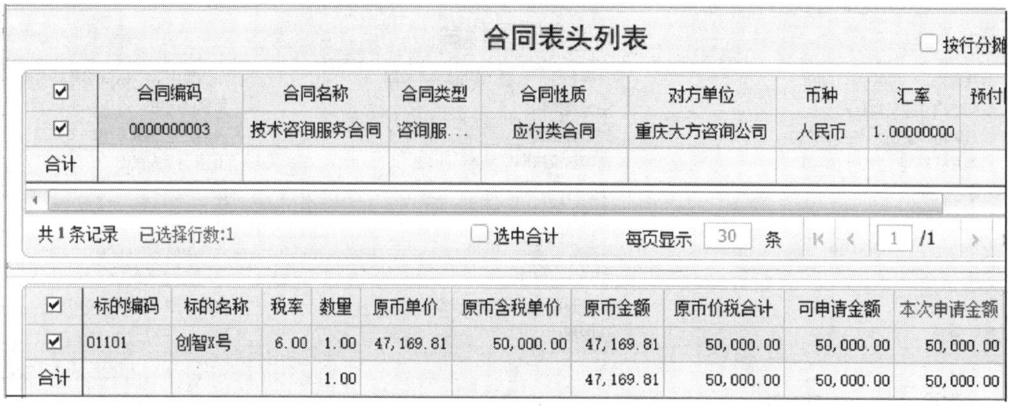

图 7-89　合同表头列表

图 7-90　付款申请单

6. 合同付款及结算

选择“财务会计”|“应付款管理”|“付款处理”|“付款单据审核”，设置查询条件中供应商选择重庆大方咨询公司，单击“确定”进入收付款单列表，双击进入付款单，单击“修改”，输入票据号，如图 7-91 所示。

图 7-91　付款单据审核

保存后单击“审核”，系统提示“是否立即制单”，选择“是”，系统进入填制凭证窗口，借方科目改为应付账款，核对辅助核算项目、补充现金流量等信息，保存凭证后退出。分录如下：

借：应付账款/大方（2202）　　50 000

　贷：银行存款/工行（100201）　　50 000

7. 核销

付款单与合同结算单核销可在付款单据录入窗口，单击“核销”|“同币种”，选择单据名称为合同结算单，单击“确定”，页面下方显示付款单和普通结算单，在对应单据的“本次结算”中分别输入 50 000，如图 7－92 所示，单击“确定”完成。

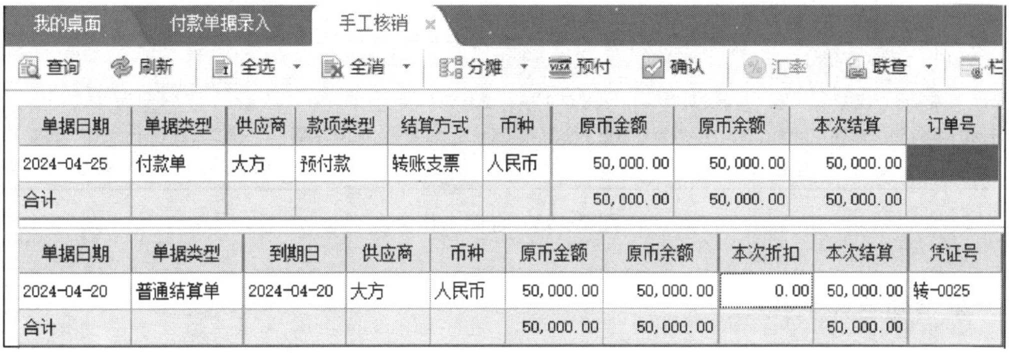

单据日期	单据类型	供应商	款项类型	结算方式	币种	原币金额	原币余额	本次结算	订单号
2024-04-25	付款单	大方	预付款	转账支票	人民币	50,000.00	50,000.00	50,000.00	
合计						50,000.00	50,000.00	50,000.00	

单据日期	单据类型	到期日	供应商	币种	原币金额	原币余额	本次折扣	本次结算	凭证号
2024-04-20	普通结算单	2024-04-20	大方	人民币	50,000.00	50,000.00	0.00	50,000.00	转-0025
合计					50,000.00	50,000.00		50,000.00	

图 7－92　手工核销

手工核销路径：“财务会计”|“应付款管理”|“核销处理”|“手工核销”，核销条件中选择重庆大方咨询公司，进入手工核销窗口，同样在付款单和普通结算单的本次结算处输入本次结算金额，单击确认后完成。

7.4.6　广告合同业务

实验资料

4 月 2 日，公司为创智一体机做宣传，与重庆千里广告公司签订广告合同，金额 30 000 元，税率 6%。4 月 10 日，广告合同执行完毕，采用转账支票 ZZ041001 对合同进行结算处理。（现金流量：04 购买商品、接受劳务支付的现金）

实验过程

1. 合同录入

4 月 2 日，选择“供应链”|“合同管理”|“合同”|“合同工作台”，选择“增加”|“应付类合同”|“广告合同”，单击“设置”选择合同标的来源为存货，单击“确定”，系统提示“设置修改将清空合同标的与收付款计划，是否确认”，选择“是”，录入实验资料，图 7－93 所示。依次单击“保存”“生效”后退出。

图 7-93　合同工作台

2. 合同结算单录入

4 月 10 日，选择“供应链”|“合同管理”|“合同结算”|“合同结算单”，单击“增加”|“结算单”|“合同”，选择供应商为重庆千里广告公司，选中合同，单击“确定”，进入合同结算单，依次单击“保存”“生效”后退出。

3. 合同结算单生成凭证

选择“财务会计”|“应付款管理”|“应付处理”|“合同结算单”|“合同结算单审核”，设置查询条件中供应商选择重庆千里广告公司，单击“确定”进入合同结算列表，勾选结算单，单击“审核”后退出。

选择“财务会计”|“应付款管理”|“凭证处理”|“生成凭证”，在制单查询窗口勾选“合同结算单”，供应商选择重庆千里广告公司，单击“确定”，系统进入生成凭证窗口，凭证类别选择转账凭证，单击“制单”，系统进入填制凭证窗口，补充借方科目为管理费用/其他（660299），保存凭证后退出。分录如下：

借：管理费用/其他（660299）/服务部	28 301.89
应交税费/应交增值税/进项税额（22210101）	1 698.11
贷：应付账款（2202）/千里	30 000

4. 合同付款申请单录入

选择“财务会计”|“应付款管理”|“付款申请”|“付款申请单录入”，单击“增加”|“合同”，设置查询条件中供应商选择重庆千里广告公司，单击“确定”，进入合同表头列表，勾选合同，输入本次申请金额 30 000 元，如图 7-94 所示。

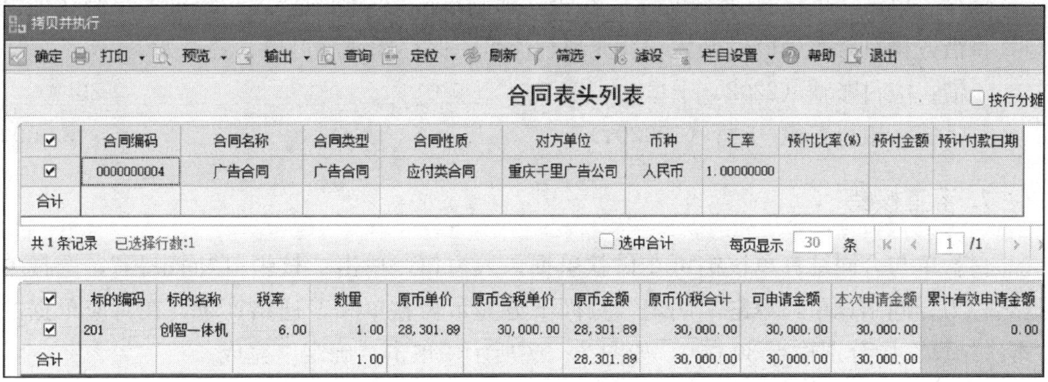

拷贝并执行

确定 打印 预览 输出 查询 定位 刷新 筛选 滤设 栏目设置 帮助 退出

合同表头列表　□按行分摊

☑	合同编码	合同名称	合同类型	合同性质	对方单位	币种	汇率	预付比率(%)	预付金额	预计付款日期
☑	0000000004	广告合同	广告合同	应付类合同	重庆千里广告公司	人民币	1.00000000			
合计										

共 1 条记录　已选择行数:1　□选中合计　每页显示 30 条　1 /1

☑	标的编码	标的名称	税率	数量	原币单价	原币含税单价	原币金额	原币价税合计	可申请金额	本次申请金额	累计有效申请金额
☑	201	创智一体机	6.00	1.00	28,301.89	30,000.00	28,301.89	30,000.00	30,000.00	30,000.00	0.00
合计				1.00			28,301.89	30,000.00	30,000.00	30,000.00	

图 7－94　选择合同

单击“确定”进入付款申请单，补充结算方式等信息，如图 7－95 所示。

付款申请单　单据号/条码

单据编号 007　日期 * 2024-04-10　供应商 * 千里

部门 服务部　业务员 罗忠　币种 * 人民币

汇率 1　结算方式 转账支票　结算科目 100201

摘要

增行 插行 删行 批改 关联查询 联查单据 联查预算 超预算信息 付款明细 排序定位

	来源	来源单据号	部门	业务员	源单币种	源单本次申请金额	金额	本币金额	预计付款日期
1	合同	0000000004	服务部	罗忠	人民币	30000.00	30000.00	30000.00	2024-04-10

图 7－95　付款申请单

完成保存、审核后，系统提示“审核后生成一张付款单，是否继续进行付款核销”，选择“否”暂不核销。

5. 合同付款及结算

选择“财务会计”|“应付款管理”|“付款处理”|“付款单据审核”，在查询条件设置中供应商选择重庆千里广告公司，其余保持默认，单击“确定”，系统进入收付款单列表，双击列表单据进入付款单，单击“修改”，输入票据号，如图 7－96 所示。

付款单　列表联查

单据编号 008　日期 * 2024-04-10　供应商 * 千里

结算方式 * 转账支票　结算科目 100201　币种 * 人民币

汇率 1　金额 * 30000.00　本币金额 30000.00

供应商银行 农行　供应商账号 7891　票据号 ZZ041001

部门 服务部　业务员 罗忠　项目

摘要

插行 删行 批改 显示格式 排序定位 关联单据

	款项类型	供应商	科目	金额	本币金额	部门	业务员
1	预付款	千里	1123	30000.00	30000.00	服务部	罗忠

图 7－96　付款单据审核

保存后单击“审核”，系统提示“是否立即制单”，选择“是”，系统进入填制凭证窗口，将借方科目修改为应付账款，补充现金流量，保存凭证后退出。分录如下：

借：应付账款（2202）/千里 30 000

贷：银行存款/工行（100201） 30 000

7. 手工核销

付款单与合同结算单核销可在付款单据录入窗口，单击“核销”|“同币种”，选择单据名称为合同结算单，单击“确定”页面下方显示付款单和普通结算单，在对应单据的“本次结算”中分别输入 30 000，如图 7－97 所示。单击“确定”完成。

单据日期	单据类型	供应商	款项类型	结算方式	币种	原币金额	原币余额	本次结算	订单号
2024-04-10	付款单	千里	预付款	转账支票	人民币	30,000.00	30,000.00	30,000.00	
合计						30,000.00	30,000.00	30,000.00	

单据日期	单据类型	到期日	供应商	币种	原币金额	原币余额	本次折扣	本次结算	凭证号
2024-04-10	普通结算单	2024-04-10	千里	人民币	30,000.00	30,000.00	0.00	30,000.00	转-0026
合计					30,000.00	30,000.00		30,000.00	

图 7－97 广告合同手工核销

7.4.7 合同执行分析

根据需要，可以查看有关合同的分析表，以下三个方法均可完成：

（1）选择“业务工作”|“供应链”|“合同管理”|“报表”|“分析表”|“合同收付款执行统计表”。

（2）选择“业务工作”|“供应链”|“合同管理”|“报表”|“分析表”|“合同收付款分析表”。

（3）选择“业务工作”|“供应链”|“合同管理”|“报表”|“分析表”|“合同收付款计划进展表”。

7.5 AI 助手拓展学习

（1）企业采购管理流程。

（2）企业应付款及付款流程。

（3）企业采购结算前退货和采购结算后退货的区别。

（4）企业采购合同管理流程。

（5）采购货物招标的过程和注意问题。

即测即评

思考题

1. 采购管理系统与其他系统（如总账、库存管理、存货核算等）的数据关系是怎样的？这些关系如何影响企业的整体业务流程？

2. 请举例说明不同采购业务类型（如典型采购、采购现结、采购运费处理、暂估入库报销、采购结算前退货、采购结算后退货等）在实际工作中的应用场景及处理要点。

3. 合同管理在企业采购与应付业务中的作用是什么？如何通过合同管理提高企业的管理效率和风险控制能力？

4. 采购业务中涉及的各种单据（如采购订单、采购入库单、采购发票、付款单等）在整个业务流程中的作用和相互关系是怎样的？

5. 在应付款管理中，如何根据企业的实际情况选择合适的付款方式（如现金支付、转账支票、商业承兑汇票、银行承兑汇票等）？不同付款方式对企业的财务状况和资金流有何影响？

6. 在采购过程中，企业通常会建立存货再购点制度，其目的是什么？

第 8 章

销售与应收业务

8.1　销售管理

8.1.1　销售管理功能概述

销售管理是新道 U8＋供应链管理系统中的一个子系统，它与采购、库存、存货核算、总账系统等一起使用，彼此共享数据，联系紧密，共同组成完整的业务处理系统。

与采购管理系统类似，在第一次使用销售管理系统处理日常销售业务之前，也要准备好日常业务中将要使用的目录档案。

存货分类、客户分类、存货档案、客户档案等目录档案在基础设置时已经完成。而本企业开户银行、费用项目等档案可在启用销售管理系统后完成。如果本企业开户银行没有档案，系统不能完成专用发票的填制，即如果企业只填制普通发票，那么也可以不设置开户银行的信息。同理，如果在销售过程中不产生其他的代垫费用，用户也可以不设置费用项目档案。

1. 设置

销售管理系统的初始设置根据企业需求建立销售业务应用环境，将新道 U8＋V15.0 的销售管理系统变成适合本单位实际需要的专用系统。其中包括定义存货分类、地区分类、客户分类、收发类别、部门、结算方式的编码方案，定义存货数量、存货单价和开票单价显示的小数位数，设置存货档案、客户档案、本企业开户银行、费用项目等内容。这些初始数据，一般在基础设置中完成。在启用销售管理系统后，有新增的档案信息，也可以继续在基础设置中添加。

2. 销售订单

销售订单是由购销双方确认的客户购货需求单据。对于销售业务规范化管理的企业而言，销售业务须经历一个由客户询价、销售业务部门报价，双方签订购销合同（或达成口头购销协议）的过程。订单作为合同或协议的载体而存在，成为销售发货日期、货物明细、价格、数量等事项的依据。企业根据销售订单组织货源或组织生产，并管理、控制和追踪订单执行。在先发货后开票业务模式下，发货单可以根据销售订单开具；在开票直接发货业务模式下，销售发票可以根据销售订单开具。

在销售管理系统中，销售订单并不是缺一不可的，也可以不录入销售订单，而直接录入发货单或销售发票。

3. 发货单

发货单是普通销售发货业务的执行载体。在先发货后开票模式下，发货单由销售部门根据销售订单产生；在开票直接发货业务模式下，发货单由销售部门根据销售发票产生，作为货物发出的依据，在此，发货单只能浏览，不能完成增删改等操作。

4. 销售发票

销售发票是指给客户开具的增值税专用发票、普通发票及其所附清单等原始销售票据。销售发票可由销售部门参照发货单生成，即先发货后开票业务模式，也可参照销售订单生成或直接填制，即开票直接发货业务模式。一张订单或发货单可拆分生成多张销售发票，也可以用多张订单或发货单汇总生成一张销售发票。

5. 收款结算

收款结算主要处理销售过程中发生的各种款项的收入操作，冲销已登记的应收账款。

6. 查询

为提高信息的利用和销售管理水平，系统可查询销售订单列表、发票列表等，也可查询销售订单、发货单、销售发票、销售收入明细账等。

7. 销售业务处理流程

销售业务涉及销售、库存和生成凭证等环节，其主要业务处理流程如图 8-1 所示。

AI助手探秘

销售管理与总账之间的关系。

典型销售业务的销售流程。

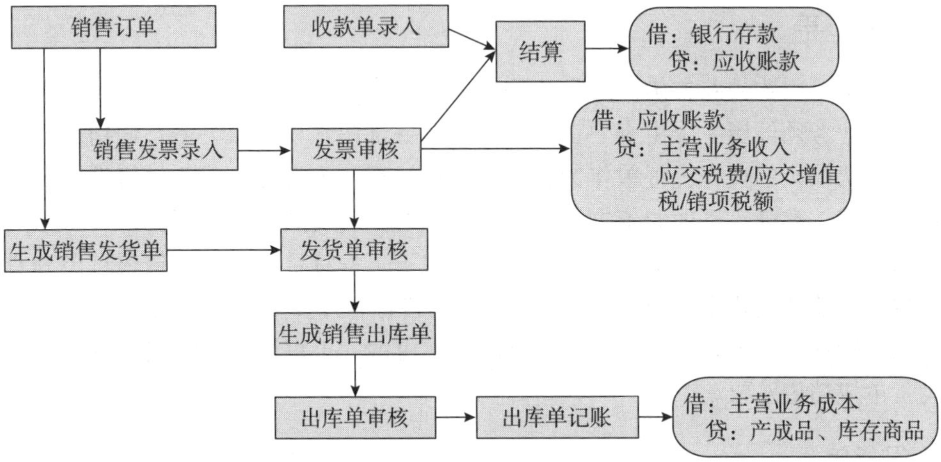

图 8-1 销售业务处理流程

8.1.2 典型销售业务

收入是指企业在日常活动形成，会导致所有者权益增加，与所有者投入资本无关的经济利益总流入。

在企业的常规销售业务中，设置“主营业务收入”和“其他业务收入”两个科目。主营业务收入核算企业销售商品、提供服务等主营业务的收入，例如本实验的创智 X 号是公司的主营产品，其销售收入应计入主营业务收入；其他业务收入核算除主营业务活动以外的其他经营活动实现的收入，例如销售创智 X 号产品的零部件，应计入其他业务收入。

实验资料

(1) 2024 年 4 月 5 日，天津大华公司欲购买 10 台创智 X 号，向销售部了解价格。销售部报价为 6 500 元（不含税单价）。客户确定购买，填制并审核报价单。该客户进一步了解情况后，要求订购 20 台，要求 4 月 8 日发货。

(2) 2024 年 4 月 8 日，销售部向成品库发出发货通知。从成品库向天津大华公司发出其所订货物，并据此开具销售专用发票一张；业务部将销售发票（留存联）交给财务部，财务部结转此业务的收入和成本。

(3) 2024 年 4 月 15 日，财务部收到天津大华公司转账支票一张，金额 146 900 元，支票号 ZZ1155，款项入工行账户。据此填制收款单并制单。（现金流量：01 销售商品、提供劳务收到的现金）

实验过程

常规销售业务包含销售业务的主要流程和处理方法，需掌握并仔细分析，再拓展到其他业务处理方法。

选择“供应链”|“销售管理”|“设置”|“选项”，进入“业务控制”页面，取消勾选“报价含税”，其余保持默认。

1. 填制并审核报价单

4月5日，选择“供应链”|“销售管理”|“销售报价”|“销售报价单”，单击“增加”|“空白单据”，输入资料信息，如图8-2所示，依次完成保存、审核操作后退出。

销售报价单

单据号 * 0000000001　日期 * 2024-04-05　业务类型 * 普通销售
销售类型 * 经销　客户简称 * 大华　付款条件
销售部门 * 销售部　业务员 刘一江　税率 13.00
币种 人民币　汇率 1　备注

	存货编码	存货名称	主计量	数量	含税单价	无税单价	无税金额	税额	价税合计	税率（%）
1	016	创智X号	台	10.00	7345.00	6500.00	65000.00	8450.00	73450.00	13.00

图8-2　销售报价单

2. 填制并审核销售订单

选择“供应链”|“销售管理”|“销售订货”|“销售订单”，单击“增加”|“报价单”，设置查询条件中客户选择天津大华公司，单击“确定”，选择报价单，单击“确定”，进入销售订单，修改发货日期、数量等相关信息，如图8-3所示，依次完成保存、审核操作后退出。

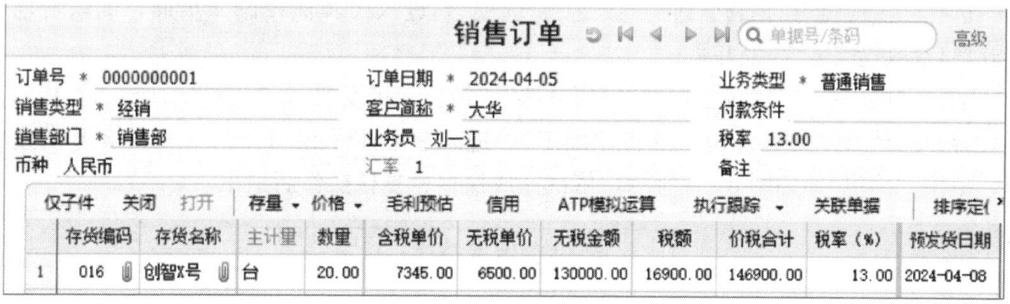

销售订单

订单号 * 0000000001　订单日期 * 2024-04-05　业务类型 * 普通销售
销售类型 * 经销　客户简称 * 大华　付款条件
销售部门 * 销售部　业务员 刘一江　税率 13.00
币种 人民币　汇率 1　备注

	存货编码	存货名称	主计量	数量	含税单价	无税单价	无税金额	税额	价税合计	税率（%）	预发货日期
1	016	创智X号	台	20.00	7345.00	6500.00	130000.00	16900.00	146900.00	13.00	2024-04-08

图8-3　销售订单

3. 填制并审核销售发货单

4月8日，选择“供应链”|“销售管理”|“销售发货”|“发货单”，单击“增加”|“订单”，设置客户选择天津大华公司，单击“确定”，进入参照生单窗口，勾选单据，单击“确定”，返回发货单，补充仓库名称，如图8-4所示，依次完成保存、审核操作后退出。

图 8-4　发货单

操作提示

如果输入发货单，在保存时出现库存量不足的提示，可能是库存期初录入错误或是库存期初录入后未审核造成的。

解决方法：

如果是期初录入错误，选择“供应链”|“库存管理”|“设置”|“期初结存”，选择相应的库房和物料逐一进行修改或批审。

如果忘记审核，可以选择“供应链”|“销售管理”|“销售发货”|“发货单列表”，审核，或取消审核单据。

4. 依据发货单填制并复核销售发票

选择“供应链”|“销售管理”|“设置”|“选项”，进入“其他控制”页面，确认普通销售开票依据设置为“发货单”。

选择“供应链”|“销售管理”|“销售开票”|“销售专用发票”，单击“增加”|“发货单”，设置客户选择天津大华公司，单击“确定”，进入参照生单窗口，勾选 4 月 8 日的发货单，单击“确定”，如图 8-5 所示，依次完成保存、复核操作后退出。

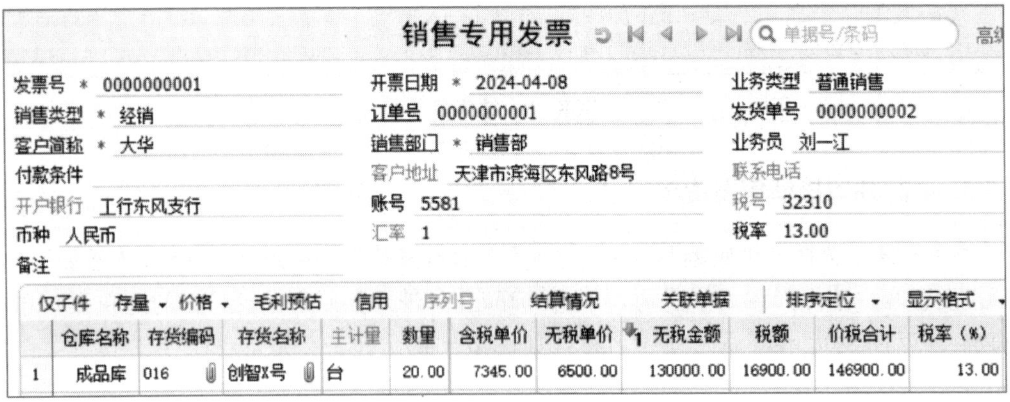

图 8-5　销售专用发票

在票据处理的流程中，只有复核或已审核的票据才能进入下一业务流程，没有复核或审核的票据，在下一业务流程处理时，不能从该票据获取数据。

5. 审核销售专用发票并生成销售收入凭证

选择“财务会计”|“应收款管理”|“应收处理”|“销售发票”|“销售发票审核”，在查询设置中客户选择天津大华公司，单击“确定”进入销售发票列表，勾选待审发票，单击“审核”完成。

选择“财务会计”|“应收款管理”|“凭证处理”|“生成凭证”，在制单查询窗口，勾选“发票”，客户选择天津大华公司，单击“确定”，系统进入生成凭证窗口，凭证类别修改为转账凭证，依次单击“全选”“制单”，保存凭证后退出。分录如下：

借：应收账款/大华（1122）	146 900	
贷：主营业务收入（6001）		130 000
应交税费/应交增值税/销项税额（22210105）		16 900

6. 填制销售出库单

选择“供应链”|“销售管理”|“设置”|“选项”，进入“业务控制”页面，勾选“销售生成出库单”，其余保持默认设置，单击“确定”后退出。

选择“供应链”|“库存管理”|“销售出库”|“销售出库单”，单击“增加”|“销售发货单”，进入条件查询后客户选择天津大华公司，单击“确定”，在销售生单窗口，勾选发货，单击“确定”，进入销售出库单，单击保存后审核即可完成。

在填制销售发货单时自动生成销售出库单的，只需要将销售出库单调出来进行审核即可，若未生成，就需要在库存管理中通过参照完成销售出库单的输入。

7. 审核销售出库单

选择“供应链”|“库存管理”|“销售出库”|“销售出库单列表”，查询设置客户为天津大华公司，单击“确定”，选择要审核的出库单，单击“审核”后退出。

8. 销售出库单记账

4 月 15 日，选择“供应链”|“存货核算”|“记账”|“正常单据记账”，选择仓库为成品库，单击“确定”进入正常单据记账列表。勾选待记账单据，单击“记账”后退出。

正常单据记账有记账的日期控制，即新记账的日期只能在前面已经记账的日期之后。可以重新登录，满足记账的日期控制要求。记账后再登录，改为业务日期。在实际工作中业务处理是并行的，很少出现类似情况。

成品库和配套用品库的物料计价采用的全月平均法，因此成本需要在月末统一计算和结转。选择“供应链”|“存货核算”|“账簿”|“明细账”，设置仓库为成品库、存货选择创智 X 号，单击“确定”，如图 8－6 所示。

从明细账中可以看出，销售发出的商品还没有单价和金额。

明细账

仓库：(2) 成品库

存货：(016)创智X号　　　　规格型号：

记账日期：	2024年		凭证	摘要		收入			发出			结存		
	月	日	号	凭证摘要	收发类别	数量	单价	金额	数量	单价	金额	数量	单价	金额
				期初结存								580.00	4,800.00	2,784,000.00
2024-04-15	4	15			销售出库				20.00			560.00	4,971.43	2,784,000.00
				4月合计		0.00		0.00	20.00		0.00	560.00	4,971.43	2,784,000.00
				本年累计		0.00		0.00	20.00		0.00			

图 8-6　明细账

9. 输入收款单并制单

选择“财务会计”|“应收款管理”|“收款处理”|“收款单据录入”，单击“增加”|“空白单据”，输入实验资料，如图 8-7 所示。

收款单　　单据号/条码

单据编号 001　　日期 * 2024-04-15　　客户 * 大华

结算方式 * 转账支票　　结算科目 100201　　币种 * 人民币

汇率 1.00000000　　金额 * 146900.00　　本币金额 146900.00

客户银行 工行东风支行　　客户账号 5581　　票据号 ZZ1155

部门 销售部　　业务员 刘一江　　项目

摘要

插行　删行　批改　显示格式　排序定位　关联单据

	款项类型	客户	部门	业务员	金额	本币金额	科目	本币余额	余额
1	应收款	大华	销售部	刘一江	146900.00	146900.00	1122	146900.00	146900.00

图 8-7　收款单

依次完成保存、审核操作，系统提示“是否立即制单”，选择“是”生成收款凭证，补充现金流量等信息，保存凭证后退出。分录如下：

借：银行存款/工行（100201）　　146 900

　贷：应收账款（1122）/大华　　146 900

操作提示

如果生成的凭证需要查询或修改，可以选择“财务会计”|“应收款管理”|“凭证处理”|“查询凭证”，进入后可以修改、删除凭证。

如果输入收款单后没有立即制作凭证，可以选择“财务会计”|“应收款管理”|“收款处理”|“收款单据审核”，进入完成审核和制作凭证。

8.1.3 销售合同业务

AI助手探秘

销售合同签订的流程。

企业应在客户取得相关商品控制权时点确认收入。企业有如下情况之一即表示控制权已经转移：

（1）企业针对该商品享有现时收款权利，客户负有现时付款义务。

（2）客户已接受该商品或占有该商品实物或拥有该商品的法定所有权。

（3）客户已取得该商品所有权上的主要风险和报酬。

（4）其他表明客户已取得商品控制权的迹象。

符合收入确认条件时，分录如下：

借：银行存款/应收账款/合同资产等

　贷：主营业务收入/其他业务收入

　　应交税费——应交增值税（销项税额）

当不符合收入确认条件时，分录如下：

借：发出商品

　贷：库存商品

实验资料

2024年4月5日，与天津大华公司签订销售合同，销售存放于成品库的100个桌面扫描器（不含税单价700元）和100个手持扫描器（不含税单价900元）。

合同约定5日两种产品发货各50个，4月8日两种产品发货各50个。

4月8日，在发货前天津大华公司要求只发手持扫描器50个，桌面扫描器暂时不发货，具体待以后商议。

收款约定4月8日收取第一批货款（工行转账支票ZZ2233），4月12日收取第二批货款（工行转账支票ZP3344），收款时同时开具专用发票。（现金流量：01 销售商品、提供劳务收到的现金）

制作相关的凭证。

实验过程

1. 合同录入

4月5日，选择“供应链”|“合同管理”|“设置”|“选项”，选择业务设置页，单击“编辑”，勾选“启用合同执行单”，单击“确定”完成。

选择“供应链”|“合同管理”|“合同”|“合同工作台”，进入后单击“格式设置”（在格式设置下可以调整合同格式），在单据格式设置下选择“表头栏目”，勾选“79 启用阶段”和“80 合同阶段组”，单击“确定”完成。先保存单据格式后退出。系统提示模板已经更改，选择更新即可。

在合同工作台，选择“增加”|“销售类合同”|“销售合同”，输入合同信息（输入合同标的时，输入存货分类编码和对应存货编码，标的编码自动生成），启用阶段选择“是”，如图8-8所示。

合同工作台

合同编码 * 0000000005　合同名称 * 产品销售合同　合同类型 * 销售合同
合同性质 销售类合同　主合同编码　所属合同组
对方单位 天津大华公司　对方负责人　合同签定日期
合同开始日期 2024-04-05　合同结束日期 2024-04-12　币种 * 人民币
汇率 1.000000　收付计划方向 收　部门 销售部
业务员 刘一江　保修期　业务类型 普通销售
合同总金额 180800.00　合同执行金额 0.00　合同总数量 200.00
合同执行数量 0.00　制单人 何沙　生效人 何沙
结案人　制单时间 * 2024-04-05　生效日期 2024-04-05
结案日期　合同描述 销售手持和桌面扫描器
启用阶段 是　合同阶段组 分批发货

合同标的　收款计划　合同条款　大事记　附件

关联单据　历史价格　毛利预估　排序定位　显示格式

	标的编码	标的名称	来源	存货分类编码	数量	计量单位	税率(%)	折扣率(%)	无税原币单价	含税原币单价	无税原币金额	含税原币金额
1	202019	桌面扫描器	存货	202	100.00	个	13.00	100.00	700.00	791.00	70000.00	79100.00
2	202018	手持扫描器	存货	202	100.00	个	13.00	100.00	900.00	1017.00	90000.00	101700.00

图8-8　销售合同

选择“收款计划”，输入相关信息后如图8-9所示。

合同标的　收款计划　合同条款　大事记

历史价格　排序定位　显示格式

	合同阶段	阶段计划完成日期	收付款日期	收付比例(%)	收付金额
1	第一阶段	2024-04-08	2024-04-08	50.00	90400.00
2	第二阶段	2024-04-12	2024-04-12	50.00	90400.00

图8-9　收款计划

依次单击“保存”“生效”完成。具体收款时，实际收款是可以变更的。

操作提示

在更新格式后，需重新进入合同工作台，才能启用上述更新后的启用阶段和启用阶段组的设置，否则会在后续合同执行单参照销售发货单处无法查询对应的销售发货单。

2. 参照合同生成销售订单

选择“供应链”|“销售管理”|“销售订货”|“销售订单”，选择“增加”|“合同”，查询设置合同性质为销售类合同，单击“确定”，选择与天津大华公司签订的合同，单击“确定”，进入销售订单，依次完成保存、审核操作后退出。

3. 合同执行

（1）销售发货单录入。

第一批发货（4月5日）：

选择“供应链”|“销售管理”|“销售发货”|“发货单”，进入后选择“增加”|“订单”，查询设置客户为天津大华公司，单击“确定”，选择要参照的销售订单，单击“确定”，

补充仓库、将数量改为 50，如图 8－10 所示，依次完成保存、审核操作后退出。

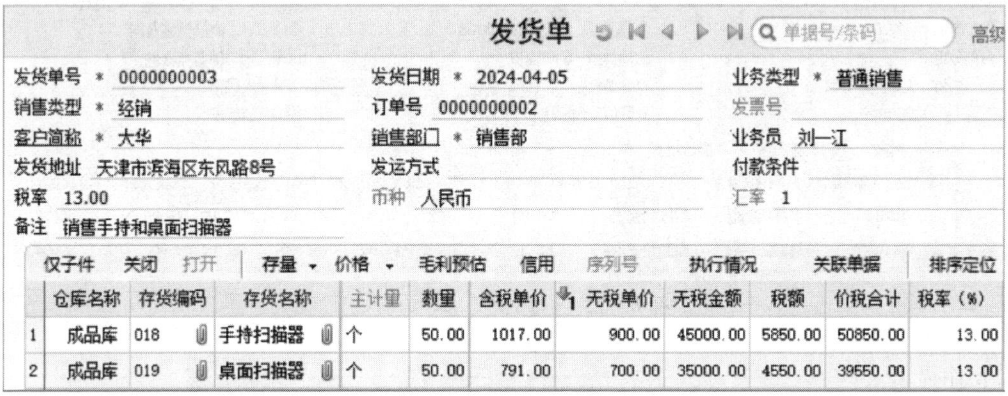

发货单

发货单号 * 0000000003　发货日期 * 2024-04-05　业务类型 * 普通销售
销售类型 * 经销　订单号 0000000002　发票号
客户简称 * 大华　销售部门 * 销售部　业务员 刘一江
发货地址 天津市滨海区东风路8号　发运方式　付款条件
税率 13.00　币种 人民币　汇率 1
备注 销售手持和桌面扫描器

	仓库名称	存货编码	存货名称	主计量	数量	含税单价	无税单价	无税金额	税额	价税合计	税率（%）
1	成品库	018	手持扫描器	个	50.00	1017.00	900.00	45000.00	5850.00	50850.00	13.00
2	成品库	019	桌面扫描器	个	50.00	791.00	700.00	35000.00	4550.00	39550.00	13.00

图 8－10　发货单

第二批发货（4 月 8 日）：

选择“供应链”|“销售管理”|“销售发货”|“发货单”，按照同样的方法从参照的销售订单中复制数据，其中数量已经是余下未发货的部分。

根据对方要求只发手持扫描器 50 个，在参照生单窗口，仅勾选手持扫描器，单击确定，系统返回发货单，补充仓库名称后的发货单如图 8－11 所示，依次完成保存、审核操作后退出。

发货单

发货单号 * 0000000004　发货日期 * 2024-04-08　业务类型 * 普通销售
销售类型 * 经销　订单号 0000000002　发票号
客户简称 * 大华　销售部门 * 销售部　业务员 刘一江
发货地址 天津市滨海区东风路8号　发运方式　付款条件
税率 13.00　币种 人民币　汇率 1
备注 销售手持和桌面扫描器

	仓库名称	存货编码	存货名称	主计量	数量	含税单价	无税单价	无税金额	税额	价税合计	税率（%）
1	成品库	018	手持扫描器	个	50.00	1017.00	900.00	45000.00	5850.00	50850.00	13.00

图 8－11　发货单

（2）合同执行单录入。

选择“供应链”|“合同管理”|“合同执行”|“合同执行单”，进入后单击“格式设置”，选择“表头栏目”，勾选“25 合同阶段”后单击“确定”。单击“保存”后退出单据格式设置。系统会提示模板已经更改，选择更新即可。

选择“增加”|“销售发货单”，仓库选择成品库，客户选择天津大华公司，发货日期选择第一批发货的日期（4 月 5 日），单击“确定”后，在合同执行参照销售发货单窗口，选择第一批发货，单击“确定”返回合同执行单，将合同阶段选择为“第一阶段”，执行数量分别改为 50，如图 8－12 所示，依次完成保存、生效操作后退出。

合同阶段 第一阶段　合同执行单　单据号/条码　高级

执行单编号 * 0000000003　合同编码 * 0000000005　合同名称 产品销售合同

合同分组　合同类型 销售合同　合同性质 销售类合同

对方单位 天津大华公司　付款条件　币种 人民币

汇率 * 1.000000　业务员 刘一江　部门 销售部

删行　批改　排序定位　显示格式

	选择	合同标的编码	合同标的名称	存货名称	执行数量	计量单位	税率(%)	无税单价	含税单价	无税金额	含税金额
1		202018	手持扫描器	手持扫描器	50.00	个	13.00	900.00	1017.00	45000.00	50850.00
2		202019	桌面扫描器	桌面扫描器	50.00	个	13.00	700.00	791.00	35000.00	39550.00

图 8-12　合同执行单（第一批）

操作提示

合同执行单参照销售发货单如果没有数据，请检查合同工作台的启用阶段和启用阶段组的设置是否成功。如果设置未成功，依次删除发货单、销售订单、合同后按步骤重新录入即可。

下面录入第二个合同执行单：

选择“供应链”|“合同管理”|“合同执行”|“合同执行单”，按照相同的方法录入第二批（4 月 8 日）发货的执行单，合同阶段选择第二阶段，执行数量修改为 50，如图 8-13 所示，依次完成保存、生效操作后退出。

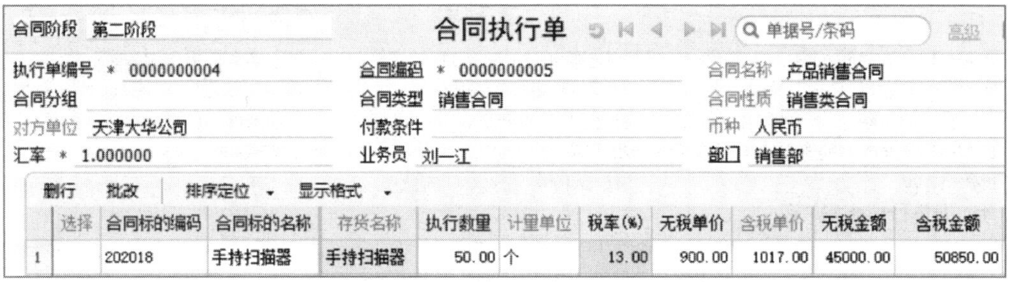
合同阶段 第二阶段　合同执行单　单据号/条码　高级

执行单编号 * 0000000004　合同编码 * 0000000005　合同名称 产品销售合同

合同分组　合同类型 销售合同　合同性质 销售类合同

对方单位 天津大华公司　付款条件　币种 人民币

汇率 * 1.000000　业务员 刘一江　部门 销售部

删行　批改　排序定位　显示格式

	选择	合同标的编码	合同标的名称	存货名称	执行数量	计量单位	税率(%)	无税单价	含税单价	无税金额	含税金额
1		202018	手持扫描器	手持扫描器	50.00	个	13.00	900.00	1017.00	45000.00	50850.00

图 8-13　合同执行单（第二批）

4. 开具第一阶段发票和收款

（1）开具发票。选择“供应链”|“销售管理”|“销售开票”|“销售专用发票”，选择“增加”|“发货单”，客户选择天津大华公司，单击“确定”，选择 4 月 5 日的发货单（货物名称为手持扫描器和桌面扫描器）。单击“确定”，进入销售专用发票，依次单击“保存”“复核”“合同结算”，先选择本次结算发票，输入本次结算金额，如图 8-14 所示。

单击“结算”后退出。如需取消结算，先勾选“显示已结算完单据”，然后单击“取消结算”。

（2）审核销售专用发票并生成销售收入凭证。选择“财务会计”|“应收款管理”|“应收处理”|“销售发票”|“销售发票审核”，查询设置客户选择天津大华公司，单击“确定”，选择要审核的发票，单击“审核”后退出。

图 8 - 14　合同结算

选择“财务会计”|“应收款管理”|“凭证处理”|“生成凭证”，在制单查询窗口，勾选“发票”，客户选择天津大华公司，单击“确定”后将凭证类别改为转账凭证，依次单击“全选”“制单”，保存凭证后退出。分录如下：

借：应收账款（1122）/大华　　90 400

　贷：主营业务收入（6001）　　80 000

　　应交税费/应交增值税/销项税额（22210105）　　10 400

（3）收款。选择“财务会计”|“应收款管理”|“收款处理”|“收款单据录入”，单击“增加”|“空白单据”，输入实验资料，如图 8 - 15 所示。

图 8 - 15　收款单

依次完成保存、审核操作，系统提示“是否立即制单”，选择“是”，生成并保存收款凭证。分录为：

借：银行存款/工行（100201）　　90 400

　贷：应收账款/大华（1122）　　90 400

补充现金流量信息后保存即可。

如果前期未确认收入和应收账款，直接收款，系统会出现应收账款客户天津大华公司出现赤字金额，是否继续的提示，可选择“是”完成凭证生成。待后续补充审核销售专用发票并生成销售收入凭证即可。出现赤字提醒的原因是输入发票后未生成凭证，未确认应收账款。

5. 开具第二阶段发票和收款

4 月 12 日第二阶段开具发票和收款。

（1）开具发票。选择“供应链”|“销售管理”|“销售开票”|“销售专用发票”，进入后选择“增加”|“发货单”，客户选择天津大华公司，选择 4 月 8 日的发货单（货物为手持扫描器）。单击“确定”，进入销售专用发票，依次单击“保存”“复核”后退出。

单击“合同结算”，选择本次需结算的发票，输入本次结算金额，如图 8－16 所示，单击“结算”完成。

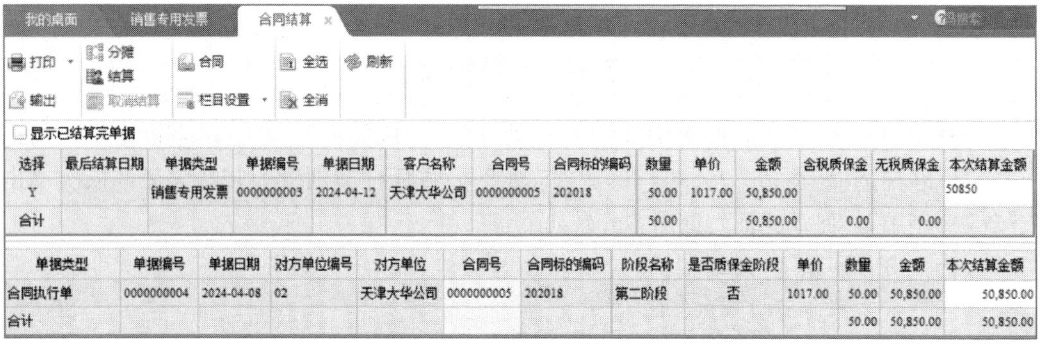

图 8－16　合同结算

（2）审核销售专用发票并生成销售收入凭证。选择“财务会计”|“应收款管理”|“应收处理”|“销售发票”|“销售发票审核”，查询设置单位选择天津大华公司，勾选待审单据，单击“审核”完成。

选择“财务会计”|“应收款管理”|“凭证处理”|“生成凭证”，制单查询中勾选发票，客户选择天津大华公司，单击“确定”，系统进入生成凭证窗口，凭证类别选择转账凭证，依次单击“全选”“制单”，保存凭证后退出。分录如下：

借：应收账款（1122）/大华　　50 850

　　贷：主营业务收入（6001）　　45 000

　　　　应交税费/应交增值税/销项税额（22210105）　　5 850

（3）收款。选择“财务会计”|“应收款管理”|“收款处理”|“收款单据录入”，单击“增加”|“空白单据”，输入实验资料，如图 8－17 所示。

依次完成保存、审核操作，系统提示“是否立即制单”，选择“是”生成收款凭证，补充现金流量后保存凭证后退出。分录为：

借：银行存款/工行（100201）　　50 850

　　贷：应收账款（1122）/大华　　50 850

收款单

单据号/条码

单据编号 003　　日期 * 2024-04-12　　客户 * 大华
结算方式 * 转账支票　　结算科目 100201　　币种 * 人民币
汇率 1.00000000　　金额 * 50850.00　　本币金额 50850.00
客户银行 工行东风支行　　客户账号 5581　　票据号 ZP3344
部门 销售部　　业务员 刘一江　　项目
摘要

插行　删行　批改　显示格式　排序定位　关联单据

	款项类型	客户	部门	业务员	金额	本币金额	科目	项目	本币余额	余额
1	应收款	大华	销售部	刘一江	50850.00	50850.00	1122		50850.00	50850.00

图 8 - 17　收款单

6. 合同执行跟踪

选择“供应链”|“合同管理”|“合同”|“合同履行跟踪表”，合同性质选择销售类合同，如图 8 - 18 所示。

合同履行跟踪报表

执行信息					其它信息				
单据类型	单据编码	数量	金额	单据日期	单据类型	单据编码	数量	金额	单据日期
合同执行单	0000000004	50.00	45000.00	2024-04-08	销售订单	0000000002	200.00	160000.00	2024-04-05
					发货单	0000000003	100.00	80000.00	
						0000000004	50.00	45000.00	2024-04-08
					销售出库单	0000000002	100.00		2024-04-05
						0000000004	50.00		2024-04-08
					销售专用发票	0000000002	100.00	80000.00	
						0000000003	50.00	45000.00	2024-04-12
合同执行单	0000000003	100.00	80000.00	2024-04-08	销售订单	0000000002	200.00	160000.00	2024-04-05
					发货单	0000000003	100.00	80000.00	
						0000000004	50.00	45000.00	2024-04-08
					销售出库单	0000000002	100.00		2024-04-05
						0000000004	50.00		2024-04-08
					销售专用发票	0000000002	100.00	80000.00	
						0000000003	50.00	45000.00	2024-04-12

图 8 - 18　合同履行跟踪报表

本合同因为客户调整发货，没有完全满足合同要求，需要进行合同相关部分的变更工作。

8.1.4　商业折扣处理

AI 助手探秘

会计准则中商业折扣的规定。

商业折旧是企业在销售商品或提供服务时，为吸引和回馈客户，促进销售、增加市场份额、处理积压库存、维持客户关系等目的，而给予客户的价格减免。商业折扣通常以百分比形式表示，如5%、10%等。在会计处理中，商业折旧通常在销售发生时即被扣除，因此销售收入账户金额为扣除折扣后净额。分录为借记“应收账款”科目等，贷记“主营业务收入”“其他业务收入”“应交税费——应交增值税（销项税额）”科目。

实验资料

2024年4月12日，销售部向天津大华公司出售HP打印机10台，报价为2 400元（不含税单价，含税单价为2 712元），通知库房发货，货物从配套用品库发出。

由于该客户的信誉良好，给予天津大华公司10%的商业折扣，根据上述发货单开具专用发票一张，编制应收账款凭证。

实验过程

1. 填制并审核发货单

4月12日，选择“供应链”|“销售管理”|“销售发货”|“发货单”，单击“增加”|“空白单据”，输入实验资料，如图8-19所示，依次完成保存、审核操作后退出。

发货单

发货单号 * 0000000005　发货日期 * 2024-04-12　业务类型 * 普通销售
销售类型 * 经销　订单号　发票号
客户简称 * 大华　销售部门 * 销售部　业务员 刘一江
发货地址 天津市滨海区东风路8号　发运方式　付款条件
税率 13.00　币种 人民币　汇率 1.00000000
备注

	仓库名称	存货编码	存货名称	主计量	数量	含税单价	无税单价	无税金额	税额	价税合计	税率（%）
1	配套用品库	020	HP打印机	台	10.00	2712.00	2400.00	24000.00	3120.00	27120.00	13.00

图8-19　发货单

2. 填制并复核销售发票

选择“供应链”|“销售管理”|“销售开票”|“销售专用发票”，单击“增加”|“发货单”，客户选择天津大华公司，选择要参照的发货单（HP打印机）。单击“确定”返回到销售专用发票窗口，按照90%的优惠更改报价（2 160元），如图8-20所示，依次完成保存、复核操作后退出。

3. 审核销售专用发票并生成销售收入凭证

选择“财务会计”|“应收款管理”|“应收处理”|“销售发票”|“销售发票审核”，单击“查询”后发票类型选择销售专用发票，审核状态选择“未审核”，单击“确定”，勾选发票，单击“审核”后退出。

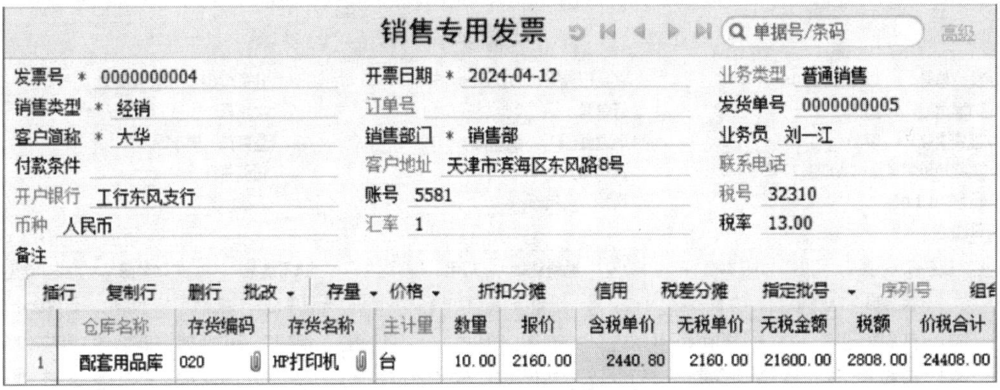

图 8-20 销售专用发票

选择"财务会计"|"应收款管理"|"凭证处理"|"生成凭证"，在制单查询窗口，勾选"发票"，客户选择大华公司，单击"确定"，系统进入生成凭证窗口，将凭证类别修改为转账凭证，选择单据，单击"制单"，保存凭证后退出。分录如下：

借：应收账款（1122）/大华	24 408
贷：主营业务收入（6001）	21 600
应缴税费/应交增值税/销项税额（22210105）	2 808

4. 销售出库单记账

4 月 15 日，选择"供应链"|"存货核算"|"记账"|"正常单据记账"，查询设置仓库为配套用品库，单击"确定"，勾选待记账单据，单击"记账"后退出。

8.1.5 销售现结业务

实验资料

2024 年 4 月 15 日，向湖北朝华公司销售手持扫描器 90 个，单价 900 元（不含税）；桌面扫描器 50 个，单价 700 元（不含税）。销售专用发票已开，商品已从成品库出库，款项已经收到并存入工行户，支票号 YZ6767。（现金流量：01 销售商品、提供劳务收到的现金）

实验过程

1. 填制并审核发货单

选择"供应链"|"销售管理"|"销售发货"|"发货单"，单击"增加"|"空白单据"，输入实验资料，如图 8-21 所示，依次完成保存、审核操作后退出。

如果输入发货单，在保存时出现库存量不足的提示，可能的原因是库存期初录入错误或者是库存期初录入后未审核造成。可选择"供应链"|"库存管理"|"设置"|"期初结存"，选择相应的库房和物料进行批审。

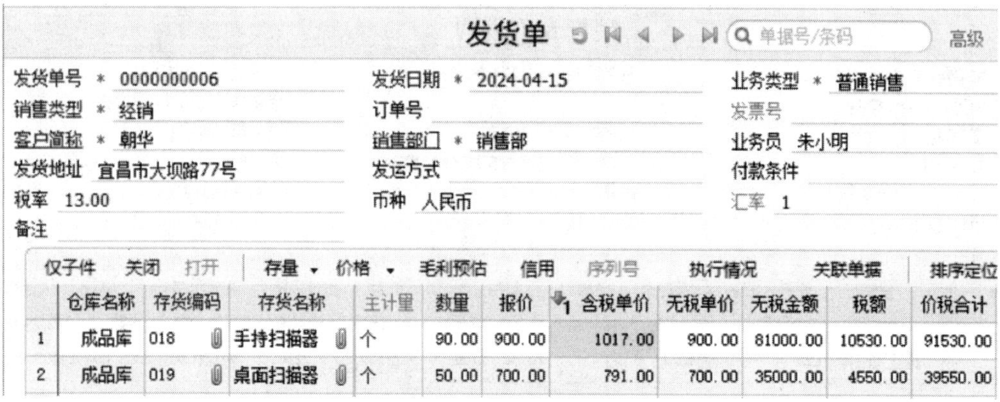

发货单

发货单号 * 0000000006　发货日期 * 2024-04-15　业务类型 * 普通销售
销售类型 * 经销　订单号　发票号
客户简称 * 朝华　销售部门 * 销售部　业务员 朱小明
发货地址 宜昌市大坝路77号　发运方式　付款条件
税率 13.00　币种 人民币　汇率 1
备注

	仓库名称	存货编码	存货名称	主计量	数量	报价	含税单价	无税单价	无税金额	税额	价税合计
1	成品库	018	手持扫描器	个	90.00	900.00	1017.00	900.00	81000.00	10530.00	91530.00
2	成品库	019	桌面扫描器	个	50.00	700.00	791.00	700.00	35000.00	4550.00	39550.00

图 8－21　发货单

2. 填制销售专用发票并执行现结

选择“供应链”|“销售管理”|“销售开票”|“销售专用发票”，单击“增加”|“发货单”，客户选择湖北朝华公司，单击“确定”，选择要参照的发货单（手持扫描器和桌面扫描器）。单击“确定”，如图 8－22 所示。

销售专用发票

发票号 * 0000000005　开票日期 * 2024-04-15　业务类型 普通销售
销售类型 * 经销　订单号　发货单号 0000000006
客户简称 * 朝华　销售部门 * 销售部　业务员 朱小明
付款条件　客户地址 宜昌市大坝路77号　联系电话
开户银行 中行宜昌支行　账号 1717　税号 01121
币种 人民币　汇率 1　税率 13.00
备注

	仓库名称	存货编码	存货名称	主计量	数量	报价	含税单价	无税单价	无税金额	税额	价税合计
1	成品库	018	手持扫描器	个	90.00	900.00	1017.00	900.00	81000.00	10530.00	91530.00
2	成品库	019	桌面扫描器	个	50.00	700.00	791.00	700.00	35000.00	4550.00	39550.00

图 8－22　销售专用发票

依次单击“保存”“现结”，进入现结窗口，完成后如图 8－23 所示。

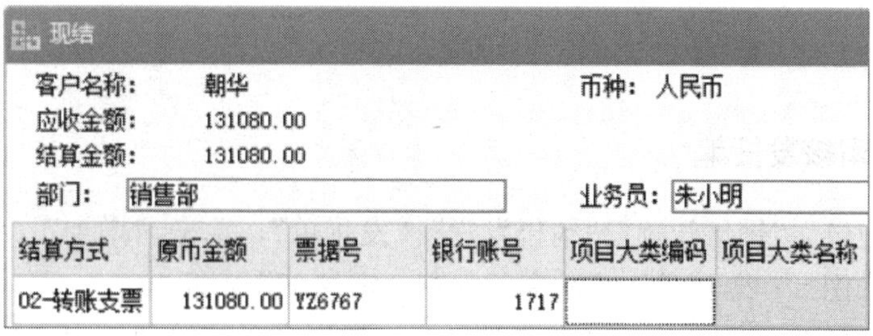

现结

客户名称：朝华　币种：人民币
应收金额：131080.00
结算金额：131080.00
部门：销售部　业务员：朱小明

结算方式	原币金额	票据号	银行账号	项目大类编码	项目大类名称
02-转账支票	131080.00	YZ6767	1717		

图 8－23　现结

单击“确定”，返回销售专用发票窗口，发票左上角显示“现结”标记。完成复核操作后退出。

在销售发票复核前进行现结处理，销售发票复核后才能在应收款管理中进行现结制单。

3. 审核销售专用发票和现结制单

选择“财务会计”|“应收款管理”|“应收处理”|“销售发票”|“销售发票审核”，查询条件设置“包含已现结发票”，单击“确定”，勾选要审核的单据，完成审核操作后退出。

选择“财务会计”|“应收款管理”|“凭证处理”|“生成凭证”，在制单查询窗口，勾选“现结”，单击“确定”，系统进入生成凭证窗口，凭证类别选择收款凭证，依次单击“全选”“制单”，补充现金流量，保存凭证后退出。分录如下：

借：银行存款/工行（100201） 131 080

贷：主营业务收入（6001） 116 000

应交税费/应交增值税/销项税额（22210105） 15 080

4. 销售出库单记账

选择“供应链”|“存货核算”|“记账”|“正常单据记账”，查询设置仓库为成品库，在正常单据记账列表页面，依次单击“全选”“记账”后退出。

8.1.6 补开上月发票业务

实验资料

原业务（销售管理期初数据）：2024年3月28日，销售部向天津大华公司出售创智X号10台，报价为6 500元（不含税单价），由成品库发货。该发货单尚未开票。

2024年4月15日，向天津大华公司开具销售专用发票，经商定不含税单价6 400元，款项以转账支票支付，已收到存入工行账户，支票号TJ041501。（现金流量：01 销售商品、提供劳务收到的现金）

实验过程

1. 填制销售专用发票并执行现结

选择“供应链”|“销售管理”|“销售开票”|“销售专用发票”，单击“增加”|“发货单”，客户选择天津大华公司，单击“确定”，进入参照生单窗口，勾选发货单，单击“确定”，修改单价，结果如图8-24所示。

依次单击“保存”“现结”进入现结窗口，完成后如图8-25所示。

单击“确定”返回销售专用发票，发票显示“现结”标记，单击“复核”后退出。

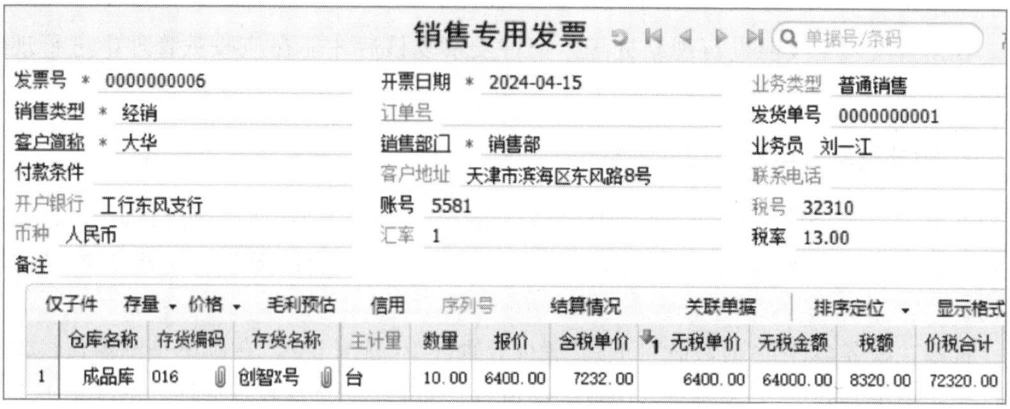

销售专用发票

发票号 * 0000000006　开票日期 * 2024-04-15　业务类型 普通销售
销售类型 * 经销　订单号　发货单号 0000000001
客户简称 * 大华　销售部门 * 销售部　业务员 刘一江
付款条件　客户地址 天津市滨海区东风路8号　联系电话
开户银行 工行东风支行　账号 5581　税号 32310
币种 人民币　汇率 1　税率 13.00
备注

仅子件　存量　价格　毛利预估　信用　序列号　结算情况　关联单据　排序定位　显示格式

	仓库名称	存货编码	存货名称	主计量	数量	报价	含税单价	无税单价	无税金额	税额	价税合计
1	成品库	016	创智X号	台	10.00	6400.00	7232.00	6400.00	64000.00	8320.00	72320.00

图 8-24　销售专用发票

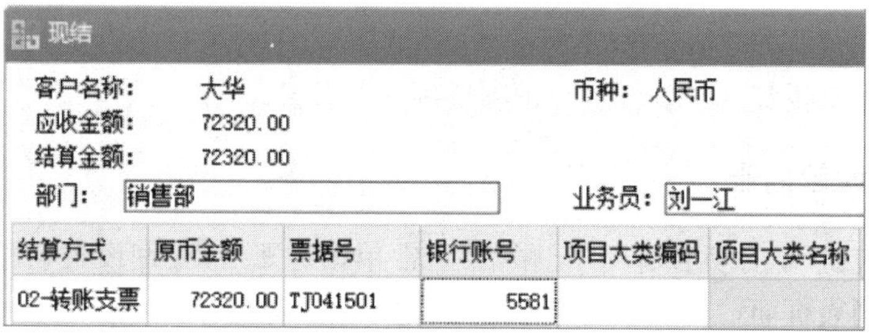

现结

客户名称：大华　币种：人民币
应收金额：72320.00
结算金额：72320.00
部门：销售部　业务员：刘一江

结算方式	原币金额	票据号	银行账号	项目大类编码	项目大类名称
02-转账支票	72320.00	TJ041501	5581		

图 8-25　现结

2. 审核销售专用发票和现结制单

选择“财务会计”|“应收款管理”|“应收处理”|“销售发票”|“销售发票审核”，查询条件设置发票类型为销售专用发票，将“包含已现结发票”设为“是”，单击“确定”完成条件设置。勾选单据，单击“审核”后退出。

选择“财务会计”|“应收款管理”|“凭证处理”|“生成凭证”，在制单查询窗口，勾选“现结”，单击“确定”，系统进入“生成凭证”窗口，凭证类别选择收款凭证，依次单击“全选”“制单”，补充现金流量，保存凭证后退出。分录如下：

借：银行存款/工行（100201）　72 320
　贷：主营业务收入（6001）　64 000
　　应交税费/应交增值税/销项税额（22210105）　8 320

3. 销售出库单记账

选择“供应链”|“存货核算”|“记账”|“正常单据记账”，按默认设置查询，全选单据，单击“记账”后退出。记账后，已发出物料会显示在相应物料的明细账中，因此只有实时记账才能体现实际的存货变化情况。

8.1.7　汇总开票业务

实验资料

2024 年 4 月 15 日，销售部向辽宁飞鸽公司出售创智 X 号 50 台，报价为 6 400 元（不含税单价），货物从成品库发出。

2024 年 4 月 16 日，销售部向辽宁飞鸽公司出售 HP 打印机 50 台，报价为 2 300 元（不含税单价），货物从配套用品库发出。

根据上述两张出库单开具专用发票一张，并制作凭证。

实验过程

1. 填制并审核发货单

4 月 15 日，选择“供应链”|“销售管理”|“销售发货”|“发货单”，单击“增加”|“空白单据”，输入实验资料，如图 8－26 所示，依次完成保存、审核操作后退出。

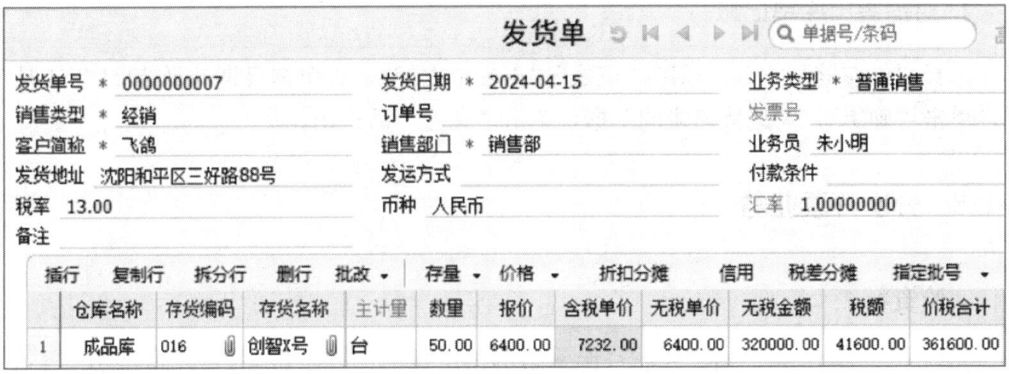

发货单

发货单号 * 0000000007　发货日期 * 2024-04-15　业务类型 * 普通销售
销售类型 * 经销　订单号　发票号
客户简称 * 飞鸽　销售部门 * 销售部　业务员 朱小明
发货地址 沈阳和平区三好路88号　发运方式　付款条件
税率 13.00　币种 人民币　汇率 1.00000000
备注

	仓库名称	存货编码	存货名称	主计量	数量	报价	含税单价	无税单价	无税金额	税额	价税合计
1	成品库	016	创智X号	台	50.00	6400.00	7232.00	6400.00	320000.00	41600.00	361600.00

图 8－26　发货单

4 月 16 日，选择“供应链”|“销售管理”|“销售发货”|“发货单”，单击“增加”|“空白单据”，输入实验资料，如图 8－27 所示，依次完成保存、审核操作后退出。

发货单

发货单号 * 0000000008　发货日期 * 2024-04-16　业务类型 * 普通销售
销售类型 * 经销　订单号　发票号
客户简称 * 飞鸽　销售部门 * 销售部　业务员 朱小明
发货地址 沈阳和平区三好路88号　发运方式　付款条件
税率 13.00　币种 人民币　汇率 1.00000000
备注

	仓库名称	存货编码	存货名称	主计量	数量	报价	含税单价	无税单价	无税金额	税额	价税合计
1	配套用品库	020	HP打印机	台	50.00	2300.00	2599.00	2300.00	115000.00	14950.00	129950.00

图 8－27　发货单

2. 合并填制并复核销售发票

选择“供应链”|“销售管理”|“销售开票”|“销售专用发票”，单击“增加”|“发货单”，查询条件设置客户为辽宁飞鸽公司，单击“确定”，分别选择创智X号和HP打印机发货单，单击“确定”，依次完成保存、复核操作后退出。

3. 审核销售专用发票并生成销售收入凭证

选择“财务会计”|“应收款管理”|“应收处理”|“销售发票”|“销售发票审核”，查询设置发票类型为销售专用发票，单击“确定”，勾选待审核的发票，单击“审核”后退出。

选择“财务会计”|“应收款管理”|“凭证处理”|“生成凭证”，在制单查询窗口勾选“发票”，单击“确定”，系统进入生成凭证窗口，凭证类别选择转账凭证，依次单击“全选”“制单”，保存凭证后退出。分录如下：

借：应收账款（1122）/飞鸽	491 550	
贷：主营业务收入（6001）		435 000
应缴税费/应交增值税/销项税额（22210105）		56 550

4. 对销售出库单记账

选择“供应链”|“存货核算”|“记账”|“正常单据记账”，单据日期选择2024年4月16日，单击“确定”，勾选待记账的单据，单击“记账”后退出。

8.1.8 分次开票业务

实验资料

2024年4月16日，销售部向重庆嘉陵公司出售HP打印机60台，报价为2 300元（不含税单价），货物从配套用品库发出。

2024年4月17日，应客户要求，对上述所发出的商品开具两张销售专用发票，第一张发票中所列示的数量为40台，第二张发票中所列示的数量为20台。

实验过程

1. 填制并审核发货单

4月16日，选择“供应链”|“销售管理”|“销售发货”|“发货单”，单击“增加”|“空白单据”，直接进入发货单录入，输入实验资料，如图8-28所示，依次完成保存、审核操作后退出。

2. 分两次填制销售发票

4月17日，选择“供应链”|“销售管理”|“销售开票”|“销售专用发票”，单击“增加”|“发货单”，查询设置客户为重庆嘉陵公司，在参照生单窗口勾选发货单，单击“确

定”，在销售专用发票页面，将数量修改为 40，如图 8－29 所示，依次完成保存、复核操作后退出。

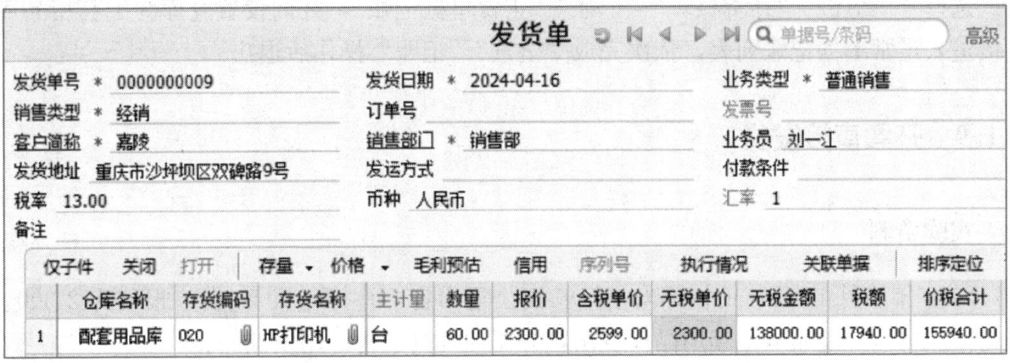

图 8－28　发货单

图 8－29　销售发票

选择“供应链”|“销售管理”|“销售开票”|“销售专用发票”，单击“增加”|“发货单”，客户选择重庆嘉陵公司，单击“确定”进入参照生单窗口，勾选发货单，此时未开票数量已经变为 20，单击“确定”，进入销售专用发票页面，依次完成保存、复核操作后退出。

3. 审核销售专用发票并生成销售收入凭证

选择“财务会计”|“应收款管理”|“应收处理”|“销售发票”|“销售发票审核”，查询条件设置发票类型为销售专用发票，单击“确定”，勾选待审核的发票，单击“审核”后退出。

选择“财务会计”|“应收款管理”|“凭证处理”|“生成凭证”，在制单查询窗口，勾选“发票”，客户选择重庆嘉陵公司，单击“确定”，系统进入生成凭证窗口，凭证类别选择转账凭证，依次单击“全选”“合并”“制单”，保存凭证后退出。分录如下：

借：应收账款（1122）/嘉陵	155 940
贷：主营业务收入（6001）	138 000
应缴税费/应交增值税/销项税额（22210105）	17 940

4. 对销售出库单记账

选择“供应链”|“存货核算”|“记账”|“正常单据记账”，查询设置仓库为配套用品库，直接进入正常单据记账列表，依次完成“全选”“记账”操作后退出。

8.1.9 开票直接发货

实验资料

2024 年 4 月 17 日，销售部向上海长江公司出售 HP 打印机 50 台，报价为 2 300 元（不含税单价），物品从配套用品库发出，并据此开具销售专用发票一张。

实验过程

1. 填制并复核销售专用发票

选择“供应链”|“销售管理”|“销售开票”|“销售专用发票”，单击“增加”|“空白单据”，输入实验资料，如图 8－30 所示，依次完成保存、复核操作后退出。

图 8－30 销售专用发票

2. 查询销售发货单

输入销售专用发票信息后，系统将自动生成销售发货单。选择“供应链”|“销售管理”|“销售发货”|“发货单列表”，客户选择上海长江公司，单击“确定”进入发货单列表。勾选发货单，单击“审核”后退出。

3. 查询销售出库单

选择“供应链”|“库存管理”|“销售出库”|“销售出库单列表”，仓库选择配套用品库，客户选择上海长江公司，单击“确定”进入销售出库列表，可查看销售出库单。

4. 审核销售专用发票并生成销售收入凭证

选择“财务会计”|“应收款管理”|“应收处理”|“销售发票”|“销售发票审核”，查询设

置发票类型为销售专用发票，单击“确定”，勾选待审核单据，单击“审核”后退出。

选择“财务会计”|“应收款管理”|“凭证处理”|“生成凭证”，在制单查询窗口，勾选“发票”，单击“确定”，系统进入生成凭证窗口，凭证类别选择转账凭证，依次单击“全选”“制单”，保存凭证后退出。分录如下：

借：应收账款（1122）/长江	129 950	
贷：主营业务收入（6001）		115 000
应缴税费/应交增值税/销项税额（22210105）		14 950

5. 对销售出库单记账

选择“供应链”|“存货核算”|“记账”|“正常单据记账”，设置仓库为配套用品库，单击“确定”，勾选待记账的销售出库单，单击“记账”后退出。

8.1.10　分期收款发出商品

实验资料

2024年4月18日，销售部向上海长江公司出售创智X号160台，不含税单价6 500元，由成品库发货。由于金额较大，客户要求以分期付款形式购买该商品。经协商，客户分三次付款，并据此开具相应销售发票。

第一次开具的专用发票数量为80台。业务部将该业务所涉及的出库单及销售发票交给财务部，财务部据此制作凭证。

实验过程

1. 调整相关选项设置

选择“供应链”|“销售管理”|“设置”|“选项”，选择“业务控制”页，勾选“有分期收款业务”和“销售生成出库单”，其他设置不变。

2. 设置分期收款业务相关科目

选择“供应链”|“存货核算”|“设置”|“存货科目”，将各仓库（原料库、成品库、配套用品库）的分期收款发出商品科目均设置为“1406 发出商品”，如图8－31所示。

存货科目

仓库编码	仓库名称	存货科目编码	存货科目名称	分期收款发出商品科目编码	分期收款发出商品科目名称
1	原料库	140301	生产用原材料	1406	发出商品
2	成品库	1405	库存商品	1406	发出商品
3	配套用品库	1405	库存商品	1406	发出商品

图8－31　设置分期收款发出商品科目后的存货科目

3. 填制并审核销售订单

重新登录系统，选择“供应链”|“销售管理”|“销售订货”|“销售订单”，选择“增加”|“空白单据”，业务类型选择分期收款，输入其余实验资料，依次完成保存、审核操作后退出，如图 8－32 所示。

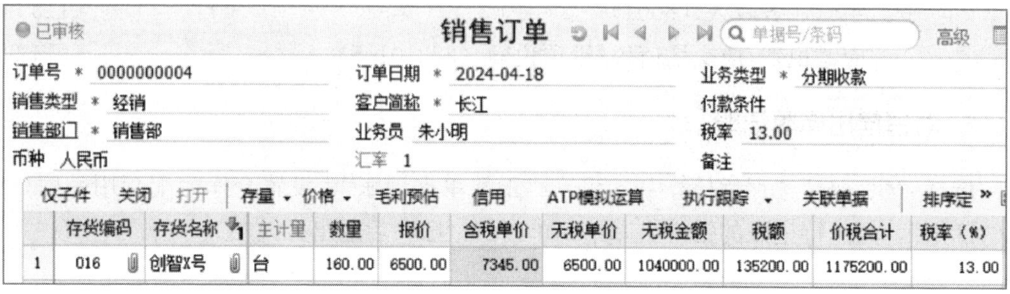

已审核　销售订单　单据号/条码　高级

订单号 * 0000000004　订单日期 * 2024-04-18　业务类型 * 分期收款
销售类型 * 经销　客户简称 * 长江　付款条件
销售部门 * 销售部　业务员 朱小明　税率 13.00
币种 人民币　汇率 1　备注

仅子件　关闭　打开　存量　价格　毛利预估　信用　ATP模拟运算　执行跟踪　关联单据　排序定

	存货编码	存货名称	主计量	数量	报价	含税单价	无税单价	无税金额	税额	价税合计	税率（%）
1	016	创智X号	台	160.00	6500.00	7345.00	6500.00	1040000.00	135200.00	1175200.00	13.00

图 8－32　销售订单

4. 填制并审核发货单

选择“供应链”|“销售管理”|“销售发货”|“发货单”，单击“增加”|“订单”，查询条件设置业务类型为分期收款，系统进入参照生单窗口，选择分期收款销售订单，单击“确定”返回发货单窗口，补充仓库名称为成品库，如图 8－33 所示，依次完成保存、审核操作后退出。

发货单　单据号/条码　高级

发货单号 * 0000000011　发货日期 * 2024-04-18　业务类型 * 分期收款
销售类型 * 经销　订单号 0000000004　发票号
客户简称 * 长江　销售部门 * 销售部　业务员 朱小明
发货地址 上海市徐汇区海东路1号　发运方式　付款条件
税率 13.00　币种 人民币　汇率 1
备注

仅子件　关闭　打开　存量　价格　毛利预估　信用　序列号　执行情况　关联单据　排序定位

	仓库名称	存货编码	存货名称	主计量	数量	报价	含税单价	无税单价	无税金额	税额	价税合计
1	成品库	016	创智X号	台	160.00	6500.00	7345.00	6500.00	1040000.00	135200.00	1175200.00

图 8－33　发货单

5. 发出商品记账（发货单）

选择“供应链”|“存货核算”|“记账”|“发出商品记账”，查询设置仓库为成品库、单据类型为发货单、业务类型为分期收款，单击“确定”进入发出商品记账。选择单据，单击“记账”完成。

6. 根据发货单填制并复核销售发票

选择“供应链”|“销售管理”|“销售开票”|“销售专用发票”，单击“增加”|“发货单”，

查询设置客户为上海长江公司，业务类型选择分期收款，单击“确定”，选择要参照的发货单，单击“确定”返回销售专用发票窗口，将数量改为本次开票数量“80”，如图 8－34 所示，依次完成保存、复核操作后退出。

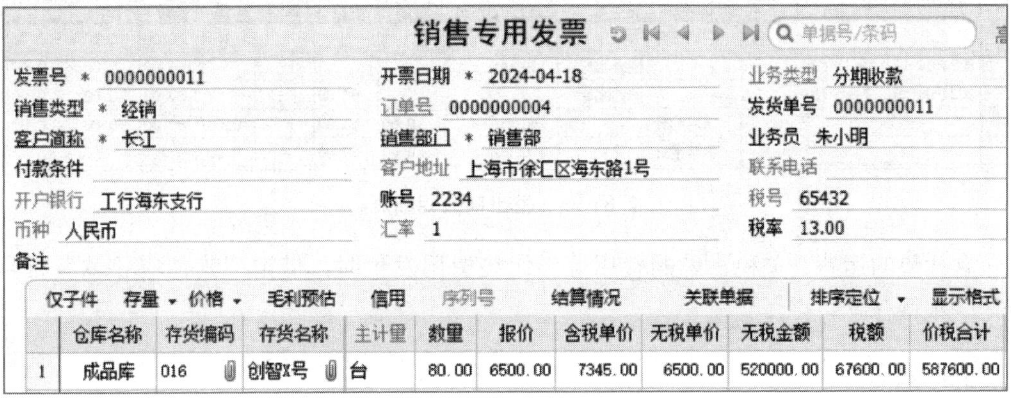

图 8－34　销售专用发票

7. 审核销售发票及生成应收凭证

选择“财务会计”|“应收款管理”|“应收处理”|“销售发票”|“销售发票审核”，查询条件设置客户为上海长江公司，单击“确定”，勾选单据，单击“审核”后退出。

选择“财务会计”|“应收款管理”|“凭证处理”|“生成凭证”，在制单查询窗口，勾选“发票”，单击“确定”，系统进入生成凭证窗口，凭证类别选择转账凭证，选择票据，单击“制单”，保存凭证后退出。分录如下：

借：应收账款（1122）/长江　　587 600

　贷：主营业务收入（6001）　　520 000

　　应交税费/应交增值税/销项税额（22210105）　　67 600

8. 发出商品记账（销售专用发票）

选择“供应链”|“存货核算”|“记账”|“发出商品记账”，单据类型选择发货单，业务类型选择分期收款，单击“确定”，系统进入未记账单据一览表窗口，勾选待记账票据，单击“记账”后退出。

9. 查询分期收款相关账表

选择“供应链”|“存货核算”|“账簿”|“发出商品明细账”，仓库选择成品库，存货选择创智 X 号，单击“确定”完成，结果如图 8－35 所示。

8.1.11　代垫费用业务

代垫费用企业在交易中，一方向另一方支付了本应由对方支付的费用。在代垫费用发生时，支付方会先行为另一方支付费用，然后再从另一方处收回代垫的费用。代垫费

发出商品明细账

仓库(2)成品库

存货 (016)创智X号　　规格型号:　　计量单位: 台

记账日期	2024年		凭证号	摘要		收入			发出			结存		
	月	日		凭证摘要	收发类别	数量	单价	金额	数量	单价	金额	数量	单价	金额
				期初结存								0.00	0.00	0.00
2024-04-18	04	18			销售出库	160.00						160.00	0.00	0.00
2024-04-18	04	18			销售出库				80.00			80.00	0.00	0.00
				4月合计		160.00		0.00	80.00		0.00	80.00	0.00	0.00
				本年累计		160.00		0.00	80.00		0.00			

图 8-35　发出商品明细账

用包含代垫的运费、关税、采购费用等。代垫费用发生时，借记“其他应收款”科目，贷记“银行存款”科目。

实验资料

2024 年 4 月 17 日，销售部在向上海长江公司销售商品过程中，代垫了一笔设备服务费 800 元。

实验过程

1. 填制并审核代垫费用单

选择“供应链”|“销售管理”|“代垫费用”|“代垫费用单”，单击“增加”|“空白单据”，输入实验资料，如图 8-36 所示，依次完成保存、审核操作后退出。

图 8-36　代垫费用单

2. 代垫费用单审核并确认应收

选择“财务会计”|“应收款管理”|“应收处理”|“应收单”|“应收单审核”，查询条件设置单据类型为“其他应收单”，单击“确定”后勾选待审核的应收单，单击“审核”后退出。

选择“财务会计”|“应收款管理”|“凭证处理”|“生成凭证”，在制单查询窗口，勾选“应收单”，单击“确定”，系统进入生成凭证窗口，凭证类别选择转账凭证，依次单击“全选”“制单”，系统进入填制凭证窗口，修改借方科目为“122101 其他应收款/应收单位款”、补充贷方科目为“6051 其他业务收入”，保存凭证后退出。分录如下：

借：其他应收款/应收单位款（122101）/长江　　800
　贷：其他业务收入（6051）　　800

8.1.12　超发货单出库

实验资料

2024 年 4 月 17 日，销售部向湖北朝华公司出售手持扫描器 30 个，由成品库发货，不含税单价为 900 元。开具发票时，客户要求再多买 10 个，根据客户要求开具了 40 个手持扫描器的专用发票一张。2024 年 4 月 18 日，客户从成品库领出手持扫描器 40 个。

实验过程

1. 设置参数

（1）修改相关选项设置。选择“供应链”|“库存管理”|“设置”|“选项”，选择“专用设置”页，勾选“超发货单出库”，其他保持不变。依次单击“应用”“确定”后退出。

（2）修改存货档案并设置超额出库上限。选择“基础设置”|“基础档案”|“存货”|“存货档案”，在左侧栏目中选择“（2）产成品”存货分类，在右侧双击“018 手持扫描器”，进入修改存货档案窗口。选择“控制”页，将出库超额上限设为 0.4（表示 40%），单击“保存”后退出。

（3）修改销售选项参数。选择“供应链”|“销售管理”|“设置”|“选项”，在“业务控制”页勾选“允许超发货量开票”，取消勾选“销售生成出库单”，单击“确定”后退出。

2. 填制并审核发货单

选择“供应链”|“销售管理”|“销售发货”|“发货单”，单击“增加”|“空白单据”，输入实验资料，如图 8－37 所示，依次完成保存、审核操作后退出。

图 8－37　发货单

3. 填制并复核销售专用发票

选择“供应链”|“销售管理”|“销售开票”|“销售专用发票”，单击“增加”|“发货单”，查询设置客户为湖北朝华公司，单击“确定”，勾选发货单，单击“确定”返回销售专用发票，将数量改为 40，如图 8－38 所示，依次完成保存、复核操作后退出。

销售专用发票

发票号 * 0000000012　开票日期 * 2024-04-17　业务类型 普通销售
销售类型 * 经销　订单号　发货单号 0000000012
客户简称 * 朝华　销售部门 * 销售部　业务员 朱小明
付款条件　客户地址 宜昌市大坝路77号　联系电话
开户银行 中行宜昌支行　账号 1717　税号 01121
币种 人民币　汇率 1　税率 13.00
备注

	仓库名称	存货编码	存货名称	主计量	数量	报价	含税单价	无税单价	无税金额	税额	价税合计
1	成品库	018	手持扫描器	个	40.00	900.00	1017.00	900.00	36000.00	4680.00	40680.00

图 8－38　销售专用发票

操作提示

如果系统提示“发票上货物累计开票数量已大于发货数量”，说明控制参数未设置好，需要先设置好后再开票。

4. 根据发货单生成销售出库单

4 月 18 日，选择“供应链”|“库存管理”|“销售出库”|“销售出库单”，单击“增加”|“销售发货单”，查询条件设置客户为湖北朝华公司，单击“确定”，勾选相应的发货单，勾选“根据累计出库数更新发货单”，单击“确定”，返回销售出库单，将数量改为 40，如图 8－39 所示，依次完成保存、审核操作后退出。

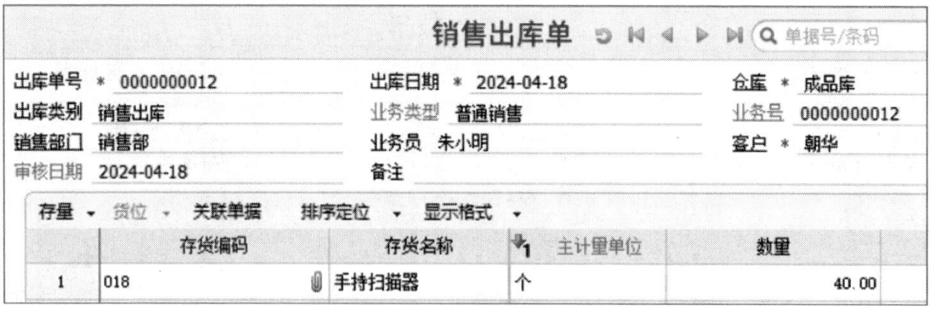

销售出库单

出库单号 * 0000000012　出库日期 * 2024-04-18　仓库 * 成品库
出库类别 销售出库　业务类型 普通销售　业务号 0000000012
销售部门 销售部　业务员 朱小明　客户 * 朝华
审核日期 2024-04-18　备注

	存货编码	存货名称	主计量单位	数量
1	018	手持扫描器	个	40.00

图 8－39　销售出库单

保存时，如果出现“单据保存失败，修改或稍后再试”的提示，说明前面的超发货比例没有设置好，应检查后重新设置。

选择“供应链”|“销售管理”|“销售发货”|“发货单列表”，查询条件设置客户编码为湖北朝华公司即可查看该笔业务的发货单，数量已经由 30 变为新的数量 40。

5. 审核销售专用发票并生成销售收入凭证

选择“财务会计”|“应收款管理”|“应收处理”|“销售发票”|“销售发票审核”，查询条件设置发票类型为销售专用发票，单击“确定”返回销售发票审核窗口，双击待审核的发票，进入销售发票窗口，单击“审核”，系统提示是否立即制单，选择“是”，保存凭证后退出。分录如下：

借：应收账款（1122）/长江	40 680	
贷：主营业务收入（6001）		36 000
应缴税费/应交增值税/销项税额（22210105）		4 680

操作提示

若在系统提示是否立即制单时选择“否”，则需要生成凭证时，应按如下步骤操作：选择“财务会计”|“应收款管理”|“凭证处理”|“生成凭证”，勾选“发票”，单击“确定”进入生成凭证窗口。将凭证类型改为转账凭证，依次单击“全选”“制单”“保存”完成凭证生成。

6. 对销售出库单记账并生成凭证

选择“供应链”|“存货核算”|“记账”|“正常单据记账”，查询条件设置仓库为成品库，单击“确定”进入正常单据记账列表。勾选单据，单击“记账”后退出。

8.1.13　零售日报业务

实验资料

2024 年 4 月 18 日，销售部零星销售 HP 打印机 3 台，不含税单价为 2 500 元（含税价 2 825 元），全部现金结算。采用零售日报业务处理。（现金流量：01 销售商品、提供劳务收到的现金）

实验过程

1. 零售选项设置

选择“供应链”|“销售管理”|“设置”|“选项”，在业务控制页，勾选“有零售日报业务”，其他保持不变，单击“确定”完成设置。重新登录系统方可看到零售日报选项。

2. 录入零售日报和收款

选择“供应链”|“销售管理”|“零售日报”|“零售日报”，单击“增加”|“空白单据”，

输入实验资料，如图 8－40 所示。

图 8－40　零售日报业务设置

依次单击“保存”“现结”，结算方式选择“现金”，如图 8－41 所示。

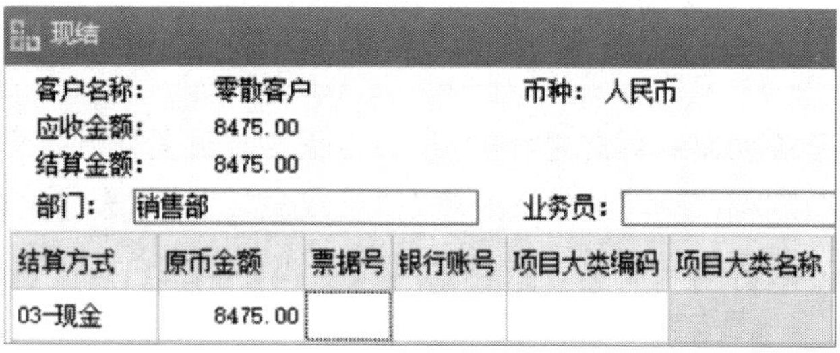

图 8－41　现结

单击“确定”后回零售日报，单击“复核”后退出。

选择“供应链”|“销售管理”|“销售发货”|“发货单列表”，查询条件设置客户为零散客户，单击“确定”，返回发货单列表窗口。选择待审核的发货单，单击“审核”后退出。

3. 填制销售出库单

选择“供应链”|“库存管理”|“销售出库”|“销售出库单”，选择“增加”|“销售发货单”，查询条件设置客户为零散客户，在销售生单窗口，取消勾选“根据累计出库数更新发货单”，勾选销售发货单，单击“确定”，如图 8－42 所示，依次完成保存、审核操作后退出。

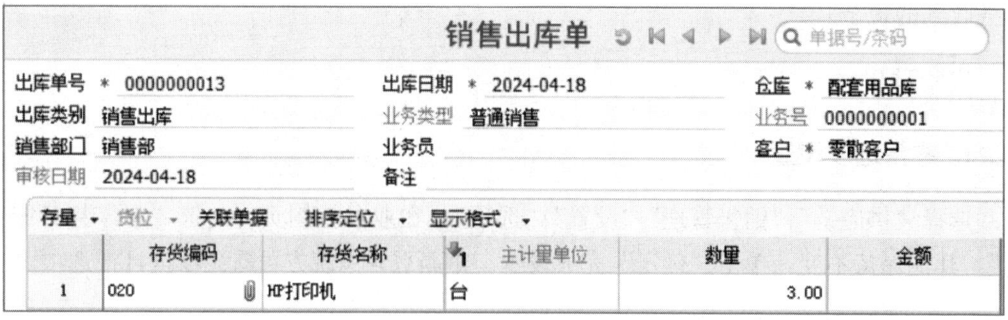

图 8－42　销售出库单

4. 审核零售日报并生成收入凭证

选择“财务会计”|“应收款管理”|“应收处理”|“销售发票”|“销售发票审核”，查询条件设置客户为零散客户，单击“确定”进入销售发票列表。勾选发票，单击“审核”后退出。

选择“财务会计”|“应收款管理”|“凭证处理”|“生成凭证”，在制单查询窗口，勾选“现结”，单击“确定”，系统进入生成凭证窗口，凭证类别选择收款凭证，依次单击“全选”“制单”，补充现金流量信息，保存凭证后退出。分录如下：

借：库存现金（1001）	8 475
贷：主营业务收入（6001）	7 500
应交税费/应交增值税/销项税额（22210105）	975

8.1.14　委托代销业务

委托代销业务，指企业将商品委托他人进行销售但商品所有权未转移的销售方式，委托代销商品销售后，受托方与企业进行结算，并开具正式的销售发票，形成销售收入，商品所有权转移。委托代销业务仅在系统同时启用库存管理和销售管理系统时，才能在库存管理中使用委托代销业务。

委托代销手续费记入“销售费用”科目核算。销售费用是指企业销售商品和材料、提供服务的过程中发生的各种费用，包括企业在销售商品过程中发生的保险费、包装费、展览费和广告费、商品维修费、预计产品质量保证损失、运输费、装卸费等以及为销售本企业商品而专设的销售机构（含销售网点、售后服务网点等）的职工薪酬、业务费、折旧费等经营费用。“销售费用”科目借方登记企业发生的各项销售费用，贷方登记期末转入“本年利润”科目的销售费用，结转后，“销售费用”科目应无余额。“销售费用”科目应按销售费用项目进行明细核算。

在实务工作中，销售费用无论正数还是负数，均计入借方。正数计入借方的蓝字，负数计入借方的红字。

实验资料

2024 年 4 月 18 日，销售部委托辽宁飞鸽公司代为销售创智 X 号 30 台，单价 6 400 元，受托方飞鸽公司以销售货款（不含税）总额 10%收取手续费，货物从成品库发出。

2024 年 4 月 20 日，收到辽宁飞鸽公司的委托代销清单，结算已销售的创智 X 号 20 台，单价 6 400 元；立即开具销售专用发票给辽宁飞鸽公司。

同日，收到飞鸽公司开具的委托代销手续费发票一张（票号 SXF042001，不含税金额 12 800 元，税率 6%）。

业务部将该业务所涉及的出库单、销售发票、手续费发票等资料交给财务部，财务部据此结转收入等业务。

2024年4月25日，收到飞鸽公司开具的转账支票一张（支票号ZP042501，金额144 640元，现金流量：01销售商品、提供劳务收到的现金）；同日开出一张转账支票支付委托代销手续费（支票号WT042502，金额13 568元，现金流量：04购买商品、接受劳务支付的现金）。

实验过程

1. 初始设置调整

选择“供应链”|“存货核算”|“设置”|“选项”，单击“编辑”，在“核算方式”页面，确认委托代销成本核算方式为“按发出商品核算”（其他设置不变）。

选择“供应链”|“销售管理”|“设置”|“选项”，在“业务控制”页面勾选“有委托代销业务”“销售生成出库单”（其他设置不变），单击“确定”完成。重新登录系统方可看到委托代销业务选项。

2. 委托代销发货处理

选择“供应链”|“销售管理”|“委托代销”|“委托代销发货单”，单击“增加”|“空白单据”，录入实验资料，如图8-43所示，依次完成保存、审核操作后退出。

图8-43 委托代销发货单

选择“供应链”|“库存管理”|“销售出库”|“销售出库单列表”，查询条件设置业务类型为委托代销，单击“确定”进入销售出库单列表。勾选单据，单击“审核”后退出。

选择“供应链”|“存货核算”|“记账”|“发出商品记账”，查询条件设置业务类型为委托代销，单击“确定”，勾选单据，单击“记账”后退出。

3. 委托代销结算处理

4月20日，选择“供应链”|“销售管理”|“委托代销”|“委托代销结算单”，单击“增加”，查询条件设置业务类型为委托代销，单击“确定”进入参照生单窗口，勾选单据，单击“确定”，将数量改为要结算的20，如图8-44所示。

依次完成保存、审核操作，根据系统的弹窗提示，选择发票类型为专用发票，直接生成销售专用发票。

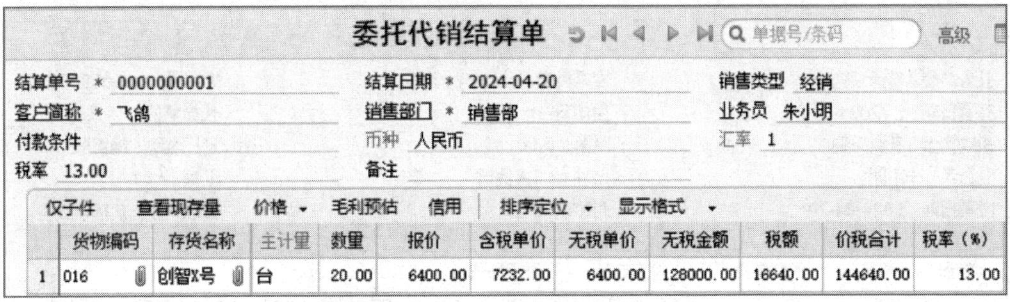

图 8-44　委托代销结算单

4. 委托代销发票处理

选择“供应链”|“销售管理”|“销售开票”|“销售发票列表”，查询条件设置业务类型为委托，单击“确定”返回销售发票列表窗口，勾选发票，单击“复核”后退出。

委托代销结算单审核后，系统将自动生成相应的销售发票。系统可根据委托代销结算单按照需要生成普通发票或专用发票。

委托代销结算单审核后，系统自动生成相应的销售出库单，并传送到库存管理系统。

5. 委托代销发票审核

选择“财务会计”|“应收款管理”|“应收处理”|“销售发票”|“销售发票审核”，查询条件设置发票类型为销售专用发票，单击“确定”返回销售发票审核窗口，勾选销售专用发票，单击“审核”后退出。

6. 委托代销生成凭证

选择“财务会计”|“应收款管理”|“凭证处理”|“生成凭证”，在制单查询窗口，勾选“发票”，单击“确定”，系统进入生成凭证窗口，凭证类别选择转账凭证，依次单击“全选”“制单”，保存凭证后退出。分录如下：

借：应收账款（1122）/飞鸽	144 640	
贷：主营业务收入（6001）		128 000
应交税费/应交增值税/销项税额（22210105）		16 640

7. 委托代销商品记账处理

选择“供应链”|“存货核算”|“记账”|“发出商品记账”，仓库选择成品库，单击“确定”后，勾选单据，单击“记账”后退出。

8. 录入委托代销手续费发票

选择“供应链”|“采购管理”|“采购发票”|“专用采购发票”，单击“增加”|“空白单据”，输入实验资料，如图 8-45 所示，依次完成保存、复核操作后退出。

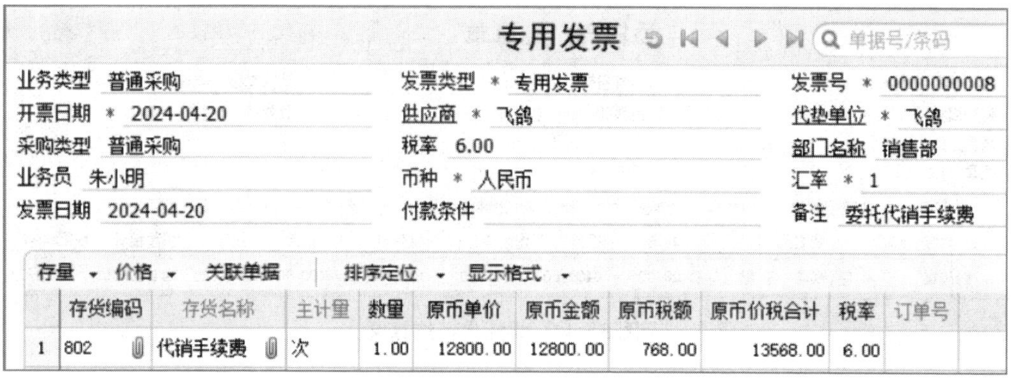

专用发票

业务类型 普通采购　发票类型 * 专用发票　发票号 * 0000000008

开票日期 * 2024-04-20　供应商 * 飞鸽　代垫单位 * 飞鸽

采购类型 普通采购　税率 6.00　部门名称 销售部

业务员 朱小明　币种 * 人民币　汇率 * 1

发票日期 2024-04-20　付款条件　备注 委托代销手续费

	存货编码	存货名称	主计量	数量	原币单价	原币金额	原币税额	原币价税合计	税率	订单号
1	802	代销手续费	次	1.00	12800.00	12800.00	768.00	13568.00	6.00	

图 8-45　专用发票

9. 审核委托代销手续费发票

选择“财务会计”|“应付款管理”|“应付处理”|“采购发票”|“采购发票审核”，查询条件设置结算状态为“未结算完”，单击“确定”返回，勾选单据，单击“审核”后退出。

10. 生成委托代销手续费凭证

选择“财务会计”|“应付款管理”|“凭证处理”|“生成凭证”，在制单查询窗口，勾选“发票”，单击“确定”，系统进入生成凭证窗口，凭证类别选择转账凭证，依次单击“全选”“制单”，系统进入填制凭证窗口，将“1402 在途物资”科目修改为“660106 销售费用/委托代销手续费”，部门选择销售部，保存凭证后退出。分录如下：

借：销售费用/委托代销手续费（660106）/销售部	12 800
应交税费/应交增值税/进项税额（22210101）	768
贷：应付账款（2202）/飞鸽	13 568

11. 转账支票收款单录入并生成收款凭证

4 月 25 日，选择“财务会计”|“应收款管理”|“收款处理”|“收款单据录入”，单击“增加”|“空白单据”，输入实验资料，如图 8-46 所示。

收款单

单据编号 007　日期 * 2024-04-25　客户 * 飞鸽

结算方式 * 转账支票　结算科目 100201　币种 * 人民币

汇率 1　金额 * 144640.00　本币金额 144640.00

客户银行 中行三好支行　客户账号 0548　票据号 ZP042501

部门 销售部　业务员 朱小明　项目

摘要 收飞鸽公司委托代销款

	款项类型	客户	部门	业务员	金额	本币金额	科目	本币余额	余额
1	应收款	飞鸽	销售部	朱小明	144640.00	144640.00	1122	144640.00	144640.00

图 8-46　收款单

依次单击“保存”“审核”，系统提示“是否立即制单”，选择“是”，补充现金流量、辅助项等信息，保存凭证后退出。分录如下：

借：银行存款/工行（100201）　　144 640

　贷：应收账款（1122）/飞鸽　　144 640

12. 转账支票付款申请单录入并生成收款凭证

选择“财务会计”|“应付款管理”|“付款申请”|“付款申请单录入”，单击“增加”|“空白单据”，输入实验资料，如图 8-47 所示。

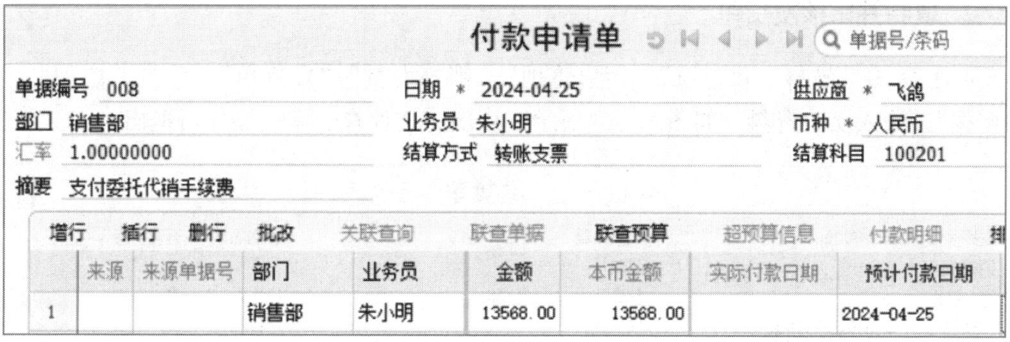

图 8-47　付款申请单（委托代销）

依次单击“保存”“审核”，系统提示生成 1 张付款单。

选择“财务会计”|“应付款管理”|“付款处理”|“付款单据审核”，查询条件设置供应商为辽宁飞鸽公司，单击“确定”完成查询。双击查询出的付款单，进入“付款单据录入”窗口，单击“审核”，根据系统提示，选择立即制单，进入填制凭证窗口，补充现金流量信息，保存生成的凭证。分录如下：

借：应付账款（2202）/飞鸽　　13 568

　贷：银行存款/工行（100201）　　13 568

13. 委托代销相关账表查询

选择“供应链”|“销售管理”|“报表”|“统计表”|“委托代销统计表”，进行查询条件设置。

选择“供应链”|“库存管理”|“业务报表”|“库存账”|“委托代销备查簿”，进入后存货选择“创智 X 号”，查询显示结果。

8.1.15　一次销售分次出库

实验资料

2024 年 4 月 19 日，向上海长江公司出售 CN 处理器 100 盒，由原料库发货，不含税单价 1 500 元，同时开具专用发票一张。客户根据发货单从原料库先领出 CN 处理器 80 盒。

2024 年 4 月 20 日，客户根据发货单再从原料库领出余下的 CN 处理器 20 盒。

实验过程

1. 设置有关选项

4 月 19 日，选择“供应链”|“销售管理”|“设置”|“选项”，在“业务控制”页面，取消勾选“销售生成出库单”，以适应分次发货的出库的要求。确认不勾选“报价含税”“普通销售必有订单”。原操作模式下的发货单、发票必须全部审核，然后才能修改本设置。其他选项保持原有设置。

2. 填制并审核发货单

4 月 19 日，选择“供应链”|“销售管理”|“销售发货”|“发货单”，单击“增加”|“空白单据”，输入实验资料，如图 8－48 所示，依次完成保存、审核操作后退出。

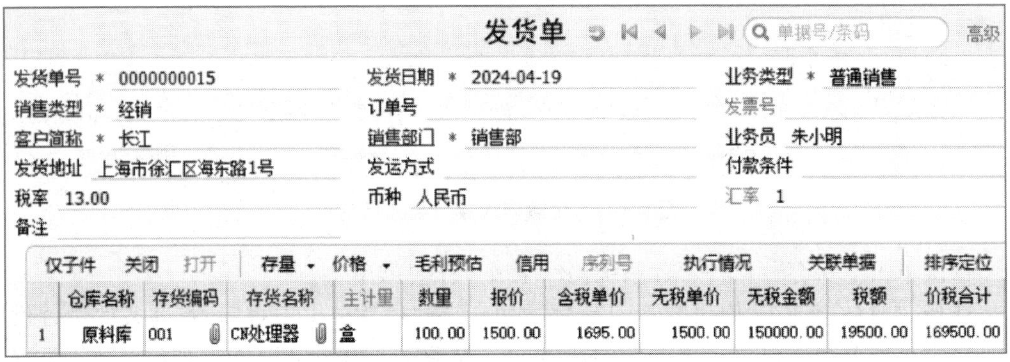

图 8－48 发货单

3. 根据发货单填制销售专用发票并审核

选择“供应链”|“销售管理”|“销售开票”|“销售专用发票”，单击“增加”|“发货单”，客户选择上海长江公司，单击“确定”进入参照生单窗口。勾选发货单，单击“确定”返回销售专用发票窗口，依次完成保存、复核操作后退出。

4. 根据发货单开具销售出库单

选择“供应链”|“库存管理”|“销售出库”|“销售出库单”，单击“增加”|“销售发货单”，查询条件设置客户为上海长江公司，单据类型选择发货单，单击“确定”，系统进入销售生单窗口，选择销售发货单，取消勾选“根据累计出库数更新发货单”，单击“确定”，将数量改为 80，如图 8－49 所示，依次完成保存、审核操作后退出。

如果出现“单据保存失败，修改或稍后再试！实际出库数量小于开票数量”提示，就是在参照销售生单时，没有取消“根据累计出库数更新发货单”，需要重新生单，并正确设置。

4 月 20 日，发第二批货。选择“供应链”|“库存管理”|“销售出库”|“销售出库单”，单击“增加”|“销售发货单”，查询条件设置客户为上海长江公司，单击“确定”进入销

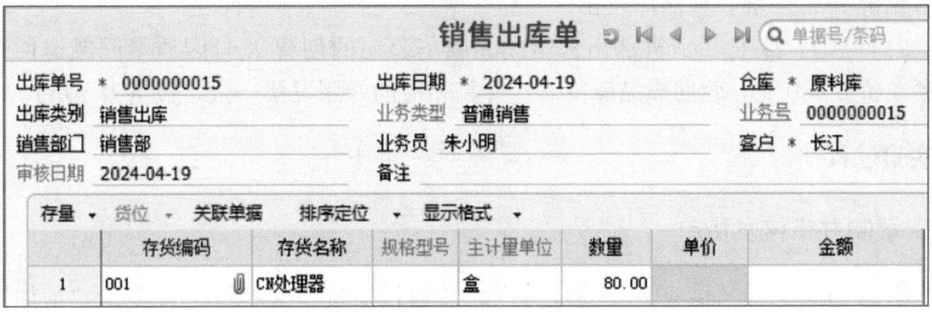
销售出库单

出库单号 * 0000000015　出库日期 * 2024-04-19　仓库 * 原料库
出库类别 销售出库　业务类型 普通销售　业务号 0000000015
销售部门 销售部　业务员 朱小明　客户 * 长江
审核日期 2024-04-19　备注

	存货编码	存货名称	规格型号	主计量单位	数量	单价	金额
1	001	CN处理器		盒	80.00		

图8-49　销售出库单

售生单窗口，选择要生成单据的销售发货单，单击“确定”返回销售出库单，依次完成保存、审核操作后退出。

5. 审核销售专用发票并生成销售收入凭证

选择“财务会计”|“应收款管理”|“应收处理”|“销售发票”|“销售发票审核”，查询条件设置发票类型为销售专用发票，单击“确定”进入销售发票列表窗口。勾选发票，单击“审核”后退出。

选择“财务会计”|“应收款管理”|“凭证处理”|“生成凭证”，在制单查询窗口，勾选“发票”，单击“确定”，系统进入生成凭证窗口，凭证类别选择转账凭证，依次单击“全选”“制单”，系统进入填制凭证窗口，将贷方科目“6001 主营业务收入”修改为“6051 其他业务收入”，保存凭证后退出。分录如下：

借：应收账款/长江（1122）　169 500
　贷：其他业务收入（6051）　150 000
　　应交税费/应交增值税/销项税额（22210105）　19 500

6. 对销售出库单记账并生成凭证

选择“供应链”|“存货核算”|“记账”|“正常单据记账”，查询条件设置仓库为原料库，单击“确定”进入正常单据记账列表。勾选单据，单击“记账”后退出。

选择“供应链”|“存货核算”|“凭证处理”|“生成凭证”，单击“选单”，查询条件设置单据类型为专用发票，客户选择上海长江公司，仓库选择原料库，单击“确定”，进入“选择单据”窗口，依次单击“全选”“确定”返回到生成凭证窗口，凭证类别选择转账凭证，修改借方科目为“6402 其他业务成本”。单击“制单”，保存凭证后退出。分录为：

借：其他业务成本（6402）　120 000
　贷：原材料/生产用原材料（140301）　120 000

8.1.16　开票前退货业务

实验资料

2024年4月20日，销售部出售给湖北朝华公司创智X号12台，不含税单价6 400

元（含税价 7 232 元），成品库发出。

2024 年 4 月 21 日，销售部出售给湖北朝华公司的创智 X 号因质量问题退回 2 台，不含税单价 6 400 元，收回成品库待修。开具相应的专用发票一张，数量为 10 台。

实验过程

1. 填制并审核发货单

4 月 20 日，选择“供应链”|“销售管理”|“销售发货”|“发货单”，单击“增加”|“空白单据”，录入发货单信息，如图 8－50 所示，依次完成保存、审核操作后退出。

图 8－50 发货单

2. 填制并审核退货单

4 月 21 日退货。选择“供应链”|“销售管理”|“销售发货”|“退货单”，进入后单击“增加”|“发货单”，查询条件设置客户编号为湖北朝华公司，存货选择创智 X 号，退货类型选择未开发票退货，单击“确定”进入参照生单窗口。选择发货单，单击“确定”，将数量改为－2，如图 8－51 所示，依次完成保存、审核操作后退出。

图 8－51 退货单

3. 填制并复核销售发票

选择“供应链”|“销售管理”|“销售开票”|“销售专用发票”，单击“增加”|“发货单”，

查询条件设置客户为湖北朝华公司，单击“确定”进入参照生单窗口。勾选发货单，单击“确定”返回销售专用发票窗口，数量为 10，依次完成保存、复核操作后退出。

4. 审核销售专用发票并生成销售收入凭证

选择“财务会计”|“应收款管理”|“应收处理”|“销售发票”|“销售发票审核”，查询条件设置发票类型为销售专用发票，单击“确定”返回销售发票审核窗口。勾选待审发票，单击“审核”后退出。

选择“财务会计”|“应收款管理”|“凭证处理”|“生成凭证”，在制单查询窗口，勾选“发票”，单击“确定”，系统进入生成凭证窗口，凭证类别选择转账凭证，依次单击“全选”“制单”，保存凭证后退出。分录如下：

借：应收账款（1122）/朝华	72 320	
贷：主营业务收入（6001）		64 000
应缴税费/应交增值税/销项税额（22210105）		8 320

5. 销售出库单记账

选择“供应链”|“存货核算”|“记账”|“正常单据记账”，查询条件设置仓库为成品库，其余按默认设置，单击“确定”进入正常单据记账列表。勾选单据，单击“记账”后退出。若前面有没有记账的，会在此显示，进行一并记账即可。

8.1.17　开票后退货业务

实验资料

2024 年 4 月 26 日，前期销售给重庆嘉陵公司的 HP 打印机，因配件破损退回一台，入配套用品库。由于已经开具发票，因此开具红字专用发票一张，单价 2 300 元。

实验过程

1. 参照销售发货单填制已开发票退货单

4 月 26 日，选择“供应链”|“销售管理”|“销售发货”|“退货单”，单击“增加”|“发货单”，查询条件设置客户为重庆嘉陵公司，存货选择 HP 打印机，退货类型选择已开发票退货，单击“确定”，系统进入参照生单窗口，勾选发货单，单击“确定”，将数量改为—1，如图 8－52 所示，依次完成保存、审核操作后退出。

2. 生成红字销售出库单

选择“供应链”|“库存管理”|“销售出库”|“销售出库单”，单击“增加”|“销售发货单”，查询条件设置客户为重庆嘉陵公司，单击“确定”，系统进入销售生单窗口，选择发货单，单击“确定”，在红字销售出库单页面依次完成保存、审核操作后退出。

图 8－52　已开发票退货单

3. 生成红字销售普通发票

选择“供应链”|“销售管理”|“销售开票”|“红字销售普通发票”，单击“增加”|“发货单”，查询条件设置发货单类型为全部，单击“确定”进入参照生单窗口，勾选发货单，单击“确定”，如图 8－53 所示，依次完成保存、复核操作后退出。

图 8－53　红字销售普通发票

4. 审核红字销售普通发票并生成红字销售收入凭证

选择“财务会计”|“应收款管理”|“应收处理”|“销售发票”|“销售发票审核”，查询条件设置客户为重庆嘉陵公司，单击“确定”返回销售发票窗口，选择需审核的发票，单击“审核”后退出。

选择“财务会计”|“应收款管理”|“凭证处理”|“生成凭证”，在制单查询窗口，勾选“发票”，单击“确定”，系统进入生成凭证窗口，凭证类别选择转账凭证，依次单击“全选”“制单”，系统进入填制凭证窗口，补充贷方科目“6001 主营业务收入”，保存凭证后退出。分录如下：

借：应收账款（1122）/嘉陵	—2 599
贷：主营业务收入（6001）	—2 300
应缴税费/应交增值税/销项税额（22210105）	—299

5. 销售出库单记账

选择“供应链”|“存货核算”|“记账”|“正常单据记账”，按默认条件查询，选择全部单据，单击“记账”后退出。

8.1.18　委托代销退货业务

实验资料

2024 年 4 月 21 日，委托辽宁飞鸽公司销售的创智 X 号退回 3 台，入成品库。由于已经开具发票，因此开具红字专用发票一张，单价 6 400 元。

实验过程

1. 参照委托代销发货单填制委托代销结算退回

4 月 21 日，选择“供应链”|“销售管理”|“委托代销”|“委托代销结算退回”，依次单击“增加”“参照”，查询条件设置客户为辽宁飞鸽公司，单击“确定”，勾选发货单，单击“确定”，在委托代销结算退回页面，数量改为－3，销售类型选择代销，如图 8－54 所示。

委托代销结算退回

单据号 * 0000000002　单据日期 * 2024-04-21　销售类型 代销
客户简称 * 飞鸽　销售部门 * 销售部　业务员 朱小明
币种 人民币　汇率 1　税率 13.00
发票号　备注

复制行　删行　批改　查看现存量　价格　折扣分摊　税差分摊　信用　排序定位　显示格式

	仓库名称	存货编码	存货名称	主计量	数量	报价	含税单价	无税单价	金额	税额	价税合计
1	成品库	016	创智X号	台	-3.00	6400.00	7232.00	6400.00	-19200.00	-2496.00	-21696.00

图 8－54　委托代销结算退回

依次完成保存、审核操作，根据系统提示选择发票类型为专用发票，单击“确定”生成销售专用发票。

2. 查看红字销售专用发票并复核

选择“供应链”|“销售管理”|“销售开票”|“销售发票列表”，查询条件设置客户为辽宁飞鸽公司，业务类型为委托，单击“确定”进入销售发票列表，勾选红字专用发票，单击“复核”后退出。

3. 退回后的业务处理

选择“财务会计”|“应收款管理”|“应收处理”|“销售发票”|“销售发票审核”，查询条

件设置发票类型为销售专用发票，客户为辽宁飞鸽公司，单击“确定”，勾选待审销售发票，单击“审核”后退出。

选择“财务会计”|“应收款管理”|“凭证处理”|“生成凭证”，在制单查询页面，勾选“发票”，单击“确定”，系统进入生成凭证窗口，凭证类别选择转账凭证，依次单击“全选”“制单”，系统进入填制凭证窗口，补充贷方科目为（6001）主营业务收入，保存凭证后退出。分录为：

借：应收账款（1122）/飞鸽　　－21 696
　贷：主营业务收入（6001）　　－19 200
　　应交税费/应交增值税/销项税额（22210105）　　－2 496

4 月 26 日，选择“供应链”|“存货核算”|“记账”|“发出商品记账”，查询设置业务类型为委托代销，单击“确定”返回，勾选待记账单据，单击“记账”后退出。

8.1.19 直运销售业务

直运销售业务流程如图 8－55 所示。

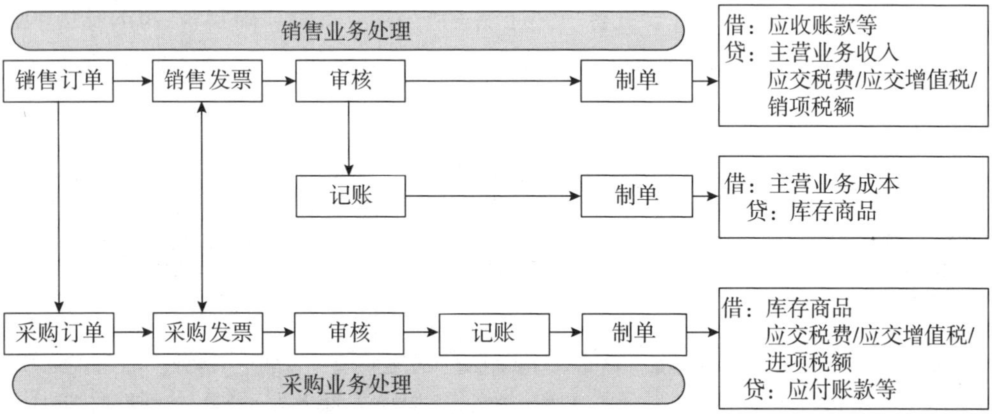

图 8－55　直运销售业务流程

实验资料

2024 年 4 月 21 日，销售部接到通知，上海长江公司欲购买联想服务器 2 台。经协商以无税单价 30 000 元成交，税率为 13%，含税价为 33 900 元。销售部填制相应销售订单。

销售部以每台 20 000 元（不含税单价）的价格向上海大坤公司发出采购订单，并要求对方直接将货物送到上海长江公司。

2024 年 4 月 22 日，销售部根据销售订单为上海长江公司开具专用发票一张。货物送至上海长江公司，上海大坤公司凭送货签收单和订单开具了一张专用发票给销售部。销售部将此业务的采购、销售发票交给财务部，财务部制作应收应付凭证，结转收入和成本。

实验过程

1. 设置直运业务相关选项

4月21日，选择“供应链”|“销售管理”|“设置”|“选项”，在“业务控制”页面，勾选“有直运销售业务”，其他设置保持不变。重新注销登陆系统方可查看直运销售选项。

2. 填制并审核直运销售订单

选择“供应链”|“销售管理”|“销售订货”|“销售订单”，单击“增加”|“空白单据”，业务类型选择直运销售，输入实验资料，如图8－56所示，依次完成保存、审核操作后退出。

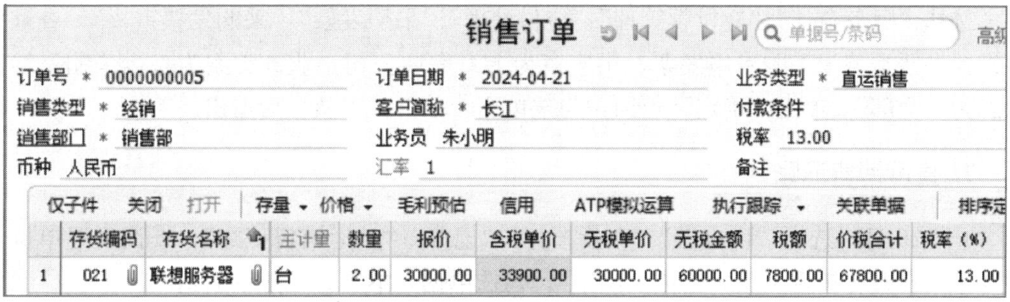

图8－56　销售订单

3. 填制并审核直运采购订单

选择“供应链”|“采购管理”|“采购订货”|“采购订单”，单击“增加”|“销售订单”，查询条件设置客户为上海长江公司，单击“确定”，系统进入拷贝并执行窗口，勾选订单，单击“确定”，在采购订单页面补充单价等信息，修改计划到货日期为2024年4月22日，如图8－57所示，依次完成保存、审核操作后退出。

图8－57　采购订单

4. 填制并复核直运销售发票

4月22日，选择“供应链”|“销售管理”|“销售开票”|“销售专用发票”，单击“增加”|“订单”，查询条件设置业务类型为直运销售，客户为上海长江公司，单击“确定”

进入参照生单窗口。勾选单据，单击“确定”，在销售专用发票页面，依次完成保存、复核操作后退出。

如果订单号没有传入直运销售的销售专用发票，需要手工补录。不然在直运销售记账时就会要求补充输入单价。

5. 填制直运采购发票

选择“供应链”|“采购管理”|“采购发票”|“专用采购发票”，单击“增加”|“采购订单”，查询条件设置供应商为上海大坤公司，单击“确定”进入拷贝并执行窗口，勾选订单，单击“确定”，进入专用发票页面，依次完成保存、复核操作后退出。

6. 审核直运采购发票

选择“财务会计”|“应付款管理”|“应付处理”|“采购发票”|“采购发票审核”，查询条件设置发票类型为采购专用发票，供应商为上海大坤公司，业务类型为直运采购，结算状态为“全部”，单击“确定”返回，勾选单据，单击“审核”后退出。

7. 直运销售记账

4 月 26 日，选择“供应链”|“存货核算”|“记账”|“直运销售记账”，查询设置单据类型为采购发票和销售发票，单击“确定”，勾选单据，单击“记账”后退出。

8. 结转直运业务的收入及成本

选择“财务会计”|“应收款管理”|“应收处理”|“销售发票”|“销售发票审核”，查询条件设置发票类型为销售专用发票，客户为上海长江公司，单击“确定”返回销售发票审核窗口。勾选待审单据，单击“审核”后退出。

选择“财务会计”|“应收款管理”|“凭证处理”|“生成凭证”，在制单查询窗口，勾选“发票”，单击“确定”，系统进入生成凭证窗口，凭证类别选择转账凭证，依次单击“全选”“制单”，保存凭证后退出。分录如下：

借：应收账款（1122）/长江	67 800	
贷：主营业务收入（6001）		60 000
应交税费/应交增值税/销项税额（22210105）		7 800

选择“供应链”|“存货核算”|“凭证处理”|“生成凭证”，选单设置业务类型为直运采购和直运销售，单击“确定”，勾选采购发票和专用发票，单击“确定”，凭证类别选择转账凭证，补充存货科目为 1405 库存商品，单击“合并制单”，保存凭证后退出。分录如下：

借：库存商品（1405）	40 000	
应交税费/应交增值税/进项税额（22210101）	5 200	
主营业务成本（6401）	40 000	
贷：库存商品（1405）		40 000
应付账款（2202）/大坤		45 200

8.1.20 收取定金

AI 助手探秘

定金和订金的区别。

收取定金在企业日常经营过程中属于常见业务，企业收取定金也属于提前收取款项的一种。

新收入准则发布前企业提前收取款项均使用“预收账款”科目核算；新收入准则发布后将“预收账款”一分为二，将未来要结转主营业务收入的提前收取款项使用“合同负债”科目核算，余下收取的租金、处置设备预收的款项、处置股权提前收取的款项使用“预收账款”科目核算。

1. 预收账款

预收账款是指企业按照合同规定预收的款项。通过设置“预收账款”科目核算预收账款的取得、偿付等情况。

2. 合同负债

合同负债是指企业已收或应收客户对价而应向客户转让商品的义务。该科目贷方登记企业在向客户转让商品之前，已经收到或已经取得无条件收取合同对价权利的金额；借方登记企业向客户转让商品时冲销的金额；期末贷方余额，反映企业在向客户转让商品之前，已经收到的合同对价或已经收到的无条件收取合同对价权利的金额。

3. 预收账款和合同负债的区别

合同负债核算两种情形：第一种，已收客户对价而应向客户转让商品的义务。已收客户对价是指收到款项，可以是定金也可以是其他款项。第二种，应收客户对价而应向客户转让商品的义务。应收客户对价是指未收到客户的款项。因此，合同负债核算的情形不仅仅是以收到款项为前提，而预收账款是以提前收到款项为前提。

一般情况下，合同负债适用于较为复杂的交易，如长期合同、建造合同、大型工程项目等，这些交易可能涉及多个履约阶段或履约义务。

实验资料

2024 年 4 月 21 日，销售部与湖北朝华公司签订购销协议，下月销售 100 台创智 X 号，不含税单价 6 500 元，税率 13%。

2024 年 4 月 22 日，湖北朝华公司按协议支付 10%的销售定金 73 450 元，转账支票号 CH042201（现金流量：01 销售商品、提供劳务收到的现金）。

完成收取定金的销售业务和相关账务处理。

实验过程

1. 销售订单格式修改

4月21日，选择“供应链”|“销售管理”|“销售订货”|“销售订单”，单击“格式设置”，进入销售订单格式设置页面，完成以下操作：

（1）缩小表体。单击表体，鼠标移动到表格下方中间小黑方块（■）上，会出现上下双箭头指针（↕），按住向上拖动，缩小到大致12行处。

（2）移动表体。点击表体，然后按下鼠标左键拖动表体向下，表体和表头之间留下两行左右的距离，留着新项目用。

（3）单击“表头栏目”，进入表头窗口，勾选“必有定金”“定金比例（%）”“定金原币金额”“定金累计实收原币金额”四个项目（项目顺序可以通过“上移”“下移”调整），如图8-58所示。

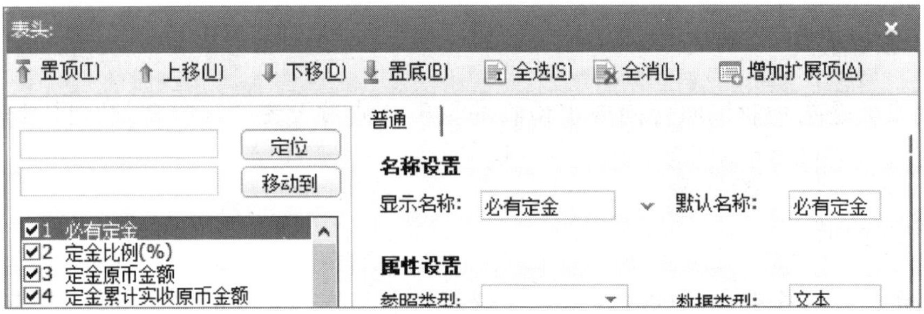

图8-58 表头项目选择

单击“确定”回到单据格式设置，选择的项目放在表头上，然后单击“自动布局”，然后单击“确定”设置完成，单击“保存”，关闭窗口。系统提示需要更新模板时，选择更新即可。

工具栏有“格式设置”均可设置单据格式。

若进入销售订单中，格式设置为灰色时，可选择“基础设置”|“单据设置”|“单据格式设置”，再选择“供应链”|“销售管理”|“销售订单”|“显示”|“销售订单显示模板”，单击“保存”退出。重新进入销售订单时，单据格式设置颜色为黑色，可以编辑。在此可以对公用单据、财务会计、供应链、生产制造、人力资源的所有单据进行单据格式设置。

2. 填制销售订单

选择“供应链”|“销售管理”|“销售订货”|“销售订单”，选择“增加”|“空白单据”，注意表头项目必有定金选择“是”，输入实验资料，最后输入定金比例为10，单击“保存”后，“定金原币金额”会自动计算结果（73 450元），结果如图8-59所示。

完成保存操作后退出，注意此时不审核销售订单，待收到定金后再审核。

3. 收取定金

4月22日，选择“财务会计”|“应收款管理”|“收款处理”|“收款单据录入”，单击

“增加”|“销售定金”，查询条件设置客户为湖北朝华公司，单击“确定”进入拷贝并执行窗口，勾选单据，单击“确定”，补充结算方式、票号等信息后，结果如图 8－60 所示。

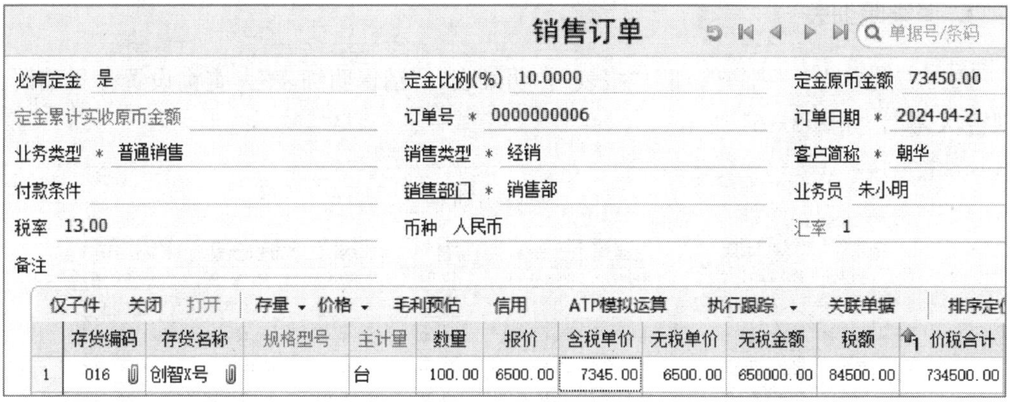

销售订单

必有定金 是　定金比例(%) 10.0000　定金原币金额 73450.00
定金累计实收原币金额　订单号 * 0000000006　订单日期 * 2024-04-21
业务类型 * 普通销售　销售类型 * 经销　客户简称 * 朝华
付款条件　销售部门 * 销售部　业务员 朱小明
税率 13.00　币种 人民币　汇率 1
备注

	存货编码	存货名称	规格型号	主计量	数量	报价	含税单价	无税单价	无税金额	税额	价税合计
1	016	创智X号		台	100.00	6500.00	7345.00	6500.00	650000.00	84500.00	734500.00

图 8－59　销售订单

收款单

单据编号 008　日期 * 2024-04-22　客户 * 朝华
结算方式 * 转账支票　结算科目 100201　币种 * 人民币
汇率 1　金额 * 73450.00　本币金额 73450.00
客户银行 中行宜昌支行　客户账号 1717　票据号 CH042201
部门 销售部　业务员 朱小明　项目
摘要

	款项类型	客户	部门	业务员	金额	本币金额	科目	项目	本币余额	余额
1	销售定金	朝华	销售部	朱小明	73450.00	73450.00			73450.00	73450.00

图 8－60　定金收款单

依次完成保存、审核操作，根据系统提示，选择立即制单，补充贷方科目为合同负债（2204），补充现金流量信息，保存凭证后退出。分录如下：

借：银行存款/工行（100201）　　3 450

　贷：合同负债（2204）　　73 450

补充贷方科目为合同负债进行保存时，若系统提示“不能使用应收系统的受控科目”。解决方法：选择“基础设置”|“基础档案”|“财务”|“会计科目”，进入后双击“合同负债”科目，进入“会计科目_修改”窗口，单击“修改”将受控系统选择为空白，单击“确定”完成。进入“收款单据录入”窗口，单击“审核”重新制单后保存。

4. 审核销售订单

选择“供应链”|“销售管理”|“销售订货”|“销售订单列表”，查询条件设置客户为湖北朝华公司，单击“确定”，系统显示销售订单列表。勾选订单，单击“审核”后退出。

8.1.21 销售查询

1. 销售明细表

选择“供应链”|“销售管理”|“报表”|“明细表”|“销售明细表”，查询设置存货编码为“创智 X 号”，如图 8-61 所示。

销售明细表

	部门	客户	业务员	日期	数量	本币税额	本币无税金额	本币价税合计
1	销售部	湖北朝华公司	朱小明	2024/4/21	10.00	8,320.00	64,000.00	72,320.00
2		(小计)湖北朝华公司			10.00	8,320.00	64,000.00	72,320.00
3	销售部	辽宁飞鸽公司	朱小明	2024/4/16	50.00	41,600.00	320,000.00	361,600.00
4	销售部	辽宁飞鸽公司	朱小明	2024/4/20	20.00	16,640.00	128,000.00	144,640.00
5	销售部	辽宁飞鸽公司	朱小明	2024/4/21	-3.00	-2,496.00	-19,200.00	-21,696.00
6		(小计)辽宁飞鸽公司			67.00	55,744.00	428,800.00	484,544.00
7	销售部	上海长江公司	朱小明	2024/4/18	80.00	67,600.00	520,000.00	587,600.00
8		(小计)上海长江公司			80.00	67,600.00	520,000.00	587,600.00
9	销售部	天津大华公司	刘一江	2024/4/8	20.00	16,900.00	130,000.00	146,900.00
10	销售部	天津大华公司	刘一江	2024/4/15	10.00	8,320.00	64,000.00	72,320.00
11		(小计)天津大华公司			30.00	25,220.00	194,000.00	219,220.00
12	总计				187.00	156,884.00	1,206,800.00	1,363,684.00

图 8-61 销售明细表（创智 X 号）

2. 销售统计表

选择“供应链”|“销售管理”|“报表”|“统计表”|“销售统计表”，按默认条件查询，如图 8-62 所示。

销售统计表

	部门名称	业务员名称	存货名称	数量	单价	金额	税额	价税合计	折扣	成本	毛利	毛利率
1	销售部	朱小明	创智X号	10.00	6,400.00	64,000.00	8,320.00	72,320.00			64,000.00	100.00%
2	销售部	朱小明	手持扫描器	130.00	900.00	117,000.00	15,210.00	132,210.00			117,000.00	100.00%
3	销售部	朱小明	桌面扫描器	50.00	700.00	35,000.00	4,550.00	39,550.00			35,000.00	100.00%
4	销售部	朱小明	HP打印机	50.00	2,300.00	115,000.00	14,950.00	129,950.00			115,000.00	100.00%
5	销售部	朱小明	创智X号	67.00	6,400.00	428,800.00	55,744.00	484,544.00			428,800.00	100.00%
6	销售部		HP打印机	3.00	2,500.00	7,500.00	975.00	8,475.00			7,500.00	100.00%
7	销售部	朱小明	CN处理器	100.00	1,500.00	150,000.00	19,500.00	169,500.00		120,000.00	30,000.00	20.00%
8	销售部	朱小明	HP打印机	50.00	2,300.00	115,000.00	14,950.00	129,950.00			115,000.00	100.00%
9	销售部	朱小明	创智X号	80.00	6,500.00	520,000.00	67,600.00	587,600.00			520,000.00	100.00%
10	销售部	朱小明	联想服务器	2.00	30,000.00	60,000.00	7,800.00	67,800.00		40,000.00	20,000.00	33.33%
11	销售部	刘一江	HP打印机	10.00	2,160.00	21,600.00	2,808.00	24,408.00			21,600.00	100.00%
12	销售部	刘一江	创智X号	30.00	6,466.67	194,000.00	25,220.00	219,220.00			194,000.00	100.00%
13	销售部	刘一江	手持扫描器	100.00	900.00	90,000.00	11,700.00	101,700.00			90,000.00	100.00%
14	销售部	刘一江	桌面扫描器	50.00	700.00	35,000.00	4,550.00	39,550.00			35,000.00	100.00%
15	销售部	刘一江	HP打印机	59.00	2,300.00	135,700.00	17,641.00	153,341.00			135,700.00	100.00%
16	总计			791.00	2,640.46	2,088,600.00	271,518.00	2,360,118.00		160,000.00	1,928,600.00	92.34%

图 8-62 销售统计表

8.2　应收款管理

8.2.1　概述

由于赊销或其他方面的原因，形成了企业往来款项，这些往来款项如果不能及时有效地进行管理，就会使企业的经营活动受到一定影响。因此，加强往来款项管理是一项不容忽视的工作。应收应付系统可以分别对客户及供应商进行账表查询和往来款项的清理工作。

应收业务处理流程如图 8－63 所示。

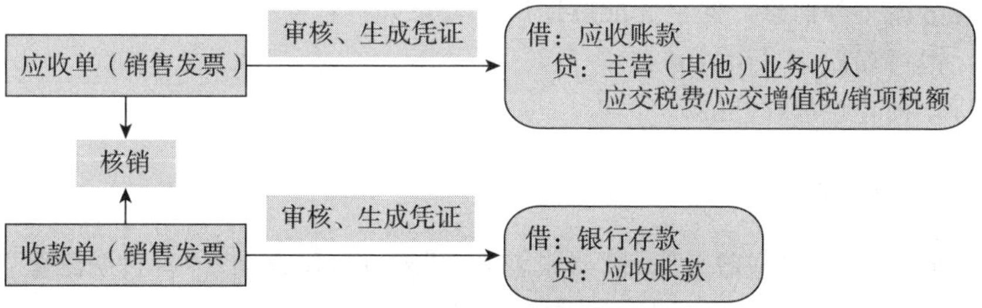

图 8－63　应收业务处理流程图

AI 助手探秘

应收款管理主要包括哪些会计业务？

8.2.2　预收款处理

实验资料

2024 年 4 月 5 日，重庆嘉陵公司交来转账支票一张，金额 15 000 元，支票号 ZZ002，作为预购零部件的预收款。(现金流量：01 销售商品、提供劳务收到的现金)

实验过程

1. 填制收款单

4 月 5 日，选择"财务会计"|"应收款管理"|"收款处理"|"收款单据录入"，单击"增加"|"空白单据"录入收款单的相关信息，款项类型选择预收款，如图 8－64 所示。

收款单

单据编号	009	日期 *	2024-04-05	客户 *	嘉陵
结算方式 *	转账支票	结算科目	100201	币种 *	人民币
汇率	1	金额 *	15000.00	本币金额	15000.00
客户银行	工行双碑支行	客户账号	3654	票据号	ZZ002
部门	销售部	业务员	刘一江	项目	
摘要					

插行　删行　批改　显示格式　排序定位　关联单据

	款项类型	客户	部门	业务员	金额	本币金额	科目	项目	本币余额	余额
1	预收款	嘉陵	销售部	刘一江	15000.00	15000.00	2203		15000.00	15000.00

图 8－64　收款单（预收）

依次完成保存、审核操作，系统提示是否立即制单，选择“是”，进入填制凭证窗口，补充现金流量等信息，保存凭证后退出。分录如下：

借：银行存款/工行（100201）　　15 000

　　贷：预收账款（2203）　　15 000

2. 查询预收账款

选择“财务会计”|“应收款管理”|“账表管理”|“科目账查询”|“科目明细账”，查询设置科目为“2203 预收账款”，单击“确定”显示相应账簿。

8.2.3　转账支票收款处理

实验资料

2024 年 4 月 15 日，收到上海长江公司交付的转账支票（支票号 ZZ099）一张，金额 15 000 元，用于归还前欠货款。（现金流量：01 销售商品、提供劳务收到的现金）

实验过程

1. 录入转账支票

4 月 15 日，选择“财务会计”|“应收款管理”|“收款处理”|“收款单据录入”，单击“增加”|“空白单据”录入实验资料，如图 8－65 所示。

依次完成保存、审核操作，根据系统提示，选择立即制单，补充现金流量，保存凭证后退出。分录如下：

借：银行存款/工行（100201）　　15 000

　　贷：应收账款（1122）/长江　　15 000

2. 查询应收款

选择“财务会计”|“应收款管理”|“账表管理”|“业务账表”|“业务明细账”，查询设置

客户为上海长江公司，单击“确定”打开应收明细账，如图 8-66 所示。

收款单

单据编号 010　日期 * 2024-04-15　客户 * 长江
结算方式 * 转账支票　结算科目 100201　币种 * 人民币
汇率 1　金额 * 15000.00　本币金额 15000.00
客户银行 工行海东支行　客户账号 2234　票据号 ZZ099
部门 销售部　业务员 朱小明　项目
摘要

插行　删行　批改　显示格式　排序定位　关联单据

	款项类型	客户	部门	业务员	金额	本币金额	科目	项目	本币余额	余额
1	应收款	长江	销售部	朱小明	15000.00	15000.00	1122		15000.00	15000.00

图 8-65　收款单

应收明细账

币种：　全部
期间：　4　-　4

年	月	日	凭证号	客户		摘要	单据类型	本期应收	本期收回	余额	到期日
				编码	名称			本币	本币	本币	
2024	4	15	收-0015	03	上海长江公司	收款单	收款单		15,000.00	-15,000.00	2024-04-15
2024	4	17	转-0033	03	上海长江公司	销售专用发票	销售专用发票	129,950.00		114,950.00	2024-04-17
2024	4	17	转-0035	03	上海长江公司	其他应收单	其他应收单	800.00		115,750.00	2024-04-17
2024	4	18	转-0034	03	上海长江公司	销售专用发票	销售专用发票	587,600.00		703,350.00	2024-04-18
2024	4	20	转-0039	03	上海长江公司	销售专用发票	销售专用发票	169,500.00		872,850.00	2024-04-19
2024	4	26	转-0044	03	上海长江公司	销售专用发票	销售专用发票	67,800.00		940,650.00	2024-04-22
				(...				955,650.00	15,000.00	940,650.00	
合...								955,650.00	15,000.00	940,650.00	

图 8-66　应收明细账（上海长江公司）

8.2.4　电子账户收款处理

电子账户是指在第三方支付平台开立的企业账户，目前主流的电子账户收款方式主要有支付宝收款、微信收款、聚合收款三种。

1. 支付宝收款

支付宝收款针对完成支付宝实名认证的企业商家和个体工商户。

2. 微信收款

微信收款要求企业完成签约，为企业提供自动提现和手动提现两种方式。自动提现为系统自动按企业设定条件执行，提现金额为上一结算周期内的结算金额；手动提现由企业在微信平台手动发起，提现金额由企业自行填写。

3. 聚合收款

聚合收款是目前各大银行针对企业、个体、个人办理，支持对公、对私，非法人结算的收款业务。聚合收款是指一个码聚合支付宝、微信、花呗、银联、云闪付等多种付款方式的收款码。支持目前市面上主流的各种付款方式，支持大额交易、无限额交易和远程收款。

重庆两江科技有限公司的电子账户收款主要有支付宝、微信、聚合三种收款方式。公司财务制度规定，支付宝、微信、聚合等电子账户仅做收款专用，不得对外支付任何款项。公司与支付宝、微信、聚合签订协议约定 T+1（T+1 的收款方式是指在电子账户收款平台，通过设置自动转账，选择在收到款项的次日直接转账到公司设定的银行收款账户）自动转账，公司免支付手续费。

1. 支付宝收款

实验资料

2024 年 4 月 15 日，收到重庆嘉陵公司通过支付宝向公司支付前期货款 20 000 元，票号 ZFB041501。

2024 年 4 月 16 日，收到支付宝自动转账 20 000 元，票号 ZFB041601。（现金流量：01 销售商品、提供劳务收到的现金）

实验过程

（1）录入支付宝收款并生成凭证。4 月 15 日，选择“财务会计”|“应收款管理”|“收款处理”|“收款单据录入”，单击“增加”|“空白单据”，输入实验资料，如图 8-67 所示。

图 8-67 收款单

依次完成保存、审核操作，根据系统提示，选择立即制单，凭证类别选择转账凭证，保存凭证后退出。分录如下：

借：其他货币资金/支付宝（101201）　　20 000

　贷：应收账款（1122）/嘉陵　　20 000

若选择不立即制单，当需要生成凭证时，可在“收款处理”|“收付款单查询”窗口中查找对应的单据，依次单击“保存”“审核”，根据系统提示，选择立即制单，即可生成上述凭证。

（2）通过总账系统录入支付宝自动转账收款凭证。4 月 16 日，选择“财务会计”|“总账”|“凭证”|“填制凭证”，单击“增加”录入收款凭证，摘要为“支付宝自动转账收款”，补充录入结算方式、票号、现金流量等信息，保存凭证后退出。分录如下：

借：银行存款/工行（100201）　　20 000

　　贷：其他货币资金/支付宝（101201）　　20 000

2. 微信收款

实验资料

2024 年 4 月 20 日，低价销售 1 个包装受损、存放在成品库的手持扫描器，单价 200 元，开具普通发票一张，收到零散用户通过微信转账支付款项 226 元，单据号 QTS001。

2024 年 4 月 21 日，微信将 2024 年 4 月 20 日收款 226 元自动转账到工行账号，结算方式：微信。电子票号：WX042101。（现金流量：01 销售商品、提供劳务收到的现金）

实验过程

（1）填制并审核发货单。4 月 20 日，选择“供应链”|“销售管理”|“销售发货”|“发货单”，单击“增加”|“空白单据”，输入实验资料，如图 8－68 所示，依次完成保存、审核操作后退出。

发货单

发货单号 * 0000000019　发货日期 * 2024-04-20　业务类型 * 普通销售
销售类型 * 经销　订单号　发票号
客户简称 * 零散客户　销售部门 * 销售部　业务员
发货地址　发运方式　付款条件
税率 13.00　币种 人民币　汇率 1
备注

	仓库名称	存货编码	存货名称	主计量	数量	报价	含税单价	无税单价	无税金额	税额	价税合计	税率（%）
1	成品库	018	手持扫描器	个	1.00	200.00	226.00	200.00	200.00	26.00	226.00	13.00

图 8－68　发货单

在保存时，若提示发货单日期不合法，单据日期不能是已结账会计月内的日期时，返回销售管理系统取消月末结账，重新保存即可完成。

（2）根据发货单填制销售普通发票并审核。选择“供应链”|“销售管理”|“销售开票”|“销售普通发票”，单击“增加”|“发货单”，查询设置客户为零散客户，单击“确定”进入参照生单窗口。勾选发货单，单击“确定”返回销售普通发票窗口，依次完成保存、复核操作后退出。

（3）根据发货单开具销售出库单。选择“供应链”|“库存管理”|“销售出库”|“销售出库单”，单击“增加”|“销售发货单”，查询设置客户为零散客户，单击“确定”进入销售生单窗口，勾选单据，不勾选“根据累计出库数更新发货单”，单击“确定”返回销售出库单窗口，依次完成保存、审核操作后退出。

（4）审核销售普通发票生成销售收入凭证。选择“财务会计”|“应收款管理”|“应收处理”|“销售发票”|“销售发票审核”，查询条件设置发票类型为销售普通发票，单击“确定”进入销售发票审核窗口，勾选发票，单击“审核”后退出。

选择“财务会计”|“应收款管理”|“凭证处理”|“生成凭证”，在制单查询窗口，勾选“发票”，单击“确定”，系统进入生成凭证窗口，凭证类别选择转账凭证，依次单击“全选”“制单”，系统进入填制凭证窗口，保存凭证后退出。分录如下：

借：应收账款（1122）/零散客户　　226

　贷：主营业务收入（6001）　　200

　　应交税费/应交增值税/销项税额（22210105）　　26

（5）收到零散客户通过微信转款收款。选择“财务会计”|“应收款管理”|“收款处理”|“收款单据录入”，单击“增加”|“空白单据”，录入实验资料，如图 8－69 所示。

图 8－69　收款单

依次完成保存、审核操作，根据系统提示，选择立即制单，凭证类别选择转账凭证，保存凭证后退出。分录如下：

借：其他货币资金/ 微信（101202）　　226

　贷：应收账款（1122）/零散客户　　226

（6）通过总账系统录入微信自动转账收款凭证。4 月 21 日，选择“财务会计”|“总账”|“凭证”|“填制凭证”，单击“增加”录入收款凭证，摘要为“微信收款自动转账”，补充录入结算方式、票号、现金流量等信息，保存凭证后退出。分录如下：

借：银行存款/工行（100201）　　226

　贷：其他货币资金/ 微信（101202）　　226

3. 聚合收款

实验资料

2024 年 4 月 17 日，财务部向工行申请聚合收款码，当日用聚合收款码向嘉陵收取 60 000 元前期货款。

2024 年 4 月 18 日，收到聚合收款自动转账 59 640 元，票号 JHSK041801，支付手续费 360 元。（公司与工行签订聚合收款手续费率为 6‰，实务中银行根据企业资金量与企业签

订手续费的比例，一般在6‰以内）（现金流量：01 销售商品、提供劳务收到的现金）

实验过程

（1）录入聚合收款并生成凭证。选择“财务会计”|“应收款管理”|“收款处理”|“收款单据录入”，单击“增加”|“空白单据”录入实验资料，如图8－70所示。

收款单

单据编号 013　日期 * 2024-04-17　客户 * 嘉陵
结算方式 * 聚合收款　结算科目　币种 * 人民币
汇率 1　金额 * 60000.00　本币金额 60000.00
客户银行 工行双碑支行　客户账号 3654　票据号
部门 销售部　业务员 刘一江　项目
摘要

插行　删行　批改　显示格式　排序定位　关联单据

	款项类型	客户	部门	业务员	金额	本币金额	科目	项目	本币余额	余额
1	应收款	嘉陵	销售部	刘一江	60000.00	60000.00	1122		60000.00	60000.00

图8－70　收款单

依次完成保存、审核操作，系统提示是否立即制单，选择“是”，凭证类别选择转账凭证，补充借方科目（101299 其他货币资金/其他），保存凭证后退出。分录如下：

借：其他货币资金/其他（101299）　60 000
　贷：应收账款（1122）/嘉陵　60 000

（2）通过总账系统录入聚合收款自动转账收款凭证。4月18日，选择“财务会计”|“总账”|“凭证”|“填制凭证”，单击“增加”录入收款凭证，摘要为“聚合收款自动转账”，补充录入结算方式、票号、现金流量等信息，保存凭证后退出。分录如下：

借：银行存款/工行（100201）　59 640
　　财务费用/手续费（660304）　360
　贷：其他货币资金/聚合收款（101299）　60 000

8.2.5　商业汇票收款处理

应收票据是指企业因销售商品、提供服务等而收到的商业汇票。为反映和监督应收票据取得、票款收回等情况，企业应当设置“应收票据”科目，借方登记取得的应收票据面值，贷方登记到期收回票款或到期前向银行贴现的应收票据的票面金额，期末余额在借方，反映企业持有的商业汇票的票面金额。

收到应收票据，借记“应收票据”科目，贷记“应收账款”“主营业务收入”“应交税费——应交增值税（销项税额）”等科目。商业汇票到期收回款项时，应按实际收到的金额，借记“银行存款”科目，贷记“应收票据”科目。

实验资料

2024年4月2日，天津大华公司以2张3个月期的承兑汇票支付前欠货款。

银行承兑汇票1张：票面金额10 000元，票号YC57984，出票日期2024年4月1日，到期日2024年6月30日。

商业承兑汇票1张：票面金额10 000元，票号SY56957，出票日期2024年4月1日，到期日2024年6月30日。（现金流量：01 销售商品、提供劳务收到的现金）

实验过程

1. 商业汇票录入

选择“财务会计”|“应收款管理”|“票据管理”|“票据录入”，单击“增加”|“空白单据”，输入实验资料中银行承兑汇票的信息，保存后如图8－71所示。

图8－71 承兑汇票——银行承兑汇票录入

用同样的方法录入商业承兑汇票，结果如图8－72所示。

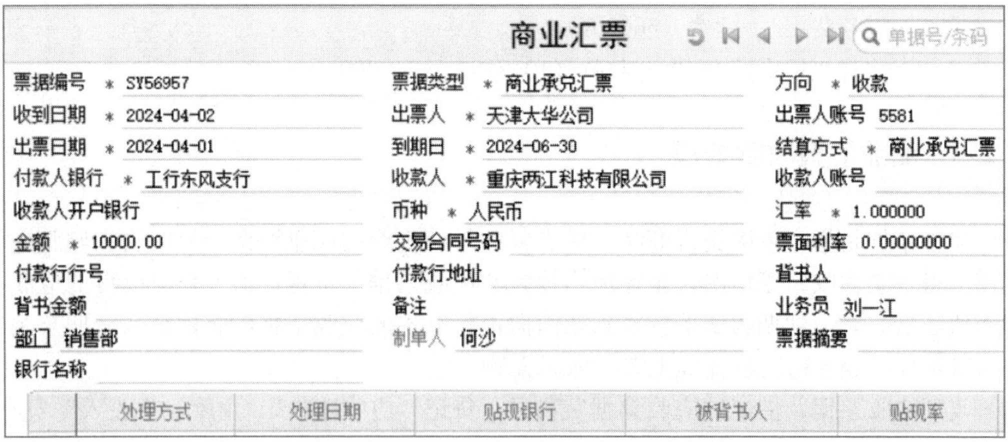

图8－72 承兑汇票——商业承兑汇票录入

2. 商业汇票审核

选择“财务会计”|“应收款管理”|“收款处理”|“收款单据审核”，查询条件设置客户

为天津大华公司，单击“确定”返回收款单据审核窗口，勾选银行承兑汇票和商业承兑汇票，单击“审核”后退出。

3. 商业汇票生成凭证

选择“财务会计”|“应收款管理”|“凭证处理”|“生成凭证”，在制单查询窗口勾选“收付款单”，单击“确定”，系统进入生成凭证窗口，凭证类别选择转账凭证，依次单击“全选”“合并”“制单”，保存凭证后退出。分录如下：

借：应收票据/银行承兑汇票（112101)/大华　　10 000
　　应收票据/商业承兑汇票（112102)/大华　　10 000
　贷：应收账款（1122)/大华　　20 000

4. 商业汇票核销

选择“财务会计”|“应收款管理”|“核销处理”|“自动核销”，客户选择天津大华公司，单击“确定”，系统提示“是否进行自动核销”，单击“是”进入自动核销报告窗口，如图 8－73 所示。

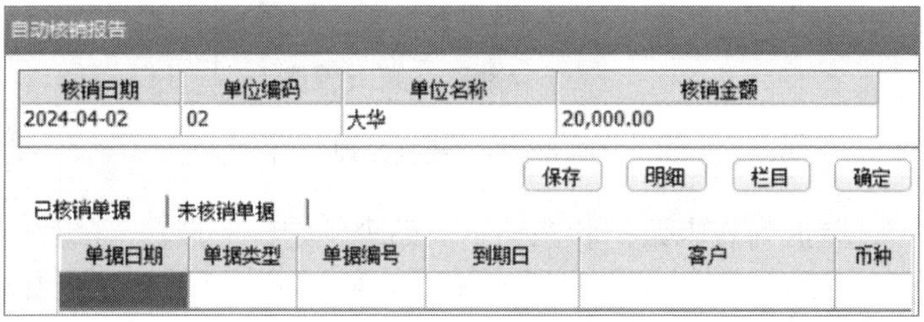

图 8－73 自动核销报告

单击“确定”后退出。

8.2.6 商业汇票贴现及背书

转让应收票据背书时，借记“在途物资”“材料采购”“原材料”“库存商品”“应交税费——应交增值税（进项税额）”科目，贷记“应收票据”科目，差额通过借记或贷记“银行存款”科目核算。票据贴现时，借记“银行存款”科目，贷记“应收票据”科目，差额借记或贷记“财务费用”科目。

1. 票据贴现

实验资料

2024 年 4 月 16 日，经公司财务部资金管理需要，决定将票号为 YC57984 的银行承兑汇票按贴现率 5％的利率向同城工行申请贴现。（现金流量：01 销售商品、提供劳务收到的现金）

实验过程

（1）票据贴现锁定。选择“财务会计”|“应收款管理”|“票据管理”|“票据列表”，查询条件设置票据类型为银行承兑汇票，票据编号输入“YC57984”，单击“确定”返回票据列表。勾选票据，单击“贴现”|“贴现锁定”进入票据贴现窗口，输入贴现率 5%，单击回车，如图 8-74 所示。

图 8-74 票据贴现

单击“确定”，票据列表内票据状态显示“贴现锁定”完成。

（2）票据贴现。双击票据列表中显示贴现锁定的票据，单击“贴现”|“贴现”，进入票据贴现窗口，输入贴现率 5%，单击“确定”，处理方式由贴现锁定变为贴现，如图 8-75 所示。

图 8-75 银行承兑汇票贴现

根据系统提示，选择立即制单，凭证类别选择收款凭证，补充科目、结算方式、现金流量等信息后，保存凭证后退出。分录如下：

借：银行存款/工行（100201）　　9 895.83

　　财务费用/手续费（660304）　　104.17

　贷：应收票据/银行承兑汇票（112101）　　10 000

还可以选择“财务会计”|“应收款管理”|“票据管理”|“票据录入”，进入“应收票据录入”窗口。单击左右箭头，查询票号为 YC57984 的票据，按上述步骤操作即可完成票据贴现。

2. 票据背书

票据背书方式系统设置有冲销应付账款和其他两种，本实验以冲销应付账款为例。

实验资料

2024 年 4 月 16 日，因公司财务部资金管理需要，将收到的金额为 10 000 元、票号为 SC032501 的商业承兑汇票以冲销应付账款的背书方式，向重庆大江公司进行背书转让，用于支付前欠货款。

实验过程

(1) 填制并审核付款申请单。选择“财务会计”|“应付款管理”|“付款申请”|“付款申请单录入”，单击“增加”|“空白单据”输入实验资料，如图 8－76 所示，依次完成保存、审核操作后退出。

图 8－76　付款申请单

选择“财务会计”|“应付款管理”|“付款处理”|“付款单据审核”，查询条件设置单据类型为付款单，单击“确定”，双击该单据，进入付款单页面，确认该单据为付款申请单保存后自动生成的付款单后，可以在付款单页面直接删除，也可以返回付款单据审核页面勾选单据，单击“删除”后完成。此时如果不删除该单据，在冲销应付账款窗口，无法找到付款申请单，不能完成分摊操作。

(2) 票据背书锁定。选择“财务会计”|“应收款管理”|“票据管理”|“票据列表”，查询设置票据类型为商业承兑汇票，票据编号输入 SC032501，单击“确定”返回票据列表，勾选票据，单击“背书”|“背书锁定”，被背书人选择重庆大江公司，如图 8－77 所示。

单击“确定”，票据列表中票据“状态”的内容由空白变更为“背书锁定”。

选择“财务会计”|“应收款管理”|“票据管理”|“票据录入”，查找编号为SC032501的票据，单击“背书”|“背书”，系统弹出票据背书窗口，选择被背书人，显示结果如图8-77所示，表明票据背书锁定和背书人均为重庆大江公司。

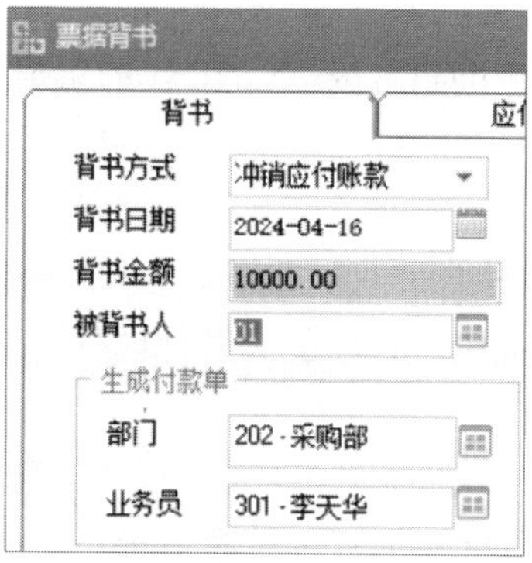

图8-77　票据背书

单击“确定”进入冲销应付账款窗口，依次单击“全选”“分摊”，系统自动填入冲销金额，如图8-78所示。

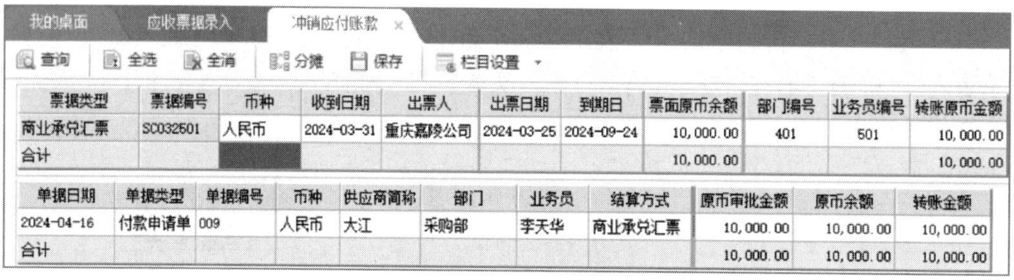

票据类型	票据编号	币种	收到日期	出票人	出票日期	到期日	票面原币余额	部门编号	业务员编号	转账原币金额
商业承兑汇票	SC032501	人民币	2024-03-31	重庆嘉陵公司	2024-03-25	2024-09-24	10,000.00	401	501	10,000.00
合计							10,000.00			10,000.00

单据日期	单据类型	单据编号	币种	供应商简称	部门	业务员	结算方式	原币审批金额	原币余额	转账金额
2024-04-16	付款申请单	009	人民币	大江	采购部	李天华	商业承兑汇票	10,000.00	10,000.00	10,000.00
合计								10,000.00	10,000.00	10,000.00

图8-78　冲销应付账款

单击“保存”，根据系统提示，立即制单，凭证类型选择转账凭证，修改摘要为背书冲销应付账款，修改借方科目为2202应付账款，补充票号等信息，保存凭证后退出。分录如下：

借：应付账款（2202）/大江　　10 000

　　贷：应收票据/商业承兑汇票（112102）　　10 000

如果出现票据贴现、背书、结算等票据状态选择操作失误，可选择“财务会计”|“应收款管理”|“其他处理”|“取消操作”，操作类型选择“票据处理”，单击“确定”，选择操作失误的票据，单击“确定”完成。

8.2.7　收款核销

实验资料

2024年4月20日，收到上海长江公司交来转账支票一张，金额129 950元，支票号CJ099，用以归还前欠货款。（现金流量：01销售商品、提供劳务收到的现金）

实验过程

1. 填制收款单

选择“财务会计”|“应收款管理”|“收款处理”|“收款单据录入”，单击“增加”|“空白单据”，输入实验资料，如图 8 - 79 所示。

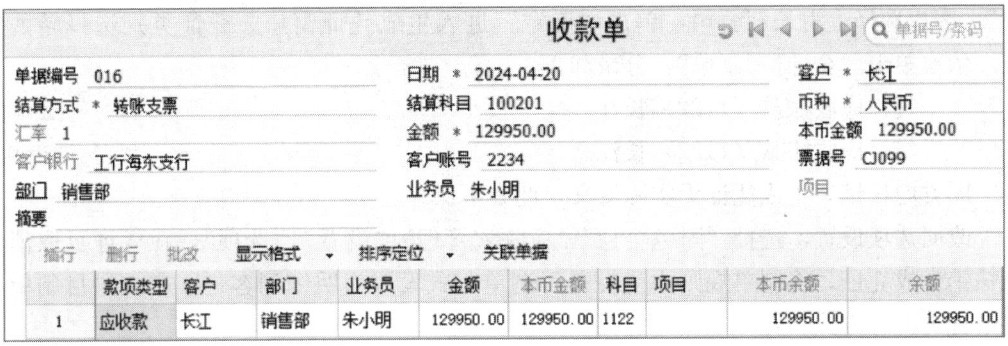

图 8 - 79 收款单

依次完成保存、审核操作，系统提示是否立即制单，选择“否”返回收款单。

单击“核销”|“同币种”，核销设置单据名称为销售发票，单击“确定”进入手工核销窗口，单击“分摊”，销售专用发票的“本次结算”自动填入金额（也可手动输入金额），如图 8 - 80 所示。

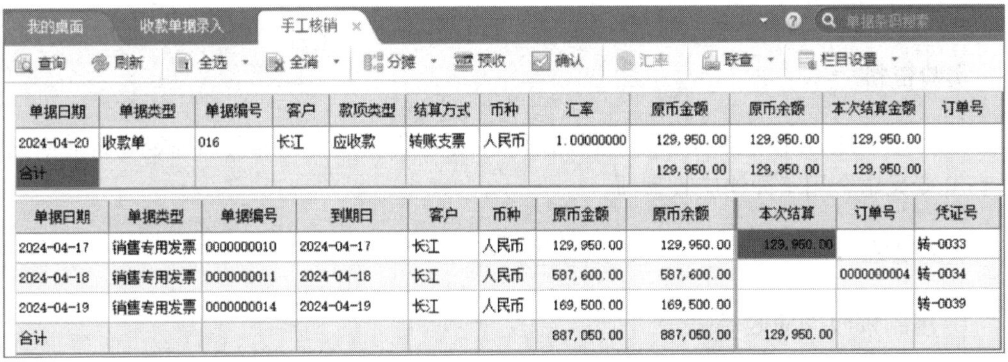

图 8 - 80 手工核销

单击“确认”，已核销的单据不再显示。

选择“财务会计”|“应收款管理”|“凭证处理”|“生成凭证”，在制单查询窗口，勾选“收付款单”，单击“确定”，系统进入生成凭证窗口，依次单击“全选”“制单”，补充现金流量等信息，保存凭证后退出。分录如下：

借：银行存款/工行（100201）	129 950
贷：应收账款（1122）/长江	129 950

选择“财务会计”|“应收款管理”|“凭证处理”|“生成凭证”，在制单查询窗口，勾选“核销”，客户选择上海长江公司，单击“确定”，打开核销列表，系统进入生成凭证窗

口，凭证类别选择转账凭证，依次单击“全选”“制单”，系统提示“有效凭证分录数为0，不能生成凭证”。

同一单位应收款、应付款核销通常不生成凭证。如果要生成凭证，可选择“财务会计”|“应收款管理”|“设置”|“选项”，进入账套参数设置窗口，在“凭证”页中勾选“核销生成凭证”，且将受控（非控）科目制单方式均设置为“明细到单据”。重新登录系统，选择“财务会计”|“应收款管理”|“凭证处理”|“生成凭证”，在制单查询窗口，勾选“核销”，客户选择上海长江公司，单击“确定”进入生成凭证窗口，凭证类别选择转账凭证，依次单击“全选”“制单”，分录如下：

贷：应收账款（1122）/长江	129 950
贷：应收账款（1122）/长江	—129 950

同方向核销，生成凭证无实际意义，此处不保存。

改回选项设置，选择“财务会计”|“应收款管理”|“设置”|“选项”，在凭证页取消勾选核销生成凭证，将制单规则中受控科目制单方式设置为明细到客户、非控科目制单方式设置为汇总方式。

2. 查询应收款

选择“财务会计”|“应收款管理”|“账表管理”|“业务账表”|“业务明细账”，根据需要选择具体的客户查询。

8.2.8 预收冲应收

实验资料

2024年4月20日，重庆嘉陵公司取消预购零部件计划，经与公司商定，将前期支付的15 000元定金用于冲销应收款项。

实验过程

1. 填制预收冲应收单据

选择“财务会计”|“应收款管理”|“转账”|“预收冲应收”，在预收冲应收窗口，客户选择重庆嘉陵公司，单击“过滤”显示收款单，输入转账总金额和转账金额均为15 000元，如图8-81所示。

在“应收款”页面，单击“过滤”，系统显示销售专用发票和其他应收单，在转账金额处继续输入15 000元，如图8-82所示。

单击“确定”，系统提示是否立即制单，选择“否”后退出。

选择“财务会计”|“应收款管理”|“凭证处理”|“生成凭证”，在制单查询窗口，勾选“预收冲应收”，单击“确定”，系统进入生成凭证窗口，依次单击“全选”“制单”，保存凭证后退出。分录如下：

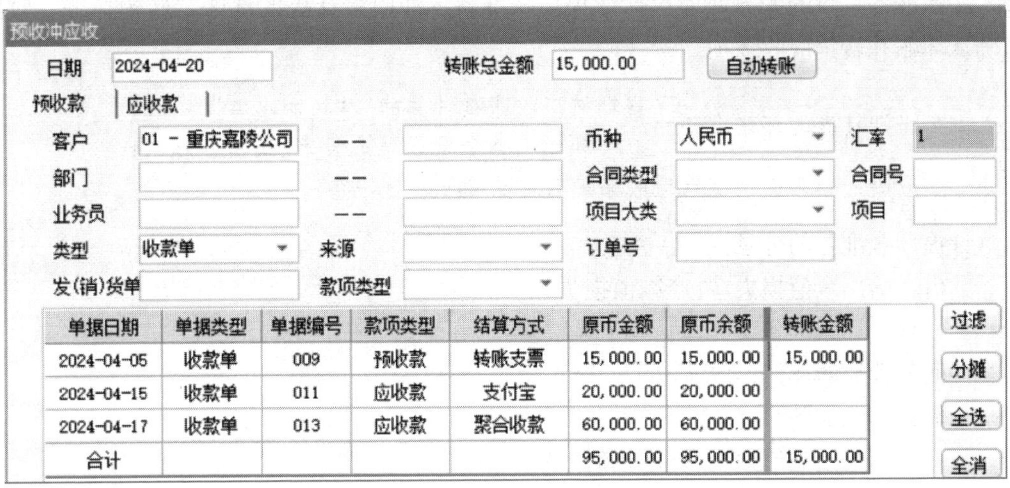

单据日期	单据类型	单据编号	款项类型	结算方式	原币金额	原币余额	转账金额
2024-04-05	收款单	009	预收款	转账支票	15,000.00	15,000.00	15,000.00
2024-04-15	收款单	011	应收款	支付宝	20,000.00	20,000.00	
2024-04-17	收款单	013	应收款	聚合收款	60,000.00	60,000.00	
合计					95,000.00	95,000.00	15,000.00

图 8－81　预收冲应收（预收款）

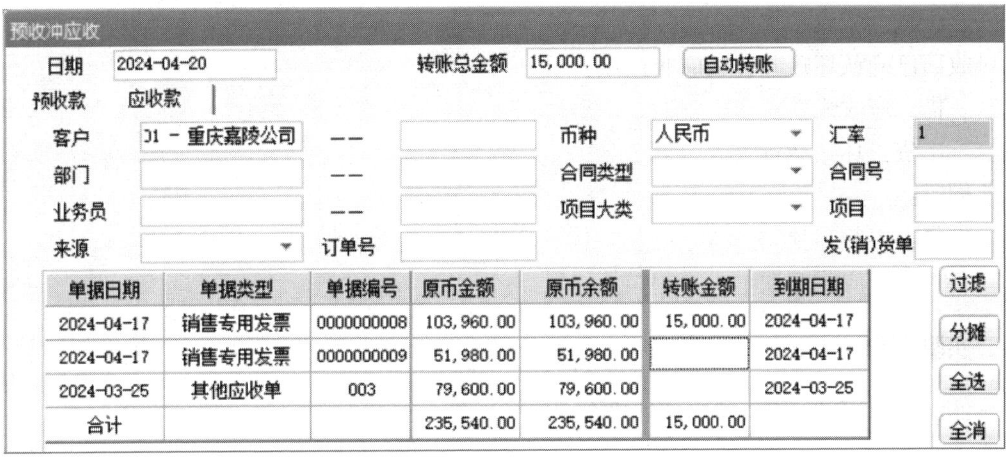

单据日期	单据类型	单据编号	原币金额	原币余额	转账金额	到期日期
2024-04-17	销售专用发票	0000000008	103,960.00	103,960.00	15,000.00	2024-04-17
2024-04-17	销售专用发票	0000000009	51,980.00	51,980.00		2024-04-17
2024-03-25	其他应收单	003	79,600.00	79,600.00		2024-03-25
合计			235,540.00	235,540.00	15,000.00	

图 8－82　预收冲应收（应收款）

贷：预收账款（2203）/嘉陵　　－15 000

贷：应收账款（1122）/嘉陵　　15 000

2. 查询应收账款

选择“财务会计”|“应收款管理”|“账表管理”|“业务账表”|“业务明细账”，选择要查询的客户，单击“确定”查看应收明细账。

8.2.9　计提坏账准备

AI 助手探秘

会计准则中针对计提坏账准备比例的规定。

坏账准备科目的账务处理包括计提坏账准备、冲回多计提的坏账、转销坏账、收回已确认坏账并转销应收款项。

当期计提的坏账准备＝当期按应收账款计算的坏账准备金额±“坏账准备”科目的贷方(或借方)余额

应收账款账面价值＝应收账款账面余额－坏账准备

计提坏账准备的分录：

借：信用减值损失/资产减值损失

贷：坏账准备

冲回多计提的坏账：

借：坏账准备

贷：信用减值损失/资产减值损失

转销坏账：

借：坏账准备

贷：应收账款

收回已确认坏账并转销应收款项：

借：应收账款

贷：坏账准备

同时：

借：银行存款

贷：应收账款

实验资料

2024 年 4 月 26 日，计提坏账准备。

实验过程

选择“财务会计”|“应收款管理”|“坏账处理”|“计提坏账准备”，如图 8-83 所示。

图 8-83 计提坏账准备

单击“确认”，系统提示是否立即制单，选择“是”，进入填制凭证窗口，凭证类别选择转账凭证，保存凭证后退出。分录如下：

借：资产减值损失（6701） －2 030.49

贷：坏账准备（1231） －2 030.49

如提示需先进行期初设置，则需要选择“财务会计”|“应收款管理”|“设置”|“选项”，

设置坏账准备。

如在已生成坏账凭证后取消计提坏账准备，先执行“财务会计”|“应收款管理”|“凭证处理”|“查询凭证”，删除坏账处理凭证；再执行“财务会计”|“应收款管理”|“其他处理”|“取消操作”（取消操作条件中操作类型选择“坏账处理”），进入后选择要取消的具体业务，单击“确认”可取消计提的坏账准备。

8.2.10　往来核销

AI 助手探秘

为什么要进行往来账核销？往来账核销的具体操作步骤是怎样的？

对已达往来账应该及时做往来账的两清工作，以便及时了解往来账的真实情况。往来两清的处理包括自动勾对和手工勾对两种。

(1) 自动勾对。计算机自动将所有两清的往来业务打上勾对标志。两清依据包括按部门两清、项目两清和票号两清。

(2) 手工勾对。无法自动勾对的，通过手工勾对方式将往来业务人为地打上标记，它是对自动勾对的补充。

收付款单列表显示收付款单的明细记录，包括款项类型为应收款和预收款的记录，而款项类型为其他费用的记录不允许在此作为核销记录，核销时可以选择其中一条记录进行。余额已经为 0 的记录不用在此列表中显示。

4 月 26 日，选择“财务会计”|“应收款管理”|“核销处理”|“手工核销”，选择客户为天津大华公司，单击“确定”进入“手工核销”，在销售专用发票后的本次结算处输入本次结算金额，如图 8－84 所示。

单据日期	单据类型	客户	款项类型	结算方式	币种	原币金额	原币余额	本次结算金额
2024-04-08	收款单	大华	应收款	转账支票	人民币	90,400.00	90,400.00	90,400.00
2024-04-12	收款单	大华	应收款	转账支票	人民币	146,900.00	146,900.00	146,900.00
2024-04-12	收款单	大华	应收款	转账支票	人民币	50,850.00	50,850.00	50,850.00
合计						288,150.00	288,150.00	288,150.00

单据日期	单据类型	到期日	客户	币种	原币金额	原币余额	本次结算	凭证号
2024-03-10	其他应收单	2024-03-10	大华	人民币	48,000.00	28,000.00		
2024-04-08	销售专用发票	2024-04-08	大华	人民币	146,900.00	146,900.00	146,900.00	转-0027
2024-04-08	销售专用发票	2024-04-08	大华	人民币	90,400.00	90,400.00	90,400.00	转-0028
2024-04-12	销售专用发票	2024-04-12	大华	人民币	50,850.00	50,850.00	50,850.00	转-0029
2024-04-12	销售专用发票	2024-04-12	大华	人民币	24,408.00	24,408.00		转-0030
合计					360,558.00	340,558.00	288,150.00	

图 8－84　单据核销

单击“确定”完成。

核销时，收款单列表中款项类型为应收款的记录其缺省的本次结算金额；款项类型为预收的记录其缺省的本次结算金额为空。

核销时可以修改本次结算金额，但是不能大于该记录的原币余额。

用户手工输入本次结算金额，上下列表中的结算金额合计必须保持一致。单击“确定”完成，已核销的单据不再显示。

8.2.11 往来账的查询

1. 应收余额管理

对客户、供应商的往来余额管理包括科目余额表、余额表、三栏余额表、部门余额表、项目余额表、业务员余额表、分类余额表、地区分类余额表的查询。

选择“财务会计”|“应收款管理”|“账表管理”|“业务账表”|“业务余额表”，按默认条件设置，单击“确定”后打开应收余额表，如图8-85所示。

应收余额表

	客户编码	客户名称	期初	本期应收	本期收回	余额	周转率	周转天数
			本币	本币	本币	本币	本币	本币
1	01	重庆嘉陵公司	79,600.00	153,341.00	95,000.00	137,941.00	1.41	21.28
2	02	天津大华公司	48,000.00	312,558.00	308,150.00	52,408.00	6.23	4.82
3	03	上海长江公司	0.00	955,650.00	144,950.00	810,700.00	2.36	12.72
4	04	辽宁飞鸽公司	0.00	614,494.00	144,640.00	469,854.00	2.62	11.47
5	05	湖北朝华公司	0.00	113,000.00	0.00	113,000.00	2.00	15.00
6	06	重庆大江公司	10,000.00	0.00	0.00	10,000.00	0.00	
7	99	零散客户	0.00	226.00	226.00	0.00		0.00
8	总计		137,600.00	2,149,269.00	692,966.00	1,593,903.00	2.48	12.08

图8-85 应收余额表

2. 往来明细账管理

客户的往来明细账管理包括科目明细账、明细账、三栏明细账、部门明细账、项目明细账、业务员明细账、分类明细账、地区分类明细账、多栏明细账的查询。

3. 应收账龄分析

账龄是指某一往来业务从发生之日起的时间期限。通过账龄分析，能够对应收账款拖欠时间进行整理归类和分析，了解管理人员收款工作的效率，以便制定今后的收款策略，并根据各种应收账款的时间和历史资料估计坏账损失。

选择“财务会计”|“应收款管理”|“应收处理”|“账龄分析”|“应收账龄分析”，单击“确定”查看应收账龄分析。

8.3 售后服务管理

8.3.1 概述

售后服务管理与销售管理一般同时使用。通过与销售管理共享数据，共同组成完整的销售、售后一体化业务处理。

与销售管理类似，在第一次使用售后服务管理处理日常售后业务之前，也要将日常业务中将要使用的各项要素准备齐全。这些要素可在基础设置时完成，如选项、模板组设置、服务用户分类、服务类型、服务协议类型、故障分类、故障档案、回访要素等。有些要素可在启用售后服务管理系统后设置，如服务产品、服务用户、主动服务、服务协议、服务请求、服务执行、服务回访、服务结算、客户投诉、报表等。本实验仅介绍部分功能，在实务工作中根据实际需要启用功能。

现将主要功能介绍如下：

（1）服务产品。新道U8+V15.0系统中定义的服务产品是指售出后进入维修服务环节的产品，并约束本档案记录的服务产品一定具备序列号属性。服务产品包含服务产品档案、服务产品全貌两项。

1）服务产品档案。可记录服务产品的关键档案信息，包括产品的序列号、规格型号、购买客户及最终服务用户的联系信息等。也可维护服务产品子件信息。

2）服务产品全貌。提供查询服务产品不同维度的业务数据，包括故障情况、关键配置、服务记录、配件出库、服务协议。

（2）服务用户，可设置服务用户档案。服务用户档案用于记录个人服务用户的信息，包括姓名、住址、联系方式等内容。本系统支持服务用户档案自定义项设置。服务用户档案在售后服务业务参照使用，服务结算不支持将个人用户作为结算单位。

（3）主动服务，包含产品保养周期设置、主动服务计划两项内容。

1）产品保养周期设置。可用于设置产品保养周期规则：交付后多长时间进行保养、保养是否为周期性的、保养过程需要的备件等内容。可用于设置购买客户属性细分规则：客户地区、行业、分类。按照产品保养特征生成主动服务计划，要求必须先设置产品保养周期。

2）主动服务计划。系统按照主动服务规则自动生成主动服务计划。通过主动服务计划可下达服务单。系统支持对逾期不下达的主动服务进行提醒。主动服务计划有两个来源：服务协议、服务产品。

（4）服务协议，即服务合同，是企业同服务用户为维护服务过程中双方权益而签订的有效文件。用于记录服务用户签订的服务协议信息，包括服务用户、服务收费、服务产品约定、收费计划、拜访时间安排等内容。服务协议经过审核后生效，在协议有效期内约束服务执行，超过有效期协议自动失效。

（5）服务请求，用于记录服务用户向企业服务部门反馈的请求服务信息，包括服务用户、联系人、故障产品、故障描述等信息。支持客服人员初步诊断故障产品；支持服务请求派发业务；支持配件现存量、产品历史维修查询。系统支持将服务请求转为投诉。

（6）服务执行，用于记录维修服务完整数据的原始单据，包括记录故障产品及序列号或批次、提供的服务项目、更换的故障配件及收费金额，发生的实际故障等。服务单提供对故障产品保修期控制，系统根据产品交货时间自动判断故障产品及配件是否在保修期内，并默认收费方式。系统可联查服务费用、配件现存量、序列号、故障历史相关记录。

（7）服务回访，可提供客服人员执行服务回访功能。系统支持通过预警方式自动生成回访记录。

（8）服务结算，主要提供对服务业务执行结算，以确定对服务用户的业务应收。结算对象包括服务协议、服务单。其业务流程如图8-86所示。

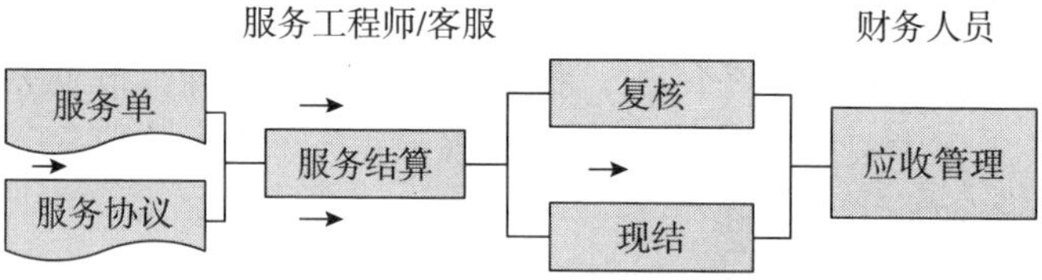

图8-86 业务流程图

（9）客户投诉，可实现如下各项与客户投诉相关的业务操作：可增加、修改、删除客户投诉；通过客户投诉列表可查询客户投诉；可处理客户投诉；可回访客户投诉，通过客户投诉回访列表可显示客户投诉详情等。

（10）报表，可根据用户的需求自行选择报表的种类。售后服务报表种类有执行报表、统计表等。执行报表有服务协议执行明细表、服务单结算明细表、服务单配件明细表、返厂维修表等；统计表有故障原因统计、服务人员考核、服务费用统计、服务回访分析等。

8.3.2 售后服务管理设置

实验资料

重庆两江科技有限公司售后服务模块的期初设置如下：

（1）主动服务设置来源为全部，投诉提醒天数、投诉处理提醒天数均为1天；支持个人用户；用户对应结算客户为零散客户。

（2）按01企业、02个人用户进行服务用户分类。

（3）售后服务类型分类如表8-1所示。

表8-1 售后服务类型分类

编码	名称	付款属性
01	上门安装	免费

续表

编码	名称	付款属性
02	上门维修	收费
03	以旧换新	收费
04	返厂维修	收费
05	售后咨询	免费

（4）售后服务协议类型有 01 按年付费、02 按次付费。

实验过程

1. 售后服务选项设置

4 月 1 日，选择“供应链”|“售后服务”|“设置”|“选项”，按实验资料设置，结果如图 8－87 所示。

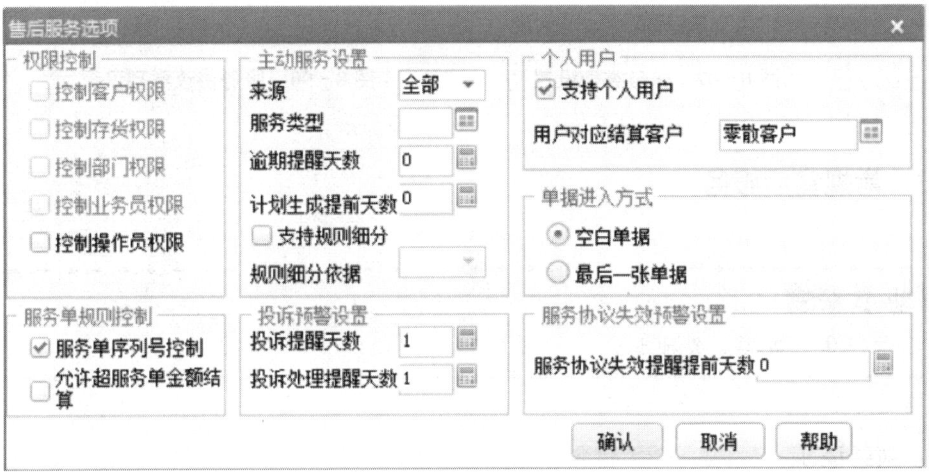

图 8－87　售后服务选项设置

2. 服务用户分类设置

选择“供应链”|“售后服务”|“设置”|“服务用户分类”，单击“增加”输入服务用户分类后退出，结果如图 8－88 所示。

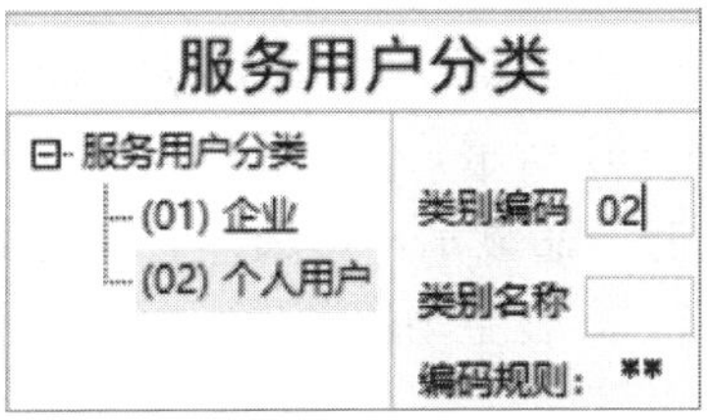

图 8－88　服务用户分类设置

3. 服务类型设置

选择“供应链”|“售后服务”|“设置”|“服务类型”，单击“增加”输入服务类型后退出，结果如图 8－89 所示。

4. 服务协议类型设置

选择“供应链”|“售后服务”|“设置”|“服务协议类型”，单击“增加”输入服务协议类型后退出，结果如图 8－90 所示。

服务类型

服务类型编码	服务类型名称	付款属性
01	上门安装	免费
02	上门维修	收费
03	以旧换新	收费
04	返厂维修	收费
05	售后咨询	免费

图 8－89　服务类型设置

服务协议类型

协议类型编码	协议类型名称
01	按年付费
02	按次付费

图 8－90　服务协议类型设置

8.3.3　常规售后服务

AI 助手探秘

常规售后服务业务种类。

1. 服务请求

实验资料

2024 年 4 月 15 日，服务部收到某超市服务请求（可用零散客户代替），创智 X 号发生故障，不能启动，需要安排技术人员上门维修。

实验过程

（1）录入服务请求。选择“供应链”|“售后服务”|“服务请求”|“服务请求”，单击“增加”输入实验资料，如图 8－91 所示，保存后退出。

如果在选择故障产品时没有产品显示，可选择“供应链”|“售后服务”|“设置”|“选项”，进入“售后服务选项”窗口，在主动服务设置中设置来源为“全部”即可正常显示产品。

（2）服务请求转服务单。在服务请求单上，单击“转服务单”进入服务单窗口，将服务类型修改为“上门维修”，如图 8－92 所示，保存后退出。

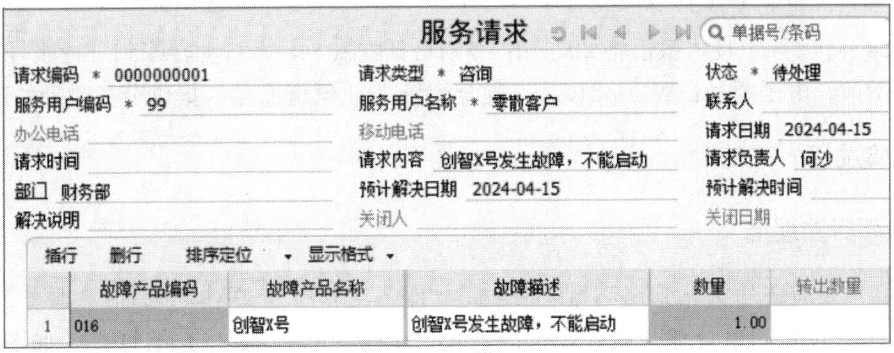

图 8－91　服务请求

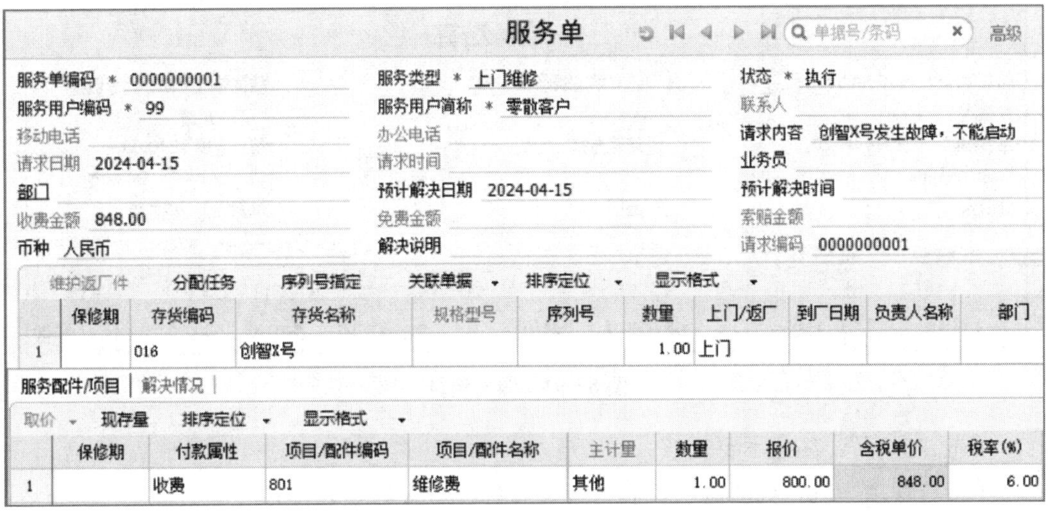

图 8－92　服务单

2. 服务单管理

实验资料

2024 年 4 月 15 日，根据与用户沟通，上门维修监测后，用户应支付 800 元（不含税，税率为 6%）技术服务费。

实验过程

选择“供应链”|“售后服务”|“服务执行”|“服务单管理”，按默认条件查询，进入服务单列表，双击服务单，进入“服务单”窗口，完成审核操作后退出。

此处的服务单审核，也可以在服务单列表，勾选服务单，完成审核后退出。

3. 服务结算

实验资料

2024 年 4 月 20 日，维修人员完成维修任务，用户通过微信收款码向公司支付技术服务费 848 元，完成收款。

2024 年 4 月 21 日，微信将 2024 年 4 月 20 日收款 848 元自动转账到工行账号，结算方式：微信。电子票号：WX042102。（现金流量：01 销售商品、提供劳务收到的现金）

实验过程

1. 服务费现结

选择“供应链”|“售后服务”|“服务结算”|“服务结算单”，单击“增加”|“服务单”，按默认设置进入服务单管理列表，勾选服务单，单击“确定”，补充结算方式如图 8 - 93 所示。

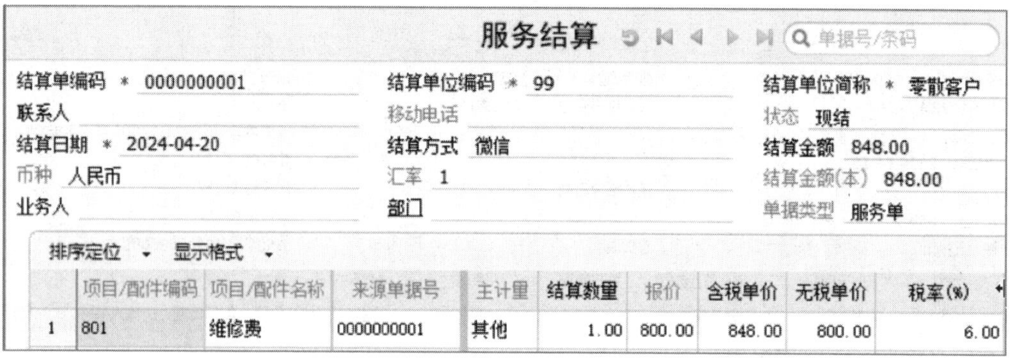

图 8 - 93　服务结算

单击“保存”，注意不要复核。

单击“现结”进入现结窗口，输入实验资料，如图 8 - 94 所示。

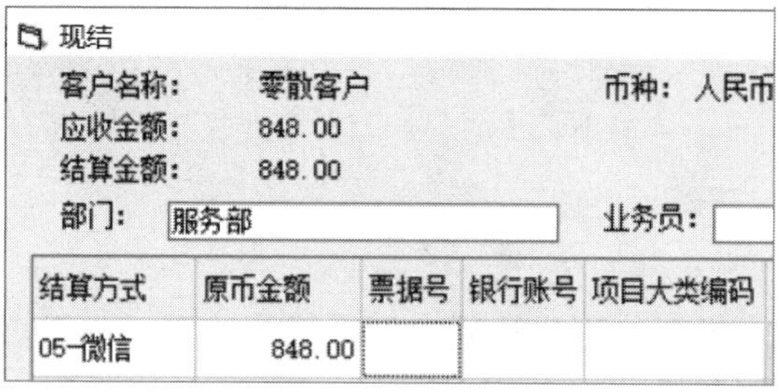

图 8 - 94　现结单

单击“确定”，系统自动生成“现结收款单”。

2. 服务结算凭证生成

选择“财务会计”|“应收款管理”|“应收处理”|“服务结算单”|“服务结算单审核”，按默认条件查询，双击服务单，进入服务结算单，单击“审核”，根据系统提示，立即制单。凭证类别选择转账凭证，补充贷方科目为其他业务收入（6051），保存凭证后退出。分录如下：

借：其他货币资金/微信（101202）　848

　　贷：其他业务收入（6051）　800

　　　　应交税费/应交增值税/销项税额（22210105）　48

4 月 21 日，微信自动发起转账将款项转入工行账户，选择“财务会计”|“总账”|“凭证”|“填制凭证”，单击“增加”录入收款凭证，摘要为“微信自动转账收款”，补充录入结算方式、票号、现金流量等信息，保存凭证后退出。分录如下：

借：银行存款/工行（100201）　848

　　贷：其他货币资金/ 微信（101202）　848

8.4　AI 助手拓展学习

（1）企业典型的销售类型有哪些？

（2）企业典型的销售业务流程。

（3）企业典型的收款流程。

（4）企业销售至回款的周期。

（5）第三方支付对企业的影响。

即测即评

思考题

1. 销售管理模块在供应链管理系统中的作用是什么？

2. 请描述销售业务处理的基本流程，包括从销售订单到收款结算的各个环节及相关操作要点。

3. 商业折扣和现金折扣在会计处理上有何不同？请结合实际业务场景说明它们对企业财务报表的影响。

4. 分期收款发出商品业务的会计处理流程是怎样的？在这种业务模式下，如何确认收入和成本？

5. 直运销售业务的特点及会计处理与普通销售业务有何不同？

6. 电子账户收款方式（如支付宝、微信、聚合收款）在企业销售与应收业务中的应用及优势有哪些？

第 9 章

库存与存货核算业务

9.1 库存管理

9.1.1 库存管理业务处理

1. 库存管理日常业务

在制造企业、商业企业经营中，存货在资产总额中占有很大比重，存货流动构成企业经营活动的主要内容，因此库存是一个重要的子系统。

所谓库存，是指企业为销售或耗用而储备的各种有形资产，如各种原材料、燃料、包装物、低值易耗品、委托加工材料、在产品、商品等。库存管理需要反映存货的变动、保管等情况，并且核算存货的收入、发出、结余成本等。由于存货在流动资产中的比重极高，其价值是决定销货成本的主要依据，对其管理是确保企业有效经营的重要手段。因此，会计部门及管理人员对存货都极为重视，企业对存货循环认真管理，实施对采购、仓储、发出和结存有效的存货控制。

一般而言，库存模块中的业务基本流程如图 9－1 所示。

2. 库存管理的基本功能

库存管理有采购、验收、仓储、拣货与发运、存货交易记录和计价等重要功能。

（1）采购。库存模块中的业务流程通常起源于向供应商采购所需的物品，一般由企业采购部处理。为实现适当的存货库存，采购作业须明确订购时间、订购物品数量、订购价格和供应商。

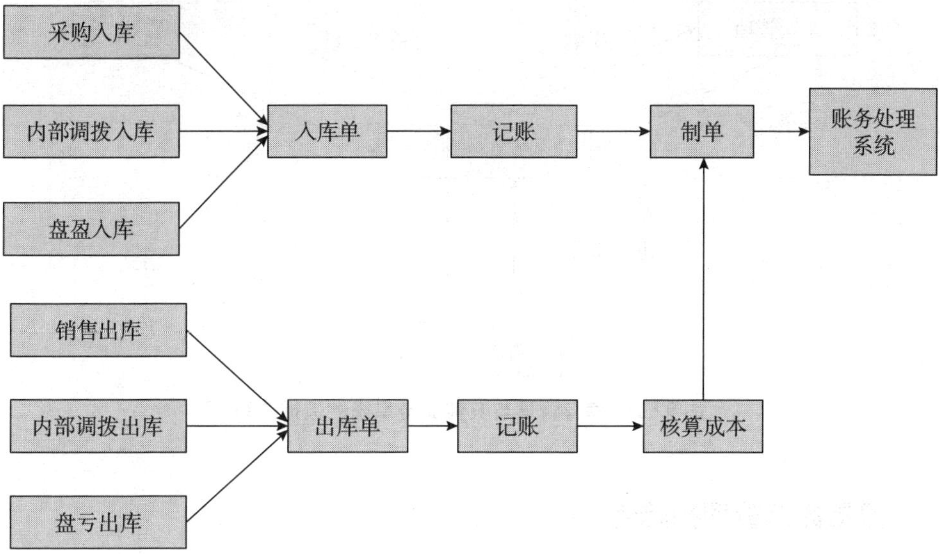

图 9-1　库存业务基本流程

（2）验收。购入物品运抵时，必须先经过验收部门员工清点与检查，目的在于确认购入物品符合经审批授权的采购单规定，数额不存在短缺或遗失，有关物品的规格、品种符合要求，性能良好；及时发现供应商的错、漏发运物品；对不符合规格或质量要求的物品及时办理退货，并要求供应商更改应付货款。在验收过程中还应注意是否有运输机构造成的物品短缺与毁损，根据采购合同，区分责任。

（3）仓储。购入物品经验收后需转送仓储部门，入库时必须由仓库保管人员再做清点，检查并验收，以确定其保管责任。存货仓储需要考虑不同物品的特性、种类、价值高低、保存方式、拣货便利性等因素，安排不同储存位置。全部存货物品都应有标识，避免混淆或造成出货差错，对于易损或价值高的物品需设置特殊保护措施。

（4）拣货与发运。该功能旨在依据存货出仓请求，从不同储置区挑拣所需存货物品，并且从货架搬到拖车或传送带上，分别送至出货区准备出货。在出货前，必须核对有关物品是否符合客户订单或生产调拨单要求，然后装运，填妥装运单，由运输机构经办人核点签收，负责把物品送往客户指定的交货地点。

（5）存货交易记录和计价。存货业务流程中需要有多种交易记录，如采购时发出采购单、验收入库物品、应付账款、发出物品、库存材料和销货成本等。亦可能涉及多个职能部门，诸如采购、仓储、应付账款、存货控制和总账处理等。一般而言，存货控制或仓储部门应保持存货进、销及库存量变动的明细记录。

库存管理与其他业务系统的数据关系如图 9-2 所示。

3. 库存账簿及统计分析

库存管理系统可查询多种库存账簿报表，包括出入库流水账、库存台账、收发存汇总表、货位汇总表等，方便统计分析。

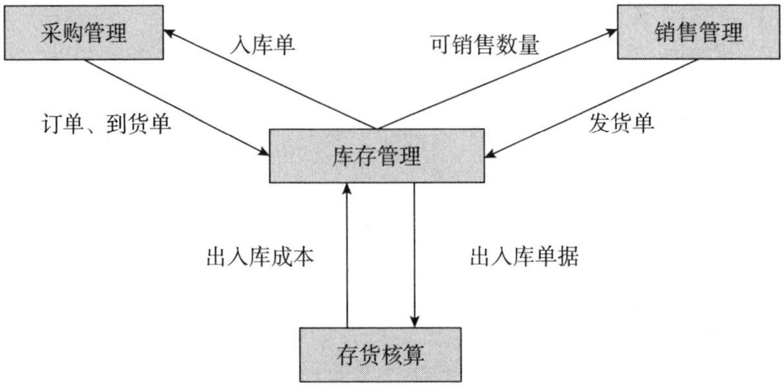

图 9-2　库存管理与其他业务系统的数据关系

9.1.2　设置库存管理初始化

库存管理初始化可设置结存、不合格品、库存年结期初单据设置等期初信息。在第 7 章已经设置了部分库存的初始信息。

实验资料

重庆两江科技有限公司库存管理模块的期初设置如下：

（1）仓库库存量过低过高时系统自动预警。

（2）产品出入库时检查库存可用量。

（3）已到货和待检未入库的货物数量纳入库存可用量的计算。

实验过程

选择“供应链”|“库存管理”|“设置”|“选项”，在“专用设置”页面，勾选“按仓库控制最高最低库存量”；在“可用量检查”页面，勾选“出入库是否检查可用量”“到货/在检量”。其余按默认设置。依次单击“应用”“确定”后退出。

9.1.3　产成品入库业务

AI 助手探秘

制造企业产成品入库流程、成本核算方法。

产品入库涉及存货管理和成本核算。在产品入库过程中，会计人员需准确记录增加存货的数量和金额。产品入库会计处理的基本步骤有验收货物、入库、成本核算、账务处理等。

实验资料

2024 年 4 月 10 日，成品库收到当月一车间加工的 30 台创智 X 号产成品入库。

2024 年 4 月 20 日，成品库收到二车间加工的手持扫描器 100 个、桌面扫描器 100 个，均入成品库。

2024 年 4 月 25 日，收到财务部提供的完工产品成本。其中，创智 X 号成本每台 5 000 元，共计 150 000 元，手持扫描器成本每个 180 元，计 18 000 元；桌面扫描器成本每个 120 元，计 12 000 元，完成成本分配，生成记账凭证。

实验过程

1. 录入产成品入库单并审核

4 月 10 日，选择“供应链”|“库存管理”|“生产入库”|“产成品入库单”，单击“增加”|“空白单据”，录入实验资料，如图 9 - 3 所示，依次完成保存、审核操作后退出。

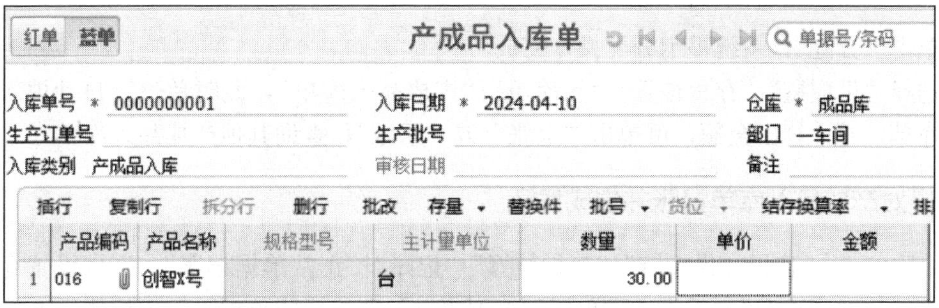

图 9 - 3　产成品入库单（创智 X 号）

如果在选择具体产品时没有出现所需产品，可选择“基础设置”|“基础档案”|“存货”|“存货档案”检查存货档案的“存货属性”是否设置正确。

4 月 20 日，采用同样方法，输入扫描器产成品入库单，如图 9 - 4 所示。

图 9 - 4　产成品入库单（扫描器）

依次完成保存、审核操作后退出。产成品入库单不用填写单价，当产成品成本分配后会自动写入。

2. 录入生产总成本并对产成品成本分配

4 月 25 日，选择“供应链”|“存货核算”|“记账”|“产成品成本分配”，查询设置仓库为成品库，单击“确定”，返回产成品成本分配，按实验资料输入创智 X 号等产品成本，如图 9－5 所示。

产成品成本分配

存货/分类编码	存货/分类名称	计量单位	数量	金额	单价
	存货 合计		230.00	180,000.00	782.61
2	产成品小计		230.00	180,000.00	782.61
201	创智一体机小计		30.00	150,000.00	5000.00
016	创智X号	台	30.00	150,000.00	5000.00
202	扫描器小计		200.00	30,000.00	150.00
018	手持扫描器	个	100.00	18,000.00	180.00
019	桌面扫描器	个	100.00	12,000.00	120.00

图 9－5　产成品成本分配

单击“分配”，系统提示分配操作完成。

选择“供应链”|“存货核算”|“入库单”|“产成品入库单”，此时单价已自动填入产成品入库单，并计算出金额，可单击“上张”或“下张”，查询其他产成品入库单。

3. 对产成品入库单记账并生成凭证

4 月 26 日，选择“供应链”|“存货核算”|“记账”|“正常单据记账”，查询设置仓库为成品库，单击“确定”，进入正常单据记账列表，勾选待记账单据，完成记账后退出。

选择“供应链”|“存货核算”|“凭证处理”|“生成凭证”，进入生成凭证窗口，单击“选单”，查询条件设置单据类型为产成品入库单，单击“确定”，进入选择单据窗口，依次单击“全选”“确定”，系统返回生成凭证窗口，凭证类别选择转账凭证，如图 9－6 所示。

我的桌面　生成凭证

打印　输出　选单　删除　制单　合并制单　联查单据　摘要设置　清理互斥

凭证类别 转 转账凭证

选择	单据类型	业务类型	摘要	科目类型	科目编码	科目名称	借方金额	贷方金额	借方数量	贷方数量	存货名称
1	产成品入库单	成品入库	产成品入库单	存货	1405	库存商品	150,000.00		30.00		创智X号
				对方	500101	直接材料		150,000.00		30.00	创智X号
				存货	1405	库存商品	18,000.00		100.00		手持扫描器
				对方	500101	直接材料		18,000.00		100.00	手持扫描器
				存货	1405	库存商品	12,000.00		100.00		桌面扫描器
				对方	500101	直接材料		12,000.00		100.00	桌面扫描器
合计							180,000.00	180,000.00			

图 9－6　生成凭证

单击“制单”，逐一补充两张凭证的核算项目，保存凭证后退出。分录如下：

借：库存商品（1405）　　　　　　　　　　　　　　　　　　　　　150 000

　　贷：生产成本/直接材料（500101）/(项目名称：创智 X 号）　　　　150 000

用相同方法保存下一张凭证。由于手持扫描器和桌面扫描器在同一张单据，借贷方科目均一致，系统自动合并生成一张凭证。为区分核算项目，分录如下：

借：库存商品（1405）　　　　　　　　　　　　　　　　　　　　　30 000

　　贷：生产成本/直接材料（500101）/(项目名称：手持扫描器）　　　　18 000

　　　　生产成本/直接材料（500101）/(项目名称：桌面扫描器）　　　　12 000

9.1.4　物料领用业务

实验资料

2024 年 4 月 10 日，一车间向原料库领用 CN 处理器 100 盒、2TSSD 硬盘 100 盒，用于生产创智 X 号。

实验过程

1. 填制材料出库单

选择“供应链”|“库存管理”|“材料出库”|“材料出库单”，单击“增加”|“空白单据”录入实验资料，如图 9－7 所示，依次完成保存、审核操作后退出。

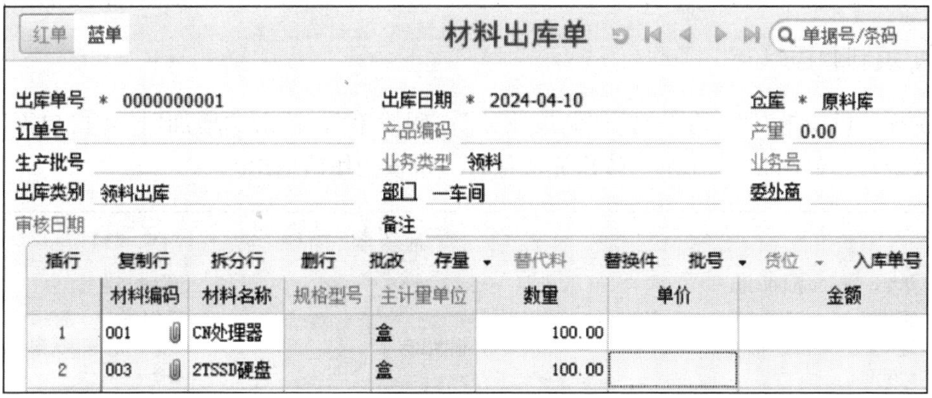

图 9－7　材料出库单

2. 材料出库单记账并生成凭证

4 月 26 日，选择“供应链”|“存货核算”|“记账”|“正常单据记账”，查询条件设置单据类型为材料出库单，返回正常单据记账列表，勾选待记账单据，完成记账后退出。

选择“供应链”|“存货核算”|“凭证处理”|“生成凭证”，进入生成凭证窗口，单击“选单”，查询条件设置单据类型为材料出库单，单击“确定”，进入选择单据窗口，依次单击“全选”“确定”，系统进入生成凭证窗口，凭证类别选择转账凭证，如图 9－8 所示。

选择	单据类型	业务类型	摘要	科目类型	科目编码	科目名称	借方金额	贷方金额	借方数量	贷方数量	存货名称
1	材料出库单	领料	材料出库单	对方	500101	直接材料	120,000.00		100.00		CN处理器
				存货	140301	生产用原材料		120,000.00		100.00	CN处理器
				对方	500101	直接材料	80,888.00		100.00		2TSSD硬盘
				存货	140301	生产用原材料		80,888.00		100.00	2TSSD硬盘
合计							200,888.00	200,888.00			

图 9-8 生成凭证

单击“合并制单”，进入填制凭证窗口，补充项目名称，保存凭证后退出。分录如下：

借：生产成本/直接材料（500101）/（项目名称：创智 X 号） 200 888

贷：原材料/生产用原材料（140301） 200 888

9.1.5 调拨业务

实验资料

2024 年 4 月 15 日，将原料库中的 50 盒 CN 处理器调拨到配套用品库。

实验过程

1. 填制调拨单

选择“供应链”|“库存管理”|“调拨业务”|“调拨单”，单击“增加”|“空白单据”，输入实验资料，如图 9-9 所示，依次完成保存、审核操作后退出。

图 9-9 调拨单

调拨单保存后，会自动生成其他入库单和其他出库单，且由调拨单生成的其他入库单和其他出库单不能修改和删除。

2. 其他出入库、出库单审核

选择“供应链”|“库存管理”|“其他入库”|“其他入库单列表”，按默认值查询，进入

其他入库单列表，勾选待审核的单据，完成审核后退出。

选择“供应链”|“库存管理”|“其他出库”|“其他出库单列表”，查询设置出库类别为调拨出库，单击“确定”，进入其他出库单列表，勾选单据，完成审核后退出。

3. 调拨单记账

4 月 26 日，选择“供应链”|“存货核算”|“记账”|“特殊单据记账”，查询条件设置单据类型为调拨单，单击“确定”，勾选待记账单据，完成记账后退出。

选择“供应链”|“存货核算”|“凭证处理”|“生成凭证”，单击“选单”，查询条件设置单据类型为调拨单，单击“确定”，全选待记账单据，单击“确定”，系统进入生成凭证窗口，凭证类别选择转账凭证，单击“合并制单”，保存凭证后退出。分录如下：

借：库存商品（1405）　　60 000

　贷：原材料/生产用原材料（140301）　　60 000

4. 相关账表查询

选择“供应链”|“库存管理”|“业务报表”|“库存账”|“库存台账”，查询设置存货为 CN 处理器，单击“确定”，进入库存台账，如图 9－10 所示。

库存台账

存货分类 处理器　编码 001　名称 CN处理器　代码

规格　单位 盒　库存单位　安全库存

最高库存　最低库存　代管供应商

单据日期	审核日期	单据号	摘要 仓库	摘要 单据类型	收入数量	发出数量	结存数量
			期初结存				700.00
2024-04-10	2024-04-10	0000000001	原料库	材料出库单		100.00	600.00
2024-04-15	2024-04-15	0000000002	原料库	其他出库单		50.00	550.00
2024-04-15	2024-04-15	0000000001	配套用品库	其他入库单	50.00		600.00
2024-04-19	2024-04-19	0000000015	原料库	销售出库单		80.00	520.00
2024-04-20	2024-04-20	0000000016	原料库	销售出库单		20.00	500.00
			本月合计		50.00	250.00	500.00
			本年累计		50.00	250.00	500.00
			合计		50.00	250.00	500.00

图 9－10 库存台账

选择“供应链”|“存货核算”|“账簿”|“明细账”，仓库选择配套用品库、存货选择 CN 处理器，单击“确定”进入明细账，如图 9－11 所示。

记账日期:	2024年 月	日	凭证号	摘要 凭证摘要	收发类别	收入 数量	单价	金额	发出 数量	单价	金额	结存 数量	单价	金额
				期初结存								0.00		0.00
2024-04-26	4	26	转 58	调拨单	调拨入库	50.00	1,200.00	60,000.00				50.00	1,200.00	60,000.00
				4月合计		50.00		60,000.00	0.00		0.00	50.00	1,200.00	60,000.00
				本年累计		50.00		60,000.00	0.00		0.00			

图 9－11 明细账（配套用品库，CN 处理器）

9.1.6 借入借出业务

实验资料

4 月 20 日，重庆嘉陵公司向本公司借用创智 X 号 2 台，参加展览会作为样品展览，预计 4 月 22 日归还，当日货物从成品库发出。

4 月 22 日，因一台创智 X 号漆面刮伤影响再次销售，重庆嘉陵公司主动向销售部提出购买此台产品，不含税购买价 6 000 元，销售类型为经销；另一台由重庆嘉陵公司归还。

AI 助手探秘

借入借出业务的应用场景。

实验过程

1. 更改设置

选择“供应链”|“库存管理”|“设置”|“选项”，在通用设置页勾选“有无借入借出业务”；在专用设置页勾选“借出借用单审核自动出库”，依次单击“应用”“确定”后退出。新设置的功能需重新登录系统方可使用。

2. 填制借出借用单

选择“供应链”|“库存管理”|“借出业务”|“借出借用单”，选择“增加”|“空白单据”，录入实验资料，如图 9－12 所示，依次完成保存、审核操作后退出。

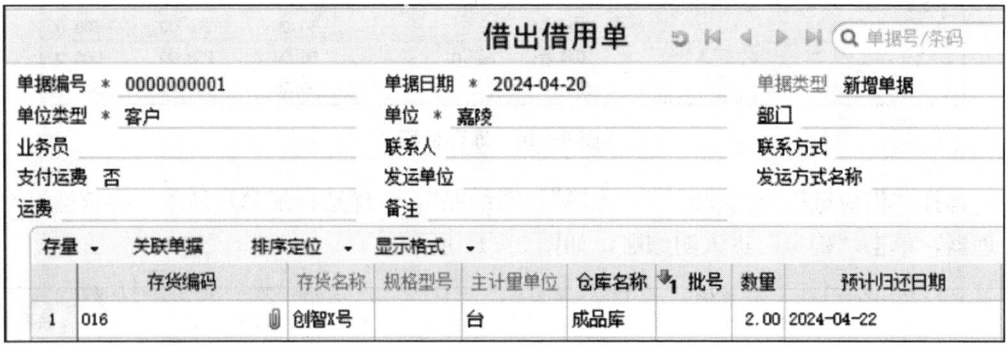
借出借用单

单据编号 * 0000000001　单据日期 * 2024-04-20　单据类型 新增单据
单位类型 * 客户　单位 * 嘉陵　部门
业务员　联系人　联系方式
支付运费 否　发运单位　发运方式名称
运费　备注

存量　关联单据　排序定位　显示格式

	存货编码	存货名称	规格型号	主计量单位	仓库名称	批号	数量	预计归还日期
1	016	创智X号		台	成品库		2.00	2024-04-22

图 9－12　借出借用单

3. 销售借入借出产品

4 月 22 日，选择“供应链”|“库存管理”|“借出业务”|“借出转换单”，单击“增加”|“借出转销售”，查询设置单位为重庆嘉陵公司，单击“确定”进入参照生单窗口，勾选

单据，单击“确定”返回借出转换单窗口，修改本次转换数量为1，补充价格信息后，如图9-13所示。

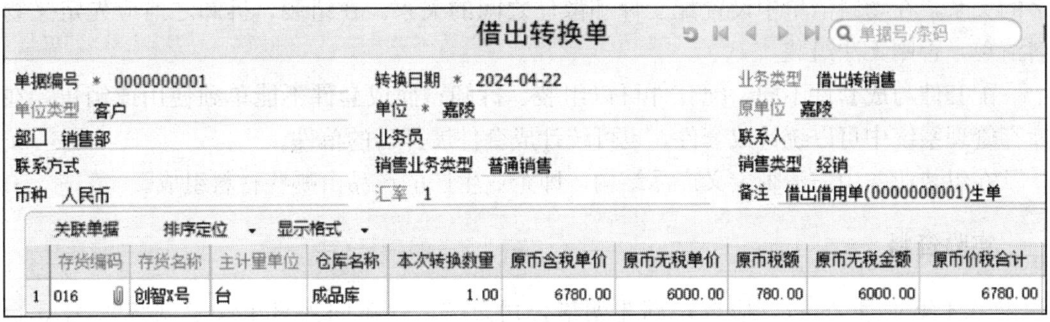
借出转换单

单据编号 * 0000000001　转换日期 * 2024-04-22　业务类型 借出转销售
单位类型 客户　单位 * 嘉陵　原单位 嘉陵
部门 销售部　业务员　联系人
联系方式　销售业务类型 普通销售　销售类型 经销
币种 人民币　汇率 1　备注 借出借用单(0000000001)生单

关联单据　排序定位　显示格式

	存货编码	存货名称	主计量单位	仓库名称	本次转换数量	原币含税单价	原币无税单价	原币税额	原币无税金额	原币价税合计
1	016	创智X号	台	成品库	1.00	6780.00	6000.00	780.00	6000.00	6780.00

图9-13　借出转换单

依次完成保存、审核操作，系统提示已经生成其他入库单和发货单。业务类型根据需要可以选择借出转赠品、借出转耗用等。

可选择“供应链”|“销售管理”|“销售发货”|“发货单列表”，查看生成的发货单信息。选择“供应链”|“库存管理”|“其他入库”|“其他入库单列表”查看生成的其他入库单信息。

4. 归还借入借出产品

选择“供应链”|“库存管理”|“借出业务”|“借出归还单”，单击“增加”，按默认查询，进入参照生单窗口，选择需生成借出归还单的单据，单击“确定”，补充部门为销售部，如图9-14所示，依次完成保存、审核操作后退出。

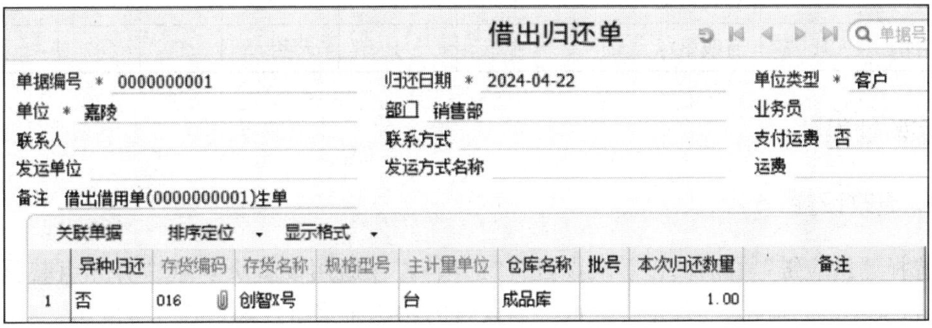
借出归还单

单据编号 * 0000000001　归还日期 * 2024-04-22　单位类型 * 客户
单位 * 嘉陵　部门 销售部　业务员
联系人　联系方式　支付运费 否
发运单位　发运方式名称　运费
备注 借出借用单(0000000001)生单

关联单据　排序定位　显示格式

	异种归还	存货编码	存货名称	规格型号	主计量单位	仓库名称	批号	本次归还数量	备注
1	否	016	创智X号		台	成品库		1.00	

图9-14　借出归还单

选择“供应链”|“库存管理”|“其他入库”|“其他入库单”，单击“增加”|“借出归还单”，按默认设置进入其他入库单窗口，勾选单据，单击“确定”返回其他入库单。依次完成保存、审核操作后退出。

9.1.7　组装业务

组装是将多个散件组装成一个配套件的过程，拆卸是将一个配套件拆卸成多个散件的过程。

配套件是由多个存货组成，但又可以拆开或销售的存货。配套件和散件之间是一对多的关系，在物料清单中设置配套件和散件之间的关系。在组装、拆卸之前应先定义物料清单，否则无法组装。

配套件与成套件不同，配套件可以组装、拆卸；而成套件不能单独使用或销售，在库存管理系统中可以统计成套件，也可统计成套件展开后的单件。

在组装业务中需清晰定义产品结构，即企业生产的产品由哪些材料组成。

实验资料

2024 年 4 月 26 日，应客户湖北朝华公司急需，一车间当日组装了创智 X 号 5 台（入库参考成本价每台 4 800 元），组装清单如表 9－1 所示。

表 9－1　创智 X 号组装清单

仓库	存货编码	存货名称	计量单位	基本用量	固定用量	数量	单价	金额
成品库	016	创智 X 号	台			5	4 800	24 000
原料库	001	CN 处理器	盒	1	否	5		
原料库	003	2TSSD 硬盘	盒	1	否	5		
原料库	005	MS 智能主板	块	1	否	5		
原料库	007	LED 显示屏	台	1	否	5		
原料库	009	防水电子秤	个	1	否	5		
原料库	010	A 型机箱	个	1	否	5		
原料库	012	有线键盘	个	1	否	5		
原料库	014	有线鼠标	个	1	否	5		

实验过程

1. 更改设置

选择“供应链”|“库存管理”|“设置”|“选项”，在通用设置页勾选“有无组装拆卸业务”，依次单击“应用”“确定”完成。新设置的功能需重新登录系统方可使用。

2. 设置产品结构

选择“基础设置”|“基础档案”|“业务”|“产品结构”，单击“增加”，母件编码选择 016 创智 X 号，版本说明为“1”，版本日期为 2024 年 4 月 26 日，如图 9－15 所示，依次完成保存、审核操作后退出。

3. 录入组装单

组装指将多个散件组装成一个配套件的过程。组装单相当于两种单据，一种是散件出库单，一种是配套件入库单。选择“供应链”|“库存管理”|“组装拆卸”|“组装单”，单

击“增加”|“空白单据”，输入组装单表头信息后，单击“展开”，系统提示是否展到末级，选择“是”，修改创智 X 号数量和单价，补充仓库信息，如图 9－16 所示，依次完成保存、审核操作后退出。

产品结构资料维护

BOM类别　主BOM　　母件编码　* 016　　母件名称　创智X号
规格型号　　计量单位　台　　母件损耗率(%)　0.000
版本代号　10　　版本说明　1　　版本日期　2024-04-26
替代标识　　替代说明　　状态　* 审核

替代料　定位符　排序定位　显示格式

	子件行号	子件编码	子件名称	计量单位	基本用量	基础数量	固定用量	供应类型	使用数量	生效日期	失效日期
1	10	001	CN处理器	盒	5.00	5.00	否	领用	1.00	2024-04-26	2099-12-31
2	20	003	2TSSD硬盘	盒	5.00	5.00	否	领用	1.00	2024-04-26	2099-12-31
3	30	005	MS智能主板	块	5.00	5.00	否	领用	1.00	2024-04-26	2099-12-31
4	40	007	LED显示屏	块	5.00	5.00	否	领用	1.00	2024-04-26	2099-12-31
5	50	009	防水电子秤	台	5.00	5.00	否	领用	1.00	2024-04-26	2099-12-31
6	60	010	A型机箱	个	5.00	5.00	否	领用	1.00	2024-04-26	2099-12-31
7	70	012	有线键盘	个	5.00	5.00	否	领用	1.00	2024-04-26	2099-12-31
8	80	014	有线鼠标	只	5.00	5.00	否	领用	1.00	2024-04-26	2099-12-31

图 9－15　产品结构资料维护

组装单

单据号　* 0000000001　　日期　* 2024-04-26　　配套件　* 创智X号
版本号/替代标识　10　　组装费　　入库类别　组装入库
出库类别　组装出库　　部门　一车间　　经手人
审核日期　2024-04-26　　备注

存量　关联单据　排序定位　显示格式

	类型	仓库	存货编码	存货名称	主计量单位	固定用量	数量	单价	基本用量	基础数量	金额
1	套件	成品库	016	创智X号	台		5.00	4800.00			24000.00
2	散件	原料库	001	CN处理器	盒	否	5.00		5.00	5.00	
3	散件	原料库	003	2TSSD硬盘	盒	否	5.00		5.00	5.00	
4	散件	原料库	005	MS智能主板	块	否	5.00		5.00	5.00	
5	散件	原料库	007	LED显示屏	块	否	5.00		5.00	5.00	
6	散件	原料库	009	防水电子秤	台	否	5.00		5.00	5.00	
7	散件	原料库	010	A型机箱	个	否	5.00		5.00	5.00	
8	散件	原料库	012	有线键盘	个	否	5.00		5.00	5.00	
9	散件	原料库	014	有线鼠标	只	否	5.00		5.00	5.00	
合计							45.00				24000.00

图 9－16　组装单

4. 组装入库单审核

选择“供应链”|“库存管理”|“其他入库”|“其他入库单列表”，查询设置入库类别为组装入库，单击“确定”，进入其他入库单列表，勾选单据，完成审核后退出。

5. 特殊单据记账

4 月 26 日，选择“供应链”|“存货核算”|“记账”|“特殊单据记账”，查询设置单据类型为组装单，单击“确定”返回特殊单据记账，勾选单据，完成记账后退出。

6. 生成凭证

选择“供应链”|“存货核算”|“凭证处理”|“生成凭证”，单击“选单”，查询设置单据类型为组装单，单击“确定”，进入选择单据窗口，依次单击“全选”“确定”，进入生成凭证窗口，凭证类别选择转账凭证，如图 9－17 所示。

凭证类别 转 转账凭证

选择	单据类型	业务类型	摘要	科目类型	科目编码	科目名称	借方金额	贷方金额	借方数量	贷方数量	存货编码	存货名称	部门名称
				存货	140301	生产用原材料		6,000.00		5.00	001	CN处理器	一车间
				存货	140301	生产用原材料		4,044.45		5.00	003	2TSSD硬盘	一车间
				存货	140301	生产用原材料		4,000.00		5.00	005	MS智能...	一车间
				存货	140301	生产用原材料		6,000.00		5.00	007	LED显示屏	一车间
1	组装单	组装出库	组装单	存货	140301	生产用原材料		500.00		5.00	009	防水电...	一车间
				存货	140301	生产用原材料		500.00		5.00	010	A型机箱	一车间
				存货	140301	生产用原材料		475.00		5.00	012	有线键盘	一车间
				存货	140301	生产用原材料		250.10		5.00	014	有线鼠标	一车间
		组装入库		存货	1405	库存商品	21,769.55		5.00		016	创智X号	一车间
合计							21,769.55	21,769.55					

图 9－17 生成凭证

单击“合并制单”生成凭证，保存凭证后退出。分录如下：

借：库存商品（1405） 21 769.55

贷：原材料/生产用原材料（140301） 21 769.55

操作提示

本实验的组装业务，要求熟悉功能和具体操作的步骤。

实务中通过 BOM 自动计算成本。

9.1.8 盘点业务

AI 助手探秘

盘盈的账务处理、盘亏的账务处理、毁损的账务处理。

存货清查是指通过实地盘点存货，确定存货实际数量，并与账面结存数核对，从而确定存货实存数与账面结存数是否相符的一种专门方法。对于存货的盘盈盘亏，应填写存货盘点报告，及时查明原因，按照规定程序报批处理。

为反映和监督企业在财产清查中查明的各种存货的盘盈、盘亏和毁损情况，企业应当设置“待处理财产损溢”科目，借方登记存货的盘亏、毁损及盘盈的转销金额，贷方登记存货的盘盈金额及盘亏的转销金额。企业清查的各种存货损溢，应在期末结账前处理完毕，期末处理后，“待处理财产损溢”科目应无余额。

实验资料

2024 年 4 月 26 日，盘点原料库的有线键盘，盘点后发现有线键盘多出 1 个。经确认，该键盘的成本为 95 元，为管理不善造成。

实验过程

1. 输入盘点单

选择“供应链”|“库存管理”|“盘点业务”|“盘点单”，单击“增加”|“普通仓库盘点”，选择盘点仓库为原料库，单击“盘库”，系统提示“盘库将删除未保存的所有记录，是否继续”，选择“是”，进入盘点处理窗口，盘点方式选择按仓库盘点，单击“确认”，返回盘点单窗口，输入新的盘点数、单价及原因等信息，如图 9－18 所示，依次完成保存、审核操作后退出。

盘点类型　普通仓库盘点　　盘点单　　单据号/条码　　高级

盘点会计期间　　　盘点单号 * 0000000001　　　盘点日期 * 2024-04-26
账面日期 * 2024-04-26　　　盘点仓库 * 原料库　　　出库类别
入库类别　　　部门　　　经手人
备注

存量　关联单据　条码扫描　清零　排序定位　显示格式

	存货...	存货名称	主计量单位	账面数量	单价	账面金额	账面调节数量	盘点数量	盘点金额	盈亏数量	盈亏金额	原因
1	001	CN处理器	盒	445.00			445.00	445.00		0.00		
2	003	2TSSD硬盘	盒	295.00			295.00	295.00		0.00		
3	005	MS智能主板	块	5.00			5.00	5.00		0.00		
4	007	LED显示屏	块	45.00			45.00	45.00		0.00		
5	009	防水电子秤	台	5.00			5.00	5.00		0.00		
6	010	A型机箱	个	5.00			5.00	5.00		0.00		
7	012	有线键盘	个	291.00	95.00	27645.00	291.00	292.00	27740.00	1.00	95.00	管理不善
8	014	有线鼠标	只	415.00			415.00	415.00		0.00		
合计				1506.00		27645.00	1506.00	1507.00	27740.00	1.00	95.00	

图 9－18　盘点单

盘亏数量正数表示盘盈，负数表示盘亏。盘点单审核后会自动生成相应的其他入库单或其他出库单。盘点单记账后，不能再取消记账。

2. 其他出入库单审核

选择“供应链”|“库存管理”|“其他入库”|“其他入库单列表”，查询设置仓库为原料库，单击“确定”返回其他入库单列表，勾选待审核的单据，单击“审核”后退出。

如果是盘亏，要选择“供应链”|“库存管理”|“其他出库”|“其他出库单列表”完成审核。

3. 对其他入库单记账并生成凭证

选择“供应链”|“存货核算”|“记账”|“正常单据记账”，查询设置仓库为原料库，单击“确定”，勾选待记账的单据，单击“记账”后退出。

选择“供应链”|“存货核算”|“凭证处理”|“生成凭证”，单击“选单”，查询设置单据类型为其他入库单，单击“确定”，选择盘盈入库的单据，单击“确定”，凭证类型选择转账凭证，补充科目编码为190101，单击“制单”，进入生成凭证窗口，保存凭证后退出。分录如下：

借：原材料/生产用原材料（140301）　　95

　　贷：待处理财产损溢/待处理流动资产损溢（190101）　　95

4. 完成待处理财产损溢结转凭证

选择“财务会计”|“总账”|“凭证”|“填制凭证”，进入填制凭证窗口，增加转账凭证，录入摘要为结转待处理财产损溢，保存凭证后退出。分录如下：

借：待处理财产损溢/待处理流动资产损溢（190101）　　95

　　贷：营业外收入（6301）　　95

9.1.9 其他出库业务

实验资料

2024年4月26日，销售部从成品库领取8台创智X号样品，用于捐助西部贫困地区。

实验过程

1. 录入其他出库单

选择“供应链”|“库存管理”|“其他出库”|“其他出库单”，单击“增加”|“空白单据”，输入实验资料，如图9-19所示，依次完成保存、审核操作后退出。

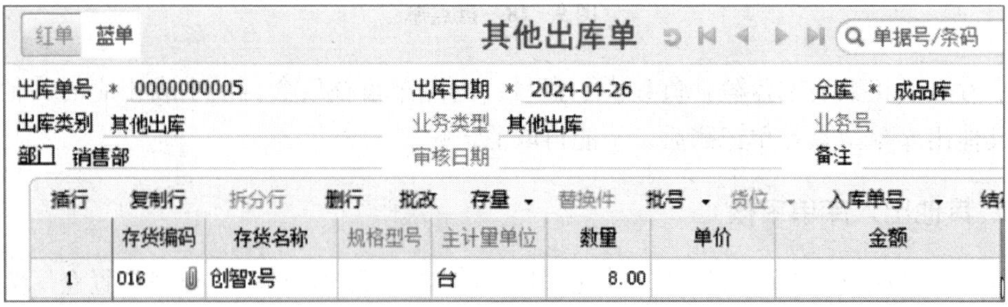

图9-19　其他出库单

2. 对其他出库单记账

选择“供应链”|“存货核算”|“记账”|“正常单据记账”，查询设置仓库为成品库，单击“确定”返回正常单据记账列表，勾选待记账单据，单击“记账”后退出。

9.1.10 假退料业务

AI助手探秘

制造企业的假退料业务是什么业务？为什么存在假退料业务？

实验资料

4月26日，根据生产部门的统计，一车间本月生产任务完成，还有10个生产创智X号产品的CN处理器当月未用完。先做假退料处理，下个月再继续使用。

实验过程

1. 填制假退料单

选择“供应链”|“存货核算”|“出库单”|“假退料单”，单击“增加”|“空白单据”，输入假退料资料，保存后退出，结果如图9-20所示。

开立 假退料单 单据号/条码

出库单号 * 0000000002　出库日期 * 2024-04-26　仓库 * 原料库
订单号　产品编码　产量 0.00
生产批号　业务类型 假退料　业务号
出库类别 其他出库　部门 一车间　委外商
审核日期　备注

删行 显示格式 排序定位

	材料编码	材料名称	规格型号	主计量单位	数量	单价	金额
1	001	CN处理器		盒	-10.00		

图9-20 假退料单

2. 对假退料单进行记账

选择“供应链”|“存货核算”|“记账”|“正常单据记账”，查询设置仓库为原料库，存货选择“CN处理器”，进入正常单据记账列表，勾选单据，单击“记账”后退出。

3. 查询假退料相关的明细账

选择“供应链”|“存货核算”|“账簿”|“明细账”，查询设置仓库为原料库，存货为

“CN 处理器”，显示如图 9－21 所示。在明细账上已经出现了假退料数据。

记账日期:	2024年		凭证号	摘要		发出			结存		
	月	日		凭证摘要	收发类别	数量	单价	金额	数量	单价	金额
				期初结存					700.00	1,200.00	840,000.00
2024-04-20	4	20	转 40	专用发票	销售出库	100.00	1,200.00	120,000.00	600.00	1,200.00	720,000.00
2024-04-26	4	26	转 57	材料出库单	领料出库	100.00	1,200.00	120,000.00	500.00	1,200.00	600,000.00
2024-04-26	4	26	转 58	调拨单	调拨出库	50.00	1,200.00	60,000.00	450.00	1,200.00	540,000.00
2024-04-26	4	26	转 59	组装单	组装出库	5.00	1,200.00	6,000.00	445.00	1,200.00	534,000.00
2024-04-26	4	26			其他出库	-10.00	1,200.00	-12,000.00	455.00	1,200.00	546,000.00
				4月合计		245.00		294,000.00	455.00	1,200.00	546,000.00
				本年累计		245.00		294,000.00			

图 9－21　明细账

4. 生成假退料凭证

选择“供应链”|“存货核算”|“凭证处理”|“生成凭证”，单击“选单”，设置业务类型为假退料，单击“确定”进入选择单据窗口，选择假退料单，单击“确定”，进入生成凭证窗口，凭证类别选择转账凭证，补充对方科目为 500101 生产成本/直接材料，单击“合并制单”，保存凭证后退出。分录如下：

借：生产成本/直接材料（500101)/(项目名称：创智 X 号）　　－12 000

　贷：原材料/生产用原材料（140301）　　－12 000

9.1.11　计提存货跌价准备业务

期末，存货应当按照成本与可变现净值孰低进行计量。

根据企业会计准则的规定，在资产负债表日，为生产而持有的材料等，用其生产的产成品可变现净值高于成本的，该材料仍应按照成本计量；材料价格的下降表明产成品可变现净值低于成本的，该材料应当按照可变现净值计量。即期末，材料存货按成本计量，除非用其生产的产成品发生跌价，且该跌价由材料本身价格下跌引发，才考虑计算材料存货的可变现净值，然后将材料的可变现净值与成本比较，确定材料存货是否发生跌价。

为反映和监督存货跌价准备的计提、转回和转销情况，企业应设置“存货跌价准备”科目，贷方登记计提的存货跌价准备金额，借方登记实际发生的存货跌价损失金额和转回的存货跌价准备金额，期末余额一般在贷方，反映企业已计提但尚未转销的存货跌价准备。计提时，借记“资产减值损失——计提的存货跌价准备”科目，贷记“存货跌价准备”科目，转回时，做相反分录。企业结转存货销售成本时，一并结转已计提的存货跌价准备，同时调整销售成本，借记“存货跌价准备”科目，贷记“主营业务成本”“其他业务成本”等科目。

实验资料

4 月 26 日，根据市场反馈情况，桌面扫描器用户采用度较低，销量大幅减少，经研究决定下月将以 110 元（不含税价）的价格销售（含税价 124.3 元），以减少库存。

实验过程

1. 跌价准备设置

选择“供应链”|“存货核算”|“跌价准备”|“跌价准备设置”，单击“增加”输入实验资料，如图 9－22 所示，保存后退出。

跌价准备设置

存货编码	存货名称	计量单位	可变现价格	跌价准备科目编码	跌价准备科目名称	计提费用科目编码	计提费用科目名称
019	桌面扫描器	个	110.00	1471	存货跌价准备	6701	资产减值损失

图 9－22　跌价准备设置

2. 计提存货跌价准备

选择“供应链”|“存货核算”|“跌价准备”|“计提跌价准备”，进入计提跌价处理单，单击“增加”，输入实验资料，依次完成保存、审核操作后退出，结果如图 9－23 所示。

已审核　计提跌价处理单

单据号 * 0000000001　单据日期 * 2024-04-26　部门

凭证号　凭证日期　凭证摘要

	存货编码	存货名称	计量单位	结存数量	结存单价	结存金额	可变现价格	可变现金额	应计提金额	本次计提金额
1	019	桌面扫描器	个	275.00	143.64	39500.00	110.00	30250.00	9250.00	9250.00

图 9－23　计提跌价处理单

3. 生成凭证

选择“供应链”|“存货核算”|“跌价准备”|“跌价准备制单”，进入生成凭证窗口，单击“选单”，进入选择单据窗口，依次单击“全选”“确定”，进入生成凭证窗口，凭证类别选择转账凭证，单击“制单”，保存凭证后退出。分录如下：

借：资产减值损失（6701）　9 250

　贷：存货跌价准备（1471）　9 250

9.2　存货核算

9.2.1　存货核算功能概述

存货核算系统主要针对企业收、发业务，核算企业存货的入库成本、出库成本和结存成本，反映和监督存货的收发、领退和保管情况；反映和监督存货资金的占用情况。

存货核算系统的操作主要分为两部分：一是针对各种出入库单据进行记账、制单，生成有关存货出入库的记账凭证；二是对已复核的客户、供应商单据如采购发票、销售发票、核销单据等进行制单，生成有关的记账凭证。

存货核算与其他业务系统的数据关系如图9-24所示。

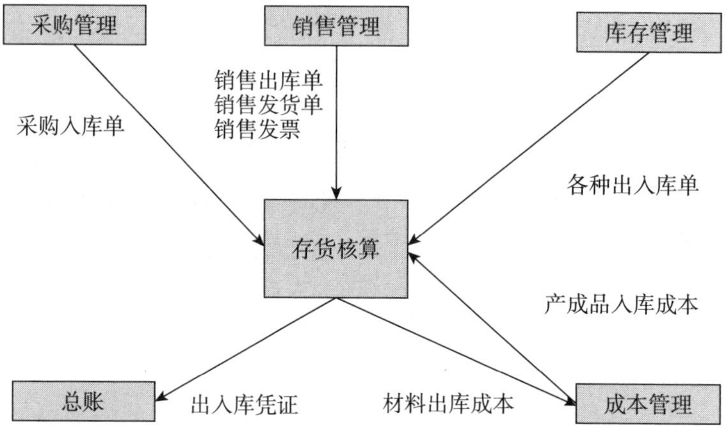

图9-24 存货核算与其他业务系统的数据关系

存货核算的过程有初始设置、日常业务处理、综合查询。

1. 初始设置

存货核算系统是供应链管理与财务系统连接的桥梁，各种存货的购进、销售及其他出入库业务，都在存货核算系统中生成凭证并传递到总账。为快速、准确地完成存货核算操作，应事先定义核算参数及相关的会计科目。

（1）基本参数设置。

1）核算方式。初建账套时，可选择按仓库核算或按部门核算。按仓库核算，则按仓库设置计价方式，且每个仓库单独核算出库成本；按部门核算，则按仓库中所属部门设置计价方式，并且相同所属部门的各仓库统一核算出库成本。还可选择按照具体存货核算成本。输入期初数据和日常数据后，此核算方式将不能修改。

2）暂估方式。如果与采购系统集成使用，可以处理暂估业务，并且需要选择暂估入库存货成本的回冲方式，包括月初回冲、单到回冲、单到补差三种方式。月初回冲是指月初时系统自动生成红字回冲单，报销处理时，系统自动根据报销金额生成采购报销入库单；单到回冲是指采购发票到后进行采购结算报销处理时，系统生成红字回冲单，并生成采购报销入库单；单到补差是指报销处理时，系统自动生成一笔调整单，调整金额为实际金额与暂估金额的差额。

3）启用会计月份。新建账套，应输入启用会计月份。设定启用会计月份后，启用会计月份以前的单据只能输入到期初余额中。

在基本参数设置中，还有其他一些参数设置，可以参考实际情况设置。

（2）期初数据。如果存货核算系统单独使用，那么期初数据就在存货核算系统中直接录入；如果存货核算系统与库存管理系统联合使用，库存管理系统已经录入了存货期初数据，那么存货核算系统的期初数据就可以从库存管理系统中直接获取。

（3）会计科目设置。

1）存货科目，设置存货核算系统中生成凭证所需要的各种存货科目及差异科目，因此在制单之前应先在此模块中将存货科目设置正确、完整，否则无法生成完整的凭证。

2）对方科目，设置存货核算系统中生成凭证时所需要的存货对方科目，在制单前需设置正确的科目，否则无法生成完整的凭证。同时，在填制相应的采购入库单、销售出库单等单据时，也要完整填写对应的收发类别。

3）客户及供应商往来科目，用于设置核算客户、供应商往来账款所对应的会计科目。其中包括基本科目、控制科目、存货科目和结算方式科目。

基本科目：在核算应收款项时经常用到的科目。

控制科目：如果在核算客户或供应商的赊销或赊购欠款时，针对不同的客户或供应商分别设置了不同的应收账款科目和预收账款科目，可先在账套参数中选择设置的依据（选择是针对不同的客户设置，还是针对不同的客户分类设置，或者针对不同的地区分类设置），在此处设置。

存货科目：如果针对不同的存货（存货分类）分别设置不同的销售收入科目、销项税额科目和销售退回科目，可先在账套参数中选择设置的依据（选择是针对不同的存货设置，还是针对不同的存货分类设置），在此处设置。

结算方式科目：为每种结算方式设置一个默认科目。例如，现金支付的结算方式，其对应的会计科目就设定为“1001 库存现金”。

在科目设置中，特别要注意的是，存货的科目设置和对方科目设置应在单据记账之前，如果记账时，存货没有科目和对方科目，生成的凭证将没有科目，此时只能手工录入会计科目。

2. 日常业务处理

存货核算系统的日常业务处理包括出入库单据记账、暂估成本处理、客户/供应商往来制单、月末处理和月末结账。

（1）出入库单据记账。包括正常单据记账和特殊单据记账两项功能，其作用是将各种出入库单据记入存货明细账、差异明细账等。记账需注意，各种单据要按业务发生的时间顺序记账；记账后的单据不能修改和删除，若记账后发现单据有误，在本月未结账状态下，可以取消记账后进行修改操作。但若是已记账单据，并已经生成凭证，那么只能先删除凭证后才能取消记账。

（2）暂估成本处理。存货核算系统对货到发票未到的采购暂估入库业务提供月初回冲、单到回冲、单到补差几种处理方式，需要在启用存货核算系统时在基础设置中设定，一旦选择就不能修改。但无论采用哪种暂估方式，在操作过程中都要遵循以下步骤：采购发票到后，在采购管理系统填制发票并进行采购结算；进入存货核算系统，完成暂估入库业务成本处理。

（3）客户/供应商往来制单。针对采购、销售管理系统中已复核的采购发票与销售发票，生成相应的往来款项记账凭证。

（4）月末处理。当存货核算系统日常业务全部完成后，通过月末处理功能由系统自动计算本期存货的平均单价以及出库成本，分摊差异。

（5）月末结账。当存货核算系统本期业务全部处理完毕后，进行月末结账，进入下一个会计期间。如果存货核算系统与采购、销售、库存管理系统集成使用，须在上述三个系统都进行月末结账后，存货核算系统才能结账。

3. 综合查询

存货核算系统与供应链其他系统一样，提供丰富的账表查询功能，可以完成多角度的查询和统计分析。

9.2.2 调整存货入库成本

实验资料

2024年4月26日，财务部将2024年4月4日发生的采购有线鼠标的入库成本增加720元。

实验过程

1. 录入调整单据

选择“供应链”|“存货核算”|“调整单”|“入库调整单”，单击“增加”输入实验资料，如图9-25所示，依次完成保存、记账操作后退出。

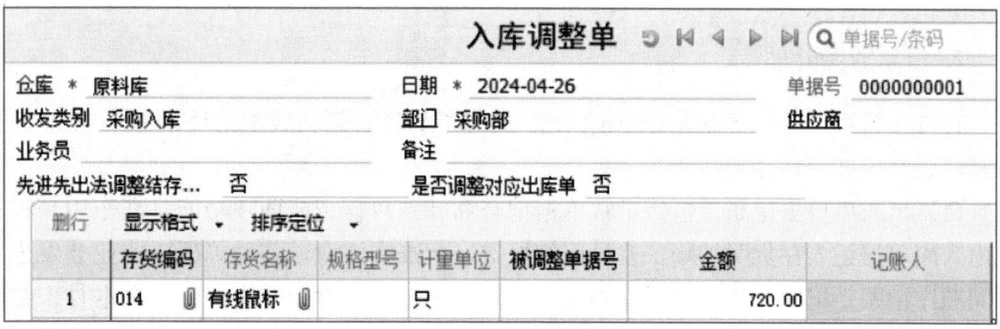

图9-25 入库调整单

2. 生成入库调整凭证

选择“供应链”|“存货核算”|“凭证处理”|“生成凭证”，单击“选单”，单据类型选择入库调整单，单击“确定”进入选择单据窗口，选择入库调整单，单击“确定”，凭证类别选择转账凭证，单击“制单”，保存凭证后退出。分录如下：

借：原材料/生产用原材料（140301）　　720

　贷：在途物资（1402）　　720

3. 查询账簿

选择“供应链”|“存货核算”|“账簿”|“明细账”，查询设置仓库为原料库，存货为有线鼠标，单击“确定”显示明细账，如图 9－26 所示。

记账日期:	2024年		凭证号	摘要		收入			发出			结存		
	月	日		凭证摘要	收发类别	数量	单价	金额	数量	单价	金额	数量	单价	金额
				期初结存								0.00		0.00
2024-04-04	4	4	转 16	采购入库单	采购入库	360.00	50.00	18,000.00				360.00	50.00	18,000.00
2024-04-06	4	6	转 18	采购入库单	采购入库	60.00	50.17	3,010.38				420.00	50.02	21,010.38
2024-04-26	4	26	转 59	组装单	组装出库				5.00	50.02	250.10	415.00	50.02	20,760.28
2024-04-26	4	26	转 64	入库调整单	采购入库			720.00				415.00	51.76	21,480.28
				4月合计		420.00		21,730.38	5.00		250.10	415.00	51.76	21,480.28
				本年累计		420.00		21,730.38	5.00		250.10			

图 9－26　明细账

从明细账看出，调整数据已经入账，并影响单价。

4. 逆向纠错法

逆向纠错法是按照前面的操作顺序，从后面一步步往前取消操作，直至找到出现错误的那一步，纠正后再向后逐步完成操作的方法。

AI助手探秘

正向纠错法和逆向纠错法有何区别及各自的应用场景？

9.2.3　调整存货出库成本

实验资料

2024 年 4 月 26 日，调整 2024 年 4 月 8 日出售给天津大华公司的创智 X 号的出库成本，增加 1 000 元。

实验过程

1. 录入调整单据

选择“供应链”|“存货核算”|“调整单”|“出库调整单”，单击“增加”，输入实验资料，如图 9－27 所示，依次完成保存、记账操作后退出。

2. 生成出库调整凭证

选择“供应链”|“存货核算”|“凭证处理”|“生成凭证”，单击“选单”，单据类型选择出库调整单，单击“确定”进入未生成凭证单据一览表，选择单据，单击“确定”，凭证类别选择转账凭证，单击“制单”生成凭证，保存凭证后退出。分录如下：

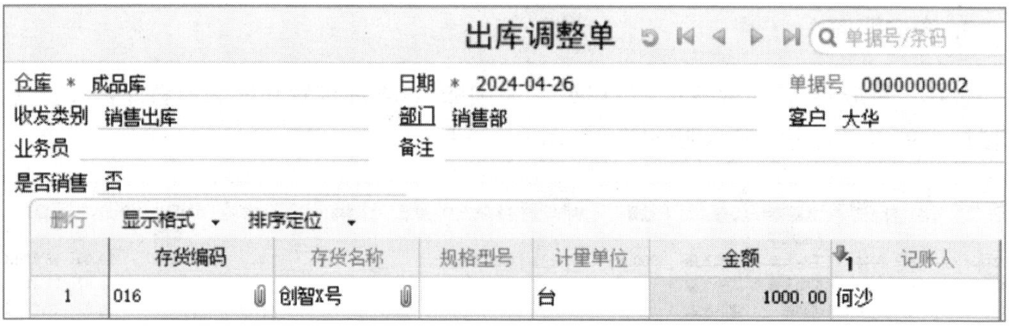

图 9－27 出库调整单

借：主营业务成本（6401） 1 000

贷：库存商品（1405） 1 000

3. 查询账簿

选择“供应链”|“存货核算”|“账簿”|“明细账”，设置仓库为成品库，存货选择创智X号，单击“确定”显示明细账，如图 9－28 所示。从明细账看出，调整数据已经入账。

记账日期:	2024年		凭证号	摘要		收入			发出		结存		
	月	日		凭证摘要	收发类别	数量	单价	金额	数量	金额	数量	单价	金额
				期初结存							580.00	4,800.00	2,784,000.00
2024-04-15	4	15			销售出库				20.00		560.00	4,971.43	2,784,000.00
2024-04-15	4	15			销售出库				10.00		550.00	5,061.82	2,784,000.00
2024-04-16	4	16			销售出库				50.00		500.00	5,568.00	2,784,000.00
2024-04-18	4	18			销售出库				160.00		340.00	8,188.24	2,784,000.00
2024-04-18	4	18			销售出库				30.00		310.00	8,980.65	2,784,000.00
2024-04-21	4	21			销售出库				10.00		300.00	9,280.00	2,784,000.00
2024-04-26	4	26	转 55	产成品入库单		30.00	5,000.00	150,000.00			330.00	8,890.91	2,934,000.00
2024-04-26	4	26	转 59	组装单	组装入库	5.00	4,353.91	21,769.55			335.00	8,823.19	2,955,769.55
2024-04-26	4	26			其他出库				8.00		327.00	9,039.05	2,955,769.55
2024-04-26	4	26	转 65	出库调整单	销售出库					1,000.00	327.00	9,035.99	2,954,769.55
				4月合计		35.00		171,769.55	288.00	1,000.00	327.00	9,035.99	2,954,769.55
				本年累计		35.00		171,769.55	288.00	1,000.00			

图 9－28 明细账

9.2.4 核算资料查询

1. 收发存汇总表

选择“供应链”|“存货核算”|“汇总表”|“收发存汇总表”，按默认设置，进入收发存汇总表，如图 9－29 所示。

2. 暂估材料余额表

选择“供应链”|“存货核算”|“汇总表”|“暂估材料余额表”，按默认查询即可。

存货			期初			收入			发出			结存		
编码	名称	单位	数量	单价	金额	数量	单价	金额	数量	单价	金额	数量	单价	金额
001	CN处理器	盒	700.00	1,200.00	840,000.00	50.00	1,200.00	60,000.00	245.00	1,200.00	294,000.00	505.00	1,200.00	606,000.00
003	2TSSD硬盘	盒	200.00	820.00	164,000.00	200.00	797.77	159,553.62	105.00	808.88	84,932.45	295.00	808.89	238,621.17
005	MS智能主板	块				10.00	800.00	8,000.00	5.00	800.00	4,000.00	5.00	800.00	4,000.00
007	LED显示屏	块				50.00	1,200.00	60,000.00	5.00	1,200.00	6,000.00	45.00	1,200.00	54,000.00
009	防水电子秤	台				10.00	100.00	1,000.00	5.00	100.00	500.00	5.00	100.00	500.00
010	A型机箱	个				10.00	100.00	1,000.00	5.00	100.00	500.00	5.00	100.00	500.00
012	有线键盘	个				297.00	95.00	28,215.00	5.00	95.00	475.00	292.00	95.00	27,740.00
014	有线鼠标	只				420.00	51.74	21,730.38	5.00	50.02	250.10	415.00	51.76	21,480.28
016	创智X号	台	580.00	4,800.00	2,784,000.00	35.00	4,907.70	171,769.55	288.00	3.47	1,000.00	327.00	9,035.99	2,954,769.55
018	手持扫描器	个	250.00	150.00	37,500.00	100.00	180.00	18,000.00	231.00			119.00	466.39	55,500.00
019	桌面扫描器	个	275.00	100.00	27,500.00	100.00	120.00	12,000.00	100.00			275.00	143.64	39,500.00
020	HP打印机	台	400.00	1,800.00	720,000.00				172.00			228.00	3,157.89	720,000.00
025	摄像头	台				20.00	300.00	6,000.00	20.00	300.00	6,000.00			

图 9－29　收发存汇总表

9.2.5　期末存货成本核算

1. 期末处理

（1）对未记账的单据进行记账。依次完成正常单据记账、发出商品记账、直运销售记账、特殊单据记账等未记账单据的记账工作。以正常单据记账为例，选择“供应链”|“存货核算”|“记账”|“正常单据记账”，按默认查询，勾选未记账单据，单击“记账”完成。本实验此处无单据，无须操作。其余单据的记账，按要求逐个查看，按相同处理完成记账即可。

（2）结转库存单价。选择“供应链”|“存货核算”|“记账”|“期末处理”，进入期末处理窗口，选择全部仓库，如图 9－30 所示。

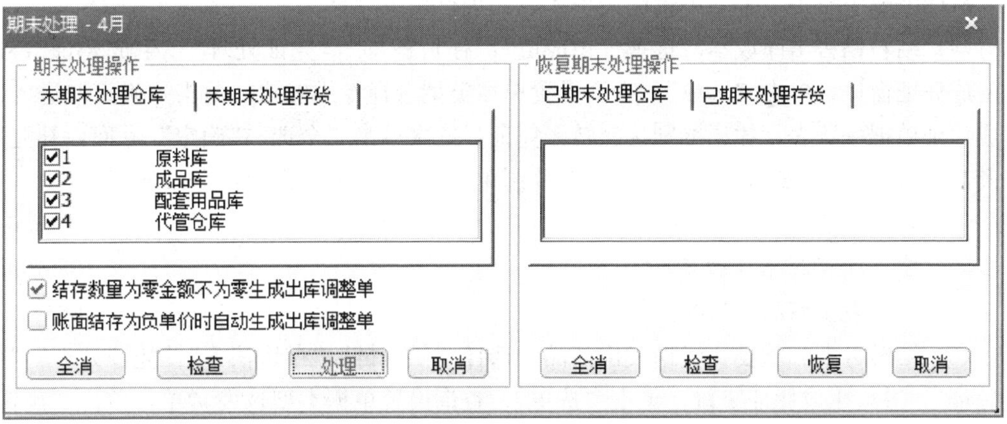

图 9－30　期末处理（选择仓库）

选择左边“处理”，进入仓库平均单价计算表，如图 9－31 所示。

由于原料库使用的是移动平均法，已经在业务处理过程中计算了单价，所以表上没有这部分内容。单击“确定”，会提示期末处理完毕。期末处理后，相关以全月平均法计价的物料，其发出的价格将确定，并进行相应的计算。

（3）查看结转库存单价后明细账。选择“供应链”|“存货核算”|“账簿”|“明细账”，

仓库选择成品库，存货选择创智 X 号，单击“确定”，结果如图 9－32 所示。

仓库平均单价计算表

存货名称	期初数量	期初金额	入库数量	入库金额	有金额出库成本	平均单价	无金额出库数量	无金额出库成本	出库合计成本
创智X号	580.00	2,784,000.00	35.00	171,769.55	1,000.00	4,804.50	288.00	1,383,696.96	1,384,696.96
手持扫描器	250.00	37,500.00	100.00	18,000.00	0.00	158.57	231.00	36,630.00	36,630.00
桌面扫描器	275.00	27,500.00	100.00	12,000.00	0.00	105.33	100.00	10,533.33	10,533.33
HP打印机	400.00	720,000.00	0.00	0.00	0.00	1,800.00	172.00	309,600.00	309,600.00
	1,505.00	3,569,000.00	235.00	201,769.55	1,000.00		791.00	1,740,460.29	1,741,460.29

图 9－31　仓库平均单价计算表

2024年		凭证号	摘要		收入			发出			结存		
月	日		凭证摘要	收发类别	数量	单价	金额	数量	单价	金额	数量	单价	金额
			期初结存								580.00	4,800.00	2,784,000.00
4	15			销售出库				20.00	4,804.50	96,090.00	560.00	4,799.84	2,687,910.00
4	15			销售出库				10.00	4,804.50	48,045.00	550.00	4,799.75	2,639,865.00
4	16			销售出库				50.00	4,804.50	240,225.00	500.00	4,799.28	2,399,640.00
4	18			销售出库				160.00	4,804.50	768,720.00	340.00	4,796.82	1,630,920.00
4	18			销售出库				30.00	4,804.50	144,135.00	310.00	4,796.08	1,486,785.00
4	21			销售出库				10.00	4,804.50	48,[illegible]45.00	300.00	4,795.80	1,438,740.00
4	26	转 55	产成品入库单		30.00	5,000.00	150,000.00				330.00	4,814.36	1,588,740.00
4	26	转 59	组装单	组装入库	5.00	4,353.91	21,769.55				335.00	4,807.49	1,610,509.55
4	26			其他出库				8.00	4,804.50	38,436.00	327.00	4,807.56	1,572,073.55
4	26	转 65	出库调整单	销售出库						1,000.00	327.00	4,804.51	1,571,073.55
			4月合计		35.00		171,769.55	288.00		1,384,696.00	327.00	4,804.51	1,571,073.55
			本年累计		35.00		171,769.55	288.00		1,384,696.00			

图 9－32　明细账（创智 X 号）

从明细账中看出，平均单价已经填入，并进行相关计算。

（4）结转销售出库成本。选择“供应链”|“存货核算”|“凭证处理”|“生成凭证”，进入生成凭证窗口，单击“选单”，查询设置单据类型选择专用发票，单击“确定”进入未生成凭证单据一览表，凭证类别选择转账凭证，依次单击“全选”“确定”返回，补充发出商品科目为 1406 发出商品，单击“合并制单”，保存凭证后退出。分录如下：

借：主营业务成本（6401）　　1 251 445.6

　贷：库存商品（1405）　　785 409.1

　　　发出商品（1406）　　466 036.5

（5）结转分期收款委托代销发出商品。选择“供应链”|“存货核算”|“凭证处理”|“生成凭证”，进入生成凭证窗口，单击“选单”，查询设置单据类型选发货单，单击“确定”进入未生成凭证单据一览表，凭证类型选择转账凭证，依次单击“全选”“确定”返回，补充发出商品科目 1406 发出商品，单击“合并制单”，保存凭证后退出。分录如下：

借：发出商品（1406）　　912 855

　贷：库存商品（1405）　　912 855

（6）其他未生成凭证的业务生成凭证。选择“供应链”|“存货核算”|“凭证处理”|“生成凭证”，进入生成凭证窗口，单击“选单”，查询设置单据类型为空，其余保持默认，单击“确定”进入未生成凭证单据一览表，选择全部单据，单击“确定”进入生成凭证

窗口，凭证类别选择转账凭证，修改并补充科目，如图 9－33 所示。

凭证类别 转 转账凭证

选择	单据类型	业务类型	摘要	科目类型	科目编码	科目名称	借方金额	贷方金额	借方数量	贷方数量	科目方向	存货编码	存货名称
1	采购代管...	普通采购	采购代管挂账确认单	存货	1405	库存商品	6,000.00		20.00		1	025	摄像头
				对方	1402	在途物资		6,000.00		20.00	2	025	摄像头
	蓝字回冲单		蓝字回冲单	存货	140301	生产用原材料	79,000.00		100.00		1	003	2TSSD硬盘
				对方	1402	在途物资		79,000.00		100.00	2	003	2TSSD硬盘
	普通发票	普通销售	普通发票	对方	6401	主营业务成本	-1,800.00		-1.00		1	020	HP打印机
				存货	1405	库存商品		-1,800.00		-1.00	2	020	HP打印机
	其他出库单	其他出库	其他出库单	对方	6401	主营业务成本	6,000.00		20.00		1	025	摄像头
				存货	1405	库存商品		6,000.00		20.00	2	025	摄像头
	销售日报	普通销售	销售日报	对方	6401	主营业务成本	5,400.00		3.00		1	020	HP打印机
				存货	1405	库存商品		5,400.00		3.00	2	020	HP打印机
	普通发票		普通发票	对方	6401	主营业务成本	158.57		1.00		1	018	手持扫...
				存货	1405	库存商品		158.57		1.00	2	018	手持扫...
	其他出库单	其他出库	其他出库单	对方	6711	营业外支出	38,436.00		8.00		1	016	创智X号
				存货	1405	库存商品		38,436.00		8.00	2	016	创智X号
合计							133,194.57	133,194.57					

图 9－33　生成凭证

单击“合并制单”，进入填制凭证窗口，保存凭证后退出。分录如下：

借：原材料/生产用原材料（140301）　79 000
　　库存商品（1405）　6 000
　　主营业务成本（6401）　9 758.57
　　营业外支出（6711）　38 436
　贷：在途物资（1402）　85 000
　　　库存商品（1405）　48 194.57

（7）月末检查单据完成剩余凭证生成。选择“供应链”|“存货核算”|“记账”|“月末结账”，单击“月结检查”，无未生成凭证的单据。

2. 与总账系统对账

选择“供应链”|“存货核算”|“对账”|“存货与总账对账”，按默认查询，进入存货核算与总账对账窗口，可查看相关数据。对账之前，应将凭证进行记账。

9.3　AI 助手拓展学习

（1）企业的库存管理流程。
（2）企业的产成品入库流程。
（3）企业完成假退料业务的原因。
（4）企业盘点业务产生的原因及盘点的方法。
（5）存货核算方法的种类及应用场景。

即测即评

思考题

1. 库存管理的主要功能有哪些?
2. 库存管理模块的基本功能有哪些?
3. 库存管理中为何要对仓库库存量进行预警设置?
4. 组装业务中，产品结构的定义对企业生产管理有何重要意义?
5. 请举例说明计提存货跌价准备对企业财务报表的影响（至少从两个方面分析）。

参考文献

［1］新道科技股份有限公司. 业财一体信息化应用. 北京：高等教育出版社，2020.

［2］毛华扬，刘红梅，邓茗丹. 会计信息系统原理与应用：基于用友 ERP-U8V10.1 版. 3 版. 北京：中国人民大学出版社，2024.

附录

期末业务与报表编制

全文阅读

即测即评

图书在版编目（CIP）数据

会计信息系统原理与应用：基于用友新道 U8＋V15.0 版 / 毛华扬等编著. -- 3 版. -- 北京：中国人民大学出版社，2025. 8. --（新编 21 世纪会计系列教材）.
ISBN 978-7-300-34314-3

Ⅰ. F232

中国国家版本馆 CIP 数据核字第 2025XG4089 号

新编 21 世纪会计系列教材
会计信息系统原理与应用（第 3 版）
——基于用友新道 U8＋V15.0 版
毛华扬　邓茗丹　王婧婧　陈　丰　编著
Kuaiji Xinxi Xitong Yuanli yu Yingyong——Jiyu Yongyou Xindao U8＋V15.0 Ban

出版发行	中国人民大学出版社		
社　　址	北京中关村大街 31 号	**邮政编码**	100080
电　　话	010－62511242（总编室）		010－62511770（质管部）
	010－82501766（邮购部）		010－62514148（门市部）
	010－62511173（发行公司）		010－62515275（盗版举报）
网　　址	http://www.crup.com.cn		
经　　销	新华书店		
印　　刷	北京宏伟双华印刷有限公司	**版　　次**	2014 年 7 月第 1 版
开　　本	787 mm×1092 mm　1/16		2025 年 8 月第 3 版
印　　张	24 插页 1	**印　　次**	2025 年 8 月第 1 次印刷
字　　数	547 000	**定　　价**	65.00 元

中国人民大学出版社　管理分社

教师教学服务说明

中国人民大学出版社管理分社以出版工商管理和公共管理类精品图书为宗旨。为更好地服务一线教师，我们着力建设了一批数字化、立体化的网络教学资源。教师可以通过以下方式获得免费下载教学资源的权限：

- ★ 在中国人民大学出版社网站 www.crup.com.cn 进行注册，注册后进入“会员中心”，在左侧点击“我的教师认证”，填写相关信息，提交后等待审核。我们将在一个工作日内为您开通相关资源的下载权限。

- ★ 如您急需教学资源或需要其他帮助，请加入教师 QQ 群或在工作时间与我们联络。

中国人民大学出版社　管理分社

教师 QQ 群：648333426（工商管理）　114970332（财会）　648117133（公共管理）
教师群仅限教师加入，入群请备注（学校+姓名）

联系电话：010-62515782，82501868，82501048，62514760

电子邮箱：glcbfs@crup.com.cn

通讯地址：北京市海淀区中关村大街甲 59 号文化大厦 1501 室（100872）

管理书社　　人大社财会　　公共管理与政治学悦读坊